D1694874

Außenpolitikanalyse

von

PD Dr. Klaus Brummer
Friedrich-Alexander-Universität Erlangen-Nürnberg

und

Dr. habil. Kai Oppermann
University of Sussex

Oldenbourg Verlag München

Lektorat: Dr. Stefan Giesen, Annette Huppertz
Herstellung: Tina Bonertz
Titelbild: thinkstockphotos.de
Einbandgestaltung: hauser lacour

Bibliografische Information der Deutschen Nationalbibliothek
Die Deutsche Nationalbibliothek verzeichnet diese Publikation in der Deutschen Nationalbi-
bliografie; detaillierte bibliografische Daten sind im Internet über http://dnb.dnb.de abrufbar.

Library of Congress Cataloging-in-Publication Data
A CIP catalog record for this book has been applied for at the Library of Congress.

© 2014 Oldenbourg Wissenschaftsverlag GmbH
Rosenheimer Straße 143, 81671 München, Deutschland
www.degruyter.com/oldenbourg
Ein Unternehmen von De Gruyter

Gedruckt in Deutschland

Dieses Papier ist alterungsbeständig nach DIN/ISO 9706.

ISBN   978-3-486-71325-1
eISBN   978-3-486-85482-4

Vorwort

Dieser Band behandelt die Frage, wie sich Außenpolitik erklären lässt. Hierfür werden maßgebliche Ansätze der Internationalen Beziehungen und der theoriegeleiteten Außenpolitikforschung (*Foreign Policy Analysis*) einführend dargestellt. Durch seine dezidierte Ausrichtung auf einzelne Analyseansätze anstatt auf unterschiedliche, mehrere Ansätze umfassende Analyseebenen hebt sich dieser Band von anderen Einführungswerken in die Außenpolitikforschung ab.

Der Band richtet sich hauptsächlich an Studierende der Politikwissenschaft bzw. der Internationalen Beziehungen in Bachelor- und Masterstudiengängen. Darüber hinaus ist er aufgrund seiner besonderen Ausrichtung auf einzelne theoretische Erklärungsansätze für Fachkolleginnen und Fachkollegen von Interesse (der Lesbarkeit halber wird nachfolgend von Ministern, Beratern, Beamten etc. gesprochen, wobei diese Bezeichnungen stets Personen männlichen oder weiblichen Geschlechts umfassen). Der Band richtet sich schließlich auch an Personen, die allgemein an außenpolitischen Entwicklungen interessiert sind.

Bedanken möchten wir uns ganz herzlich bei Anne Lennartz und Dr. Stefan Giesen vom Oldenbourg Wissenschaftsverlag für die ebenso angenehme wie reibungslose Zusammenarbeit.

Widmen möchten wir diesen Band unseren Kindern Cedric und Justin sowie Leo und Ina.

Klaus Brummer und Kai Oppermann
Nürnberg und London, im September 2013

Inhaltsverzeichnis

Verzeichnis der Tabellen und Abbildungen

1 Einleitung

Im Zentrum dieses Bandes steht die theoriegeleitete Erklärung von Außenpolitik. Bevor mehrere zu diesem Zweck entwickelte Theorien und Modelle im Detail vorgestellt werden, geht es in diesem einleiten Kapitel zunächst um die Klärung des Begriffs Außenpolitik. Anschließend richtet sich der Blick auf zentrale Merkmale der theoriegeleiteten Außenpolitikforschung, die im Englischen wie auch nachfolgend als *Foreign Policy Analysis* (FPA) bezeichnet wird. Abschließend werden die Zielsetzungen und die Struktur des Bandes erörtert.

1.1 Was ist Außenpolitik?

Im wissenschaftlichen Diskurs finden sich zahlreiche Definitionen des Begriffs „Außenpolitik". Um nur drei Beispiele zu nennen: Gunther Hellmann verweist auf „jene Handlungen staatlicher Akteure […], die auf die Ermöglichung und Herstellung von kollektiv bindenden Entscheidungen in den internationalen Beziehungen abzielen" (Hellmann 2006: 15–16; Hervorhebung entfernt). Sven Bernhard Gareis bezeichnet Außenpolitik wiederum als „die Gesamtheit der Handlungen […], die ein Staat unternimmt, um seine wesentlichen Interessen auf Gebieten wie Machtpolitik, Sicherheit, Wirtschaft oder Kultur gegenüber seiner internationalen Umwelt zu verwirklichen" (Gareis 2006: 15). Und Christopher Hill definiert Außenpolitik als „the sum of official external relations conducted by an independent actor (usually a state) in international relations" (Hill 2003: 3). Auch wenn somit keine völlige Einigkeit über die Substanz des Begriffs besteht, lässt sich Außenpolitik zusammenfassend als das zielorientierte, über die eigenen Staatsgrenzen hinaus gerichtete Handeln von staatlichen Akteuren bezeichnen.

Die wesentliche Herausforderung von Außenpolitik besteht darin, dass sich die Akteure häufig „ill-structured problems" (Voss 1998: 11) gegenübersehen. Diese sind unter anderem gekennzeichnet durch unklare Ausgangslagen und Lösungsperspektiven. Doch nicht nur außenpolitische Sachverhalte als solche sind oftmals komplex. Hinzu kommt, dass es vielfältige Einflüsse gibt, die auf die außenpolitischen Akteure einwirken, beispielsweise im Zuge des Entscheidungsprozesses zur „Lösung" der ihnen vorliegenden Probleme oder später bei der praktischen Umsetzung einer Entscheidung.

Mit Kenneth Waltz (1959) lassen sich mögliche Einflussfaktoren auf Außenpolitik einer von drei Kategorien – Waltz nennt diese „images" – zuordnen. Außenpolitische Entscheidungen können auf systemische Zwänge zurückgeführt werden, genauer auf die ermöglichende bzw. begrenzende Wirkung der Struktur des internationalen Systems auf die Außenpolitik von Staaten (*third image*). Alternativ können außenpolitische Entscheidungen von innerstaatlichen Prozessen und Faktoren bzw. allgemeiner von bestimmten staatlichen Attributen (politische Kultur etc.) beeinflusst werden (*second image*). Schließlich können auch die Eigenschaften und Eigenheiten der einzelnen Entscheidungsträger Einfluss auf außenpolitische Entscheidungen haben (*first image*).

Die theoriegeleitete Außenpolitikforschung, oder FPA, setzt vor allem an der *first image* und der *second image* an (siehe auch Kap. 1.2). Sie zeichnet sich gerade durch den Anspruch aus, bei der Erklärung außenpolitischer Entscheidungen nicht bei strukturellen Anreizen und Zwängen des internationalen Systems stehen zu bleiben, da diese „nur" den Möglichkeits-raum staatlicher Außenpolitik abstecken. Im Mittelpunkt der FPA stehen die handelnden Akteure selbst und deren innenpolitisches Handlungsumfeld. Allerdings bieten auch Groß-theorien der Internationalen Beziehungen (IB) wichtige Ansatzpunkte zur Erklärung von Außenpolitik. Zum einen setzen diese Großtheorien häufig den Rahmen, in den sich FPA-Theorien einordnen bzw. von dem sie sich abgrenzen. Zum anderen wurden die einzelnen Großtheorien ihrerseits in unterschiedlicher Art und Weise für die Analyse von Außenpolitik operationalisiert.

Vor diesem Hintergrund diskutiert der vorliegende Band sowohl die Anwendbarkeit maßgeb-licher Großtheorien der IB zur Analyse von Außenpolitik als auch verschiedene zentrale Ansätze der FPA. Einführungswerke in die Theorien der IB sind auch im deutschsprachigen Raum zahlreich vorhanden (z. B. Gu 2010; Schieder/Spindler 2010; Lemke 2012), weshalb an dieser Stelle nicht weiter auf die Entstehung oder die Eigenschaften von IB-Theorien eingegangen wird. Für die FPA gilt dieser Befund hingegen nicht. Deshalb wird nachfolgend ein näherer Blick auf diese Teildisziplin der IB geworfen.

1.2   Was ist *Foreign Policy Analysis*?

Die auf die 1950er Jahre zurückgehende, auf die Erklärung der Außenpolitik einzelner Staa-ten abzielende FPA weist mehrere Charakteristika auf, die sie von den vornehmlich auf die Erklärung zwischenstaatlicher Beziehungen ausgerichteten Theorien der IB unterscheidet (siehe auch Hudson 2007: 4–6). Eine Besonderheit besteht darin, dass die „black box" Staat geöffnet wird. Außenpolitik wird somit auf Akteure und Prozesse zurückgeführt, die inner-halb eines Staates agieren bzw. ablaufen. Dieser Blick in das „Innere" von Staaten geht maß-geblich auf die Arbeit von Richard Snyder und Kollegen (Snyder et al. [1954] 2002) zurück, die faktisch das Feld der FPA begründeten. Snyder und Kollegen betonten ausdrücklich, dass Staaten keine Akteursqualität hätten und somit auch nicht entscheiden oder handeln könnten. Anstatt des Staates rückten sie die in soziale Kontexte eingebetteten Entscheidungsträger in das Zentrum der Analyse: „The state is its decision-makers" (Snyder et al. [1954] 2002: 59). Diese dezidierte Akteursorientierung der FPA wird im folgenden Zitat einer der heute füh-renden Forscherinnen noch deutlicher: „All that occurs between nations and across nations is grounded in *human decision makers acting singly or in groups*" (Hudson 2005: 1; Hervor-hebung im Original).

Außenpolitik als die zu erklärende („abhängige") Variable der FPA kann in unterschiedliche Dimensionen unterteilt und somit auch aus unterschiedlichen Perspektiven betrachtet wer-den. Erklärungsbedürftig können sein:

- die Problemdiagnose sowie die darauf beruhende Identifizierung von Handlungsoptio-nen durch den oder die Entscheidungsträger;
- der Ablauf von Entscheidungsprozessen;

- die konkreten Inhalte einer Entscheidung; sowie
- die praktische Umsetzung (Implementierung) einer Entscheidung.

Um Außenpolitik erklären zu können, werden verschiedene erklärende („unabhängige") Variablen herangezogen. Auch wenn die auf die Entscheidungsträger einwirkenden Faktoren von allen drei von Waltz angeführten Analyseebenen ausgehen können, liegt der Fokus der FPA – in Einklang mit der angeführten Öffnung der „black box" Staat – eindeutig auf der *first image* und der *second image*. Genauer gesagt gliedern die verschiedenen Ansätze der FPA diese beiden Analyseebenen weiter auf. Im Rahmen der *first image* richtet sich das Augenmerk beispielsweise auf bestimmte Persönlichkeitsfaktoren, psychologische Dispositionen oder kognitive Eigenschaften von Entscheidungsträgern. Für die *second image* wird unter anderem der Einfluss von ministeriellen Interessen, standardisierten Entscheidungsprozessen oder von der Interaktion zwischen Regierung und Opposition bzw. zwischen Regierung und Parlament thematisiert.

Aufgrund der mehrdimensionalen abhängigen Variable sowie den zahlreichen unabhängigen Variablen kann die vorhandene Vielfalt der FPA-Ansätze nicht verwundern. Walter Carlsnaes (2002: 331) konstatiert dann auch einen „Eklektizismus", der prägend für das Feld sei. Geeint werden die Ansätze der FPA nicht nur durch die bereits angeführte Akteursorientierung, sondern auch durch ihre Eigenschaft als Ansätze von „mittlerer Reichweite". Soll heißen: Auch wenn die Erklärungskraft der Ansätze über einen oder wenige Fälle hinausreicht, können sie nicht unter jedweden Bedingungen sämtliche außenpolitische Entscheidungen erklären. Vielmehr beanspruchen die Ansätze unter bestimmten Bedingungen (*scope conditions*) Erklärungskraft bzw. Prognosefähigkeit und somit Generalisierbarkeit.

Eine letzte Eigenschaft der FPA besteht in ihrer dezidierten Multi- bzw. Interdisziplinarität. Dies zeigt sich in der Einbeziehung von Forschungsergebnissen aus anderen wissenschaftlichen Disziplinen, wie beispielsweise der Psychologie, der Soziologie und der Ökonomie. Tabelle 1.1 fasst die zentralen Charakteristika der FPA zusammen.

Tab. 1.1:   Zentrale Charakteristika der *Foreign Policy Analysis*

Theoriegeleite Außenpolitikforschung oder *Foreign Policy Analysis* …
- öffnet die „black box" Staat;   - nimmt unterschiedliche Dimensionen von Außenpolitik – Problemdiagnose/Identifikation von Handlungsoptionen, Entscheidungsprozesse, Entscheidungen bzw. Implementation – in den Blick (als „abhängige Variable");   - führt zahlreiche Analyseebenen zur Erklärung von Außenpolitik an (als „unabhängige" Variablen), wobei der Schwerpunkt auf personenbezogenen (*first image*) und innerstaatlichen (*second image)* Faktoren liegt;   - umfasst eine Vielzahl von Ansätzen, die hinsichtlich ihrer Erklärungskraft von „mittlerer Reichweite" sind; und   - bezieht Einsichten von zahlreichen anderen Forschungsgebieten mit ein, etwa aus der Psychologie, der Soziologie und der Ökonomie.

Modifizierte Darstellung nach Hudson (2007: 4–6).

1.3   Abgrenzung und Zielsetzung des Bandes

In den letzten Jahren ist ein deutlich gestiegenes Interesse an der FPA festzustellen. Carlsnaes (2013: 299) spricht von „a noteworthy scholarly upsurge of interest and contributions to this subdiscipline." Ein Beispiel ist die Fachzeitschrift *Foreign Policy Analysis*, die seit 2005 im Auftrag der größten internationalen Vereinigung von IB-Forschern, der *International Studies Association* (ISA), herausgegeben wird. Daneben wurden im vergangenen Jahrzehnt im englischen Sprachraum eine ganze Reihe von Einführungsbänden in die Thematik veröffentlicht (Hill 2003; Breuning 2007; Hudson 2007; Smith et al. 2012; Neack 2008; Mintz/DeRouen 2010; Alden/Aran 2011; Walker et al. 2011; Beach 2012). Zudem ist der mehrbändige, von Walter Carlsnaes und Stefano Guzzini (2011) herausgegebene „Reader" zu nennen, in dem wesentliche Werke der Außenpolitikforschung ganz oder in Auszügen abgedruckt sind.

In der deutschsprachigen Forschung findet dieses wieder erwachte Interesse an der FPA allerdings nur wenig Widerhall. Entsprechend gibt es kaum Werke, die sich auch oder gar ausschließlich mit theoretischen Ansätzen der Außenpolitikforschung beschäftigen. Eine Ausnahme hierzu stellt der Band von Andreas Wilhelm (2006) dar, der vor allem in den Kapiteln 2 und 7 mehrere Außenpolitiktheorien diskutiert. Auch der Band von Gunther Hellmann (2006) zur deutschen Außenpolitik stellt eine Reihe von Ansätzen der Außenpolitikforschung einführend vor und wendet diese auf verschiedene Episoden und Sachbereiche deutscher Außenpolitik an. Selbes gilt für den Einführungsband zur deutschen Außenpolitik von Lars Colschen (2010). Hinzu kommen Beiträge in Sammelbänden, die Übersichtsdarstellungen über den Stand der – eher IB-theoretisch bzw. strukturalistisch argumentierenden – theoriegeleiteten Außenpolitikforschung in Deutschland bieten (Harnisch 2003; Peters 2007). Als Ausnahme zur Regel gibt es schließlich einige wenige Aufsätze und Monographien, die sich speziell mit einzelnen FPA-Ansätzen auseinandersetzen, wie in den einzelnen Kapiteln dieses Bandes gezeigt wird.

Gemeinsam ist den angeführten englisch- wie deutschsprachigen Übersichtswerken, dass sie keine systematischen Einführungen in einzelne theoretische Ansätze der theoriegeleiteten Außenpolitikforschung bieten. Gerade in den angeführten Monographien werden stattdessen anhand unterschiedlicher Analyseebenen bzw. unter Bezugnahme auf einzelne Querschnittsthemen der Außenpolitik gleich mehrere theoretische Ansätze zusammengeführt und in der Regel nur kursorisch diskutiert. Als Folge können die Werke kaum als Einführungsbände bzw. Lehrbücher in die theoriegeleitete Außenpolitikforschung genutzt werden, sofern das Ziel darin besteht, vertiefte Einblicke in einzelne Ansätze zu gewähren. Die Ausnahme zu diesem Befund stellt die *International Studies Encyclopedia* (Denemark 2010) dar, die auch mehrere Kapitel zu einzelnen FPA-Ansätzen enthält. Die Enzyklopädie deckt jedoch die gesamte Bandbreite der IB ab. Sie umfasst elf Bände mit etwa 400 Beiträgen, wodurch sie schwerlich ein kompaktes (oder preislich erschwingliches) Einführungswerk in die theoriegeleitete Außenpolitikforschung darstellt.

An der eben beschriebenen Lücke setzt der vorliegende Band an. Der zentrale Unterschied zu den angeführten Werken besteht darin, dass nicht Analyseebenen, sondern Theorien der Außenpolitikforschung im Mittelpunkt stehen. Auch wenn die erörterten Theorien ebenfalls nach Analyseebenen gegliedert sind, bietet der vorliegende Band *vertiefte Einführungen in einzelne maßgebliche Theorien* jeder Analyseebene anstatt einer breiten, dafür aber nur oberflächlichen Diskussion einer Vielzahl von Ansätzen für jede Ebene. Auf diese Weise ermöglicht der Band eine ebenso systematische wie auch leicht zugängliche Auseinandersetzung mit zentralen Theorien der Außenpolitikforschung.

Die Nutzung als Einführungsband und Lehrbuch wird zusätzlich dadurch gesteigert, dass es kurze Einführungsbeiträge in die drei Teile des Bandes („Großtheorien der Internationalen Beziehungen", „Innenpolitische Erklärungsansätze" und „Psychologische und kognitive Erklärungsansätze") gibt. Um den Einstieg in die einzelnen Theorien wie auch den Vergleich zwischen diesen zu erleichtern, finden sich ferner zu Beginn jedes Kapitels kurze tabellarische Übersichten, in denen sich auf einen Blick wesentliche Informationen finden. Neben den inhaltlichen Kernaussagen der Ansätze sind dies Angaben zu zentralen Autoren und Referenzwerken, die, mit dem wichtigsten beginnend, nach ihrer Bedeutung für den jeweiligen Ansatz angeordnet sind. Schließlich trägt auch die Auflistung der verwendeten Literatur am Ende jedes Kapitel dazu bei, einen kompakten Überblick über die vorgestellten Ansätze zu erhalten.

Wie schon erwähnt, erhebt der vorliegende Band keinen Anspruch auf Vollständigkeit. Nicht zuletzt aufgrund der Vorgaben zum Umfang können nicht sämtliche Ansätze der sehr facettenreichen FPA diskutiert werden. Weitere personenbezogene Ansätze sind beispielsweise:

- die *Leadership Trait Analysis*, die auf der Grundlage von drei Faktoren (Motivation, Offenheit für Informationen sowie Umgang mit Handlungszwängen) eine Typologie von Führungsstilen entwickelt, aus der sich unterschiedliche Erwartungen für außenpolitisches Handeln ableiten lassen (Hermann 1980, 2005; Hermann et al. 2001);
- das *Analogical Explanation Framework*, das auf die Rolle historischer Analogien bei der Situationsdefinition und der Entwicklung von Handlungsoptionen durch Entscheidungsträger abhebt (Khong 1992; Houghton 1996, 1998, 2001); oder
- die Arbeiten zu „integrative complexity", die situationsspezifische kognitive Faktoren bei der Informationsverarbeitung und Entscheidungsfindung thematisieren (Suedfeld/Rank 1976; Suedfeld/Tetlock 1977; Suedfeld 2010).

Für die inner-/staatliche Ebene ließe sich auch der außenpolitische Einfluss von Parlamenten (Kesgin/Kaarbo 2010), Koalitionsregierungen (Kaarbo 1996; Kaarbo/Beasley 2008) bzw. Koalitionen im weiteren Sinne (Hagan et al. 2001) oder der politischen Opposition (Hagan 1993) diskutieren. Und für die Ebene des internationalen Systems hätte beispielsweise auch der neoliberal-institutionalistische Ansatz (Axelrod/Keohane 1985; Keohane 1993) oder die strukturelle Variante außenpolitischer Rollentheorie (Harnisch et al. 2011) angeführt werden können. Trotz dieser unvermeidlichen Lücken glauben wir, in den folgenden zehn Kapiteln (Kap. 2–11) maßgebliche Ansätze zur theoriegeleiteten Erklärung von Außenpolitik aufgegriffen zu haben.

1.4   Gliederung des Bandes

Die nachfolgend diskutierten Ansätze zur Erklärung von Außenpolitik werden in drei Themenblöcke gruppiert. Teil I widmet sich Großtheorien der IB und deren Operationalisierbarkeit für die Analyse von Außenpolitik (Kap. 2–4). In den beiden folgenden Teilen richtet sich der Blick auf Ansätze der FPA. Teil II behandelt die Ebene des Staates sowie die Interaktion zwischen innenpolitischen und internationalen Einflussfaktoren (Kap. 5–7). Und Teil III thematisiert psychologische und kognitive Erklärungsansätze, bei denen Eigenschaften und

Eigenheiten der individuellen Akteure, welche außenpolitische Entscheidungen herbeiführen, im Mittelpunkt stehen (Kap. 8–11). Das letzte Kapitel des Bandes reflektiert aktuelle Debatten zur Weiterentwicklung der FPA (Kap. 12).

1.5   Literatur

Alden, Chris/Aran, Amnon (2012) *Foreign Policy Analysis. New Approaches*. Abingdon: Routledge.

Axelrod, Robert/Keohane, Robert O. (1985) Achieving Cooperation under Anarchy: Strategies and Institutions. *World Politics* 38(1), 226–254.

Beach, Derek (2012) *Analyzing Foreign Policy*. Basingstoke: Palgrave Macmillan.

Breuning, Marijke (2007) *Foreign Policy Analysis. A Comparative Introduction*. Basingstoke: Palgrave Macmillan.

Carlsnaes, Walter (2002) Foreign Policy. In: Carlsnaes, Walter/Risse, Thomas/Simmons, Beth A. (Hrsg.) *Handbook of International Relations*. London et al.: Sage, 331–349.

Carlsnaes, Walter (2013) Foreign Policy. In: Carlsnaes, Walter/Risse, Thomas/Simmons, Beth A. (Hrsg.) *Handbook of International Relations*, 2. Auflage. Los Angeles et al.: Sage, 298–325.

Carlsnaes, Walter/Guzzini, Stefano (Hrsg.) (2011) *Foreign Policy Analysis*. London et al.: Sage (mehrere Bände).

Colschen, Lars C. (2010) *Deutsche Außenpolitik*. Paderborn: Wilhelm Fink.

Denemark, Robert A. (Hrsg.) (2010) *The International Studies Encyclopedia*. Blackwell Reference Online. Blackwell Publishing.

Gareis, Sven Bernhard (2006) *Deutschlands Außen- und Sicherheitspolitik*, 2. Auflage. Opladen/ Farmington Hills: Barbara Budrich.

Gu, Xuewu (2010) *Theorien der Internationalen Beziehungen. Einführung*, 2. Auflage. München: Oldenbourg.

Hagan, Joe D. (1993) *Political Opposition and Foreign Policy in Comparative Perspective*. Boulder et al.: Lynne Rienner.

Hagan, Joe D. et al. (2001) Foreign Policy by Coalition. Deadlock, Compromise, and Anarchy. *International Studies Review* 3(2), 169–216.

Harnisch, Sebastian (2003) Theorieorientierte Außenpolitikforschung in einer Ära des Wandels. In: Hellmann, Gunther/Wolf, Klaus Dieter/Zürn, Michael (Hrsg.) *Die neuen internationalen Beziehungen. Forschungsstand und Perspektiven in Deutschland*. Baden-Baden: Nomos, 313–360.

Harnisch, Sebastian/Frank, Cornelia/Maull, Hanns W. (Hrsg.) (2011) *Role Theory in International Relations. Approaches and Analyses*. New York: Routledge

Hellmann, Gunther (unter Mitarbeit von Rainer Baumann und Wolfgang Wagner) (2006) *Deutsche Außenpolitik. Eine Einführung*. Wiesbaden: VS Verlag.

Hermann, Margaret G. (1980) Explaining Foreign Policy Behavior Using the Personal Characteristics of Political Leaders. *International Studies Quarterly* 24(1), 7–46.

Hermann, Margaret G. (2005) Assessing Leadership Style: Trait Analysis. In: Post, Jerrold M. (Hrsg.) *The Psychological Assessment of Political Leaders. With Profiles of Saddam Hussein and Bill Clinton*. Ann Arbor: University of Michigan Press, 178–212.

Hermann, Margaret G. et al. (2001) Who Leads Matters: the Effects of Powerful Individuals. *International Studies Review* 3(2), 83–131.

Hill, Christopher (2003) *The Changing Politics of Foreign Policy*. Basingstoke: Palgrave Macmillan.

Houghton, David Patrick (1996) The Role of Analogical Reasoning in Novel Foreign-Policy Situations. *British Journal of Political Science* 26(4), 523–552.

Houghton, David Patrick (1998) Historical Analogies and the Cognitive Dimension of Domestic Policymaking. *Political Psychology* 19(2), 279–303.

Houghton, David Patrick (2001) *US Foreign Policy and the Iran Hostage Crisis*. Cambridge: Cambridge University Press.

Hudson, Valerie M. (2005) Foreign Policy Analysis: Actor-Specific Theory and the Ground of International Relations. *Foreign Policy Analysis* 1(1), 1–30.

Hudson, Valerie M. (2007) *Foreign Policy Analysis. Classic and Contemporary Theory*. Lanham et al.: Rowman & Littlefield.

Kaarbo, Juliet (1996) Power and Influence in Foreign Policy Decision Making: The Role of Junior Coalition Partners in German and Israeli Foreign Policy. *International Studies Quarterly* 40(4), 501–530.

Kaarbo, Juliet/Beasley, Ryan K. (2008) Taking It to the Extreme: The Effect of Coalition Cabinets on Foreign Policy. *Foreign Policy Analysis* 4(1), 67–81.

Keohane, Robert O. (1993) Institutional Theory and the Realist Challenge After the Cold War. In: Baldwin, David A. (Hrsg.) *Neorealism and Neoliberalism: The Contemporary Debate*. New York: Columbia University Press, 269–300.

Kesgin, Baris/Kaarbo, Juliet (2010) When and How Parliaments Influence Foreign Policy: The Case of Turkey's Iraq Decision. *International Studies Perspectives* 11(1), 19–36.

Khong, Yuen Foon (1992) *Analogies at War. Korea, Munich, Dien Bien Phu, and the Vietnam Decisions of 1965*. Princeton: Princeton University Press.

Lemke, Christiane (2012) *Internationale Beziehungen. Grundkonzepte, Theorien und Problemfelder*, 3. Auflage. München: Oldenbourg.

Mintz, Alex/DeRouen, Karl, Jr. (2010) *Understanding Foreign Policy Decision Making*. Cambridge: Cambridge University Press.

Neack, Laura (2008) *The New Foreign Policy: Power Seeking in a Globalized Era*, 2. Auflage. Lanham et al.: Rowman & Littlefield.

Peters, Dirk (2007) Ansätze und Methoden der Außenpolitikanalyse. In: Schmidt, Siegmar/Hellmann, Gunther/Wolf, Reinhard (Hrsg.) *Handbuch zur deutschen Außenpolitik*. Wiesbaden: VS Verlag, 815–835.

Schieder, Siegfried/Spindler, Manuela (Hrsg.) (2010) *Theorien der Internationalen Beziehungen*, 3. Auflage. Opladen et al.: Barbara Budrich.

Smith, Steve/Hadfield, Amelia/Dunne, Tim (Hrsg.) (2012) *Foreign Policy. Theories, Actors, Cases*, 2. Auflage. Oxford: Oxford University Press.

Snyder, Richard C./Bruck, H. W./Sapin, Burton ([1954] 2002) Decision-Making as an Approach to the Study of International Politics. In: Snyder, Richard C./Bruck, H. W./Sapin, Burton: *Foreign Policy Decision-Making (Revisited)*. New York/Basingstoke: Palgrave Macmillan, 21–152.

Suedfeld, Peter (2010) The Cognitive Processing of Politics and Politicians: Archival Studies of Conceptual and Integrative Complexity. *Journal of Personality* 78(6), 1669–1702.

Suedfeld, Peter/Rank, A. Dennis (1976) Revolutionary Leaders: Long-term Success as a Function of Changes in Conceptual Complexity. *Journal of Personality and Social Psychology* 34(2), 169–178.

Suedfeld, Peter/Tetlock, Philip (1977) Integrative Complexity of Communications in International Crises. *Journal of Conflict Resolution* 21(1), 169–184.

Voss, James F. (1998) On the Representation of Problems: An Information-Processing Approach to Foreign Policy Decision Making. In: Sylvan, Donald A./Voss, James F. (Hrsg.) *Problem Representation in Foreign Policy Decision Making.* Cambridge: Cambridge University Press, 8–26.

Walker, Stephen G./Malici, Akan/Schafer, Mark (Hrsg.) (2011) *Rethinking Foreign Policy Analysis: States, Leaders, and the Microfoundations of Behavioral International Relations.* New York/London: Routledge.

Waltz, Kenneth N. (1959) *Man, the State and War. A Theoretical Analysis.* New York: Columbia University Press.

Wilhelm, Andreas (2006) *Außenpolitik. Grundlagen, Strukturen und Prozesse.* München/Wien: Oldenbourg.

Teil I   Großtheorien der Internationalen Beziehungen

Der erste Teil des Bandes diskutiert die drei wichtigsten Großtheorien der Internationalen Beziehungen (IB): den Realismus, den Liberalismus und den Konstruktivismus (vgl. Walt 1998: 38). Der wesentliche Unterschied dieser Theorien im Vergleich zu den im zweiten und dritten Teil des Bandes vorgestellten Ansätzen besteht darin, dass ihre bedeutendsten Ausformulierungen nicht als Theorien der Außenpolitik, sondern als Theorien der internationalen Politik, verstanden als zwischenstaatliche Beziehungen im internationalen System, angelegt wurden. Der Anspruch der Großtheorien ist es daher zunächst nicht, das außenpolitische Handeln einzelner Staaten zu erklären. Vielmehr streben sie nach allgemeinen Aussagen über die Muster und Ergebnisse der Interaktion zwischen Staaten auf internationaler Ebene (Hartmann 2001: 9). In anderen Worten: Das wesentliche Unterscheidungsmerkmal zwischen Theorien der Außenpolitik und Theorien der internationalen Politik betrifft die Analyseebene ihrer abhängigen Variablen. In diesem Sinne haben mit Kenneth Waltz (1979) für den Neorealismus, Andrew Moravcsik (1997) für den „neuen" Liberalismus und Alexander Wendt (1999) für den Sozialkonstruktivismus führende Vertreter der drei vorgestellten Großtheorien keinen Zweifel daran gelassen, dass die von ihnen entwickelten Theorien als Theorien der internationalen Politik zu verstehen seien.

Daraus ist allerdings noch nicht zu schließen, dass diese Großtheorien keine Erkenntnisse über Außenpolitik erbringen können. Im Gegenteil: Theorien der internationalen Politik, die sich der Erklärung zwischenstaatlicher Beziehungen im internationalen System widmen, setzen Aussagen über Außenpolitik zumindest implizit voraus, da internationale Politik nicht zuletzt aus der Interaktion staatlichen Außenverhaltens entsteht. Aus dieser Sicht erscheinen die Unterschiede zwischen Theorien der internationalen Politik und Theorien der Außenpolitik somit weniger grundsätzlich als vielfach angenommen. Demnach wären auch von Theorien der internationalen Politik Erklärungen von Außenpolitik zu erwarten (Fearon 1998: 289–298). Der erste Teil des Bandes geht von einem solchen Verständnis aus und arbeitet für jede der drei behandelten Großtheorien heraus, in welcher Art und Weise sie zur theoriegeleiteten Analyse von Außenpolitik beitragen kann. Dies soll nicht zuletzt dem häufig formulierten Ziel dienen, die theoretische Kluft zwischen der IB-Forschung und der Außenpolitikforschung zu verringern (Smith et al. 2012a: 7).

Damit beginnt der Band mit einer breiteren Konzeption von Außenpolitikforschung als dies in der vor allem im US-amerikanischen Kontext entwickelten Disziplin der *Foreign Policy Analysis* (FPA) üblicherweise der Fall ist. So hat sich die FPA mit ihrer Akteursorientierung und ihrem Fokus auf außenpolitische Entscheidungsprozesse (Kap. 1.2) explizit gegen die Annahme führender Theorien der internationalen Politik, insbesondere des Neorealismus (Kap. 2), gewandt, Staaten handelten in der internationalen Politik, „als ob" sie einheitliche Akteure seien (Hill 2003: 5–11). Auf diese Weise beruht die Ausdifferenzierung der FPA seit den 1950er Jahren nicht zuletzt auf einer bewussten Abgrenzung von der Disziplin der IB.

Dementsprechend bleiben die Großtheorien der IB in den einschlägigen Einführungswerken in die FPA, die einer solchen „engen" Sichtweise auf die Disziplin folgen, weitgehend unberücksichtigt (vgl. Breuning 2007; Hudson 2007; Mintz/DeRouen 2010). Zwar nimmt die FPA für sich in Anspruch, ihrerseits der Fortentwicklung und Verfeinerung von IB-Theorien dienen zu können (Hudson 2007: 7–14). Möglichen Beiträgen dieser Theorien für die Außenpolitikforschung schenkt sie umgekehrt jedoch kaum Beachtung.

Dem möchte der erste Teil des vorliegenden Bandes entgegenwirken. Er folgt dabei einer vor allem in der „europäischen" Tradition der Außenpolitikforschung verankerten Sichtweise, wonach die theoriegeleitete Analyse von Außenpolitik nicht auf FPA im engeren Sinne reduziert werden kann (Smith et al. 2012a: 3–5). Danach spielen Großtheorien der IB durchaus eine zentrale Rolle für die Analyse von Außenpolitik und dienen insbesondere als allgemeine Paradigmen, aus denen grundsätzliche Prinzipien und Tendenzen sowie spezifischere Erklärungsfaktoren von Außenpolitik abgeleitet werden können (Jackson/Sørensen 2010: 226–233). In einem solchen Sinne diskutiert beispielsweise der von Steve Smith et al. (2012b) herausgegebene Sammelband realistische, liberale und konstruktivistische Perspektiven als drei grundlegende theoretische Ansatzpunkte der Außenpolitikforschung. Analog dazu wurden diese Großtheorien in dem von Volker Rittberger (2001) herausgegebenen Sammelband für die Analyse der deutschen Außenpolitik operationalisiert. Ebenfalls mit Blick auf die deutsche Außenpolitik nutzt schließlich das von Gunther Hellmann (2006) vorgelegte Lehrbuch die drei IB-Theorien, um den Einfluss der internationalen Machtverteilung, ökonomischer Interdependenzbeziehungen und normativer Erwartungen aufzuzeigen.

Vor diesem Hintergrund bieten der Realismus, der Liberalismus und der Konstruktivismus mindestens in zweierlei Hinsicht Anknüpfungspunkte für die Erklärung von Außenpolitik. Erstens betrachten sie als Theorien der internationalen Politik unterschiedliche Facetten der internationalen Umwelt staatlicher Außenpolitik. Diese Umwelt bedingt Anreize und Zwänge außenpolitischer Entscheidungen und prägt den Möglichkeitsraum der Außenpolitik eines Landes. Sie wird damit zu einem wesentlichen Referenzpunkt sowohl für die im zweiten Teil des Bandes behandelten innenpolitischen Prozesse der außenpolitischen Entscheidungsfindung als auch für die Wahrnehmungen und Überzeugungen individueller Entscheidungsträger, die der dritte Teil des Bandes in den Blick nimmt. Auf diese Weise erlauben die behandelten IB-Theorien Aussagen darüber, welche Außenpolitik im Lichte internationaler Ausgangsbedingungen Erfolg versprechend und angemessen erscheint und welche Handlungsalternativen daher mehr oder weniger Aussicht haben, sich im außenpolitischen Entscheidungsprozess durchzusetzen (vgl. Breuning 2007: 141–162). Zweitens bleibt keine der drei Großtheorien bei einer ausschließlich systemischen Betrachtung auf internationaler Ebene stehen. Vielmehr gibt es eine breite Literatur, die diese Theorien mit innenpolitischen Faktoren in Verbindung setzt (Fearon 1998). Dementsprechend kann jede der vorgestellten IB-Theorien in jeweils unterschiedlicher Art und Weise für sich in Anspruch nehmen, Variablen auf innerstaatlicher Ebene in ihr Erklärungsmodell zu integrieren. Dabei beleuchten sie nicht zuletzt das Verhältnis zwischen internationalen und innenpolitischen Einflüssen auf Außenpolitik.

Der erste Teil des Bandes besteht aus drei Kapiteln. Zunächst liegt das Augenmerk auf dem Realismus, der in den 1930er und 1940er Jahren zur dominanten Theorie in den IB wurde und bis heute der Ausgangspunkt zahlreicher Debatten in der Disziplin ist (Kap. 2). Daran anschließend wird mit dem Liberalismus der Hauptkonkurrent des Realismus unter den IB-Theorien diskutiert und dabei insbesondere der Anfang der 1990er Jahren entwickelte „neue"

Liberalismus vorgestellt (Kap. 3). Schließlich richtet sich der Blick auf den Konstruktivismus und damit auf eine Großtheorie, die erst in den 1990er Jahren in den Mainstream der IB aufrückte (Kap. 4).

Auf einer allgemeinen Ebene unterscheiden sich die außenpolitischen Erklärungsmodelle der drei Theorien dadurch, dass sie jeweils auf eine andere erklärende Variable von Außenpolitik fokussieren. Der Realismus stellt die internationale Machtposition von Staaten in den Mittelpunkt und bietet machtbasierte Erklärungen von Außenpolitik. Der Liberalismus setzt seine Analyse bei gesellschaftlichen Interessen an und formuliert interessenbasierte Erklärungen außenpolitischer Entscheidungen. Der Konstruktivismus untersucht den Einfluss internationaler und innerstaatlicher Normen und leitet daraus normenbasierte Erklärungen von Außenpolitik ab. Jedes Kapitel ordnet die vorgestellte Großtheorie zunächst theoretisch ein und arbeitet daran anschließend ihr außenpolitisches Erklärungskonzept heraus.

Literatur

Breuning, Marijke (2007) *Foreign Policy Analysis. A Comparative Introduction.* Basingstoke: Palgrave Macmillan.

Fearon, James D. (1998) Domestic Politics, Foreign Policy, and Theories of International Relations. *Annual Review of Political Science* 1, 289–313.

Hartmann, Jürgen (2001) *Internationale Beziehungen.* Opladen: Leske + Budrich.

Hellmann, Gunther (unter Mitarbeit von Rainer Baumann und Wolfgang Wagner) (2006) *Deutsche Außenpolitik. Eine Einführung.* Wiesbaden: VS Verlag.

Hill, Christopher (2003) *The Changing Politics of Foreign Policy.* Basingstoke: Palgrave Macmillan.

Hudson, Valerie M. (2007) *Foreign Policy Analysis. Classic and Contemporary Theory.* Lanham et al.: Rowman & Littlefield.

Jackson, Robert/Sørensen, Georg (2010) *Introduction to International Relations. Theories and Approaches*, 4. Auflage. Oxford: Oxford University Press.

Mintz, Alex/DeRouen, Karl, Jr. (2010) *Understanding Foreign Policy Decision Making.* Cambridge: Cambridge University Press.

Moravcsik, Andrew (1997) Taking Preferences Seriously: A Liberal Theory of International Politics. *International Organization* 51(4), 513–553.

Rittberger, Volker (Hrsg.) (2001) *German Foreign Policy since Unification. Theories and Case Studies.* Manchester: Manchester University Press.

Smith, Steve/Hadfield, Amelia/Dunne, Tim (2012a) Introduction. In: Smith, Steve/Hadfield, Amelia/Dunne, Tim (Hrsg.) *Foreign Policy. Theories, Actors, Cases.* 2. Auflage. Oxford: Oxford University Press, 1–9.

Smith, Steve/Hadfield, Amelia/Dunne, Tim (Hrsg.) (2012b) *Foreign Policy. Theories, Actors, Cases.* 2. Auflage. Oxford: Oxford University Press.

Walt, Stephen (1998) International Relations: One World, Many Theories. *Foreign Policy* 110, 29–46.

Waltz, Kenneth N. (1979) *Theory of International Politics.* Boston: McGraw-Hill.

Wendt, Alexander (1999) *Social Theory of International Politics.* Cambridge: Cambridge University Press.

2   Realismus

Der Realismus in seinen verschiedenen Ausformulierungen ist spätestens seit den 1940er Jahren die zentrale Referenztheorie in den Internationalen Beziehungen (IB). Keine andere Theorie dürfte für die wesentlichen Debatten in der Disziplin ähnlich prägend gewesen sein, wie der von Kenneth Waltz in seinem Buch *Theory of International Politics* (1979) begründete Neorealismus. Bis heute arbeiten sich die Theoriedebatten in dem Fach häufig an realistischen Theorien ab, auch wenn es dabei in der Regel darum geht, sich kritisch von ihnen zu distanzieren.

Tab. 2.1:   Kernaussagen, Referenzautoren und zentrale Werke des realistischen Ansatzes

Kernaussagen
Nach den Grundannahmen des Realismus sind Staaten die zentralen Akteure der internationalen Politik, die eigennutzorientiert handeln und ihre Interessen im anarchischen internationalen System über das Medium der Macht verfolgen.
Der Möglichkeitsraum staatlicher Außenpolitik ist durch die zwischenstaatliche Machtverteilung im internationalen System begrenzt.
Die zentrale erklärende Variable realistischer Analysen von Außenpolitik ist die relative Machtposition eines Staates auf internationaler Ebene. Diese Machtposition folgt aus den relativen Fähigkeiten eines Staates und der Polarität des internationalen Systems.
Außenpolitischer Wandel wird als Anpassung an relative Machtgewinne oder Machtverluste eines Staates erklärt.
Die strukturelle Perspektive des realistischen Erklärungsmodells kann durch intervenierende Variablen auf der Ebene des internationalen Systems (postklassischer Realismus) oder auf innenpolitischer Ebene (neoklassischer Realismus) ergänzt werden, um differenziertere Aussagen über Außenpolitik zu ermöglichen.

Referenzautoren	*Zentrale Werke*
Kenneth Waltz	*Theory of International Politics.* Boston: McGraw-Hill, 1979.
John Mearsheimer	*The Tragedy of Great Power Politics.* New York: W. W. Norton, 2001.
Colin Elman	Horses for Courses: Why *Not* Neorealist Theories of Foreign Policy?. *Security Studies* 6(1), 7–53, 1996.
Gideon Rose	Neoclassical Realism and Theories of Foreign Policy. *World Politics* 51(1), 144–172, 1998.

Es erscheint daher zunächst überraschend, dass der Realismus in der Außenpolitikforschung eine ungleich geringere Rolle gespielt hat als in den IB. Dies hängt vermutlich zum einen mit

dem berühmten Diktum von Waltz zusammen, laut dem der Neorealismus eine Theorie der
internationalen Politik sei, nicht jedoch der Außenpolitik (Waltz 1979: 60–78). Zum anderen
liegt es sicherlich an der Ausdifferenzierung der *Foreign Policy Analysis* (FPA) als eigenständige Subdisziplin seit den 1950er Jahren, deren dezidierte Akteursorientierung (Kap. 1.2)
nur wenig Raum für realistische Analysen zu lassen schien. Allerdings hat es vor allem
außerhalb der FPA im engeren Sinne immer wieder durch den Realismus angeleitete Beiträge
zur Außenpolitikforschung gegeben. Seit den späten 1990er Jahren konnten sich außerdem
zwei Varianten des Realismus etablieren, die explizit als Theorien der Außenpolitik formuliert wurden und die zu einem gewissen Aufschwung in der realistischen Außenpolitikanalyse geführt haben.

Das Ziel dieses Kapitels ist es, die Möglichkeiten und Grenzen realistischer Erklärungen von
Außenpolitik (Tab. 2.1) aufzuzeigen. Dazu ordnet der nachfolgende Abschnitt die realistische
Außenpolitikanalyse zunächst in das breitere realistische Paradigma in den IB ein. Der zweite Abschnitt arbeitet daraufhin ein allgemeines realistisches Erklärungsmodell von Außenpolitik heraus, bevor die Abschnitte drei und vier mit dem postklassischen und dem neoklassischen Realismus die beiden wichtigsten Ausprägungen der neueren realistischen Außenpolitikforschung vorstellen.

2.1   Theoretische Einordnung

Der Realismus ist eine vielschichtige philosophische Denkrichtung mit einer langen geistes-
geschichtlichen Tradition, die bis zu dem antiken Historiker Thukydides und der von ihm
verfassten Geschichte der peloponnesischen Kriege zwischen Athen und Sparta im 5. Jahrhundert v. Chr. zurückreicht. Andere zentrale Werke in dieser Tradition umfassen Niccolò
Macchiavellis *Der Fürst* (1532) und Thomas Hobbes' *Leviathan* (1651) (vgl. Jackson/
Sørensen 2010: 60–66). Die Ausgangspunkte realistischen Denkens sind dabei ein pessimistisches Menschenbild und ein zyklisches Geschichtsverständnis. So betrachtet der Realismus
Menschen nicht als von Natur aus gut und vernünftig, sondern als moralisch ambivalent,
teilweise triebgesteuert, egoistisch und nur begrenzt lernfähig. Dementsprechend lehnt er das
optimistische Bild einer linearen historischen Entwicklung, die dank der menschlichen Vernunft grundsätzlich fortschrittlich verläuft, als utopisch ab (vgl. Jervis 1992).

Diese Prämissen der realistischen Denktradition markieren die Grundlagen eines breiten
Forschungsprogramms oder Paradigmas innerhalb der IB, unter das sich eine Vielzahl unterschiedlicher Theorien und Hypothesen über internationale Politik und Außenpolitik subsumieren lassen. Im Kern zeichnet sich das realistische Forschungsprogramm durch drei gemeinsame Grundannahmen aus.

Erstens beruht der Realismus auf einer gruppenzentrierten Perspektive auf internationale
Politik. Die primäre Einheit politischen Handelns sind demnach Gruppen, mit denen sich
Individuen identifizieren und in denen sie sich organisieren. Diese Gruppen formen sich
nicht zuletzt im Konflikt mit anderen Gruppen und treten nach außen geschlossen auf. Die
dominante Organisationsform politischer Gruppen im modernen internationalen System ist
der Nationalstaat, den der Realismus daher als zentralen Akteur der internationalen Politik
modelliert (Gilpin 1984: 290).

Zweitens geht der Realismus davon aus, dass Staaten im internationalen System eigennutz-orientiert handeln. Er versteht Staaten als egoistische Akteure, die gegenüber anderen Akteuren eigene „nationale" Interessen durchzusetzen versuchen (Wohlforth 2008: 32). Die zwischenstaatliche Interaktion ist maßgeblich durch widerstreitende Interessen und Konflikt geprägt. Eine durch nationale Interessen geleitete Außenpolitik gilt dabei nicht lediglich als analytische Kategorie, sondern zugleich als normatives Gebot (Donnelly 2000: 161–188).

Die dritte realistische Grundannahme schließlich besagt, dass Staaten ihre außenpolitischen Interessen über das Medium der Macht verfolgen. Internationale Politik findet in einem anarchischen Selbsthilfesystem statt, in dem Staaten auf ihre eigenen Fähigkeiten vertrauen müssen, um sich im Wettbewerb mit konkurrierenden Staaten zu behaupten und ihr Überleben zu sichern. Dieses System kennt keine funktionale Differenzierung zwischen den in ihm interagierenden Staaten. Die Staaten unterscheiden sich wiederum allein durch ihre Machtmittel. Die relative Machtposition eines Staates im internationalen System bestimmt daher dessen Fähigkeit, seine außenpolitischen Ziele zu erreichen (Schweller 2003: 322–329).

Ausgehend von diesen Grundannahmen ist für die theoretische Einordnung der realistischen Außenpolitikforschung insbesondere die Unterscheidung zwischen dem klassischen Realismus und dem Neorealismus von Bedeutung. Hierbei geht es im Kern um unterschiedliche Sichtweisen auf den Ursprung und die primäre Motivation staatlichen Handelns.

Der *klassische Realismus* wurde während und unmittelbar nach dem Zweiten Weltkrieg als Kritik am Idealismus (auch: liberaler Internationalismus) als der bis dahin vorherrschenden Theorie in den IB formuliert. In der ersten großen Debatte der noch jungen Disziplin griffen Autoren wie Edward Carr (1946) und vor allem Hans Morgenthau (1948) die Kernaussagen der realistischen Denktradition auf und richteten sie gegen den Fortschrittsoptimismus und den Vernunftglauben des Idealismus (vgl. Menzel 2001: 72–82). Im Mittelpunkt steht dabei ein pessimistisches Menschenbild, das der klassische Realismus als anthropologische Quelle staatlichen Handelns in der internationalen Politik betrachtet. So wird der Mensch als „animus dominandi" (Morgenthau 1946: 192) beschrieben, der einem triebhaften Bedürfnis nach Machterwerb und Machtausübung folgt. Gerade wenn Menschen in Gruppen handeln löst sich ihr Machtstreben von etwaigen moralischen oder ethischen Bedenken und gewinnt zusätzlich an Aggressivität (Niebuhr 1932). Es sei somit in der menschlichen Natur angelegt, dass Staaten in der internationalen Politik auf die Ausweitung ihrer Macht zielen. Staatliches Streben nach Macht gilt im klassischen Realismus daher nicht als Mittel zu einem höheren Zweck, sondern als ein menschliche Triebe befriedigender Selbstzweck (Brooks 1997: 461–462). Machterwerb wird zum obersten Bezugspunkt nationaler Interessen und außenpolitischen Handelns. Unter den Bedingungen eines anarchischen internationalen Systems kann dieses Machtstreben von Staaten einzig durch die Macht anderer Staaten eingehegt werden.

Im Gegensatz zum klassischen Realismus begründet der *Neorealismus* das Interesse von Staaten an der Akkumulation von Macht nicht mit der menschlichen Natur, sondern mit der Struktur der internationalen Systems (er wird daher auch als *struktureller Realismus* bezeichnet). Der Neorealismus abstrahiert von den Handlungsmotiven außenpolitischer Entscheidungsträger ebenso wie von anderen innerstaatlichen Attributen und entwickelt seine Hypothesen über internationale Politik allein aus den Anreizen und Zwängen des internationalen Systems. Diese Reformulierung der realistischen Theoriebildung wurde in den 1970er Jahren maßgeblich von Waltz (1979) geleistet, der nicht zuletzt der Kritik an den hermeneutischen Methoden und der „Unwissenschaftlichkeit" des klassischen Realismus gefolgt ist und die realistische Analyse auf ein szientistisches Wissenschaftsverständnis auszurichten versucht hat (vgl. Menzel 2001: 97–103).

Das zentrale Strukturmerkmal des internationalen Systems ist aus neorealistischer Sicht dessen anarchisches Ordnungsprinzip. Danach gibt es auf internationaler Ebene im Gegensatz zu hierarchisch strukturierten politischen Systemen innerhalb von Staaten keine übergeordnete Instanz, die dazu legitimiert und in der Lage wäre, Konflikte zwischen Staaten mit widerstreitenden Interessen autoritativ aufzulösen. Internationale Politik stellt sich als horizontale Interaktion souveräner Staaten dar, die durch fundamentale wechselseitige Unsicherheit über die Intentionen anderer Staaten gekennzeichnet ist. Unter den Bedingungen von Anarchie ist Machterwerb die einzig rationale Strategie von Staaten, um ihr primäres Interesse an Selbsterhalt zu wahren und sich für alle Eventualitäten zu wappnen (Waltz 1979: 79–101). Anarchie und Unsicherheit sind auch die treibenden Kräfte hinter dem die internationale Politik prägenden Sicherheitsdilemma (Herz 1951). Da sich ein Staat A der friedlichen Absichten eines anderen Staates B nicht gewiss sein kann, muss er Machtzuwächse dieses Staates als Bedrohung empfinden, selbst wenn Staat B seine Macht ausschließlich zur Wahrung der eigenen Sicherheit einzusetzen beabsichtigt. Staat A wird daher seinerseits zusätzliche Macht anhäufen, um sich gegen eine etwaige Aggression durch Staat B zu schützen, was dort wiederum als Sicherheitsbedrohung wahrgenommen und zum Anlass für die weitere Akkumulation von Macht genommen wird.

Anders als im klassischen Realismus erscheint die Anarchie des internationalen Systems im Neorealismus somit nicht bloß als permissive Umwelt für staatliches Machtstreben, sondern als direkte Ursache dafür. Zudem gilt Machterwerb nicht länger als Selbstzweck, sondern als Mittel von Staaten, ihr Überleben im anarchischen internationalen System zu sichern (Mearsheimer 2007: 72–73). Staaten sind daher in erster Linie an ihrer Machtposition in Relation zu anderen Staaten interessiert und weniger an der Ausweitung ihrer absoluten Machtressourcen an sich. Sie streben nach relativen, nicht nach absoluten Gewinnen (vgl. Grieco 1988; Powell 1991).

Innerhalb des Neorealismus stehen sich eine defensive und eine offensive Theorievariante gegenüber. Der zentrale Dissens zwischen beiden betrifft die Frage, nach *wie viel* Macht Staaten streben müssen, um ihr Überleben in der anarchischen internationalen Umwelt sichern zu können. Aus Sicht des *defensiven Neorealismus*, dem Waltz zuzuordnen ist, sind Staaten weniger dadurch motiviert, relative Machtgewinne zu realisieren, als vielmehr relative Machtverluste zu vermeiden. Aggressive Strategien der Machtexpansion seien für das Überleben eines Staates kontraproduktiv, da dies Gegenmachtbildung provoziere und die Gefahr einer Überdehnung seiner Ressourcen in sich trage. Staaten sind deshalb nicht daran interessiert, ihre Macht zu maximieren, sondern sie versuchen lediglich, ihre bestehende Machtposition im internationalen System zu bewahren und eine ausreichende Menge an Machressourcen aufzubauen, um ihre Sicherheit zu gewährleisten (Waltz 1979: 123–128).

Demgegenüber diktiert die anarchische Umwelt aus der Perspektive des *offensiven Neorealismus*, die am prominentesten von John Mearsheimer vertreten wird, revisionistische Strategien der Machtmaximierung. Angesichts der Unsicherheit über die Intentionen anderer Staaten und deren aktuelle und künftige Machtmittel, könne ein Staat sein Überleben am verlässlichsten garantieren, indem er so viel Macht wie möglich akkumuliert. Am sichersten sei derjenige Staat, der über mehr Macht verfügt als alle anderen, sodass Staaten in der internationalen Politik letztendlich nach Hegemonie strebten (Mearsheimer 2001: 29–36).

Damit sind die zentralen theoretischen Bezugspunkte beschrieben, zwischen denen sich die realistische Außenpolitikforschung bewegt. Auf der einen Seite steht der klassische Realismus, der direkt an die lange philosophische Tradition realistischen Denkens anknüpft und explizit als theoretischer Rahmen für die Analyse von Außenpolitik formuliert ist (Schweller 2003: 330–331). Allerdings bleibt er dabei so unbestimmt, *ad hoc* und unsystematisch, dass der Realismus in seiner klassischen Variante den Ansprüchen an eine moderne Theorie der Außenpolitik nicht gerecht wird (vgl. Donnelly 2000: 44–47). Auf der anderen Seite bietet der Neorealismus eine extrem sparsame und hochgradig abstrakte Theorie, die jedoch als Theorie der internationalen Politik und gerade nicht als Theorie der Außenpolitik entworfen wurde. So hat insbesondere Waltz wiederholt betont, der Neorealismus sei als strukturelle Theorie der internationalen Politik nicht in der Lage, Aussagen über die Außenpolitik einzelner Staaten zu treffen (Waltz 1996).

Angesichts dieser problematischen Ausgangslage lassen sich zwei komplementäre Ansatzpunkte unterscheiden, wie innerhalb des realistischen Forschungsprogramms theoriegeleitete Außenpolitikforschung betrieben werden kann (vgl. Elman 1996a: 32–42; Wivel 2005: 356). Die erste Herangehensweise besteht darin, entgegen der Position von Waltz aus der strukturellen Perspektive des Neorealismus Erwartungen über allgemeine Tendenzen und den Möglichkeitsraum staatlicher Außenpolitik abzuleiten. Aus dieser Sicht muss eine Theorie der Außenpolitik nicht auch eine Theorie des außenpolitischen Entscheidungsprozesses sein, sondern kann sich für die Erklärung von Außenpolitik auf Imperative des internationalen Systems beschränken (Elman 1996a: 12–17). Der zweite Ansatzpunkt lehnt demgegenüber rein strukturelle Erklärungen von Außenpolitik als zu unbestimmt und wenig aussagekräftig ab und folgt damit in Teilen der Waltzschen Kritik. Stattdessen wird in unterschiedlicher Art und Weise vorgeschlagen, die neorealistischen Annahmen über die Struktur des internationalen Systems mit anderen Variablen entweder auf internationaler oder auf innenpolitischer Ebene zu verbinden.

Insgesamt befindet sich die realistische Außenpolitikforschung somit in einem Spannungsfeld zwischen der theoretischen Eleganz und Sparsamkeit struktureller Erklärungen, die in der Regel nur vergleichsweise allgemeine Rückschlüsse auf Außenpolitik zulassen, und verschiedenen Versuchen, auf Kosten eines komplexeren theoretischen Rahmens zu spezifischeren Erkenntnissen über Außenpolitik zu gelangen (Brooks 1997: 469; Rose 1998: 165–166). Ausgehend von diesem Spannungsfeld arbeitet der nachfolgende Abschnitt zunächst allgemein das strukturelle realistische Erklärungsmodell von Außenpolitik heraus und erläutert dann die beiden wichtigsten Modifikationen dieses Modells.

2.2 Das allgemeine realistische Erklärungsmodell

Der gemeinsame Ausgangspunkt realistischer Erklärungen von Außenpolitik ist, dass sie bei der internationalen Umwelt eines Staates ansetzen. Diese Umwelt gilt als primäre Determinante nationaler Interessen und außenpolitischer Entscheidungsprozesse (Sterling-Folker 1997: 3–8). Die realistische Analyse geht von einem „Primat der Außenpolitik" aus, wonach Außenpolitik anderen Gesetzmäßigkeiten folgt als Innenpolitik und vor allem durch internationale Faktoren bedingt ist, die innenpolitische Erwägungen und Konflikte überlagern (Zakaria 1992: 179–181). Die realistische Außenpolitikforschung beruht somit auf einer *Outside-in*-Perspektive auf außenpolitisches Handeln und erklärt dieses Handeln als Funktion kausaler Variablen auf der Makroebene des internationalen Systems (vgl. Hudson 2007: 143–144).

Damit baut das realistische Erklärungsmodell allerdings auf einer im realistischen Forschungsprogramm nicht unumstrittenen Rationalitätsannahme auf. Danach sind Staaten bemüht, aus den verfügbaren Handlungsalternativen diejenige auszuwählen, die ihnen bei gegebenen internationalen Restriktionen am besten geeignet erscheint, den eigenen Nutzen zu optimieren (Elman 1996a: 12–21). Die Annahme rationalen Handelns fungiert als notwendiges Bindeglied zwischen den internationalen Restriktionen eines Staates und außenpolitischen Entscheidungsprozessen. Im Gegensatz dazu muss sich die realistische Außenpolitikforschung gegen eine evolutionäre Sichtweise auf internationale Politik wenden, für die Außenpolitik nicht als rationale Reaktion auf strukturelle Anreize und Zwänge erscheint, sondern erst im Nachhinein durch Misserfolg bestraft wird, wenn sie diesen Anreizen und Zwängen zuwiderläuft. Ein solcher Evolutionsmechanismus vermittelt sich gerade nicht über intentionales Akteurshandeln, sondern über Selektions- und Sozialisationsprozesse, und kann daher zwar die Ergebnisse staatlicher Interaktion im internationalen System, nicht jedoch außenpolitische Entscheidungen erklären (vgl. Kahler 1998: 924–925).

Aus realistischer Sicht folgen die internationalen Imperative staatlicher Außenpolitik grundsätzlich aus der Anarchie des internationalen Systems. In einer anarchischen Umwelt muss staatliche Außenpolitik insbesondere die internationale Machtverteilung berücksichtigen, um das eigene Überleben nicht zu gefährden und darüber hinaus im Konflikt mit anderen Staaten weitere vitale Interessen zu wahren. Die zwischenstaatliche Machtverteilung im internationalen System bedingt den Möglichkeitsraum staatlicher Außenpolitik sowie die Erfolgsaussichten außenpolitischer Strategien. Die Art und Weise, in der ein Staat unter diesen Bedingungen seine Interessen definiert und verfolgt, hängt wiederum von dessen Machtposition in der internationalen Politik ab. Außenpolitik erscheint somit als rationale Anpassung eines Staates an seine Stellung im internationalen Mächteverhältnis.

Die zentrale erklärende Variable in der realistischen Analyse von Außenpolitik ist die relative Machtposition eines Staates im internationalen System. Dieser Zusammenhang zwischen der Macht eines Staates und seinen außenpolitischen Möglichkeiten und Restriktionen ist eine der ältesten Erkenntnisse realistischen Denkens und wurde bereits von Thukydides auf den Punkt gebracht, wenn er im Melierdialog seiner Geschichte des peloponnesischen Krieges feststellt, dass „die Überlegenen unternehmen, was möglich ist, und die Schwachen es ihnen zugestehen" (Thukydides 2010: 425).

Der erste Schritt realistischer Erklärungen von Außenpolitik besteht somit darin, die internationale Machtposition des zu analysierenden Staates herauszuarbeiten. Dabei sind zwei Aspekte zu berücksichtigen: die relativen Fähigkeiten (*capabilities*) eines Staates und die Polarität des internationalen Systems (vgl. Baumann et al. 2001: 42–45).

Erstens folgt die Machtposition eines Staates aus den Fähigkeiten, die ihm zur Durchsetzung seiner Interessen auf internationaler Ebene zur Verfügung stehen. Der Realismus versteht Macht als Eigenschaft von Staaten, die diese aufgrund bestimmter *capabilities* „besitzen" und „einsetzen" können (vgl. Brown/Ainley 2009: 92–101). Hierbei werden in erster Linie die *materiellen* Ressourcen eines Staates im Verhältnis zu anderen Staaten berücksichtigt. Obwohl es in der Literatur keine „verbindliche" Liste derartiger Ressourcen gibt (vgl. Morgenthau 1948; Waltz 1979: 131), stehen in realistischen Analysen vor allem die militärischen Fähigkeiten (z. B. die Größe und der technologische Entwicklungsstand der Streitkräfte) und die ökonomische Stärke (z. B. Bruttosozialprodukt, Wachstumsraten) eines Landes im Mittelpunkt. Beide Faktoren werden zudem häufig in Verbindung zu mittelfristig weitgehend konstanten Attributen von Staaten, wie die Größe ihrer Bevölkerung und ihres Territoriums sowie ihre Ausstattung mit natürlichen Ressourcen, gesetzt. Auf dieser Verbindung basiert auch die Unterscheidung zwischen der tatsächlichen Macht (*actual power*) eines Staates, die sich aus seinen zum Analysezeitpunkt einsetzbaren Fähigkeiten ergibt, und seiner potenziellen oder latenten Macht (*latent power*), die der Staat in einem bestimmten Zeitraum, zum Beispiel dank seiner Wirtschaftsstruktur, technologischen Entwicklung und Einwohnerzahl, mobilisieren kann (Schmidt 2005: 541–542).

Über solche materiellen Faktoren hinaus fließen schließlich zum Teil auch *nicht materielle* Ressourcen in die Analyse der relativen Fähigkeiten von Staaten ein. Dabei werden insbesondere schwer fassbare Größen wie die Qualität der politischen Führung eines Staates, die Effizienz seiner Institutionen, die öffentliche Unterstützung und Legitimität des politischen Systems oder – allgemeiner – das internationale „Prestige" (Gilpin 1981: 30–31) eines Staates in den Blick genommen. Insofern ist das realistische Machtverständnis durchaus an das von Joseph Nye (1990) geprägte Konzept der *soft power* anschlussfähig, die im Gegensatz zu *hard power* nicht auf Zwang, ökonomischen Anreizen oder der Androhung von Sanktionen beruht, sondern die Fähigkeit eines Staates bezeichnet, andere Staaten aufgrund seiner moralischen Autorität oder seiner politischen und kulturellen Anziehungskraft von den eigenen außenpolitischen Zielen zu überzeugen.

Zweitens wird die relative Machtposition eines Staates bei gegebenen materiellen und immateriellen Fähigkeiten durch die Polarität des internationalen Systems mitbedingt. Die Polarität eines Systems ergibt sich aus der Anzahl der sich darin befindenden Großmächte, das heißt aus der Zahl von Staaten mit ausreichend militärischen Fähigkeiten, um sich eigenständig gegen jeden anderen Staat des internationalen Systems mit Aussicht auf Erfolg zu behaupten (Mearsheimer 2001: 5). Nach dieser Definition werden üblicherweise Systeme mit einer, zwei oder mehreren Großmächten (uni-, bi- oder multipolar) unterschieden. Die Auseinandersetzung innerhalb des realistischen Forschungsprogramms betrifft diesbezüglich vor allem die Frage, unter welchen Bedingungen internationale Politik am stabilsten und wenigsten kriegsanfällig sei (vgl. Mearsheimer 2007: 78–80).

Von größerer Bedeutung für die realistische Analyse von Außenpolitik ist jedoch, dass die Polarität des internationalen Systems insbesondere für Nicht-Großmächte starken Einfluss auf ihren autonomen Handlungsspielraum beim Einsatz ihrer Machtressourcen hat. So bieten multipolare und unipolare Systeme Mittelmächten und kleinen Staaten in der Regel größere außenpolitische Entscheidungskorridore als bipolare Systeme, in denen die außenpolitischen Optionen dieser Staaten am engsten durch ihre oftmals existentielle Abhängigkeit von den Sicherheitsgarantien einer der beiden Großmächte begrenzt sind. Daher besteht aus realistischer Sicht die doppelte Annahme, dass die internationale Machtposition mittlerer und kleiner Staaten bei gleichbleibenden relativen Fähigkeiten in nicht bipolaren Systemen besser sei als in bipolaren Systemen und dass eine Stärkung dieser Fähigkeiten in nicht bipolaren Systemen größere Auswirkungen auf die Außenpolitik der betreffenden Staaten hat als unter den Bedingungen von Bipolarität (Baumann et al. 2001: 44–45).

Im nächsten Schritt der realistischen Analyse sind aus der relativen Machtposition eines Staates Erwartungen über dessen Außenpolitik abzuleiten. Die grundlegende Annahme des realistischen Erklärungsmodells ist dabei, dass die außenpolitischen Interessen und das außenpolitische Handeln von Staaten durch deren Machtposition im internationalen System bedingt sind (Schweller 2003: 332–333). Insbesondere sollten Veränderungen in der relativen Macht eines Staates beobachtbare Implikationen für dessen Außenpolitik haben. Außenpolitischer Wandel wird somit als Anpassung an Verschiebungen im internationalen Mächteverhältnis erklärt (Wohlforth 1995: 96).

Relative Machtzugewinne eines Staates lassen aus realistischer Sicht insgesamt eine aktivere und selbstbewusstere Außenpolitik erwarten, die zahlreichere und ambitioniertere Interessen formuliert und verfolgt (Hudson 2007: 144–153; Rynning/Guzzini 2001: 6–7). Staaten, deren Machtposition sich verbessert, sollten auf internationaler Ebene nach mehr Einfluss in einem breiteren Themenspektrum streben und diesen Einfluss mit größerer geografischer Reichweite zu projizieren versuchen. Zudem sollten sie eher bereit und in der Lage sein, ihren Interessen auf dem Wege unilateralen Handelns nachzugehen und daher verstärkt darauf bedacht sein, sich gegenüber anderen Staaten und internationalen Institutionen möglichst große Spielräume für eine eigenständige Außenpolitik zu bewahren. Anstatt sich in multilateralen Handlungszusammenhängen an gemeinsam vereinbarte Normen und Regeln zu binden, haben mächtigere Staaten außerdem einen Anreiz, ihre Beziehungen zu schwächeren Staaten auf die bilaterale Ebene zu verlagern, da sie das bestehende Machtgefälle auf dieser Ebene besser und unmittelbarer in außenpolitischen Einfluss umsetzen können (Hirschman 1980). Beispielhaft hierfür können die bilateralen Freihandelsvereinbarungen angeführt werden, die gerade die USA, Japan und die Europäische Union (EU) angesichts der bislang erfolglosen multilateralen Verhandlungen unter der Ägide der Welthandelsorganisation (Doha-Runde) mit zahlreichen Staaten abgeschlossen haben und in denen es ihnen weitgehend gelang, schwächeren Partnern die eigenen Bedingungen zu diktieren (Simmons 2006: 452–457). Innerhalb multilateraler Institutionen wäre die Erwartung, dass Staaten relative Machtzuwächse in eine Stärkung ihres Gewichts in institutionellen Entscheidungsprozessen umzusetzen versuchen (vgl. Baumann et al. 2001: 53). Umgekehrt sollten Staaten auf eine Verschlechterung ihrer internationalen Machtposition reagieren, indem sie ihre außenpolitischen Ambitionen und Interessen reduzieren und insgesamt stärker auf Einflusschancen in multilateralen Foren vertrauen.

Zu den instruktivsten Beispielen für die außenpolitischen Konsequenzen relativer Machtgewinne eines Staates gehören realistische Interpretationen der deutschen Außenpolitik und des Aufstiegs Chinas. Mit Blick auf die deutsche Außenpolitik stehen dabei hauptsächlich zwei historische Perioden im Mittelpunkt. Dies ist erstens die hegemoniale Außenpolitik des Deutschen Kaiserreichs zu Beginn des 20. Jahrhunderts, die aus realistischer Sicht als Folge des rasanten Machzuwachs Preußens und dann des Kaiserreichs etwa seit Mitte des 19. Jahrhunderts erklärt werden kann (vgl. Hellmann 2006: 68–74; Layne 1992: 20–25). Zweitens haben realistische Arbeiten zur deutschen Außenpolitik nach 1990 eine Verbesserung der internationalen Machtposition des vereinigten Deutschlands konstatiert, die sich aus einem relativen Zugewinn an ökonomischen und militärischen Ressourcen sowie dem Zusammenbruch der bipolaren Ordnung des Ost-West-Konflikts ergeben habe (Waltz 1993: 61–70). Daraus wurde insbesondere die Erwartung einer Rückkehr Deutschlands zu einer aggressiven Machtpolitik abgeleitet. Am prägnantesten hat diesen Zusammenhang John Mearsheimer (1990) aufgestellt, der in einem viel beachteten – und seither stark kritisierten (vgl. Zürn 2010) – Aufsatz prognostizierte, Deutschland werde sich vom Prozess der europäischen Integration ebenso wie von der transatlantischen Partnerschaft mit den USA abwenden und verstärkt unilaterale Machtpolitik betreiben, die nicht zuletzt das Streben nach Atomwaffen beinhalte. In ähnlicher Weise wird der ökonomische und militärische Aufstieg Chinas aus realistischer Perspektive zum Teil ursächlich mit der Erwartung eines regionalen Hegemonialstrebens des Landes und einer zunehmend revisionistischen chinesischen Außenpolitik gegenüber den übrigen Staaten Ost- und Südostasiens in Verbindung gebracht (vgl. Mearsheimer 2007: 82–86).

Darüber hinaus hält auch das Konzept der *Balance of Power* einige Ansatzpunkte für die realistische Außenpolitikforschung bereit. So kommt es in der internationalen Politik aus neorealistischer Sicht aufgrund der anarchischen Struktur des internationalen Systems regelmäßig zur Herausbildung von Machtgleichgewichten (Waltz 1979: 102–128). Um ihr Überleben und ihre Sicherheit in diesem Selbsthilfesystem zu sichern, besteht für Staaten ein starker Anreiz, überlegene Machtpotenziale anderer Staaten auszugleichen: „Great powers balance each other because structural constraints impel them to do so" (Layne 1997: 117). Dabei können eine interne und eine externe Strategie der Gegenmachtbildung unterschieden werden. Die *interne* Strategie verlangt die Mobilisierung und Ausweitung der eigenen (militärischen) Fähigkeiten eines Staates, beispielsweise durch eine Steigerung der Verteidigungsausgaben und die Anschaffung neuer Waffensysteme. Die *externe* Strategie beruht auf der Bildung von Allianzen mit anderen Staaten (Schweller 2004: 166–168). Einerseits bevorzugen Staaten aus realistischer Perspektive grundsätzlich die interne Strategie der Gegenmachtbildung, da sie auf diesem Wege ihre Autonomie gegenüber anderen Staaten maximieren können und sich nicht in die Abhängigkeit möglicherweise unzuverlässiger Allianzpartner begeben. Andererseits ist die interne Strategie sehr ressourcenintensiv und damit letztlich nur für Staaten mit einem großen Machtpotential umsetzbar (vgl. Hellmann 2006: 66–67). Vor diesem Hintergrund sollten mächtigere Staaten, insbesondere Großmächte, verstärkt auf eine interne Politik der Gegenmachtbildung setzen, während weniger mächtige Staaten eher auf Allianzbildung vertrauen.

Schließlich werden in der realistischen Analyse verschiedene außenpolitische Strategien diskutiert, nach denen Staaten auf die strukturellen Imperative des internationalen Systems gerade nicht mit Gegenmachtbildung reagieren. Hervorzuheben ist hier erstens die Trittbrettfahrerstrategie des *buck-passing*, also der Versuch eines Staates, die Kosten der Bildung von Gegenmacht auf andere Staaten abzuwälzen und aufgrund der dadurch eingesparten Ressourcen relative Machtgewinne zu erzielen. Von besonderer Bedeutung ist zweitens die Strategie des *bandwagoning*, wonach sich Staaten einem mächtigeren Staat anschließen und sich ihm unterordnen, anstatt dessen Machtvorsprung ausgleichen zu wollen. Diese Strategie ist vor allem für vergleichsweise schwache Staaten zu erwarten, die keine Aussicht haben, zu vertretbaren Kosten eine erfolgreiche Politik der Gegenmachtbildung zu betreiben. *Bandwagoning* zielt darauf, sich einer potenziellen Bedrohung durch einen mächtigeren Staat zu entziehen und aus der Kooperation mit diesem Staat machtpolitische Vorteile gegenüber anderen Staaten zu ziehen (vgl. Schweller 1994).

Im Ergebnis besteht das allgemeine realistische Erklärungsmodell von Außenpolitik also aus zwei Analyseschritten. Erstens ist die internationale Machtposition eines Staates als erklärende Variable der Analyse zu bestimmen. Zweitens sind daraus verschiedene Erwartungen über außenpolitisches Handeln abzuleiten, die in der empirischen Analyse auf die untersuchten Fälle angewendet werden können. Allerdings ist keiner der beiden Schritte unproblematisch.

Mit Blick auf die Bestimmung der unabhängigen Variable besteht die Schwierigkeit vor allem bei ihrer Operationalisierung. Einige der relevanten Machtressourcen von Staaten sind nur schwer messbar, sodass auf relativ krude und nur beschränkt aussagekräftige oder ver-

gleichbare Indikatoren zurückgegriffen werden muss (vgl. Baumann et al. 2001: 43–44).
Beim zweiten Analyseschritt ist das zentrale Manko, dass aus dem allgemeinen realistischen
Erklärungsmodell nur vergleichsweise generelle und unbestimmte Rückschlüsse auf außenpolitisches Handeln gezogen werden können. So zeigt das Modell zwar die strukturellen
Grenzen und Möglichkeiten der Außenpolitik eines Staates auf und gibt damit Hinweise auf
allgemeine Muster und langfristige Trends dieser Außenpolitik. Spezifischere Aussagen
darüber, wie ein Staat in einer konkreten Entscheidungssituation auf die Anreize und Zwänge
der internationalen Machtverteilung reagiert, kann das Modell jedoch in der Regel nicht
bieten (Wivel 2005: 357; Zakaria 1992: 197–198).

Abb. 2.1:   Realistische Erklärungsmodelle von Außenpolitik

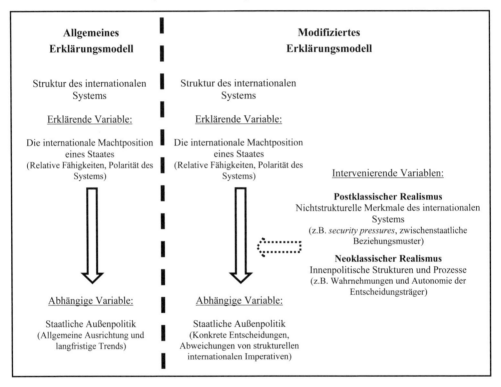

An dieser Stelle setzen zwei Modifikationen des bislang vorgestellten Erklärungsmodells an,
welche die rein strukturelle Perspektive dieses Modells durch zusätzliche Variablen auf systemischer bzw. innenpolitischer Ebene ergänzen und verfeinern (Abb. 2.1). Zwar geht dies
einerseits zweifelsohne auf Kosten der theoretischen Sparsamkeit realistischer Analysen.
Andererseits versprechen die beiden in den nachfolgenden Abschnitten vorgestellten Varianten des Erklärungsmodells jedoch aussagekräftigere Erkenntnisse über außenpolitisches
Handeln. Der überwiegende Teil der neueren realistischen Außenpolitikforschung ist dementsprechend auch einer dieser beiden Varianten zuzuordnen.

2.3   Der postklassische Realismus

Der postklassische Realismus (Brooks 1997: 445) modifiziert das allgemeine realistische Erklärungsmodell, indem er auf der Ebene des internationalen Systems verschiedene intervenierende Variablen zwischen der Struktur dieses Systems und außenpolitischem Handeln in die Analyse einführt. Sein Ausgangspunkt ist dabei, dass Systeme nicht bloß aus ihrer Struktur und den in ihm interagierenden Einheiten bestehen, sondern auch Beziehungsmuster zwischen den Einheiten des Systems umfassen. Diese Muster sind weder Teil der Systemstruktur, noch Attribute der Einheiten (Donnelly 2000: 120–122). Im Gegensatz zum Neorealismus sieht der postklassische Realismus Außenpolitik somit nicht direkt und ausschließlich durch die Strukturmerkmale des internationalen Systems, also durch dessen anarchisches Ordnungsprinzip und die zwischenstaatliche Machtverteilung, bedingt. Vielmehr sei der Einfluss dieser Strukturmerkmale auf außenpolitische Handlungsspielräume von nicht strukturellen Faktoren auf systemischer Ebene abhängig, die den situativen Kontext definieren, über den sich strukturelle Anreize und Zwänge in außenpolitisches Handeln übersetzen und dabei verstärkt oder abgeschwächt werden (Snyder 1997: 20–33).

Davon ausgehend ist das Kernargument des postklassischen Realismus, dass die Sicherheitsbedrohungen (*security pressures*), denen Staaten mit ihrer Außenpolitik begegnen müssen, anders als im Neorealismus nicht konstant hoch, sondern variabel sind. Außenpolitische Entscheidungen seien trotz der anarchischen Struktur des internationalen Systems nicht in jedem Falle gleichermaßen und in erster Linie durch sicherheits- und machtpolitische Imperative angetrieben. Stattdessen hänge das Ausmaß, in dem Außenpolitik durch solche Imperative bestimmt sei, von dem konkreten Systemkontext ab, in den der Entscheidungsprozess eingebettet ist. Somit ist außenpolitisches Handeln aus Sicht des postklassischen Realismus nicht, wie in der Logik des Sicherheitsdilemmas angenommen, durch die bloße Möglichkeit zwischenstaatlicher Konflikte diktiert (*worst-case scenario*), sondern folgt einer Abschätzung der *Wahrscheinlichkeit* solcher Konflikte (Brooks 1997: 455–458).

Für die Analyse des systemischen Umfeldes einer außenpolitischen Entscheidung können dabei verschiedene Merkmale zwischenstaatlicher Beziehungsmuster in den Blick genommen werden, die jeweils Auswirkungen auf die Konfliktwahrscheinlichkeit und die Sicherheitsbedrohungen eines Staates haben. So verringert sich die Relevanz sicherheitspolitischer Erwägungen für außenpolitisches Handeln beispielsweise:

* im Rahmen von Allianzbeziehungen mit „befreundeten" Staaten, die komplementäre Interessen verfolgen;
* innerhalb ökonomischer Interdependenzbeziehungen, in denen die Kosten aggressiver Außenpolitik und militärischer Konflikte prohibitiv erscheinen;
* in stark institutionalisierten und verregelten Beziehungszusammenhängen;
* unter technologischen Bedingungen, die defensive gegenüber offensiven militärischen Fähigkeiten bevorteilen; und
* in Beziehungen zwischen Staaten, in denen militärische Konflikte aus geografischen Gründen unwahrscheinlich sind (vgl. Gilpin 1981; Snyder 1997; Walt 1987).

Je nachdem, wie hoch der sicherheitspolitische Druck auf außenpolitische Entscheidungsprozesse ist, kommt der postklassische Realismus zu unterschiedlichen Rückschlüssen auf außenpolitisches Handeln. Auf der einen Seite sollte Außenpolitik auch aus dieser Sicht den Erwartungen struktureller realistischer Analysen entsprechen und sich als Funktion der internationalen Machtverteilung darstellen, wenn die Sicherheitsbedrohungen eines Staates und die Konfliktwahrscheinlichkeit groß sind. Auf der anderen Seite sollte außenpolitisches Handeln jedoch nur wenig durch strukturelle machtpolitische Anreize und Zwänge bedingt sein, wenn die *security pressures* außenpolitischer Entscheidungen gering sind. In solchen Fällen formuliert die postklassische Analyse in mehrerer Hinsicht andere Hypothesen über Außenpolitik als die rein strukturalistische Sichtweise des Neorealismus. Auf diese Weise trägt der postklassische Realismus nicht zuletzt dazu bei, die Grenzen der empirischen Erklärungskraft (*scope conditions*) des allgemeinen realistischen Erklärungsmodells zu bestimmen, das umso weniger aussagekräftig wird, desto schwächer die sicherheitspolitischen Imperative der Entscheidungsfindung ausgeprägt sind (Wohlforth 2008: 44–45).

Erstens werden unter der Bedingung geringer sicherheitspolitischer Bedrohungen aus postklassischer Sicht langfristige und nicht militärische (v. a. ökonomische) Interessen gegenüber kurzfristigen Erwägungen der militärischen Verteidigungsfähigkeit in der außenpolitischen Entscheidungsfindung an Gewicht gewinnen (Brooks 1997: 450–453). Auch bietet sich Staaten unter diesen Bedingungen die Möglichkeit, im Gegensatz zu neorealistischen Annahmen nach absoluten anstatt nach relativen Gewinnen zu streben (Donnelly 2000: 74). Zudem sollten sie Autonomiegewinnen gegenüber anderen Staaten einen vergleichsweise geringeren Stellenwert beimessen als Einflussgewinnen in internationalen Institutionen (Baumann et al. 2001: 54–56).

Zweitens wurden aus postklassischer Perspektive die Erkenntnisse der neorealistischen *Balance of Power*-Theorie in Frage gestellt. So argumentiert die *Balance of Threat*-Theorie (Walt 1987), dass sich die Gegenmacht- und Allianzbildung von Staaten nicht gegen den mächtigsten Staat des Systems richtet, sondern gegen denjenigen Staat, von dem die größte Bedrohung ausgeht. Wie bedrohlich ein Staat erscheint, hängt dabei nicht ausschließlich von dessen internationaler Machtposition ab, sondern ist außerdem durch die geografische Distanz zu dem Staat, dessen wahrgenommene Intentionen sowie das Verhältnis zwischen defensiven und offensiven militärischen Fähigkeiten bedingt. Erklärungen des *Balancing*-Verhaltens von Staaten müssen danach über das strukturelle Attribut der relativen Machtverteilung hinausgehen und systemische Merkmale zwischenstaatlicher Beziehungsmuster einbeziehen. Eine etwas anders gelagerte Kritik prognostiziert zudem, dass Staaten in einem Umfeld geringer Sicherheitsbedrohungen nicht zu Strategien der Gegenmachtbildung neigen, sondern eher eine Politik des *bandwagoning* betreiben. Da bei niedrigen *security pressures* keine Notwendigkeit für kostspielige Gegenmachtstrategien bestehe, würden sich schwächere Staaten unter diesen Bedingungen einem stärkeren Staat anschließen, um durch eine solche Allianz politische, ökonomische oder militärische Gewinne zu erzielen (Schweller 1994: 99–106).

Drittens bietet der postklassische Realismus Ansatzpunkte für die Integration innenpolitischer Variablen in die realistische Außenpolitikforschung. Zwar blendet die postklassische Analyse selbst solche Variablen aus, sie erlaubt jedoch Aussagen über die systemischen Bedingungen, von denen die Bedeutung innenpolitischer Faktoren für Außenpolitik abhängt. So sollte der Spielraum für innenpolitischen Einfluss auf Außenpolitik umso größer sein, desto weniger die Entscheidungsfindung infolge hoher *security pressures* durch sicherheitspolitische Imperative dominiert ist. Die Untersuchung innerstaatlicher Einflüsse auf Außenpolitik erscheint daher vor allem in einem Systemkontext geringer Sicherheitsbedrohungen und niedriger Konfliktwahrscheinlichkeit lohnenswert. In diesem Sinne wurde nicht zuletzt ein sequenzielles Vorgehen angeregt, in dem die postklassische Analyse im Falle geringer *securi-*

ty pressures gegebenenfalls durch die Berücksichtigung innenpolitischer Erklärungsfaktoren komplementiert wird (Brooks 1997: 471–472; Ripsman 2009: 186–187). Damit ist die Brücke zum neoklassischen Realismus geschlagen, der sich gerade durch den Versuch auszeichnet, innenpolitische Variablen in das realistische Erklärungsmodell zu integrieren.

2.4 Der neoklassische Realismus

Der neoklassische Realismus (Rose 1998) konzipiert innenpolitische Faktoren als intervenierende Variablen zwischen den strukturellen Imperativen des internationalen Systems und dem außenpolitischen Handeln von Staaten. Ebenso wie im allgemeinen realistischen Analysemodell erscheint die relative internationale Machtposition eines Staates auch aus neoklassischer Perspektive als primäre erklärende Variable seiner Außenpolitik. Allerdings ergänzt der neoklassische Ansatz dieses Modell dadurch, dass er innenpolitische Prozesse und Strukturen als Filter betrachtet, durch den sich internationale Anreize und Zwänge in außenpolitische Entscheidungen übersetzen (Sterling-Folker 1997: 16–22). Während die allgemeine Ausrichtung und die langfristigen Trends der Außenpolitik eines Staates durch dessen internationale Machtposition vorgegeben seien, werde die Art und Weise, wie außenpolitische Entscheidungsträger die internationalen Restriktionen und Möglichkeiten in konkrete außenpolitische Entscheidungen umsetzen, durch Einflussfaktoren in der innenpolitischen Arena beeinflusst (Zakaria 1992: 196–198). Zwar bleibt der Ansatz damit der realistischen Logik einer *Outside-in*-Analyse verpflichtet und weist der internationalen Machtverteilung kausale Priorität bei der Erklärung von Außenpolitik zu. Jedoch erscheint der Einfluss struktureller Zwänge des internationalen Systems aus neoklassischer Sicht indirekt und über Variablen auf innenpolitischer Ebene vermittelt:

> "[Neoclassical realists] argue that the scope and ambition of a country's foreign policy is driven first and foremost by its place in the international system and specifically by its relative material power capabilities. This is why they are realists. They argue further, however, that the impact of such power capabilities on foreign policy is indirect and complex, because systemic pressures *must be translated through intervening variables at the unit level*. This is why they are neoclassical" (Rose 1998: 146; unsere Hervorhebung).

Die theoretische Verbindung zwischen der internationalen und der innenpolitischen Ebene verläuft im Kern über das Konzept der außen- und sicherheitspolitischen Exekutive (*foreign security policy executive*) (Ripsman 2009: 171). Damit sind die Entscheidungsträger innerhalb einer Regierung bezeichnet, die für die Außen- und Sicherheitspolitik eines Staates verantwortlich sind, also vor allem der Regierungschef sowie die zuständigen Minister und Ministerialbeamten. Diese Akteure haben privilegierten Zugang zu Informationen über die Anreize und Zwänge des internationalen Systems und sollten daher am besten in der Lage sein, daraus das nationale Interesse eines Staates abzuleiten. Dabei versteht der neoklassische Realismus die außen- und sicherheitspolitische Exekutive im Gegensatz beispielsweise zur Bürokratietheorie (Kap. 7) als homogenen Akteur und lässt daher keinen Raum für etwaige Divergenzen oder Interessenkonflikte zwischen den Entscheidungsträgern. Jedoch ist die außen- und sicherheitspolitische Exekutive der primäre Adressat von Versuchen anderer innenpolitischer Akteure, ihrerseits Einfluss auf außenpolitische Entscheidungen zu gewinnen. Dabei kann es sich sowohl um staatliche Akteure innerhalb und außerhalb der Exekutive

(z. B. nicht unmittelbar mit Außenpolitik befasste Kabinettsmitglieder, Parlamente) als auch um gesellschaftliche Akteure (z. B. Interessengruppen, Gewerkschaften) handeln. Da außenpolitische Entscheidungsträger bei der Formulierung und Implementation von Außenpolitik auf die Mobilisierung innerstaatlicher Zustimmung und Ressourcen angewiesen sind, kommt es zu Aushandlungsprozessen zwischen Mitgliedern der außen- und sicherheitspolitischen Exekutive und sonstigen Akteuren der innenpolitischen Arena (Taliaferro et al. 2009: 23–28).

Davon ausgehend stehen in der neoklassischen Literatur zwei Variablen im Mittelpunkt, die zwischen der internationalen Machtposition eines Staates und dessen Außenpolitik intervenieren (vgl. Rose 1998: 157–165). Jede dieser Variablen kann zu außenpolitischen Entscheidungen führen, die nicht im Einklang mit den Anreizen und Zwängen des internationalen Systems zu stehen scheinen. Damit bietet der neoklassische Ansatz auch – aber nicht nur (Ripsman et al. 2009: 280–287) – einen theoretischen Rahmen zur Erklärung außenpolitischen Handelns, das aus struktureller Perspektive als Anomalie erscheinen muss (Schweller 2003: 346).

Die erste intervenierende Variable betrifft die Wahrnehmung der internationalen Machtverteilung durch die außenpolitischen Entscheidungsträger. Ausschlaggebend für außenpolitisches Handeln sind danach nicht „objektiv" messbare Indikatoren für diese Machtverteilung, sondern die Einschätzung der relativen Macht eines Staates seitens der außen- und sicherheitspolitischen Exekutive. Aus dieser Perspektive wurde beispielsweise das Ende des Kalten Krieges und der dafür ausschlaggebende Wandel in der sowjetischen Außenpolitik unter Michail Gorbatschow auf die Wahrnehmung einer drastischen Verschlechterung der relativen internationalen Machtposition der Sowjetunion innerhalb der sowjetischen Führung zurückgeführt (Wohlforth 1995: 96–115). Da gerade internationale Machtverschiebungen von außenpolitischen Entscheidungsträgern häufig nur verspätet erkannt werden, erscheinen diesbezügliche Fehlwahrnehmungen als wichtige Quelle einer aus struktureller Sicht „irrationalen" Außenpolitik (vgl. Christensen 1997). Dramatische Ereignisse in der internationalen Politik, wie zum Beispiel Krisen oder Kriege, können zudem als „Wahrnehmungsschocks" wirken, die Entscheidungsträgern langfristige Trends in der internationalen Machtverteilung vor Augen führen und damit plötzliche außenpolitische Kurswechsel anstoßen (vgl. Zakaria 1998: 11).

Zweitens gerät aus neoklassischer Sicht die Autonomie der außen- und sicherheitspolitischen Exekutive im außenpolitischen Entscheidungsprozess in den Blickpunkt. Je unabhängiger die Entscheidungsträger von den Forderungen anderer innenpolitischer Akteure sind, desto besser werden sie in der Lage sein, ihre Wahrnehmung des nationalen Interesses in Außenpolitik umzusetzen (Ripsman 2009: 177–178). In diesem Zusammenhang sind zum einen die institutionellen Parameter der außenpolitischen Entscheidungsfindung relevant, beispielsweise die Anzahl der Vetospieler oder die Fragmentierung außenpolitischer Kompetenzen. Zum anderen heben zahlreiche Studien auf das strukturelle Kräfteverhältnis zwischen Staat und Gesellschaft ab und untersuchen zum Beispiel die Zugangsmöglichkeiten gesellschaftlicher Interessen zur außen- und sicherheitspolitischen Exekutive oder die Fähigkeit des Staates, die latenten Machtressourcen eines Landes zu aktivieren und in den Dienst seiner Außenpolitik zu stellen (vgl. Zakaria 1998: 35–42). Aus Sicht des neoklassischen Ansatzes erlaubt die Analyse solcher institutioneller und struktureller Hürden der Entscheidungsfindung weitere Rückschlüsse darauf, ob und inwieweit die Außenpolitik eines Staates auf Anreize und Zwänge der internationalen Machtverteilung reagieren kann. So hat beispielsweise Randall Schweller (2004) das Phänomen des *underbalancing*, also das Versäumnis von Staaten, eine effektive

Politik der Gegenmachtbildung zu betreiben, darauf zurückgeführt, dass die betreffenden außenpolitischen Eliten nicht willens und in der Lage waren, die für eine solche Politik erforderlichen politischen und gesellschaftlichen Ressourcen zu mobilisieren.

In der aktuellen theoriegeleiteten Außenpolitikforschung ist der neoklassische Realismus mittlerweile vermutlich die am breitesten rezipierte Ausprägung des realistischen Forschungsprogramms. Der Erfolg des Ansatzes zeigt sich auch darin, dass er zum Teil als Synonym für realistische Außenpolitiktheorie insgesamt verstanden wird (Wohlforth 2008: 46). Allerdings hat der Ansatz zumindest in zweierlei Hinsicht auch nachhaltige Kritik auf sich gezogen. Der fundamentalste Vorwurf ist dabei, dass der neoklassische Realismus durch seine Berücksichtigung innenpolitischer Variablen die Grundannahmen des Realismus verletze und daher zur Degeneration des realistischen Forschungsprogramms beigetragen habe (Legro/Moravcsik 1999). Dieser Vorwurf wurde jedoch vielfach als zu enge Interpretation der realistischen Denktradition zurückgewiesen (vgl. Feaver et al. 2000: 165–184). Bedeutsamer für die gegenwärtige Diskussion erscheint demgegenüber die Kritik, die Analyse innenpolitischer Faktoren im neoklassischen Realismus sei nicht ausreichend theoretisch angeleitet und erfolge im Wesentlichen *ad hoc* (Wivel 2005: 366–368). Die Vermeidung unsystematischer „laundry lists" (Elman 1996b: 61) innenpolitischer Variablen erscheint daher auch als zentrale Herausforderung für die weitere Entwicklung der neoklassischen Analyse.

2.5   Fazit

Der Realismus bietet eine *Outside-in*-Erklärung von Außenpolitik, die bei der anarchischen Struktur des internationalen Systems ansetzt. Die erklärende Variable für außenpolitisches Handeln ist dabei die relative Machtposition von Staaten auf internationaler Ebene. Diese Machtposition ergibt sich aus den relativen Fähigkeiten eines Staates und der Polarität des internationalen Systems. Daraus leitet die realistische Außenpolitikforschung verschiedene Erwartungen über die allgemeine Ausrichtung und die langfristigen Trends der Außenpolitik eines Staates ab. Außenpolitischen Wandel erklärt der Realismus als Anpassung an relative Machtgewinne oder Machtverluste von Staaten.

Dieses allgemeine Erklärungsmodell wurde durch zwei Varianten der realistischen Außenpolitik verfeinert, die das Modell durch intervenierende Variablen zwischen der internationalen Machtverteilung und Außenpolitik ergänzt haben. Der postklassische Realismus setzt dazu auf der Ebene des internationalen Systems an und berücksichtigt nichtstrukturelle Merkmale dieses Systems, welche die Anreize und Zwänge des internationalen Mächteverhältnisses auf außenpolitisches Handeln verstärken oder abschwächen. Der neoklassische Realismus führt innenpolitische Variablen in das realistische Erklärungsmodell ein und betrachtet sie als Filter, durch den sich internationale Anreize und Zwänge in außenpolitische Entscheidungen übersetzen.

Für die weitere Forschung erscheint es am vielversprechendsten, den sowohl vom postklassischen als auch vom neoklassischen Ansatz eingeschlagenen Weg weiterzuverfolgen und die strukturelle Perspektive des allgemeinen realistischen Erklärungsmodells mit intervenierenden Variablen auf systemischer und innenpolitischer Ebene zu verbinden. Dies verspricht insgesamt differenziertere, aussagekräftigere und relevantere Erkenntnisse der realistischen Außenpolitikforschung. Allerdings wäre es zu diesem Zweck wünschenswert, zu klareren Aussagen über die Bedingungen zu kommen, unter denen der Möglichkeitsraum staatlicher

Außenpolitik mehr oder weniger stark durch strukturelle Imperative begrenzt ist und unter denen die Analyse intervenierender Variablen daher erforderlich erscheint (Elman 1996a: 40). Zudem sollten die Bemühungen um eine konsistente theoretische Verbindung zwischen solchen Variablen und der relativen Machtposition eines Staates als unabhängiger Variable weitergeführt werden. Dabei wäre insbesondere ein stringenterer theoretischer Rahmen zu entwickeln, aus dem die Faktoren abgeleitet werden können, die in der postklassischen und neoklassischen Analyse als intervenierende Variablen zu konzipieren sind. Großes Potential für die künftige realistische Außenpolitikforschung dürfte schließlich in der theoretischen Verbindung des postklassischen und des neoklassischen Ansatzes in einem integrierten realistischen Erklärungsmodell liegen.

2.6   Literatur

Baumann, Rainer/Rittberger, Volker/Wagner, Wolfgang (2001) Neorealist Foreign Policy. In: Rittberger, Volker (Hrsg.) *German Foreign Policy since Unification. Theories and Case Studies.* Manchester: Manchester University Press, 37–67.

Brooks, Stephen G. (1997) Duelling Realisms. *International Organization* 51(3), 445–477.

Brown, Chris/Ainley, Kirsten (2009) *Understanding International Relations*, 4. Auflage. Basingstoke: Palgrave Macmillan.

Carr, Edward H. (1946) *The Twenty Years' Crisis, 1919–1939: An Introduction to the Study of International Relations*, 2. Auflage. London: Macmillan.

Christensen, Thomas, J. (1997) Perceptions and Alliances in Europe, 1865–1940. *International Organization* 51(1), 65–97.

Donnelly, Jack (2000) *Realism and International Relations*. Cambridge: Cambridge University Press.

Elman, Colin (1996a) Horses for Courses: Why Not Neorealist Theories of Foreign Policy?. *Security Studies* 6(1), 7–53.

Elman, Colin (1996b) Cause, Effect, and Consistency. A Response to Kenneth Waltz. *Security Studies* 6(1), 58–61.

Feaver, Peter D. et al. (2000) Correspondence: Brother, Can You Spare a Paradigm? (Or Was Anybody Ever a Realist?). *International Security* 25(1), 165–193.

Gilpin, Robert G. (1981) *War and Change in World Politics*. Cambridge: Cambridge University Press.

Gilpin, Robert G. (1984) The Richness of the Tradition of Political Realism. *International Organization* 38(2), 287–304.

Grieco, Joseph M. (1988) Anarchy and the Limits of Cooperation: A Realist Critique of the Newest Liberal Institutionalism. *International Organization* 42(3), 485–507.

Hellmann, Gunther (unter Mitarbeit von Rainer Baumann und Wolfgang Wagner) (2006) *Deutsche Außenpolitik. Eine Einführung*. Wiesbaden: VS Verlag.

Herz, John (1951) *Political Realism and Political Idealism: A Study in Theories and Realities*. Chicago: University of Chicago Press.

Hirschman, Albert (1980) *National Power and the Structure of Foreign Trade*. Los Angeles: University of California Press.

Hudson, Valerie (2007) *Foreign Policy Analysis. Classic and Contemporary Theory*. Lanham et al.: Rowman & Littlefield.

Jackson, Robert/Sørensen, Georg (2010) *Introduction to International Relations. Theories and Approaches*, 4. Auflage. Oxford: Oxford University Press.

Jervis, Robert (1992) The Future of World Politics: Will It Resemble the Past?. *International Security* 16(3), 39–73.

Kahler, Miles (1998) Rationality in International Relations. *International Organization* 52(4), 919–941.

Layne, Christopher (1992) The Unipolar Illusion: Why New Great Powers Will Rise. *International Security* 17(4), 5–51.

Layne, Christopher (1997) From Preponderance to Offshore Balancing: America's Future Grand Strategy. *International Security* 22(1), 86–124.

Legro, Jeffrey W./Moravcsik, Andrew (1999) Is Anybody Still a Realist?. *International Security* 24(2), 5–55.

Mearsheimer, John J. (1990) Back to the Future: Instability in Europe After the Cold War. *International Security* 15(1), 5–56.

Mearsheimer, John J. (2001) *The Tragedy of Great Power Politics*. New York: W. W. Norton.

Mearsheimer, John J. (2007) Structural Realism. In: Dunne, Tim/Kurki, Milja/Smith, Steve (Hrsg.) *International Relations Theories. Discipline and Diversity*. Oxford: Oxford University Press, 71–88.

Menzel, Ulrich (2001) *Zwischen Idealismus und Realismus. Die Lehre von den Internationalen Beziehungen*. Frankfurt a. M.: Suhrkamp.

Morgenthau, Hans J. (1946) *Scientific Man versus Power Politics*. Chicago: University of Chicago Press.

Morgenthau, Hans J. (1948) *Politics Among Nations: The Struggle for Power and Peace*. New York: Alfred A. Knopf.

Niebuhr, Reinhold (1932) *Moral Man and Immoral Society: A Study in Ethics and Politics*. New York: Charles Scribner's Sons.

Nye, Joseph S., Jr. (1990) *Bound to Lead: The Changing Nature of American Power*. New York: Basic Books.

Powell, Robert (1991) Absolute and Relative Gains in International Relations Theory. *American Political Science Review* 85(4), 1303–1320.

Ripsman, Norrin M. (2009) Neoclassical Realism and Domestic Interest Groups. In: Lobell, Steven E./Ripsman, Norrin M./Taliaferro, Jeffrey W. (Hrsg.) *Neoclassical Realism, the State, and Foreign Policy*. Cambridge: Cambridge University Press, 170–193.

Ripsman, Norrin M./Taliaferro, Jeffrey W./Lobell, Steven E. (2009) The State of Neoclassical Realism. In: Lobell, Steven E./Ripsman, Norrin M./Taliaferro, Jeffrey W. (Hrsg.) *Neoclassical Realism, the State, and Foreign Policy*. Cambridge: Cambridge University Press 280–299.

Rose, Gideon (1998) Neoclassical Realism and Theories of Foreign Policy. *World Politics* 51(1), 144–172.

Rynning, Sten/Guzzini, Stefano (2001) *Realism and Foreign Policy Analysis*. Working Paper 42. Copenhagen: Copenhagen Peace Research Institute.

Schmidt, Brian C. (2005) Competing Realist Conceptions of Power. *Millennium* 33(3), 523–549.

Schweller, Randall L. (1994) Bandwagoning for Profit: Bringing the Revisionist State Back In. *International Security* 19(1), 72–107.

Schweller, Randall L. (2003) The Progressiveness of Neoclassical Realism. In: Elman, Colin/Elman, Miriam F. (Hrsg.) *Progress in International Relations Theory. Appraising the Field.* Cambridge/ London: MIT Press, 311–347.

Schweller, Randall L. (2004) Unanswered Threats. A Neoclassical Realist Theory of Underbalancing. *International Security* 29(2), 159–201.

Simmons, Beth (2006) From Unilateralism to Bilateralism: Challenges to the Multilateral Trade System. In: Newman, Edward/Thakur, Ramesh/Tirman, John (Hrsg.) *Multilateralism under Challenge? Power, International Order, and Structural Change.* Tokyo: United Nations University, 441–459.

Snyder, Glenn H. (1997) *Alliance Politics.* Ithaca: Cornell University Press.

Sterling-Folker, Jennifer (1997) Realist Environment, Liberal Process, and Domestic-Level Variables. *International Studies Quarterly* 41(1), 1–25.

Taliaferro, Jeffrey W./Lobell, Steven E./Ripsman, Norrin M. (2009) Introduction: Neoclassical Realism, the State, and Foreign Policy. In: Lobell, Steven E./Ripsman, Norrin M./Taliaferro, Jeffrey W. (Hrsg.) *Neoclassical Realism, the State, and Foreign Policy.* Cambridge: Cambridge University Press, 1–41.

Thukydides (2010) *Der Peloponnesische Krieg.* Wiesbaden: Marixverlag.

Walt, Stephen M. (1987) *The Origins of Alliances.* Ithaca: Cornell University Press.

Waltz, Kenneth N. (1979) *Theory of International Politics.* Boston: McGraw-Hill.

Waltz, Kenneth N. (1993) The Emerging Structure of International Politics. *International Security* 18(2), 44–79.

Waltz, Kenneth N. (1996) International Politics is Not Foreign Policy. *Security Studies* 6(1), 54–57.

Wivel, Anders (2005) Explaining Why State X Made a Certain Move Last Tuesday: The Promise and Limitations of Realist Foreign Policy Analysis. *Journal of International Relations and Development* 8(4), 355–380.

Wohlforth, William C. (1995) Realism and the End of the Cold War. *International Security* 19(3), 91–129.

Wohlforth, William C. (2008) Realism and Foreign Policy. In: Smith, Steve/Hadfield, Amelia/Dunne, Tim (Hrsg.) *Foreign Policy. Theories, Actors, Cases.* Oxford: Oxford University Press, 31–48.

Zakaria, Fareed (1992) Realism and Domestic Politics. A Review Essay. *International Security* 17(1), 177–198.

Zakaria, Fareed (1998) *From Wealth to Power: The Unusual Origins of America's World Role.* Princeton: Princeton University Press.

Zürn, Michael (2010) Über die Fallstricke theoretischen Starrsinns. Eine Antwort auf John J. Mearsheimer „Warum herrscht Frieden in Europa?". *Leviathan* 38(1), 39–43.

3   Liberalismus

Die liberale Theorieperspektive in den Internationalen Beziehungen (IB) erfährt seit den 1990er Jahren neue Aufmerksamkeit. Nach dem Ende des Ost-West-Konflikts konnte das liberale Erkenntnisinteresse an den gesellschaftlichen Determinanten von Außenpolitik aus dem Schatten der sicherheitspolitischen Imperative außenpolitischen Handelns unter den Bedingungen der bipolaren Blockkonfrontation heraustreten. Gleichzeitig haben sich im Zuge der Globalisierung die grenzüberschreitenden Interdependenzen zwischen politischen, ökonomischen und sozialen Prozessen intensiviert. Die Interessen gesellschaftlicher Akteure werden immer mehr durch Entwicklungen berührt, die jenseits nationalstaatlicher Grenzen geprägt werden und sich innenpolitischen Steuerungsversuchen entziehen. Es ist zunehmend die Außenpolitik, die zum Adressaten gesellschaftlicher Forderungen wird, regulierend auf die innerstaatlichen Auswirkungen dieser Entwicklungen einzuwirken. Damit hat sich das Spektrum der außenpolitischen Themen weit über die klassischen Fragen der Diplomatie auf Bereiche ausgedehnt, die unmittelbar auf die Interessen gesellschaftlicher Akteure zurückwirken. Wie die Innenpolitik wird auch die Außenpolitik verstärkt in einer Arena formuliert, in der widerstreitende gesellschaftliche Interessen nach Einfluss auf den Entscheidungsprozess streben.

Die gestiegene Sensibilität der Außenpolitikanalyse für gesellschaftliche Bedingungsfaktoren außenpolitischer Entscheidungen ging in den 1990er Jahren zudem mit einer schrittweisen Neuformulierung des liberalen Ansatzes der Analyse von Außenpolitik einher. Insbesondere die Arbeiten von Andrew Moravcsik (1992, 1997) bieten einen umfassenden konzeptionellen Rahmen, der den Bedarf an theoretischen Analyseansätzen aufnehmen konnte, in denen die Interessen und der Einfluss gesellschaftlicher Akteure als Ausgangspunkte für die Erklärung von Außenpolitik modelliert sind. Wie so häufig im Auf und Ab der Konkurrenz alternativer Erklärungsansätze reflektiert auch die neue Konjunktur des Liberalismus ein Zusammenspiel zwischen erklärungsbedürftigen empirischen Entwicklungen und Innovationen des theoretischen Erklärungsangebotes.

Vor dem Hintergrund des wieder erstarkten Interesses am liberalen Ansatz zeigt dieses Kapitel auf, in welcher Art und Weise gesellschaftliche Bedingungsfaktoren aus liberaler Perspektive zur Erklärung von Außenpolitik fruchtbar gemacht werden können (Tab. 3.1). Dazu arbeitet Abschnitt zwei die grundsätzliche Erklärungslogik der liberalen Theorie heraus. Darauf aufbauend diskutiert Abschnitt drei, wie Interessengruppen und die öffentliche Meinung als Konkretisierungen gesellschaftlicher Einflussfaktoren und erklärende Variablen in der liberalen Analyse von Außenpolitik zu konzipieren sind. Zum besseren Verständnis gilt es jedoch zunächst, die Bezugspunkte zwischen der liberalen Außenpolitikforschung und dem Liberalismus als vielschichtiger politischer Denkrichtung herauszustellen.

Tab. 3.1:   Kernaussagen, Referenzautoren und zentrale Werke des liberalen Ansatzes

Kernaussagen
Der „neue Liberalismus" in der Außenpolitikforschung ist als moderne sozialwissenschaftliche Theorie formuliert, die an die politische Philosophie des Liberalismus anknüpft, sich aber von deren Normativität abgrenzt.
Die liberale Analyse beruht auf einer *Bottom-up*-Konzeption politischer Prozesse: Staaten sind Transmissionsriemen gesellschaftlicher Interessen.
Die außenpolitischen Präferenzen von Staaten sind eine Funktion durchsetzungsstarker gesellschaftlicher Interessen.
Außenpolitisches Handeln zielt auf die Umsetzung der innerstaatlich gebildeten Präferenzen. Auf internationaler Ebene stehen die Präferenzen unterschiedlicher Staaten in einem (asymmetrischen) Interdependenzverhältnis zueinander.
Die primären Träger gesellschaftlicher Interessen sind Interessengruppen und/oder die öffentliche Meinung, deren Einfluss auf Außenpolitik von unterschiedlichen Kriterien abhängt.

Referenzautoren	*Zentrale Werke*
Andrew Moravcsik	Taking Preferences Seriously: A Liberal Theory of International Politics. *International Organization* 51(4), 513–553, 1997.
Robert Keohane	International Liberalism Reconsidered. In: Dunn, John (Hrsg.) *The Economic Limits to Modern Politics*. Cambridge: Cambridge University Press, 165–194, 1990.
Douglas Foyle	(mit Douglas Van Belle) Domestic Politics and Foreign Policy Analysis: Public Opinion, Elections, Interest Groups, and the Media. In: Denemark, Robert A. (Hrsg.) *The International Studies Encyclopedia*. Blackwell Reference Online. Blackwell Publishing, 2010.
Jeremy Richardson	Contending Liberalisms: Past and Present. *European Journal of International Relations* 3(1), 5–33, 1997.

3.1   Theoretische Einordnung

Der liberale Ansatz der Außenpolitikanalyse steht in einer langen Tradition der politischen Philosophie des Liberalismus. Während der Ansatz an zentrale Bestandteile dieser Tradition anknüpft, zeichnet er sich auf der anderen Seite gerade durch die explizite Abgrenzung von deren normativem Impetus aus.

Die politische Philosophie des Liberalismus entzieht sich einer präzisen Definition. Vielmehr ist die historische politische Bedeutung des Liberalismus nicht zuletzt seiner Unbestimmtheit und Wandlungsfähigkeit geschuldet, die es zahlreichen unterschiedlichen Strömungen erlaubt hat, sich in jeweils unterschiedlicher Weise in die liberale Tradition einzuordnen. Zum einen ist der naturrechtliche Strang des Liberalismus nach John Locke oder Thomas Paine von dem in erster Linie durch Jeremy Bentham und James Mill geprägten utilitaristischen Liberalismus zu unterscheiden. Eine andere Trennlinie verläuft zwischen dem ökonomischen *Laissez-*

faire-Liberalismus nach Adam Smith und dem beispielsweise von Thomas Hill Green oder John Stuart Mill repräsentierten interventionistischen oder sozialen Liberalismus. Die Geschichte der liberalen politischen Philosophie ist eine Geschichte unterschiedlicher und widerstreitender Strömungen (Richardson 1997).

Trotz der internen Heterogenität des Liberalismus ist mit dem Plädoyer für die Stärkung individueller Freiheiten und Entfaltungsmöglichkeiten ein normativer Kern zu identifizieren, der sämtliche Varianten liberalen Denkens auszeichnet (Hoffmann 1987: 395; Long 1995: 502–505). Damit sind liberale Forderungen nach negativer Freiheit vom Staat – verstanden als Schutz des Individuums vor willkürlichen staatlichen Eingriffen in seine geistigen, kulturellen, ökonomischen und politischen Entfaltungsmöglichkeiten – ebenso erfasst wie darüber hinausgehende Forderungen nach politischen Partizipationschancen und nach positiver Freiheit durch den Staat in Form von Bildungsangeboten und sozialen Umverteilungsleistungen. Der Staat steht im liberalen Verständnis somit in einem dienenden Verhältnis zum Individuum. Er ist als Agent individueller Freiheit konzipiert, dessen Handeln nur insoweit legitimierbar ist, wie es die freien Entfaltungsmöglichkeiten des Individuums aktiv befördert oder zumindest nicht unverhältnismäßig beeinträchtigt.

Als Philosophie der Aufklärung verbindet der Liberalismus seinen normativen Bezug auf die Stärkung individueller Freiheitsrechte zudem mit einem positiven Menschenbild und einem tiefen Fortschrittsglauben. Der Mensch ist von Natur aus im Grundsatz gut und vernunftbegabt. Je stärker seine Vernunft durch Erziehung zu Tage gefördert wird, desto eher ist der Mensch in der Lage, seine wohlverstandenen Eigeninteressen zu erkennen, sie mit den Interessen anderer Individuen kooperativ in Ausgleich zu bringen und seine Existenzbedingungen durch rationales Handeln zu verbessern. Fortschritt im Sinne einer Stärkung individueller Freiheit ist Dank der Vernunft des Menschen möglich (Smith 1992: 202–209).

Diese Verbindung ihres normativen Anliegens mit einem optimistischen Glauben an die menschliche Vernunft und an die Chancen historischen Fortschritts hat die politische Philosophie des Liberalismus auf die Ebene der zwischenstaatlichen Beziehungen projiziert. Da die Freiheit des Individuums auf dieser Ebene vor allem durch das Phänomen des Krieges gefährdet ist, richtet sich der normative Fokus des internationalen Liberalismus auf die Verhinderung von Krieg und die Beförderung friedlicher internationaler Beziehungen (Hoffmann 1987: 397–398). Auch in der internationalen Politik wird die Vernunft und die Rationalität des Individuums nach liberaler Überzeugung der Einsicht zum Durchbruch verhelfen, dass die Interessenkonstellation zwischen den Bevölkerungen verschiedener Staaten nicht prinzipiell antagonistisch, sondern komplementär ist und in erster Linie durch das gemeinsame Ziel der Vermeidung von Krieg bestimmt wird. Es besteht somit ein großes Potential für internationale Kooperation, das im Sinne einer Stärkung individueller Freiheiten ausgeschöpft werden kann (Zacher/Matthew 1995: 108–111).

Dieser Fortschrittsoptimismus des internationalen Liberalismus im Hinblick auf die Realisierbarkeit seiner zentralen normativen Anliegen wurde zum Gegenstand einer breiten Kritik, die sich vor allem in der ersten großen Debatte innerhalb der politikwissenschaftlichen Disziplin der IB in den 1930er Jahren verdichtete. Angesichts der desillusionierenden Erfahrungen der Weltwirtschaftskrise und des aufziehenden Faschismus in Europa konnte der liberalen politischen Doktrin in dieser Debatte der Utopismus und die Naivität ihrer idealistischen Vorstellungen von einer friedvollen Entwicklung der zwischenstaatlichen Beziehungen wirkungsvoll zum Vorwurf gemacht werden. Das Ergebnis des Zusammenwirkens von weltpolitischen Ereignissen mit der prägnanten theoretischen Kritik von Vertretern der realistischen

Denkschule war ein Paradigmenwechsel in den IB vom Liberalismus zum Realismus sowie die nachhaltige Diskreditierung des internationalen Liberalismus als normatives Projekt und wissenschaftliche Lehrmeinung (vgl. Menzel 2001: 66–82).

Mit dieser Kritik am internationalen Liberalismus in seiner klassischen Variante ist der Ausgangspunkt für die Entstehung des „neuen Liberalismus" (Krell 2003: 201; Schieder 2003) in den IB seit den 1990er Jahren markiert, der vor allem durch die Arbeiten von Robert Keohane (1990) und Andrew Moravcsik (1992, 1997, 2003) geprägt wurde und dem auch der liberale Ansatz der Außenpolitikanalyse zuzuordnen ist. Im Kern ist der neue Liberalismus von der Absicht geleitet, den Liberalismus als analytische sozialwissenschaftliche Theorie – und nicht als normatives politisches Projekt – zu fassen. In diesem Sinne grenzt sich der neue Liberalismus explizit von den normativen und idealistischen Elementen der liberalen politischen Philosophie ab (Moravcsik 1997: 513–515; Keohane 1990: 166–167, 174). Der liberale Ansatz der Außenpolitikanalyse strebt nach der Erklärung staatlicher Außenpolitik, nicht nach politischen Empfehlungen für eine den Frieden befördernde Außenpolitik.

Gleichzeitig knüpfen die zentralen theoretischen Annahmen des neuen Liberalismus jedoch in positiv gewendeter Form an zwei Kernbestandteile der liberalen Tradition an. Erstens steht auch im neuen Liberalismus das rationale Individuum im Zentrum der Aufmerksamkeit. Die liberale Analyse von Außenpolitik bleibt damit dem Individualismus als ontologischem Kern des Liberalismus verpflichtet. Allerdings ist dieser individualistische Fokus nun nicht mehr normativ auf den Wert individueller Freiheit gerichtet, sondern als analytischer Ausgangspunkt formuliert. Zweitens greift der neue Liberalismus das im klassischen Liberalismus angelegte Verhältnis zwischen Staat und Gesellschaft auf. Zwar wird die Legitimität staatlicher Herrschaftsausübung vom normativen Maßstab individueller Freiheit gelöst, gleichwohl bleibt der Staat nach wie vor als Agent der Gesellschaft modelliert. Staatliches Handeln auf internationaler Ebene erscheint damit als Funktion gesellschaftlich formulierter Interessen. Die liberale Analyse von Außenpolitik setzt an der Gesellschaft, nicht am Staat an (Moravcsik 2003: 161–164; Krell 2003: 201). Das Verhältnis des neuen Liberalismus zum klassischen Liberalismus als politische Philosophie ist somit ambivalent und gleichzeitig durch Momente der Abgrenzung und der Kontinuität gekennzeichnet.

Schließlich ist innerhalb des neuen Liberalismus zwischen der Analyse der Interaktion staatlicher Außenpolitiken auf internationaler Ebene und der Analyse des außenpolitischen Handelns einzelner Staaten zu unterscheiden. Auf der einen Seite hat Moravcsik seine Theorie zwar als liberale Theorie der internationalen Politik bezeichnet. Auf der anderen Seite verweist er jedoch gleichzeitig darauf, dass diese Theorie ebenso zur Analyse von Außenpolitik verwendet werden kann (Moravcsik 1997: 515). Die nachfolgenden Ausführungen sind von dem Interesse geleitet, das liberale Erklärungsmodell so darzustellen, wie es zur Analyse staatlicher Außenpolitik nutzbar gemacht werden kann.

3.2   Der liberale Erklärungsansatz

Der liberale Ansatz erklärt staatliche Außenpolitik aus den Interessen innerstaatlicher gesellschaftlicher Akteure. Das außenpolitische Handeln nationaler Regierungen wird als Funktion gesellschaftlicher Präferenzen modelliert und bildet das Kräfteverhältnis unterschiedlicher gesellschaftlicher Akteure im innerstaatlichen Politikprozess ab. Die zentralen erklärenden Variablen im liberalen Ansatz der Außenpolitikanalyse sind somit die außenpolitischen Präferenzen gesellschaftlicher Akteure und deren relativer politischer Einfluss auf innerstaatlicher Ebene. Die liberale Erklärung von Außenpolitik besteht aus zwei aufeinander aufbauenden Sequenzen. In einem ersten Schritt wird die innerstaatliche Bildung außenpolitischer Präferenzen analysiert. Diese Präferenzen werden in einem zweiten Schritt in Zusammenhang mit dem außenpolitischen Regierungshandeln auf internationaler Ebene gesetzt. Abbildung 3.1 stellt die Grundlinien des liberalen Erklärungsmodells schematisch dar und dient der Veranschaulichung der nachfolgenden Erläuterungen.

Abb. 3.1:   Das liberale Erklärungsmodell von Außenpolitik

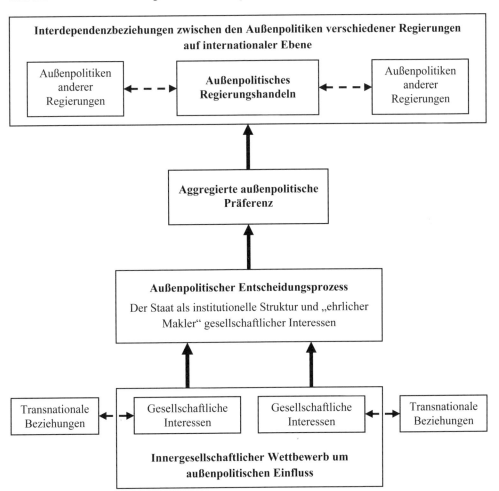

3.2.1   Die liberale Erklärung außenpolitischer Präferenzen

Theoretischer Ausgangspunkt der liberalen Analyse von Außenpolitik ist eine *Bottom-up*-Konzeption des politischen Prozesses. Die zentralen Akteure dieses Prozesses sind rationale Individuen und gesellschaftliche Gruppen, in denen sich individuelle Akteure kollektive Handlungszusammenhänge zur wirkungsmächtigen Durchsetzung eigener Politikziele schaffen. Verschiedene gesellschaftliche Akteure befinden sich auf innenpolitischer Ebene untereinander in einem Wettbewerb um Einfluss auf staatliche Außenpolitik. Sie formulieren Interessen zu außenpolitischen Fragestellungen, die als politische Forderungen an die Entscheidungsträger des politischen Systems gerichtet werden. Diese außenpolitischen Interessen gesellschaftlicher Akteure sind dem politischen Prozess im liberalen Verständnis vorgängig und werden analytisch als exogen gegebener Input in den politischen Entscheidungsprozess konzipiert (Moravcsik 2003: 161–163; Carlsnaes 2002: 339; Keohane 1990: 174).

Der Fokus des liberalen Ansatzes auf gesellschaftliche Interessen erstreckt sich auch auf eine transnationale Dimension. Transnationale Beziehungen sind als grenzüberschreitende Interaktionen definiert, an denen zumindest ein nicht staatlicher Repräsentant gesellschaftlicher Interessen beteiligt ist (Risse-Kappen 1995a: 3). Gesellschaftliche Akteure sind nach diesem Verständnis in der Lage, die Funktion nationaler Regierungen als *gatekeeper* zwischen der innerstaatlichen und der internationalen Ebene zu umgehen (siehe auch Kap. 5) und eigene Beziehungen zu gesellschaftlichen Akteuren in anderen Staaten aufzubauen. In der liberalen Konzeption der Gesellschaftswelt durchbrechen gesellschaftliche Akteure das Außenpolitikmonopol staatlicher Akteure und unterhalten ein dichtes Netz grenzüberschreitender Interaktionen (Czempiel 1994: 2–4; Kaiser 1969: 92–97).

Die liberale Analyse von Außenpolitik berücksichtigt diese transnationale Dimension in dem Maße, wie sie Bedeutung für den innerstaatlichen *Bottom-up*-Prozess der Umwandlung gesellschaftlicher Präferenzen in staatliche Außenpolitik erlangt. Gesellschaftliche Akteure aus dem internationalen Umfeld eines Staates nehmen Einfluss auf diesen Prozess, indem sie Koalitionen mit innerstaatlichen gesellschaftlichen Gruppen zu bilden suchen, um die außenpolitische Präferenzbildung dieser Gruppen mitzuprägen und sie durch materielle oder nicht materielle Unterstützung in der innenpolitischen Auseinandersetzung zu stärken. Transnationale Interaktionen und Kontakte gesellschaftlicher Akteure können damit zu einer Determinante im innenpolitischen Wettbewerb um außenpolitischen Einfluss werden und indirekten Einfluss auf staatliche Außenpolitik gewinnen (Risse-Kappen 1995b: 37–39; Skidmore/Hudson 1993: 14–15).

Der *Bottom-up*-Konzeption des politischen Prozesses im liberalen Analyseansatz entspricht die Modellierung des Staates als passiven Rezipienten und „ehrlichen Makler" gesellschaftlicher Präferenzen. Der Staat wird nicht als eigenständiger Akteur mit unabhängigen Interessen und autonomen Ressourcen zur Durchsetzung dieser Interessen gefasst, sondern lediglich als Arena für den Wettstreit gesellschaftlicher Akteure um außenpolitischen Einfluss und als institutionelle Struktur, die gesellschaftliche Forderungen aufnimmt und zu außenpolitischem Handeln aggregiert (Moravcsik 1997: 516–520; Buchanan/Tullock: 1965: 13). Wie in der politischen Philosophie des Liberalismus angelegt, bilden Gesellschaft und Staat einander ausschließende Domänen, die in einem Verhältnis von Prinzipal und Agent zueinander stehen: „Groups articulate preferences; governments aggregate them. For liberals, the relationship between society and the government is assumed to be one of principal-agent" (Moravcsik 1993: 483).

Der Fokus auf durchsetzungsmächtige gesellschaftliche Präferenzen als erklärende Variable staatlicher Außenpolitik markiert einerseits den konzeptionellen Kern des liberalen Analyseansatzes, verweist gleichzeitig aber auf eine ihm inhärente Begrenzung seiner Erklärungskraft. Die liberale Analyse verliert in dem Maße an Aussagegehalt, wie gesellschaftliche Forderungen zu einer außenpolitischen Fragestellung nicht oder nur diffus und uneinheitlich artikuliert sind. Unter solchen Bedingungen gewinnen staatliche Akteure an autonomen Handlungsspielräumen (*agency slack*) gegenüber ihren gesellschaftlichen Prinzipalen. Da es die theoretischen Annahmen des liberalen Ansatzes ausschließen, den Handlungen staatlicher Akteure ursächliche Bedeutung für außenpolitische Maßnahmen zuzuweisen, werden die Erkenntnisse einer liberalen Analyse umso unbestimmter, je größer solche Handlungsspielräume staatlicher Akteure sind und je weniger staatliches Handeln daher auf gesellschaftliche Forderungen zurückgeführt werden kann.

Ein solches Szenario steht insbesondere dann zu erwarten, wenn die potenziellen Nutzengewinne oder Nutzeneinbußen, die gesellschaftliche Akteure von einer außenpolitischen Entscheidung erwarten, gering, unsicher oder ausgeglichen sind. Da es gerade die antizipierten Nutzeneffekte sind, die gesellschaftliche Akteure zur Artikulation außenpolitischer Positionierungen veranlassen, besteht in diesen Fällen nur ein geringer Anreiz, Ressourcen dafür zu investieren, nachdrückliche und wirkungsmächtige Forderungen in das politische System einzubringen (Wincott 1995: 600–601; Krasner 1978: 27). Umgekehrt bedingt dieser Zusammenhang den Bias der empirischen Anwendungen des liberalen Ansatzes in Richtung von Fragestellungen der Außenwirtschaftspolitik, die sich – insbesondere im Gegensatz zu sicherheitspolitischen Themen – in der Regel durch signifikante Einkommenseffekte für gut organisierte Wirtschaftsakteure auszeichnen (vgl. Frieden 1988; Milner 1997: 244).

Notwendige Voraussetzungen für eine fruchtbare liberale Analyse von Außenpolitik sind somit ein Mindestmaß an außenpolitischer Mobilisierung gesellschaftlicher Akteure sowie die Existenz außenpolitischer Forderungen der Gesellschaft an das politische System. Der liberale Ansatz bleibt jedoch nicht bei der Feststellung außenpolitischer Präferenzen gesellschaftlicher Akteure stehen. Vielmehr rückt davon ausgehend der Prozess der Umwandlung dieser gesellschaftlichen Präferenzen in außenpolitisches Handeln staatlicher Agenten in den Mittelpunkt der Analyse.

Die institutionelle Ausgestaltung der Verbindungen zwischen gesellschaftlichen und staatlichen Akteuren definiert die Möglichkeiten und Restriktionen gesellschaftlicher Einflussnahme auf den politischen Prozess. Je nach institutionellem *setting* sind diese Möglichkeiten und Restriktionen unterschiedlich über die verschiedenen gesellschaftlichen Akteure verteilt. Staatliche Außenpolitik repräsentiert nicht die Gesellschaft insgesamt, sondern entsteht als Funktion derjenigen gesellschaftlichen Präferenzen, die über das bestehende Arrangement der Interessenvermittlung zwischen Gesellschaft und Staat am nachdrücklichsten transportiert werden können. Der Zugang zum außenpolitischen Entscheidungsprozess wird zu einer zentralen Machtressource im innergesellschaftlichen Wettbewerb um außenpolitischen Einfluss. Die institutionalisierte Zuteilung dieser Zugangschancen hat ursächliche Bedeutung dafür, welche Forderungen gesellschaftlicher Prinzipale ihren Niederschlag im außenpolitischen Handeln staatlicher Agenten finden. Die entscheidende Frage für die liberale Erklärung von Außenpolitik ist nicht alleine, welche Präferenzen im gesellschaftlichen Raum artikuliert werden, sondern darüber hinaus wie wirkungsmächtig sie in den politischen Prozess eingespeist werden können (Moravcsik 2003: 163–164; Bienen et al. 1999: 8–9).

Die Analyse des Verhältnisses zwischen Gesellschaft und Staat kann auf unterschiedlichen Niveaus der Aggregation und an unterschiedlichen Kriterien ansetzen. Auf sehr hoher Aggregationsebene werden die Beziehungen zwischen gesellschaftlichen und staatlichen Akteuren zum einen unter die Debatte um die außenpolitischen Implikationen verschiedener Regimetypen oder Herrschaftssysteme subsumiert. Das Herrschaftssystem eines Staates bestimmt die allgemeinen Merkmale des außenpolitischen Entscheidungsprozesses und die grundsätzlichen Möglichkeiten der Partizipation gesellschaftlicher Akteure an diesem Prozess. Differenzen in der Rückkopplung außenpolitischer Entscheidungen an gesellschaftliche Präferenzen werden auf dieser Ebene zum Ausgangspunkt von allgemeinen Hypothesen über systematische Unterschiede zwischen der Außenpolitik demokratischer und nicht demokratischer Regime (Czempiel 1998: 147–150). Insbesondere die intensive Diskussion über den empirischen Befund des friedlichen Außenverhaltens demokratischer Staaten in ihren Beziehungen zu anderen Demokratien („demokratischer Friede") knüpft an diese Unterscheidung zwischen unterschiedlichen Herrschaftssystemen und die dadurch bedingten unterschiedlichen gesellschaftlichen Mitwirkungsmöglichkeiten an (vgl. Doyle 1986; Russett 1993; Russet/Oneal 2001).

Zum anderen wird das Verhältnis zwischen Staat und Gesellschaft auf einem ebenso hohen Aggregationsniveau anhand von strukturellen Merkmalen des Staates und der Gesellschaft analysiert. Für den *Domestic structure*-Ansatz ist die relative Stärke der Gesellschaft im Verhältnis zum Staat, nicht hingegen der Typ des Herrschaftssystems, die entscheidende Bestimmungsgröße von Außenpolitik. Der gesellschaftliche Einfluss auf außenpolitische Entscheidungen ist dabei auf der einen Seite vom Grad der Konzentration außenpolitischer Entscheidungskompetenz sowie auf der anderen Seite vom Zentralisationsgrad und der Organisationsstärke gesellschaftlicher Interessen abhängig. Aus der Kombination dieser Merkmale resultiert ein Kontinuum zwischen im Verhältnis zu ihren Gesellschaften relativ starken und relativ schwachen Staaten, auf dem jeder Staat verortet werden kann. Je fragmentierter und diffuser die außenpolitische Entscheidungskompetenz und je zentralisierter die Organisation gesellschaftlicher Interessen, desto stärker ist der gesellschaftliche Einfluss auf außenpolitisches Handeln (Katzenstein 1976). Auch die Zugangsmöglichkeiten transnationaler Akteure zum innerstaatlichen Prozess der außenpolitischen Präferenzbildung sind unter diesen Bedingungen am günstigsten (Risse-Kappen 1995c: 284–310).

Aus dieser strukturalistischen Perspektive auf das Verhältnis zwischen Staat und Gesellschaft ist die liberale *Bottom-up*-Analyse dort besonders Erfolg versprechend, wo sich ein schwacher Staat und eine starke Gesellschaft gegenüberstehen. Umgekehrt sollten staatszentrierte Erklärungen von Außenpolitik ertragreicher sein, wenn sich eine schwache Gesellschaft mit einem starken Staat konfrontiert sieht (Evangelista 1997: 204–208; Gourevitch 1978: 901–902). Der *Domestic structure*-Ansatz erlaubt somit allgemeine Aussagen darüber, in welchem Maße die Außenpolitik eines Staates insgesamt durch gesellschaftliche Präferenzen geprägt ist. Er ist besonders geeignet, in vergleichender Perspektive *grundsätzliche* Gemeinsamkeiten und Unterschiede der gesellschaftlichen Einflusschancen in verschiedenen Staaten mit demokratischen Herrschaftssystemen und deren Auswirkungen auf die Grundlinien des Außenverhaltens dieser Staaten aufzuzeigen (vgl. Katzenstein 1978; Risse-Kappen 1991).

Die liberale Analyse *spezifischer* außenpolitischer Entscheidungen erfordert demgegenüber eine forschungspraktische Operationalisierung des Erklärungsansatzes, die auf einem niedrigeren Aggregationsniveau ansetzt. Einen solchen Anspruch erfüllt insbesondere die akteurzentrierte Analyse des außenpolitischen Entscheidungsprozesses. Dabei gilt es, den Prozess der Entscheidungsfindung detailliert nachzuzeichnen, um Aufschluss über die Kausalmechanismen zu gewinnen, durch die sich gesellschaftliche Präferenzen in außenpolitisches Handeln vermitteln (George/Bennett 2005: 205–232). Insbesondere mit dem Instrument der Netzwerkanalyse können dabei diejenigen gesellschaftlichen Akteure empirisch identifiziert werden, die an diesem Prozess beteiligt sind und durchsetzungsstarke Präferenzen in das politische System einspeisen. Je stärker ein gesellschaftlicher Akteur in einem für die außenpolitische Beschlussfassung relevanten Policy-Netzwerk (Scharpf 2000: 231) repräsentiert ist und je besseren Zugang zu den formalen politischen Entscheidungsträgern er damit hat, desto stärker ist *ceteris paribus* sein Einfluss auf diese Beschlussfassung und desto bedeutsamer sind seine außenpolitischen Präferenzen für die liberale Erklärung staatlicher Außenpolitik. Je stärker ein Politiknetzwerk, das in die außenpolitische Entscheidungsfindung eingebunden ist, von gesellschaftlichen Akteuren dominiert wird, desto eher erklärt sich eine außenpolitische Entscheidung aus den Präferenzen dieser gesellschaftlichen Akteure (Bienen et al. 1999: 8–11; Moravcsik 1997: 530–533).

Der liberale Ansatz der Außenpolitikanalyse ist somit im Kern eine Theorie der innerstaatlichen Präferenzbildung. Sein Erkenntnisinteresse betrifft in erster Linie den Prozess, in dem auf innerstaatlicher Ebene die Ziele definiert werden, auf deren Umsetzung außenpolitisches Handeln auf internationaler Ebene ausgerichtet ist. Dabei gründet die liberale Analyse auf der zentralen Hypothese, dass diese Ziele insbesondere durch diejenigen Präferenzen gesellschaftlicher Akteure bedingt sind, die am wirkungsmächtigsten in den außenpolitischen Entscheidungsprozess eingebracht werden konnten. Im liberalen Ansatz der Außenpolitikanalyse sind die substanziellen Ziele außenpolitischen Handelns somit nicht *a priori* gegeben, sondern je nach innergesellschaftlicher Verteilung außenpolitischen Einflusses variabel. Es gibt demnach keine Hierarchie außenpolitischer Präferenzen, die dem innenpolitischen Wettbewerb zwischen verschiedenen gesellschaftlichen Akteuren um die Bestimmung dieser Ziele vorgängig wäre.

3.2.2 Die außenpolitische Umsetzung gesellschaftlicher Präferenzen

Der liberale Ansatz der Außenpolitikanalyse kann sich jedoch nicht auf die Erklärung der innerstaatlichen Präferenzbildung beschränken. Vielmehr gewinnt das liberale Erkenntnisinteresse an der Genese außenpolitischer Präferenzen nur dann an analytischem Wert für die Erklärung von Außenpolitik, wenn diesen Präferenzen ursächliche Bedeutung für außenpolitisches Regierungshandeln zugewiesen wird. Der liberale Analysefokus auf die innerstaatliche Präferenzbildung impliziert die Annahme eines kausalen Zusammenhangs zwischen der Substanz der außenpolitischen Zielsetzung, die aus der innenpolitischen Auseinandersetzung hervorgegangen ist, und dem außenpolitischen Regierungshandeln auf internationaler Ebene. Diesen Konnex stellt der liberale Ansatz her, indem er Außenpolitik als sequenziellen, zweistufigen Prozess analysiert. Auf der ersten Stufe bildet sich im innenpolitischen Wettbewerb zwischen verschiedenen gesellschaftlichen Akteuren eine außenpolitische Präferenz heraus, die auf der zweiten Stufe zur entscheidenden Bestimmungsgröße staatlicher Außenpolitik auf internationaler Ebene wird (Legro 1996: 118–120; Moravcsik 1998: 20–24).

Der liberale Ansatz ist damit als interessenbasiertes Erklärungsmodell zu klassifizieren (Hasenclever et al. 1997: 1–2). Es sind die Interessen, die eine Regierung als Agentin gesellschaftlicher Forderungen auf internationaler Ebene verfolgt, die in der liberalen Analyse als zentrale Variable zur Erklärung staatlicher Außenpolitik modelliert sind: „What states want is the primary determinant of what they do" (Moravcsik 1997: 521).

Dabei impliziert die zweistufige Konzeption von Außenpolitik, dass die innerstaatliche Genese außenpolitischer Präferenzen der strategischen Interaktion zwischen Regierungen auf internationaler Ebene vorgängig ist. Zwar können Regierungen je nach politischer Opportunität auf internationaler Ebene die Strategien und Taktiken ihres außenpolitischen Handelns variieren. Das mit diesem Handeln verfolgte Interesse ist in der liberalen Analyse allerdings unabhängig vom intergouvernementalen strategischen Umfeld auf internationaler Ebene gegeben (Moravcsik 2003: 164).

Der liberale Ansatz der Außenpolitikanalyse geht jedoch nicht von der Annahme einer grundsätzlichen Harmonie zwischen den außenpolitischen Zielen verschiedener nationaler Regierungen aus. Vielmehr können diese Ziele sowohl in einem komplementären als auch in einem konfliktiven Verhältnis zueinander stehen. Im Falle einer konflikthaften Interessenkonstellation ist die Fähigkeit jeder Regierung, ihr außenpolitisches Interesse zu realisieren, durch die Interessen anderer Regierungen begrenzt. Die prinzipielle Restriktion des außenpolitischen Handelns einer Regierung zur Durchsetzung innerstaatlich formulierter Interessen auf internationaler Ebene besteht in der liberalen Analyse somit aus den Interessen anderer Regierungen (Carlsnaes 2002: 339).

Diese Restriktion ergibt sich theoretisch aus der Interdependenz zwischen den Außenpolitiken verschiedener Regierungen. Ein interdependenter Beziehungszusammenhang beschreibt eine Situation gegenseitiger Abhängigkeit, in der die Handlungen jedes Akteurs Kostenwirkungen für jeden anderen Interaktionspartner bedingen können (Keohane/Nye 1977: 8–9). Derartige Kostenwirkungen stellen sich im liberalen Ansatz als negative transnationale Externalitäten außenpolitischer Maßnahmen dar. Danach verursacht die Außenpolitik der Regierung eines Staates A Kosten für gesellschaftliche Akteure in einem Staat B und beeinträchtigt damit die Fähigkeit der Regierung dieses Staates B, die von ihr repräsentierten gesellschaftlichen Interessen auf internationaler Ebene zu wahren. In Reaktion auf solche negativen transnationalen Externalitäten kommt es zu einer Veränderung der außenpolitischen Forderungen, welche die betroffenen gesellschaftlichen Akteure in Staat B an ihre gouvernementalen Repräsentanten auf internationaler Ebene richten und die in der Substanz auf eine Kompensation der erlittenen Nutzeneinbußen abzielen. Diese veränderten Präferenzen werden nach der liberalen *Bottom-up*-Konzeption des Politikprozesses von der Regierung des Staates B aufgegriffen und in außenpolitisches Handeln umgesetzt, das seinerseits Nutzeneinbußen für gesellschaftliche Akteure in Staat A nach sich zieht.

Die Struktur derartiger Interdependenzbeziehungen zwischen den Außenpolitiken nationaler Regierungen ist im liberalen Ansatz als zentrale theoretische Verbindung zwischen dem innerstaatlich formulierten außenpolitischen Interesse und dem tatsächlichen außenpolitischen Handeln einer Regierung modelliert. Staatliche Außenpolitik kann nicht auf einer isolierten Betrachtung des eigenen Interesses beruhen, sondern muss die Wechselwirkungen und Abhängigkeiten berücksichtigen, die zwischen den Interessen verschiedener Regierungen bestehen. Außenpolitisches Regierungshandeln reflektiert somit nicht nur das Interesse einer Regierung, sondern auch das Muster außenpolitischer Interdependenzen, in das staatliche Außenpolitik eingebettet ist (Moravcsik 2003: 164–167).

Die konstatierte Interdependenz zwischen den Außenpolitiken verschiedener Regierungen beschränkt jedoch nicht jede Regierung gleichermaßen. Die Struktur von Interdependenzbeziehungen muss nicht notwendigerweise symmetrisch sein, sondern kann signifikante Asymmetrien aufweisen. Unter der Bedingung asymmetrischer Interdependenz ist ein Akteur eines Beziehungszusammenhanges in geringerem Maße von den Handlungen eines anderen Akteurs abhängig als umgekehrt. Diejenigen Regierungen, die in ihren außenpolitischen Entscheidungen einer geringeren Abhängigkeit von den außenpolitischen Entscheidungen anderer Regierungen unterliegen, müssen bei der Verfolgung ihrer Interessen geringere Wechselwirkungen mit den Außenpolitiken dieser Regierungen berücksichtigen. Sie besitzen damit einen größeren außenpolitischen Spielraum, eigene Interessen unabhängig von den Interessen anderer Regierungen durchzusetzen.

Die Figur der asymmetrischen Interdependenz steht im Mittelpunkt der liberalen Konzeption von Macht in den intergouvernementalen Beziehungen auf internationaler Ebene. Stehen die außenpolitischen Interessen zweier Regierungen im Konflikt miteinander, so besitzt diejenige Regierung größere Macht bei der Verfolgung ihres Interesses, die weniger verwundbar durch außenpolitische Maßnahmen der anderen Regierung ist. Die Verwundbarkeit einer Regierung bemisst sich dabei nach der Kostspieligkeit der ihr verfügbaren außenpolitischen Handlungsmöglichkeiten zum Ausgleich potenzieller Nutzeneinbußen, die dieser Regierung durch außenpolitische Maßnahmen einer anderen Regierung entstehen können. Je attraktiver diese Handlungsoptionen einer Regierung sind, je geringer also ihre Interdependenzverwundbarkeit ist, desto weniger kann die Realisierung ihrer außenpolitischen Interessen durch außenpolitische Entscheidungen anderer Regierungen beeinträchtigt werden (Keohane/Nye 1977: 11–19).

Asymmetrien der Verwundbarkeit in interdependenten Beziehungen werden in den Interaktionen zwischen Regierungen auf internationaler Ebene dadurch zu einer Determinante außenpolitischer Macht, dass sie die Glaubwürdigkeit bedingen, mit der eine Regierung unilaterale Maßnahmen ohne Berücksichtigung der daraus resultierenden negativen Externalitäten androhen kann. Eine solche Drohung ist umso glaubwürdiger, je weniger eine Regierung befürchten muss, dass die Umsetzung dieser Drohung Reaktionen anderer Regierungen nach sich zieht, die ihrerseits negativ auf ihre eigenen Interessen zurückwirken. Je attraktiver die einseitigen Handlungsmöglichkeiten einer Regierung in Relation zu einer kooperativen Verhandlungslösung mit anderen Regierungen sind, desto mehr Verhandlungsmacht kann diese Regierung in entsprechenden Verhandlungen aufbauen. Umgekehrt haben gerade diejenigen Regierungen eine besonders starke Präferenz an dem Zustandekommen einer Verhandlungslösung, die keine attraktiven unilateralen Alternativen besitzen und besonders durch negative Externalitäten aus einseitigen außenpolitischen Maßnahmen anderer Regierungen bedroht sind. Eine hohe Interdependenzverwundbarkeit geht einher mit einem starken Interesse an zwischenstaatlichen Kooperationsformen zum Zweck der Vermeidung transnationaler Externalitäten aus staatlicher Außenpolitik. Je glaubhafter eine Regierung mit einseitigen außenpolitischen Maßnahmen drohen kann, die anderen Regierungen negative Externalitäten auferlegen, und je geringer die Präferenzintensität dieser Regierung an kooperativen Vereinbarungen ist, desto größer wird ihre Macht, die Bedingungen der Interaktion zwischen zwei Regierungen nach eigenen Interessenkalkülen zu diktieren (Moravcsik 1993: 497–504, 1998: 60–67).

3.3 Interessengruppen und öffentliche Meinung in der Außenpolitik

Der liberale Erklärungsansatz von Außenpolitik beruht somit auf einem zweistufigen Analysekonzept. Darauf aufbauend bleibt zu konkretisieren, welche gesellschaftlichen Akteure als wirkungsmächtige Prinzipale gouvernementaler Agenten im Zentrum der liberalen Analyse von Außenpolitik stehen. Dabei kann grundsätzlich zwischen organisierten Interessengruppen und der breiten Öffentlichkeit als Träger außenpolitischer Präferenzen und Bestimmungsgrößen für staatliche Außenpolitik unterschieden werden (vgl. Hagan 1987: 343).

3.3.1 Interessengruppen und Außenpolitik

Interessengruppen sind institutionalisierte Vertretungen der organisierten Segmente einer Gesellschaft. Im Gegensatz zur breiten Öffentlichkeit besitzen sie potenziell Zugang zu außenpolitischen Netzwerken und werden zu unmittelbaren und aktiven Teilnehmern am außenpolitischen Entscheidungsprozess. Ihre außenpolitischen Präferenzen gewinnen damit direkten Einfluss auf staatliche Außenpolitik und sind in Anwendungen des liberalen Analyseansatzes häufig als Operationalisierung der in einer Gesellschaft relevanten Präferenzen modelliert.

Die Einflussnahme von Interessengruppen in einem konkreten außenpolitischen Entscheidungskontext wird dabei durch die Relevanz einer außenpolitischen Fragestellung für ihren Organisationszweck angestoßen. Konkrete außenpolitische Entscheidungen haben unterschiedliche Verteilungswirkungen auf verschiedene Interessengruppen. Die Erwartung dieser Verteilungseffekte setzt den Anreiz für die betroffenen Gruppen, im Wettbewerb untereinander nach Einfluss auf den Entscheidungsprozess zu streben (Buchanan/Tullock 1965: 286–288).

Entscheidend für den liberalen Ansatz der Außenpolitikanalyse ist jedoch nicht alleine, welche Interessengruppen in einer außenpolitischen Entscheidungssituation aktiv ihre Präferenzen vertreten, sondern welche Präferenzen welcher Interessengruppen durch die außenpolitischen Entscheidungen einer Regierung repräsentiert werden. Eine fruchtbare liberale Erklärung von Außenpolitik setzt voraus, die Bedingungen zu identifizieren, von denen die relative Einflussmacht einer Interessengruppe auf außenpolitische Entscheidungen abhängig ist. Auf einer grundsätzlichen Ebene lassen sich vier derartige Bedingungen unterscheiden (Abb. 3.2).

Erstens ist der relative außenpolitische Einfluss einer Interessengruppe durch den Grad ihrer situativen Mobilisierung bedingt. In einer außenpolitischen Entscheidungssituation sind insbesondere diejenigen Interessengruppen mobilisiert, die sich in ihrem Organisationszweck stark betroffen sehen und die eine intensive Präferenz für eine bestimmte Handlungsoption haben. Je stärker der Organisationszweck einer Interessengruppe durch eine außenpolitische Fragestellung berührt ist und je größer damit der Nutzen ist, den sie durch die Beeinflussung des entsprechenden Entscheidungsprozesses erwarten kann, desto stärker ist der Anreiz für diese Gruppe, Ressourcen dafür zu investieren, aktiv und nachdrücklich für die Durchsetzung eigener Präferenzen einzutreten (Milner 1997: 60–65; Bienen et al. 1999: 22–23; Dowding 1991: 115–118).

Abb. 3.2: Kriterien für den außenpolitischen Einfluss von Interessengruppen

Zweitens ist der außenpolitische Einfluss einer Interessengruppe von ihrer Organisationsfähigkeit abhängig. Nach der „Logik kollektiven Handelns" (Olson 1965) besteht ein grundsätzlicher Zusammenhang zwischen der Größe einer Gruppe und ihrer Fähigkeit, kollektives Gruppenhandeln zu organisieren. Indem Interessengruppen den außenpolitischen Entscheidungsprozess im Sinne ihres Organisationszwecks beeinflussen, stellen sie ein Kollektivgut bereit, von dem jedes Mitglied dieser Gruppe unabhängig von seinem individuellen Beitrag zu diesem Gut profitiert. Insbesondere in Gruppen mit zahlreichen Mitgliedern ergibt sich daraus ein starker „Trittbrettfahreranreiz". Die Organisationsfähigkeit von Interessengruppen ist zudem von ihrer inneren Homogenität abhängig. Eine Interessengruppe kann nur dann wirksamen Einfluss auf außenpolitische Entscheidungen nehmen, wenn sie in ihrem internen Entscheidungsprozess eine Übereinstimmung über die außenpolitischen Präferenzen herbeiführen kann, auf deren Durchsetzung ihre Einflussnahme zielen soll. Im Gegensatz zu den konzentrierten Präferenzen homogener Gruppen bleiben die von heterogenen Gruppen nach außen getragenen Positionierungen oft diffus und damit durchsetzungsschwach (vgl. Gourevitch 2002: 310).

Eine dritte Bestimmungsgröße für den außenpolitischen Einfluss einer Interessengruppe sind die Ressourcen, die sie zur Durchsetzung ihrer Präferenzen einsetzen kann. Dazu sind zunächst finanzielle und personelle Mittel zu zählen, von denen die Fähigkeit einer Interessengruppe zu umfassenden und nachhaltigen Lobby-Aktivitäten abhängt. Besondere Bedeutung ist darüber hinaus den Ressourcen der Information und der Legitimation beizumessen, auf die außenpolitische Entscheidungen angewiesen sind und die von Interessengruppen bereitgestellt werden können.

Interessengruppen erfüllen im politischen Prozess eine Funktion als Lieferant von Informationen und fachlicher Expertise. Sie beeinflussen staatliche Außenpolitik, indem sie technische und politische Informationen über die Implikationen unterschiedlicher Handlungsalternativen in den außenpolitischen Entscheidungsprozess einspeisen und damit die Parameter definieren, die der Entscheidungsfindung zugrunde liegen (Dowding 1991: 143; Milner 1997: 20–23). Zudem fungieren Interessengruppen als Bindeglied zwischen der breiten Öffentlichkeit und dem außenpolitischen Entscheidungsprozess. Auf der einen Seite signalisieren sie den politischen Entscheidungsträgern die Präferenzen der von ihnen repräsentierten gesellschaftlichen Gruppen. Auf der anderen Seite vermitteln sie die Ergebnisse politischer

Entscheidungsprozesse zurück in die Gesellschaft und stärken die öffentliche Akzeptanz außenpolitischer Maßnahmen. Damit dienen Interessengruppen der Rückkopplung von Außenpolitik an die Öffentlichkeit und der Legitimation von Regierungshandeln.

Viertens hängt das außenpolitische Gewicht einer Interessengruppe schließlich von ihrem Zugang zum außenpolitischen Entscheidungsprozess ab. Zwar ist die Vertretung einer Interessengruppe in außenpolitischen Netzwerken durch ihre situative Mobilisierung, ihre Organisationsfähigkeit und ihre Ressourcen mit bedingt. Je nach institutioneller Ausgestaltung des Verhältnisses zwischen Gesellschaft und Staat ergeben sich jedoch Unterschiede in den Zugangschancen verschiedener Interessengruppen, die nicht alleine auf Merkmale dieser Gruppen zurückzuführen sind und einen unabhängigen Effekt auf ihren außenpolitischen Einfluss ausüben.

Die Bedeutung einer Interessengruppe in der liberalen *Bottom-up*-Konzeption von Außenpolitik bemisst sich somit nach ihrem situativen Mobilisierungsgrad, ihrer Organisationsfähigkeit, ihren Ressourcen und ihrem Zugang zu außenpolitischen Netzwerken. Aus diesen Bedingungsfaktoren entwickelt der liberale Ansatz nicht zuletzt die allgemeine These eines Bias in der Verteilung außenpolitischen Einflusses zugunsten von Produzentengruppen, wie zum Beispiel Unternehmens- oder Industrieverbände. Die Vertreter von Produzenteninteressen verfügen in der Regel ebenso über einen guten Zugang zu den außenpolitischen Entscheidungsträgern wie über eine sehr gute Ausstattung mit finanziellen, personellen und informationellen Ressourcen. Im Gegensatz zu diffusen und heterogenen Konsumenteninteressen lassen sich Produzenteninteressen in Gruppen mit vergleichsweise wenigen Mitgliedern bündeln, die durch konzentrierte und homogene Präferenzen zusammengehalten werden und somit gut organisierbar sind. Sobald eine außenpolitische Maßnahme signifikante Auswirkungen auf derartige Produzenteninteressen erwarten lässt und damit ihre situative Mobilisierung anstößt, werden die außenpolitischen Präferenzen von Produzentengruppen zu einer zentralen Erklärungsvariable im liberalen Ansatz (Moravcsik 1993: 486–496, 1998: 35–41).

3.3.2   Öffentliche Meinung und Außenpolitik

Neben Interessengruppen kann die öffentliche Meinung als zweite Trägerin gesellschaftlicher Präferenzen zum Ausgangspunkt der liberalen Analyse von Außenpolitik gemacht werden. Dabei sind es die aggregierten außenpolitischen Positionierungen und Einstellungen individueller Mitglieder einer Gesellschaft, die der liberalen *Bottom-up*-Konzeption des außenpolitischen Prozesses zugrunde liegen. Ein solcher Nexus zwischen der öffentlichen Meinung und Außenpolitik ist jedoch nur unter den Bedingungen eines Herrschaftssystems plausibel, in dem Regierungshandeln wirkungsvoll an den Willen der Bevölkerung zurückgebunden und von einer mehrheitlichen Unterstützung in der Bevölkerung abhängig ist. Der empirische Anwendungsbereich, auf den die Annahme einer ursächlichen Bedeutung der öffentlichen Meinung für Außenpolitik im Rahmen des liberalen Erklärungsansatzes sinnvoll bezogen werden kann, ist somit in der Regel auf Demokratien beschränkt (vgl. Holsti 1992).

Die zentrale Fragestellung der liberalen Analyse besteht in diesem Kontext darin, inwieweit eine gegebene öffentliche Meinung als Einflussfaktor auf Außenpolitik zu berücksichtigen ist. Zwar diktieren die außenpolitischen Einstellungen und Präferenzen der Bevölkerung in der Regel keine spezifische außenpolitische Maßnahme. Sie können aber den Raum möglicher Handlungsoptionen begrenzen, der außenpolitischen Entscheidungsträgern effektiv zur

Verfügung steht. In diesem Sinne sind drei zentrale Kriterien zu unterschieden, nach denen sich die Relevanz der öffentlichen Meinung als unabhängige Variable in der liberalen Analyse von Außenpolitik bemisst (Abb. 3.3).

Abb. 3.3:   Kriterien für die Relevanz der öffentlichen Meinung in der Außenpolitik

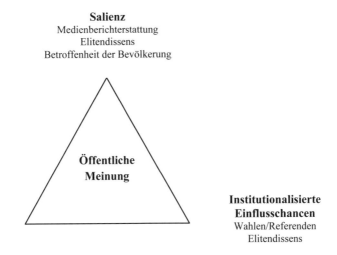

Das bedeutendste dieser Kriterien ist die öffentliche Salienz außenpolitischer Themen (vgl. Oppermann/Viehrig 2011). Die Einstellungen der Bevölkerung zu einer außenpolitischen Frage können nur dann Einfluss auf Außenpolitik gewinnen, wenn sie nicht latent bleiben, sondern aktiviert sind und damit zu einem Parameter des politischen Prozesses werden. Eine solche Aktivierung der öffentlichen Meinung zu einem außenpolitischen Thema setzt voraus, dass dieses Thema in der Bevölkerung wahrgenommen wird. Nur außenpolitische Einstellungen, die im Gedächtnis eines Individuums repräsentiert sind, können zum Ausgangspunkt aktiver Präferenzäußerungen beispielsweise in Umfragen, Demonstrationen oder Wahlen werden. Je höher die Priorität ist, die einer außenpolitischen Fragestellung in der Bevölkerung beigemessen wird, desto leichter sind Einstellungen zu dieser Fragestellung aus dem Gedächtnis der Menschen abrufbar und desto stärker ist die Mobilisierung der Öffentlichkeit (Powlick/Katz 1998: 32–34; Aldrich et al. 1989: 125–127; Druckman/Lupia 2000: 8–9). In der empirischen Anwendung kann die öffentliche Salienz von Außenpolitik insbesondere durch die in der Umfrageforschung regelmäßig erhobenen Daten zu den wichtigsten Themen der politischen Agenda oder zu den für eine Wahlentscheidung ausschlaggebenden Themen operationalisiert werden. Sie wird umso höher sein, je umfassender in den Medien über ein außenpolitisches Thema berichtet wird, je stärker hierzu ein Dissens innerhalb der politischen Elite ausgeprägt ist und je intensiver sich die Bevölkerung von dem Thema unmittelbar betroffen sieht.

Selbst eine hochgradig mobilisierte öffentliche Meinung wird allerdings nur dann signifikanten Einfluss auf Außenpolitik haben können, wenn sie eindeutig in eine bestimmte inhaltliche Richtung weist. Im Gegensatz zu einer öffentlichen Meinung, die zu außenpolitischen Fragen einen weitgehenden Konsens herausgebildet hat, kann eine gespaltene und ausgeglichene öffentliche Meinung keine wesentliche Begrenzung der außenpolitischen Handlungsoptionen einer Regierung bewirken. In der empirischen Anwendung ist als grober Richtwert erst dann ein signifikanter Effekt der öffentlichen Meinung auf die außenpolitische Entscheidungsfindung anzunehmen, wenn der Grad des Konsenses zu dieser Entscheidung in der Öffentlichkeit ca. 60 Prozent erreicht oder übersteigt (Graham 1994: 195–197).

Schließlich ist die Relevanz der öffentlichen Meinung für die Erklärung von Außenpolitik davon abhängig, inwieweit der Bevölkerung institutionalisierte Möglichkeiten der wirkungsmächtigen Einflussnahme auf den außenpolitischen Entscheidungsprozess offen stehen. Derartige Möglichkeiten können sich in Demokratien prinzipiell in zwei Formen ergeben. Den unmittelbarsten Einfluss auf Außenpolitik besitzt die Bevölkerung dann, wenn ein Thema zum Gegenstand eines Referendums wird. In einem Referendum bietet sich der Öffentlichkeit die Chance, über eine außenpolitische Maßnahme ungeachtet ihrer allgemeinen parteipolitischen Präferenzen und losgelöst von den übrigen Themen der politischen Agenda zu entscheiden (Milner 1997: 108–109).

Eine zweite, mittelbare Einflussmöglichkeit der Bevölkerung auf Außenpolitik bieten die allgemeinen Regierungs- und Parlamentswahlen. Die Bedeutung von Wahlen als Instrument der außenpolitischen Einflussnahme der Öffentlichkeit hängt jedoch davon ab, inwieweit amtierende Regierungen davon ausgehen müssen, dass ihr außenpolitisches Handeln für Teile der Bevölkerung wahlentscheidende Bedeutung erlangt. Nur wenn die öffentliche Meinung zu einem außenpolitischen Thema am Wahltag ausreichend mobilisiert ist, werden Wahlen auch zu einer Abstimmung über dieses Thema und zu einer Restriktion der außenpolitischen Handlungsoptionen einer Regierung. Da die öffentliche Aufmerksamkeit für außenpolitische Ereignisse über die Zeit nachlässt und sich retrospektives Wahlverhalten insbesondere an Regierungsentscheidungen im engeren Vorfeld einer Wahl bemisst, ist die wahlpolitische Relevanz einer außenpolitischen Entscheidung umso größer, je enger der zeitliche Zusammenhang zwischen dieser Entscheidung und dem Wahltermin ist (Zaller 1992: 48–49; Russett 1990: 107–110). Schließlich können Wahlen nur dann zu einem wirkungsmächtigen Instrument der öffentlichen Einflussnahme auf Außenpolitik werden, wenn außenpolitische Themen Gegenstand eines Dissenses unter den konkurrierenden Eliten sind. Nur unter dieser Bedingung hat die Bevölkerung in Wahlen tatsächlich die Auswahl zwischen alternativen außenpolitischen Angeboten, die sie zur Grundlage ihrer Wahlentscheidung machen kann. Die Existenz eines Elitendissenses ist die Voraussetzung dafür, dass sich Wahlen als wirksames Instrument der Öffentlichkeit zur *Ex post*-Sanktionierung von außenpolitischem Regierungshandeln darstellen (Aldrich et al. 1989: 127–132).

3.4   Fazit

Aus der liberalen Perspektive erklärt sich Außenpolitik als Funktion durchsetzungsstarker gesellschaftlicher Interessen. Der Ausgangspunkt der Analyse ist eine *Bottom-up*-Konzeption des politischen Prozesses, in der Regierungen als Transmissionsriemen gesellschaftlicher Interessen modelliert sind und diese zu außenpolitischen Staatspräferenzen aggregieren. Eine liberale Erklärung von Außenpolitik umfasst dabei zwei Schritte. Zunächst untersucht der Ansatz die relativen Einflusschancen konkurrierender gesellschaftlicher Interessen und erklärt daraus die innerstaatliche Bildung von außenpolitischen Präferenzen. Im zweiten Schritt widmet sich die Analyse den Chancen und Restriktionen der außenpolitischen Umsetzung innerstaatlich gebildeter Präferenzen. Hierbei werden die Interdependenzbeziehungen zwischen den Präferenzen verschiedener Staaten auf internationaler Ebene zur zentralen Bestimmungsgröße des Spielraums und der Einflusschancen außenpolitischen Handelns.

Bei der Operationalisierung dieses zweistufigen Erklärungsansatzes können zwei unterschiedliche Träger gesellschaftlicher Interessen unterschieden werden, die als Ausgangspunkte der liberalen Analyse von Außenpolitik in Frage kommen: Interessengruppen und die öffentliche Meinung. Dabei muss jeweils herausgearbeitet werden, inwieweit gesellschaftlichen Interessen tatsächlich Einfluss auf die außenpolitische Präferenzbildung zuzuschreiben ist. Die Einflusschancen von Interessengruppen bemessen sich grundsätzlich nach ihrer situativen Mobilisierung, ihrer Organisationsfähigkeit, ihrem Zugang zum Entscheidungsprozess sowie ihrer Ausstattung mit Ressourcen. Die Bedeutung der öffentlichen Meinung ist umso größer, je höher die öffentliche Salienz eines außenpolitischen Themas ist, je stärker dazu ein Konsens in der Öffentlichkeit besteht und je unmittelbarer die Bevölkerung in Referenden oder Wahlen institutionalisierte Möglichkeiten der Einflussnahme auf den außenpolitischen Entscheidungsprozess hat.

Unter den zahlreichen Ansatzpunkten für weitere Forschungen aus liberaler Perspektive ragen drei heraus. Erstens besteht angesichts der bisherigen Fokussierung liberaler Analysen auf ökonomische Sachbereiche nach wie vor ein Mangel an allgemeinen Erkenntnissen über die Erklärungskraft des Ansatzes für sicherheits- und verteidigungspolitische Entscheidungen. Zweitens würde die liberale Außenpolitikforschung von differenzierteren Befunden zu den Einflusschancen und Einflusspfaden gesellschaftlicher Akteure in unterschiedlichen politischen Systemen profitieren. Dabei wären nicht zuletzt vergleichende liberale Analysen der Außenpolitiken nicht demokratischer Staaten lohnenswert. Drittens bleibt unser Verständnis der komplexen und wechselseitigen Zusammenhänge zwischen öffentlicher Meinung und Außenpolitik trotz der in den letzten Jahren erzielten Fortschritte und der in diesem Kapitel vorgestellten Systematisierung in vielerlei Hinsicht unvollständig (vgl. Aldrich et al. 2006; Foyle/Van Belle 2010; Rüger 2012). Sowohl innovative Vorschläge zur theoretischen Konzeptualisierung dieser Zusammenhänge als auch qualitative und quantitative empirische Studien zur Rolle der öffentlichen Meinung in der Außenpolitik versprechen insoweit wertvolle Beiträge zur liberalen Außenpolitikanalyse.

3.5   Literatur

Aldrich, John H./Sullivan, John L./Bordiga, Eugene (1989) Foreign Affairs and Issue Voting: Do Presidential Candidates 'Waltz Before a Blind Audience?'. *American Political Science Review* 83(1), 123–141.

Aldrich, John H. et al. (2006) Foreign Policy and the Electoral Connection. *Annual Review of Political Science* 9, 477–502.

Bienen, Derk/Freund, Corinna/Rittberger, Volker (1999) *Gesellschaftliche Interessen und Außenpolitik: Die Außenpolitiktheorie des utilitaristischen Liberalismus* (Tübinger Arbeitspapiere zur Internationalen Politik und Friedensforschung 33). Tübingen: Eberhard-Karls-Universität.

Buchanan, James M./Tullock, Gordon (1965) *The Calculus of Consent. Logical Foundations of Constitutional Democracy*. Ann Arbor: University of Michigan Press.

Carlsnaes, Walter (2002) Foreign Policy. In: Walter Carlsnaes/Risse, Thomas/Simmons, Beth A. (Hrsg.) *Handbook of International Relations*. London et al.: Sage, 331–349.

Czempiel, Ernst-Otto (1994) Vergesellschaftete Außenpolitik. *Merkur: Deutsche Zeitschrift für europäisches Denken* 48(1), 1–14.

Czempiel, Ernst-Otto (1998) *Friedensstrategien*, 2. Auflage. Opladen: Westdeutscher Verlag.

Dowding, Keith M. (1991) *Rational Choice and Political Power*. Aldershot: Edward Elgar.

Doyle, Michael W. (1986) Liberalism and World Politics. *American Political Science Review* 80(4), 1151–1169.

Druckman, James N./Lupia, Arthur (2000) Preference Formation. *Annual Review of Political Science* 3, 1–24.

Evangelista, Matthew (1997) Domestic Structure and International Change. In: Doyle, Michael W./ Ikenberry, G. John (Hrsg.) *New Thinking in International Relations Theory*. Boulder: Westview Press, 202–228.

Foyle, Douglas C./Van Belle, Douglas (2010) Domestic Politics and Foreign Policy Analysis: Public Opinion, Elections, Interest Groups, and the Media. In: Denemark, Robert A. (Hrsg.) *The International Studies Encyclopedia*. Blackwell Reference Online. Blackwell Publishing.

Frieden, Jeff (1988) Sectoral Conflict and Foreign Economic Policy, 1914–1940. *International Organization* 42(1), 59–90.

George, Alexander L./Bennett, Andrew (2005) *Case Studies and Theory Development in the Social Sciences*. Cambridge: MIT Press.

Gourevitch, Peter (1978) The Second Image Reversed: International Sources of Domestic Politics. *International Organization* 32(4), 881–911.

Gourevitch, Peter (2002) Domestic Politics and International Relations. In: Walter Carlsnaes/Risse, Thomas/Simmons, Beth A. (Hrsg.) *Handbook of International Relations*. London et al.: Sage, 309–328.

Graham, Thomas W. (1994) Public Opinion and U.S. Foreign Policy Decision Making. In: Deese, David A. (Hrsg.) *The New Politics of American Foreign Policy*. New York: St. Martin's Press, 190–215.

Hagan, Joe D. (1987) Regimes, Political Oppositions and the Comparative Analysis of Foreign Policy. In: Hermann, Charles F./Kegley, Charles W./Rosenau James N. (Hrsg.) *New Directions in the Study of Foreign Policy*. Boston: Allen & Unwin, 339–365.

Hasenclever, Andreas/Mayer, Peter/Rittberger, Volker (1997) *Theories of International Regimes*. Cambridge: Cambridge University Press.

Hoffmann, Stanley (1987) Liberalism and International Affairs. In: Hoffmann, Stanley: Janus and Minerva: *Essays in the Theory and Practice of International Politics*. Boulder: Westview Press, 394–417.

Holsti, Ole R. (1992) Public Opinion and Foreign Policy: Challenges to the Almond-Lippmann Consensus. *International Studies Quarterly* 36(4), 439–466.

Kaiser, Karl (1969) Transnationale Politik. Zu einer Theorie der multinationalen Politik. *Politische Vierteljahresschrift* Sonderheft 1, 80–109.

Katzenstein, Peter J. (1976) International Relations and Domestic Structures: Foreign Economic Policies of Advanced Industrial States. *International Organization* 30(1), 1–45.

Katzenstein, Peter J. (Hrsg.) (1978) *Between Power and Plenty: Foreign Economic Policies of Advanced Industrial States*. Madison: University of Wisconsin Press.

Keohane, Robert O. (1990) International Liberalism Reconsidered. In: Dunn, John (Hrsg.) *The Economic Limits to Modern Politics*. Cambridge: Cambridge University Press, 165–194.

Keohane, Robert O./Nye, Joseph S. (1977) *Power and Interdependence: World Politics in Transition.* Boston: Little, Brown and Company.

Krasner, Stephen D. (1978) *Defending the National Interest: Raw Materials Investments and U.S. Foreign Policy.* Princeton: Princeton University Press.

Krell, Gert (2003) *Weltbilder und Weltordnung. Einführung in die Theorie der Internationalen Beziehungen.* Baden-Baden: Nomos.

Legro, Jeffrey W. (1996) Culture and Preferences in the International Cooperation Two-Step. *American Political Science Review* 90(1), 118–137.

Long, David (1995) The Harvard School of Liberal International Theory: A Case for Closure. *Journal of International Studies* 24(3), 489–505.

Menzel, Ulrich (2001) *Zwischen Idealismus und Realismus: Die Lehre von den Internationalen Beziehungen.* Frankfurt a. M.: Suhrkamp.

Milner, Helen V. (1997) *Interests, Institutions, and Information: Domestic Politics and International Relations.* Princeton: Princeton University Press.

Moravcsik, Andrew (1992) *Liberalism and International Relations Theory.* Center for International Affairs Working Paper Series 92–6. Cambridge: Harvard University.

Moravcsik, Andrew (1993) Preferences and Power in the European Community: A Liberal Intergovernmentalist Approach. *Journal of Common Market Studies* 31(4), 473–523.

Moravcsik, Andrew (1997) Taking Preferences Seriously: A Liberal Theory of International Politics. *International Organization* 51(4), 513–553.

Moravcsik, Andrew (1998) *The Choice for Europe: Social Purpose and State Power from Messina to Maastricht.* Ithaca: Cornell University Press.

Moravcsik, Andrew (2003) Liberal International Relations Theory. A Scientific Assessment. In: Elman, Colin/Elman, Miriam F. (Hrsg.) *Progress in International Relations Theory. Appraising the Field.* Cambridge/London: MIT Press, 159–204.

Olson, Mancur (1965) *The Logic of Collective Action. Public Goods and the Theory of Groups.* Cambridge: Harvard University Press.

Oppermann, Kai/Viehrig Henrike (Hrsg.) (2011) *Issue Salience in International Politics.* Abingdon: Routledge.

Powlick, Philip J./Katz, Andrew Z. (1998) Defining the American Public Opinion/Foreign Policy Nexus. *Mershon International Studies Review* 42(1), 29–61.

Richardson, Jeremy (1997) Contending Liberalisms: Past and Present. *European Journal of International Relations* 3(1), 5–33.

Risse-Kappen, Thomas (1991) Public Opinion, Domestic Structure, and Foreign Policy in Liberal Democracies. *World Politics* 43(4), 479–512.

Risse-Kappen, Thomas (1995a) Bringing Transnational Relations Back In: Introduction. In: Risse-Kappen, Thomas (Hrsg.) *Bringing Transnational Relations Back In. Non-state Actors, Domestic Structures and International Institutions.* Cambridge: Cambridge University Press, 3–36.

Risse-Kappen, Thomas (1995b) *Cooperation Among Democracies. The European Influence on U.S. Foreign Policy.* Princeton: Princeton University Press.

Risse-Kappen, Thomas (1995c) Structures of Governance and Transnational Relations: What Have We Learned?. In: Risse-Kappen, Thomas (Hrsg.) *Bringing Transnational Relations Back In. Non-state Actors, Domestic Structures and International Institutions.* Cambridge: Cambridge University Press, 280–313.

Rüger, Carolin (2012) *Europäische Außen- und Sicherheitspolitik – (k)ein Thema für die Öffentlichkeit? Die außen- und sicherheitspolitische Rolle der EU im Blickwinkel von öffentlicher Meinung und Medien*. Baden-Baden: Nomos.

Russett, Bruce (1990) *Controlling the Sword. The Democratic Governance of National Security*. Cambridge: Harvard University Press.

Russett, Bruce (1993) *Grasping the Democratic Peace: Principles for a Post-Cold War World*. Princeton: Princeton University Press.

Russett, Bruce/Oneal, John R. (2001) *Triangulating Peace: Democracy, Interdependence, and International Organizations*. New York: W. W. Norton.

Scharpf, Fritz W. (2000) *Interaktionsformen. Akteurzentrierter Institutionalismus in der Politikforschung*. Opladen: Leske + Budrich.

Schieder, Siegfried (2003) Neuer Liberalismus. In: Schieder, Siegfried/Spindler, Manuela (Hrsg.) *Theorien der Internationalen Beziehungen*. Opladen: Leske + Budrich, 169–198.

Skidmore, David/Hudson, Valerie M. (1993) Establishing the Limits of State Autonomy: Contending Approaches to the Study of State-Society Relations and Foreign Policy-Making. In: Skidmore, David/Hudson, Valerie M. (Hrsg.) *The Limits of State Autonomy*. Boulder et al.: Westview Press, 1–24.

Smith, Michael J. (1992) Liberalism and International Reform. In: Nardin, Terry/Mapel, David R. (Hrsg.) Traditions of International Ethics. Cambridge: Cambridge University Press, 201–224.

Wincott, Daniel (1995) Institutional Interaction and European Integration: Towards an Everyday Critique of Liberal Intergovernmentalism. *Journal of Common Market Studies* 33(4), 597–609.

Zacher, Mark W./Matthew, Richard A. (1995) Liberal International Theory: Common Threads, Divergent Strands. In: Kegley, Charles W. (Hrsg.) *Controversies in International Relations Theory: Realism and the Neoliberal Challenge*. New York: St. Martin's Press, 107–150.

Zaller, John R. (1992) *The Nature and Origins of Mass Opinion*. Cambridge: Cambridge University Press.

4 Konstruktivismus

Während der Sozialkonstruktivismus noch in den 1980er Jahren kaum über erste metatheoretische Gehversuche an der Peripherie der Disziplin von den Internationalen Beziehungen (IB) hinausgekommen ist, wurde bereits Ende der 1990er Jahre ein „constructivist turn" (Checkel 1998: 324) in der theoretischen Ausrichtung des Fachs diagnostiziert. Diese Wende hat sich nicht zuletzt über eine breite und oftmals scharfe Debatte zwischen rationalistischen und konstruktivistischen Perspektiven auf die Analyse internationaler Beziehungen vollzogen (Katzenstein et al. 1998: 670–682). Seither gehört der Sozialkonstruktivismus ohne Zweifel zum Kanon der etablierten und prominentesten IB-Theorien. Gerade in der deutschen Forschungslandschaft gilt ein moderater Sozialkonstruktivismus mancherorts mittlerweile als theoretischer Mainstream des Fachs (Holden 2004: 454; Zürn 2003: 36).

Tab. 4.1:   Kernaussagen, Referenzautoren und zentrale Werke des sozialkonstruktivistischen Ansatzes

Kernaussagen
Die Identitäten und Interessen außenpolitischer Akteure sind sozial konstruiert und bilden sich erst im Kontext internationaler und innerstaatlicher Normen heraus.
Akteur und Struktur stehen in einem dialektischen Zusammenhang; die Struktur des internationalen Systems ist in erster Linie eine soziale Struktur.
Internationale und innerstaatliche Normen erklären außenpolitische Entscheidungen: Außenpolitik ist normengeleitet.
Je stärker und robuster eine Norm ist, desto eher wird sie für außenpolitische Akteure handlungsleitend wirken.
Die sozialkonstruktivistische Analyse ist plausibel, wenn gezeigt werden kann, dass Außenpolitik normenkonform ist und außenpolitische Entscheidungsträger einer Norm präskriptiven Status beimessen.

Referenzautoren	*Zentrale Werke*
Alexander Wendt	*Social Theory of International Politics*. Cambridge: Cambridge University Press, 1999.
Thomas Risse	"Let's Argue!": Communicative Action in World Politics. *International Organization* 54(1), 1–40, 2000.
Martha Finnemore	*National Interests in International Society*. Ithaca: Cornell University Press, 1996.
Jeffrey Checkel	The Constructivist Turn in International Relations Theory. *World Politics* 50(2), 324–348, 1998.

Allerdings hat sich der Aufstieg des Sozialkonstruktivismus – nicht zuletzt dank der grundlegenden Arbeiten Alexander Wendts (1992, 1995, 1999) – in erster Linie auf dem Feld der IB-Theorien zugetragen und im Bereich der Außenpolitikanalyse eine weitaus schwächere Resonanz gefunden. Obwohl bereits eine Reihe sozialkonstruktivistisch angelegter Fallstudien zu höchst unterschiedlichen außenpolitischen Themen vorliegen, dürften vor allem das häufig sehr hohe Abstraktionsniveau der theoretischen Arbeiten zum Sozialkonstruktivismus, deren Vorliebe für metatheoretische Fragestellungen sowie ihre oftmals einseitig verkürzte strukturalistische Ausrichtung einer stärkeren empirischen Anwendung der Theorie in der Außenpolitikforschung entgegen gewirkt haben.

Vor diesem Hintergrund hat dieses Kapitel das Ziel, aus der sozialkonstruktivistischen Theoriebildung einen anwendungsorientierten Analyserahmen herauszuarbeiten, der für die empirische Außenpolitikforschung eingesetzt werden kann (Tab. 4.1). Angesichts der exponierten Stellung des Sozialkonstruktivismus als metatheoretischer Standpunkt in den Sozialwissenschaften ist es zunächst unerlässlich, die Theorie in ihren metatheoretischen Bezugsrahmen einzuordnen. Darauf aufbauend sollen die maßgeblichen Eckpunkte des Sozialkonstruktivismus als Ansatz der Außenpolitikanalyse entwickelt werden. Dabei sind zwei Analyseschritte zu unterscheiden: Erstens müssen die in einer außenpolitischen Entscheidungssituation einschlägigen Normen bestimmt und außenpolitisches Handeln als mit diesen Normen konformes Handeln dokumentiert werden. Im zweiten Schritt der Analyse gilt es dann zu überprüfen, ob eine als normenkonform festgestellte Außenpolitik zugleich plausibel auf normengeleitetes Handeln zurückzuführen ist.

4.1   Metatheoretische Einordnung

Der Sozialkonstruktivismus bezeichnet zunächst lediglich einen metatheoretischen Standpunkt der Analyse sozialer und politischer Gegenstände und keine substanzielle Theorie der Außenpolitik (Carlsnaes 2002: 339). Im Kern geht diese Metatheorie davon aus, dass sich die Identitäten und Interessen von Akteuren in einem sozialen Kontext formen – also sozial konstruiert sind – und nicht unabhängig von solchen Kontexten gegeben sind (Guzzini 2000: 149–150; Fearon/Wendt 2002: 56–57). Ein sozialkonstruktivistischer Ansatz der Analyse von Außenpolitik folgt aus dieser Position erst dann, wenn sie mit inhaltlichen Annahmen angereichert wird (Risse 1999: 34).

Auf metatheoretischer Ebene nimmt der Sozialkonstruktivismus eine Mittelposition zwischen rationalistischen und postmodernen bzw. poststrukturalistischen Positionen ein (Christiansen et al. 1999: 528–533; Adler 1997: 319–323). Die Unterscheidungsmerkmale des sozialkonstruktivistischen Standpunkts sind dabei sowohl ontologischer als auch epistemologischer Natur.

Die Ontologie des Sozialkonstruktivismus ist auf zwei Dimensionen zu verorten: erstens zwischen individualistischen und holistischen bzw. strukturalistischen Positionen; zweitens zwischen Materialismus und Idealismus. Auf der ersten Dimension steht der Sozialkonstruktivismus zwischen den beiden Polen Individualismus und Strukturalismus, indem er Akteur und Struktur in einen dialektischen Zusammenhang setzt und beiden einen eigenständigen ontologischen Status zuweist (Wendt 1987: 355–356; Risse 2000: 5). Auf der zweiten Dimension nimmt der Sozialkonstruktivismus einen moderat idealistischen Standpunkt ein, der jedoch die Existenz einer materiellen Realität, die unabhängig von menschlicher Interpretation ist, nicht negiert (Onuf 1989: 36–40).

Die charakteristische Mittelposition des Sozialkonstruktivismus zwischen individualistischen und strukturalistischen Ontologien beruht auf der Strukturierungstheorie von Anthony Giddens (1984). Danach konstituieren sich Akteure und Strukturen wechselseitig und setzen einander voraus. Weder Strukturen wie im Strukturalismus noch Akteure wie im Individualismus genießen in dieser Perspektive eine ontologische Vorrangstellung. Einerseits werden soziale Strukturen durch Akteurshandeln konstituiert: Sie manifestieren sich nur durch die Praxis von Akteuren, die sie kontinuierlich aktualisieren, reproduzieren und potenziell transformieren. Andererseits ergeben sich die Handlungsmöglichkeiten von Akteuren erst im Rahmen existierender sozialer Strukturen. Strukturen sind also zugleich Ergebnis und Medium von Akteurshandeln. Diese „Dualität von Struktur" (Giddens 1984: 25) macht den Kern der dialektischen Synthese von Akteur und Struktur in der Strukturierungstheorie aus, die den ontologischen Gegensatz zwischen Individualismus und Strukturalismus zu transzendieren versucht (Hay 1995: 192–199; Carlsnaes 1992).

Mit Blick auf das Spannungsfeld zwischen Idealismus und Materialismus zeichnet sich die Ontologie des Sozialkonstruktivismus dadurch aus, dass sie die Bedeutung idealer Faktoren betont. In der Tradition Emile Durkheims weist der Sozialkonstruktivismus Ideen einen eigenständigen ontologischen Status zu und nimmt an, dass diese nicht auf materielle Faktoren reduziert werden können (Ruggie 1998: 28–29). Zwar grenzt sich der Sozialkonstruktivismus deutlich von der nominalistischen Position des radikalen Idealismus postmoderner und poststrukturalistischer Ansätze ab, wonach die materielle Welt nur vermittelt über die Ideen und Interpretationen von Akteuren existiert (Onuf 1989: 36–43). Gleichwohl ergeben sich die konkreten Auswirkungen materieller Faktoren für menschliches Handeln aus sozialkonstruktivistischer Sicht erst durch den Sinn, den Menschen ihnen zuweisen. Die Bedeutung der materiellen Welt erschließt sich nicht aus ihr selbst heraus, sondern bedarf der Interpretation. Akteure handeln gegenüber dieser Welt somit auf der Grundlage des Sinngehalts, den sie ihr verleihen (Adler 1997: 323–325; Wendt 1992: 396–397).

Dieser moderat idealistischen Ontologie entspricht, dass auch Strukturen im Sozialkonstruktivismus primär ideellen Charakter haben. Ideelle Strukturen bestehen aus Wissensbeständen, Überzeugungen, Erwartungen und normativen Standards, die zwischen Akteuren geteilt werden. Sie sind also intersubjektiv, nicht subjektiv und werden nicht durch einzelne Akteure, sondern durch die soziale Interaktion von Akteuren konstituiert. Intersubjektiv geteilte Werte und Normen treten individuellen Akteuren somit als externe soziale Fakten entgegen, die für sie nicht weniger objektiv und real sind als materielle Fakten (Wendt 1999: 67–77). Ideelle Strukturen sind prinzipiell ebenso stabil wie materielle Strukturen und verleihen diesen erst ihre spezifische Bedeutung für das Handeln von Akteuren (Checkel 1998: 326; Adler 2002: 100). Auch die Struktur des internationalen Systems ist danach in erster Linie eine soziale Struktur. Staatliche Außenpolitik ist für den Sozialkonstruktivismus in ein internationales Umfeld eingebettet, das durch zwischen Staaten intersubjektiv geteilte Normen und Verhaltenserwartungen geprägt ist (Guzzini 2000: 154–156; Ulbert 2003: 400–405).

Aus der Verortung der Ontologie des Sozialkonstruktivismus auf den Dimensionen Individualismus *versus* Strukturalismus sowie Idealismus *versus* Materialismus folgen zwei bedeutende Ausgangspunkte der sozialkonstruktivistischen Analyse von Außenpolitik, die zugleich markante Unterscheidungsmerkmale zu rationalistischen Analyseansätzen bieten.

Erstens können Normen und Regeln entweder bloß regulative oder auch konstitutive Wirkungen auf das Handeln von Akteuren zugerechnet werden. Regulative Wirkungen beeinflussen die Kosten und den Nutzen der Handlungsoptionen, die einem Akteur zur Verfügung stehen. Normen und Regeln setzen Anreize für Akteure, bestimmte Optionen auszuwählen und andere zu verwerfen und werden somit zu einem Parameter der Entscheidungsfindung. Allerdings betreffen diese regulativen Effekte dabei lediglich die Abwägungen von Akteuren zwischen Handlungsmöglichkeiten in vorab definierten Entscheidungssituationen und nicht die Interessen, auf die diese Abwägungen bezogen sind. Identität und Interessen von Akteuren bleiben somit unabhängig vom normativen Umfeld des Entscheidungsprozesses und sind exogen davon gegeben. Konstitutive Effekte von Normen und Regeln reichen im Vergleich dazu tiefer. Danach regulieren Normen nicht bloß das Handeln von Akteuren, sondern sie definieren auch deren Handlungsoptionen und -ziele. Sie legen fest, welche Handlungen in einer Situation möglich und vorstellbar erscheinen und sind daher konstitutiv für diese Handlungen. Die Identität und das Interesse von Akteuren bilden sich innerhalb eines normativen Bezugsrahmens und sind diesem daher endogen (Kratochwil 1989: 25–28; Dessler 1989: 454–458).

Insoweit sie sich überhaupt der Rolle ideeller Faktoren in Entscheidungsprozessen widmen, erkennen rationalistische Ansätze Normen ausschließlich regulative Wirkungen als intervenierende Variable zwischen gegebenen Akteursinteressen und darauf bezogenen Strategien zu (Adler 1997: 330–332). Ideen und Normen fungieren hier vor allem als Heuristiken der Entscheidungsfindung, die Unsicherheit und Komplexität reduzieren, Kausalbeziehungen aufzeigen, stabile Interaktionsmuster erleichtern, Informationserfordernisse mindern und zur Lösung von Koordinationsproblemen beitragen (Goldstein/Keohane 1993: 11–24). Darüber hinausgehende konstitutive Effekte von Normen sind mit der individualistischen Ontologie des Rationalismus unvereinbar. Demgegenüber zeichnet sich der Sozialkonstruktivismus gerade dadurch aus, dass er diese konstitutiven Effekte von Normen und Regeln betont. Intersubjektiv geteilte Normen sind elementare Bestandteile sozialer Strukturen und wirken als solche aus sozialkonstruktivistischer Perspektive an der Konstitution der Identität und der Interessen von Akteuren mit (Raymond 1997: 213–215; Checkel 1997: 473–475).

Zweitens gehen Rationalismus und Sozialkonstruktivismus von gegensätzlichen Handlungslogiken aus (vgl. March/Olsen 1989: 160–162). Auf der einen Seite handelt der *homo oeconomicus* rationalistischer Ansätze nach einer instrumentell-strategischen Logik der Zweckrationalität (*logic of consequences*) und versucht, seine *a priori* gegebenen Interessen in Interaktion mit anderen Akteuren zu maximieren. Er steht Normen und Regeln dabei in einer rein instrumentellen Einstellung gegenüber und befolgt sie nur insoweit, wie dies der Maximierung seines Nutzens dient. Im Gegensatz dazu handelt der *homo sociologicus* des Sozialkonstruktivismus nach einer normengeleiteten Logik der Angemessenheit (*logic of appropriateness*) und ist bemüht, den normativen Erwartungen, denen er sich in einer bestimmten Handlungskonstellation ausgesetzt sieht, zu entsprechen. Er befolgt Normen dabei nicht aus instrumentellen Gründen, sondern weil er sie als legitim akzeptiert und internalisiert hat. Normenkonformes Handeln ist für ihn kein Akt der bewussten Kalkulation, sondern erfolgt unhinterfragt und gewohnheitsmäßig. In dieser Logik sind die primären Handlungsgründe von Akteuren Normen, nicht Interessen (Fearon/Wendt 2002: 60–61; Risse 2003: 107–110).

Neben dieser zweidimensionalen Verortung der sozialkonstruktivistischen Ontologie ist innerhalb des (Sozial-)Konstruktivismus als Metatheorie ein breites epistemologisches Spektrum auszumachen. Dieses Spektrum reicht von dezidiert postpositivistischen Positionen radikal-konstruktivistischer Ansätze bis zum moderaten Sozialkonstruktivismus, der nicht in Widerspruch zum Wissenschaftsverständnis des Positivismus steht (Adler 2002: 106–107; Ruggie 1998: 35–36). Die erkenntnistheoretischen Differenzen zwischen den beiden Gegenpolen betreffen dabei im Kern die Fragen, ob es der Wissenschaft prinzipiell möglich ist, objektive Wahrheitsaussagen über die soziale Welt zu machen, und ob die Sozialwissenschaften in Analogie zu den Naturwissenschaften den Anspruch generalisierender Erklärungen haben können und sollen (Fearon/Wendt 2002: 56–57).

Aus der postpositivistischen Sicht des radikalen Konstruktivismus werden diese beiden Fragen verneint. Jedes Wissen ist danach diskursiv konstruiert und Realität wird nur über das Medium der Sprache zugänglich. An die Stelle des positivistischen Ideals einer erklärenden Sozialwissenschaft tritt hier eine verstehende oder interpretative Epistemologie (McAnulla 2002: 282–284). Demgegenüber vertritt der moderate Sozialkonstruktivismus den epistemologischen Standpunkt des wissenschaftstheoretischen Realismus, wonach es nicht nur eine Realität gibt, die unabhängig von menschlicher Beobachtung ist, sondern wonach Wissenschaft zugleich in der Lage ist, vorläufig wahre Erkenntnisse darüber hervorzubringen. Die Erklärung dieser Realität bleibt dabei das primäre Ziel, auf das sozialwissenschaftliche Erkenntnis ausgerichtet ist (Dessler 1999: 124–127; Guzzini 2000: 156–162).

Angesichts der ausgeprägten epistemologischen Heterogenität unterschiedlicher Ausprägungen sozialkonstruktivistischer Ansätze ist es somit falsch, den Sozialkonstruktivismus *per se* mit dem postpositivistischen Wissenschaftsverständnis postmoderner oder poststrukturalistischer Ansätze gleichzusetzen (Hopf 1998: 171; Risse 1999: 34–35). Gerade in der Disziplin der Außenpolitikanalyse dominiert vielmehr die moderate Variante des Sozialkonstruktivismus mit ihrer positivistischen Epistemologie (Carlsnaes 2002: 339). Ebenso fehl geht es folglich, auf epistemologischer Ebene einen grundsätzlichen Gegensatz zwischen Sozialkonstruktivismus und Rationalismus zu postulieren. Die primären Unterscheidungsmerkmale zwischen den beiden Metatheorien sind ontologischer, nicht epistemologischer Natur (Checkel 1998: 327; Risse 2003: 103–105).

Ausgehend von dieser ontologischen und epistemologischen Verortung wurde die Metatheorie des Sozialkonstruktivismus in der Disziplin von den IB in vielfältiger Art und Weise konkretisiert und substantiiert. Die breiteste Aufmerksamkeit erlangte hier ohne Zweifel die *Social Theory of International Politics* von Alexander Wendt (1999), die jedoch – vor allem in Abgrenzung vom Waltzschen Neorealismus – als systemische Theorie der internationalen Politik und explizit nicht als Theorie der Außenpolitik formuliert wurde (Wendt 1999: 10–22). Demgegenüber sollen die nachfolgenden Abschnitte herausarbeiten, wie der Sozialkonstruktivismus speziell die Analyse von Außenpolitik anleiten kann. Dabei gehen die Ausführungen von der epistemologischen Position des moderaten Sozialkonstruktivismus aus und blenden insbesondere radikalere Varianten postpositivistischer Diskursanalysen von Außenpolitik aus (vgl. Larsen 1997).

4.2   Normen als Erklärungsfaktoren von Außenpolitik

Der Sozialkonstruktivismus analysiert Außenpolitik als normengeleitetes Handeln. Der erste Schritt einer sozialkonstruktivistischen Analyse von Außenpolitik muss es daher sein, diejenigen Normen zu bestimmen, die in einer gegebenen Entscheidungssituation als Standards angemessener außenpolitischer Entscheidungen in Frage kommen. Zu diesem Zweck sind

Normen zunächst präzise zu definieren und von anderen ideellen Konzepten abzugrenzen. Daraufhin gilt es die Indikatoren herauszuarbeiten, mit denen in der empirischen Anwendung starke von schwachen Normen unterschieden werden können und die Auskunft darüber geben, wie wirkungsmächtig eine Norm Außenpolitik anleiten kann.

4.2.1   Die Definition von Normen

Normen können umfassend definiert werden als „wertegestützte, intersubjektiv geteilte Erwartungen angemessenen Verhaltens" (Boekle et al. 2001: 74). Sie können sowohl explizit ausformuliert und formal kodifiziert sein als auch implizit und informell bleiben. Normen sind stark pfadabhängig und wandeln sich üblicherweise nur inkrementell und langfristig. Regeln bezeichnen im Vergleich dazu spezifischere Vorgaben für angemessenes Verhalten und operationalisieren abstrakte Normen in konkreten Handlungskonstellationen (Cortell/Davis 1996: 452–453). Sowohl Normen als auch Regeln sind kulturelle Formen, also Elemente kollektiver Wissensbestände und Deutungsmuster (Wendt 1999: 157–165).

Gemäß dieser allgemeinen Definition zeichnen sich Normen durch vier konstitutive Merkmale aus. Erstens sind sie intersubjektiv, nicht subjektiv. Normen markieren zwischen Akteuren geteilte Erwartungen, die sich erst im Prozess der Interaktion von Akteuren manifestieren. Sie sind damit kein Attribut von Akteuren, sondern Bausteine sozialer Strukturen (Klotz 1995: 14–19; Finnemore 1996: 22–23). Ihre Intersubjektivität unterscheidet Normen grundsätzlich von Ideen, die sich auf individuelle Überzeugungen von Akteuren beziehen und daher subjektiven Charakter haben (Goldstein/Keohane 1993: 3).

Zweitens weisen Normen im Unterschied zu hochabstrakten Konzepten wie Weltbildern oder Werten eine direkte Verhaltensorientierung auf (Boekle et al. 1999: 6). Sie formulieren Ansprüche an das Verhalten von Akteuren, indem sie von ihnen je nach Situation bestimmte Handlungen einfordern und andere Handlungen ächten. Normen können für Akteure damit zum Motiv werden, sich für oder gegen einzelne Handlungsoptionen zu entscheiden und deren Handlungen auf diese Weise begründen (Kratochwil 1989: 36–37; Risse/Sikkink 1999: 7).

Drittens beruhen die Ansprüche von Normen an das Handeln von Akteuren auf einer wertegestützten Dimension des Sollens. Normen transportieren intersubjektiv geteilte Evaluationsstandards für richtiges und falsches bzw. gutes und schlechtes Handeln. Sie können daher aus sich selbst heraus und unabhängig von Sanktionsmechanismen einen verpflichtenden Charakter gewinnen und Akteure intrinsisch dazu motivieren, sich normengerecht zu verhalten (Raymond 1997: 217–219; Florini 1996: 364–365).

Viertens besitzen Normen kontrafaktische Gültigkeit. Normen werden also nicht schon dadurch ungültig, dass sie in vereinzelten Fällen missachtet werden (Kratochwil/Ruggie 1986: 767–768). Erst wenn die Verletzung einer Norm von der Ausnahme zur Regel wird verliert sie ihre Handlungen begründende Kraft und hört insofern auf zu existieren (Chayes/Chayes 1993: 200–201).

Schließlich umfasst die Definition von Normen in der sozialkonstruktivistischen Analyse von Außenpolitik ebenso internationale wie innerstaatliche Normen. Außenpolitische Entscheidungsträger unterliegen sowohl auf der Ebene des internationalen Systems als auch auf innerstaatlicher Ebene intersubjektiven Erwartungen angemessenen Handelns, die einerseits von anderen Regierungen, internationalen Organisationen und transnationalen Akteuren und andererseits von politischen und gesellschaftlichen Akteuren der innenpolitischen Auseinandersetzung getragen werden. Regierungen agieren in einem „two-level norm game" (Finnemore/Sikkink 1998: 893; siehe auch Kap. 5) und versuchen mit ihrer Außenpolitik, den Normen auf beiden Ebenen zu entsprechen. Weder internationalen noch innerstaatlichen Normen ist dabei ein theoretischer Vorrang bei der Erklärung von Außenpolitik einzuräumen. Die sozialkonstruktivistische Analyse von Außenpolitik ist weder ausschließlich der internationalen noch alleine der innerstaatlichen Analyseebene zuzuordnen, sondern kann Normen auf beiden Ebenen und das Zusammenspiel dieser Normen als Erklärungsfaktoren außenpolitischer Entscheidungen berücksichtigen (Boekle et al. 2001: 77–80; Risse 1999: 42–45).

4.2.2   Die Stärke von Normen

Normen sind nicht als dichotome Variablen zu fassen, die in einer Situation entweder vorhanden oder nicht vorhanden sind. Vielmehr können Normen in unterschiedlichen Stärken in Erscheinung treten und damit mehr oder weniger handlungsleitend sein (Jepperson et al. 1996: 55–56; Legro 1997: 33). Zudem ist die Stärke einer Norm nicht statisch, sondern dynamisch. Idealtypisch durchlaufen Normen einen dreistufigen Lebenszyklus, der sich von ihrer Entstehung über die Ausbreitung und wachsende Akzeptanz bis hin zu ihrer Internalisierung in den Handlungsdispositionen von Akteuren fortsetzt und in dessen Verlauf die Norm sukzessive an Stärke gewinnt (Finnemore/Sikkink 1998: 894–905). Gerade auf der ersten Stufe dieses Zyklus sind Normen jedoch häufig stark umstritten. Sie stehen im Wettbewerb mit anderen Normen und unterliegen einem Evolutionsprozess, in dem sich einige Normen besser reproduzieren und stärker verbreiten als andere Normen, die auf diese Weise verdrängt werden (Florini 1996: 367–377).

Bei der Verortung einer Norm auf dem Kontinuum zwischen starken und schwachen Normen ist zunächst der Zirkelschluss zu vermeiden, vom normenkonformen Handeln eines Akteurs auf die Stärke der betreffenden Norm zu schließen, die das Akteurshandeln dann als normengeleitetes Handeln erklären soll (Cortell/Davis 2000: 69–70; Klotz 1995: 29). Zwar kann es durchaus als ein Indikator für die Stärke einer Norm herangezogen werden, wenn eine Vielzahl von Akteuren über unterschiedliche Handlungskontexte hinweg konsistent in Einklang mit den Vorgaben einer Norm handelt. Um die Gefahr einer Tautologie zu vermeiden, sollte eine sozialkonstruktivistische Analyse darüber hinaus jedoch weitere Kriterien für die Stärke einer Norm zu Rate ziehen, die nicht auf Akteurshandeln rekurrieren. Zu diesem Zweck bieten sich verschiedene Kriterien an, die in zwei Gruppen unterteilt werden können.

Die erste Gruppe setzt dabei an intrinsischen Merkmalen einer Norm an. Von herausgehobener Bedeutung für die Stärke von Normen ist hier ihre Spezifität. Dieses Merkmal fragt danach, wie eindeutig eine Norm angemessenes von unangemessenem Handeln unterscheidet und wie klar damit die Verhaltenserwartung ist, die sie gegenüber Akteuren zum Ausdruck bringt. Je höher die Spezifität einer Norm ist und je präzisere und explizitere Vorgaben für das Handeln von Akteuren sie somit macht, desto stärker ist die Norm und desto eher sind von ihr handlungsleitende Effekte zu erwarten (Boekle et al. 2001: 76–77; Florini 1996: 376). Nach diesem Merkmal sind beispielsweise duale Normen mit einer einfachen „Ja-oder-Nein"-Struktur stärker als graduelle Normen. Während duale Normen einen qualitativen Unterschied zwischen angemessenen und unangemessenen Handlungsweisen machen und letztere eindeutig – häufig auch in moralischen Kategorien – stigmatisieren können, bleibt dieser Unterschied bei graduellen Normen zwangsläufig fließend und häufig strittig. Analog dazu sind universelle Normen, die Anspruch auf Allgemeingültigkeit erheben, stärker als partikulare Normen, deren Verhaltenserwartungen sich nur auf eine bestimmte Gruppe von Akteuren beziehen. Schließlich erlaubt auch die Dauerhaftigkeit einer Norm Rückschlüsse auf ihre Stärke. Je länger eine Norm bereits existiert und in der Vergangenheit regelmäßig beachtet wurde, desto stärker werden sich Akteure ihr gegenüber in der Gegenwart verpflichtet fühlen (Legro 1997: 34–35; Finnemore/Sikkink 1998: 906–907).

Die zweite Gruppe von Kriterien verweist nicht auf Merkmale der Normen selbst, sondern rekurriert auf den Kontext, in den sie eingebettet sind und in dem sie wirken. Das wichtigste Kriterium dieser Gruppe ist die Kommunalität einer Norm, also der Anteil der Akteure in einem Handlungssystem, der die Norm als gültig betrachtet. Je breiter eine Norm auf internationaler und innerstaatlicher Ebene als legitim anerkannt wird und je unstrittiger somit ihr Geltungsanspruch ist, desto stärker wird die Norm das außenpolitische Handeln eines Akteurs anleiten (Boekle et al. 2001: 76–77). Sobald Normen von einer kritischen Masse von Akteuren geteilt werden, gewinnen sie zudem an Anziehungskraft für andere Akteure und tendieren zu einem sich selbst verstärkenden Prozess, in dem sie sich über Nachahmungseffekte weiter ausbreiten und dabei zusätzlich handlungsleitende Kraft aufnehmen (Finnemore/Sikkink 1998: 901–905; Price 1998: 635–642).

Zwei weitere Kontextbedingungen, die Rückschlüsse auf die Stärke einer Norm erlauben, sind ihr Verhältnis zu anderen Normen sowie ihr Institutionalisierungsgrad. Zum einen werden insbesondere von solchen Normen Effekte auf das Handeln von Akteuren ausgehen, die sich in das Set der übrigen Normen einpassen, die gleichermaßen Handlungsanforderungen an die betreffenden Akteure stellen. Die Kohärenz einer Norm mit anderen Normen verschafft ihr zusätzliche Legitimität im Vergleich zu Normen, die ein Akteur nur in Konflikt mit den von ihm ebenfalls anerkannten Verhaltenserwartungen befolgen könnte (Raymond 1997: 231). Zum anderen sind Normen umso stärker, je mehr sie beispielsweise in Form von Verträgen, Gesetzen, Rechtsakten oder Statuten von Organisationen und Bürokratien institutionalisiert sind. Die Institutionalisierung einer Norm ist ein Indiz für ihre breite Akzeptanz und stellt diese Akzeptanz zugleich auf eine gewisse Dauer (Checkel 1999: 108). Demgegenüber tragen Krisenerfahrungen oder das Scheitern hergebrachter außenpolitischer Handlungsmuster oftmals dazu bei, dass auch etablierte Normen hinterfragt und diskreditiert werden. Solche Kontextbedingungen begünstigen daher einen Wandel der normativen Grundlagen von Außenpolitik, im Zuge dessen sich neue Normen herausbilden und an Stärke gewinnen (Price 1998: 622).

Die beiden Kriteriengruppen für die Stärke von Normen bieten den Maßstab dafür, um in der empirischen Analyse Hinweise auf die Existenz einer möglicherweise handlungsleitenden Norm herauszuarbeiten. In methodischer Hinsicht stehen dazu vor allem zwei Wege offen, die sich gegenseitig ergänzen. Rückschlüsse auf die Merkmale einer Norm und ihres Kontextes können erstens auf dem Wege der Dokumentenanalyse gewonnen werden. Für die Identifikation internationaler Normen sind hierbei vor allem völkerrechtliche Verträge und Konventionen, die Beschlüsse und Rechtsakte internationaler Organisationen oder die Schlussakte internationaler Konferenzen einschlägig. Indikatoren für innerstaatliche Normen finden sich insbesondere in der Verfassungs- und Rechtsordnung eines Staates, in Partei- und Wahlprogrammen oder in den Statuten von Verbänden und anderen gesellschaftlichen Gruppen (Boekle et al. 1999: 21–31).

Darüber hinaus können internationale und innerstaatliche Normen zweitens mit der Methode der Diskursanalyse identifiziert werden. Besonders ergiebig sind zu diesem Zweck Stellungnahmen von außenpolitischen Entscheidungsträgern sowohl auf internationaler Ebene, etwa im Rahmen internationaler Organisationen oder intergouvernementaler Verhandlungen, als auch auf innerstaatlicher Ebene, zum Beispiel in Parlamentsdebatten, Parteitagsreden oder in sonstigen öffentlichen Verlautbarungen. Erkenntnisse über die Verankerung von Normen im innerstaatlichen Diskurs können schließlich auch durch Medieninhaltsanalysen und Umfragedaten untermauert werden (Checkel 1999: 92–93; Goertz/Diehl 1992: 644–646).

Sofern die Analyse auf diese Weise für eine konkrete außenpolitische Entscheidungssituation empirische Belege auf die Existenz einer starken Norm findet, erscheint zunächst die Arbeitshypothese plausibel, dass normenkonformes außenpolitisches Handeln als normengeleitetes Handeln erklärt werden kann. Allerdings darf sich die sozialkonstruktivistische Außenpolitikanalyse nicht darin erschöpfen, eine Korrelation zwischen den Erwartungen angemessenen Handelns einer starken Norm und staatlicher Außenpolitik aufzuzeigen. Vielmehr sind in einem zweiten Analyseschritt Hinweise dafür herauszuarbeiten, dass die Vorgaben einer Norm für außenpolitische Entscheidungsträger tatsächlich handlungsleitend geworden sind.

4.3   Die Sozialisation außenpolitischer Akteure und die Internalisierung von Normen

Der Befund, dass Außenpolitik in Übereinstimmung mit den Erwartungen angemessenen Handelns einer einschlägigen Norm steht, ist eine notwendige, aber keine hinreichende Bedingung für sozialkonstruktivistische Erklärungen von Außenpolitik. Vielmehr ist es dafür in einem zweiten Analyseschritt erforderlich, normenkonformes, aber interessengeleitetes von tatsächlich normengeleitetem Handeln zu unterscheiden (Raymond 1997: 219; Goertz/Diehl 1992: 643–644). Nur wenn eine Norm für außenpolitische Entscheidungsträger präskriptiven Status besitzt, das heißt konstitutiv für deren außenpolitisches Handeln wirkt, ist normenkonforme Außenpolitik im sozialkonstruktivistischen Sinn als normengeleitete Außenpolitik zu erklären (Risse/Sikkink 1999: 29–31) (Abb. 4.1).

Einen solchen präskriptiven Status können Normen über den Mechanismus von Sozialisationsprozessen erlangen. Im Zuge dieser Prozesse verinnerlichen Sozialisanden die etablierten Verhaltensmuster und Normen ihres sozialen Umfelds. Akteure werden in einen Handlungszusammenhang hinein sozialisiert, indem sie die normativen Anforderungen dieses Handlungszusammenhangs internalisieren und als Standards ihres Handelns übernehmen. Dabei durchlaufen Akteure einen Prozess des komplexen Lernens (Nye 1987: 380), der nicht auf die Mittel und Strategien der Zielerreichung beschränkt bleibt wie in Prozessen einfachen Lernens, sondern sich auf ihre Handlungsziele selbst erstreckt (Schimmelfennig 1994: 337–341).

Die maßgeblichen Sozialisanden sind für die Zwecke der Analyse von Außenpolitik die außenpolitischen Entscheidungsträger in nationalen Regierungen. Die einschlägigen Sozialisationsinhalte können sowohl internationale als auch innergesellschaftliche Normen umfassen und werden auf den Wegen der transnationalen und sozietalen Sozialisation vermittelt. Diese beiden Prozesse stehen in einem engen Wechselverhältnis zueinander und werden sich, abhängig von der Konvergenz oder Divergenz der Normen auf den verschiedenen Ebenen, entweder gegenseitig verstärken oder konterkarieren (Boekle et al. 2001: 77–80).

Abb. 4.1:   Leitfragen der sozialkonstruktivistischen Außenpolitikanalyse

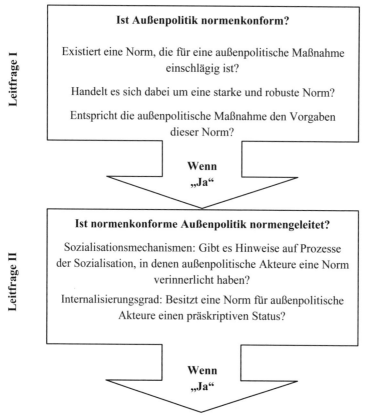

Je nach Fortschritt und Dynamik der Sozialisation unterscheidet sich der Grad, zu dem außenpolitische Akteure eine internationale oder gesellschaftliche Norm internalisiert haben. Auf einer niedrigen Stufe der Sozialisation haben Akteure Normen nur rudimentär verinnerlicht und entsprechen ihnen entweder aus Zwang oder in Abwägung eigener Nutzenkalküle. Eine etwaige Konformität von Außenpolitik mit normativen Verhaltenserwartungen beruht auf dieser Sozialisationsstufe somit nicht auf normengeleitetem Handeln der Entscheidungsträger. Erst auf einem höheren Sozialisationsniveau haben Akteure eine Norm soweit verinnerlicht, dass sie diese als legitim betrachten und um ihrer selbst willen befolgen. Am weitesten fortgeschritten ist die Internalisierung von Normen schließlich dann, wenn Akteure den präskriptiven Status dieser Normen unhinterfragt voraussetzen und habituell in Übereinstimmung mit ihren Vorgaben handeln (Wendt 1999: 266–278).

4.3.1   Sozialisationsmechanismen

Die Spezifikation der Sozialisationsmechanismen, über die sich die Internalisierung von Normen durch außenpolitische Entscheidungträger vollzieht, bildet das zentrale Bindeglied zwischen der Feststellung einer einschlägigen Norm als Bestandteil sozialer Strukturen und der Erklärung von Außenpolitik als normengeleitetes Handeln (Checkel 1998). Die Analyse der Vermittlungsprozesse zwischen Normen und Außenpolitik nimmt die Interaktion zwischen Sozialisanden und Sozialisationsinstanzen in den Blick und verleiht der sozialkonstruktivistischen Außenpolitikanalyse damit eine auf Akteurshandeln gerichtete Komponente (Zürn/Checkel 2005: 1048–1051).

Ungeachtet ihrer herausgehobenen Bedeutung für die Erklärungskraft des Sozialkonstruktivismus in der Außenpolitikforschung gehört allerdings gerade diese *agency*-orientierte Dimension zu den am wenigsten ausdifferenzierten und systematisierten Elementen des sozialkonstruktivistischen Analyseschemas (Checkel 1999: 84–85). Gleichwohl können vier Mechanismen unterschieden werden, über die außenpolitische Akteure die normativen Vorgaben ihres Handlungsumfelds internalisieren. Dies sind die Mechanismen (1) der Imitation, (2) der aktiven Verbreitung von Normen durch Sozialisationsinstanzen (*norm entrepreneurs*), (3) der verständigungsorientierten Kommunikation (*arguing*) und (4) der gesellschaftlichen Mobilisierung (Abb. 4.2).

Abb. 4.2:   Die Mechanismen der Sozialisation außenpolitischer Akteure

Normengeleitete Außenpolitik

(Logik der Angemessenheit)

Ein erster Mechanismus der Diffusion von Normen zwischen außenpolitischen Akteuren ist das Imitationslernen. Dieser Mechanismus beruht nicht auf der aktiven Verbreitung von Normen durch Sozialisationsinstanzen, sondern auf der Neigung von Sozialisanden, Handlungsweisen aus ihrem sozialen Umfeld zu übernehmen, die ihnen in besonderer Weise etabliert oder vorbildlich erscheinen. Der Impetus für die Internalisierung von Normen auf dem Wege der Imitation gründet somit in Demonstrationseffekten normenkonformen Handelns: Außenpolitische Entscheidungsträger verinnerlichen eine Norm, indem sie dem Beispiel anderer Akteure folgen, die in Übereinstimmung mit dieser Norm handeln. Als bevorzugte Schablonen für das Imitationslernen außenpolitischer Akteure fungieren in diesem Prozess einerseits die Entscheidungsträger mächtiger und renommierter anderer Staaten und andererseits angesehene frühere Repräsentanten des eigenen Staates. In jedem Fall setzt der Sozialisationsmechanismus der Imitation voraus, dass eine Norm bereits von einer kritischen Masse relevanter Akteure anerkannt und befolgt wird. Sofern diese Voraussetzung gegeben ist und die Imitation normenkonformen Handelns eingesetzt hat, tendiert der Mechanismus des Imitationslernens zu einer sich selbst verstärkenden Dynamik (Finnemore 1993: 592; Florini 1996: 375).

Einen zweiten Sozialisationsmechanismus stellen die Bemühungen von Sozialisationsinstanzen dar, gegenüber außenpolitischen Entscheidungsträgern für die Akzeptanz bestimmter Normen einzutreten. Im Gegensatz zum Mechanismus des Imitationslernens befindet sich der Stimulus zur Internalisierung einer Norm hier nicht primär auf Seiten des Sozialisanden, sondern auf Seiten der Sozialisationsinstanzen, die außenpolitische Akteure aktiv zu normenkonformem Handeln zu „erziehen" versuchen. Gerade in der Entstehungsphase neuer Normen ist die Überzeugungsarbeit von *norm entrepreneurs* für die Verbreitung von Normen und ihre Internalisierung durch außenpolitische Akteure in der Regel unverzichtbar (Schimmelfennig 1994: 348–349; Finnemore/Sikkink 1998: 895–899).

Die Liste möglicher Sozialisationsinstanzen ist dabei vielfältig und umfasst an erster Stelle die internationale Staatengemeinschaft. Klassischerweise sind es vor allem die gouvernementalen Interaktionspartner einer Regierung auf internationaler Ebene, die von ihr die Einhaltung normativer Standards außenpolitischen Handelns einfordern (Chayes/Chayes 1993: 204–205). Darüber hinaus treten aber auch internationale Organisationen häufig als wichtige Sozialisationsinstanzen in Erscheinung. Sie artikulieren und propagieren normative Vorgaben für Außenpolitik und tragen somit zur Definition dessen bei, was auf internationaler Ebene als angemessenes und legitimes außenpolitisches Handeln gilt. Internationale Organisationen definieren in der Regel stark verregelte und institutionalisierte Interaktionszusammenhänge von Regierungen und sind für deren Sozialisation daher besonders förderlich (Finnemore 1993: 592–595; Adler 2002: 103–104). Schließlich zählen auch verschiedene gesellschaftliche Akteure wie Nichtregierungsorganisationen, epistemische Gemeinschaften oder transnationale Netzwerke zu den bedeutenden Sozialisationsinstanzen außenpolitischer Entscheidungsträger. Solche gesellschaftlichen Akteure sehen ihre zentrale Aufgabe oftmals gerade darin, die Akzeptanz und Einhaltung bestimmter Normen in der außenpolitischen Praxis zu stärken und gegenüber Regierungen als Advokaten dieser Normen aufzutreten (Cortell/Davis 2000: 82–84).

Der dritte Mechanismus der Sozialisation außenpolitischer Akteure beruht auf Prozessen der verständigungsorientierten Kommunikation, in die außenpolitische Entscheidungsträger auf internationaler Ebene eingebunden sind. Ausgehend von Jürgen Habermas' *Theorie des kommunikativen Handelns* ([1981] 1995) unterliegen Verhandlungsprozesse zwischen außenpolitischen Akteuren nicht zwangsläufig dem Modus strategischen Handelns, sondern können ebenso an einem zweiten Handlungsmodus, dem Modus des argumentativen oder verständigungsorientierten Handelns, orientiert sein (Müller 1994: 24–30). Während strategisches Handeln den Kategorien der Zweckrationalität folgt, ist argumentatives Handeln durch die Maßgaben kommunikativer Rationalität bestimmt.

Das konstitutive Merkmal kommunikativer Rationalität ist dabei, dass ein Kommunikationsteilnehmer mit seinen Äußerungen kritisierbare Geltungsansprüche hinsichtlich der Wahrheit, der normativen Richtigkeit und der subjektiven Wahrhaftigkeit dieser Äußerungen anmeldet, die er im Zweifel, wenn sie von einem anderen Teilnehmer der Kommunikation in Frage gestellt werden, mit überzeugenden Gründen einlösen muss (Habermas [1981] 1995: 28–71). Eine solche Thematisierung und Problematisierung von Geltungsansprüchen erfolgt auf dem Wege des argumentativen Handelns, das darauf zielt, zwischen den Kommunikationsteilnehmern Einverständnis über die Gültigkeit dieser Ansprüche herzustellen. Unter der Bedingung eines zwischen den Akteuren unhinterfragt als gemeinsam vorausgesetzten Wissens darüber, was in einer Situation als „gutes" Argument zählt – also unter der Bedingung einer gemeinsamen Lebenswelt der Akteure –, sind die Kommunikationsteilnehmer im Modus des argumentativen Handelns bereit, sich bei der Aushandlung von Geltungsansprüchen von der Kraft des „besseren" Arguments überzeugen zu lassen (Habermas [1981] 1995: 385–397, 448–450).

In der internationalen Politik zeichnet sich argumentatives Handelns dadurch aus, dass es im Gegensatz zu Prozessen des *bargaining* nicht darauf zielt, in zweckrationaler Einstellung vorab definierte Interessen in eine Verhandlungslösung zu überführen. Vielmehr versuchen außenpolitische Akteure im Modus des *arguing* in verständigungsorientierter Einstellung, einen Konsens über ihre Handlungssituation und die in dieser Situation angemessenen Handlungsweisen zu erzielen. Mit Blick auf den Geltungsanspruch von Normen und im Falle möglicher Normenkonflikte gilt es im Zuge dessen, Einverständnis darüber zu erzielen, welche Normen in dem jeweiligen Handlungskontext einschlägig sind und welche Handlungen im Lichte der Normen als legitim gelten können (Risse 2000: 2–21; Müller 2004: 396–397).

Der Modus des argumentativen Handelns ist somit ein Sozialisationsmechanismus, über den außenpolitische Akteure eine Norm dadurch internalisieren, dass sie sich im Diskurs durch gute Argumente von der Geltung der Norm überzeugen lassen. Dabei entfalten Prozesse des argumentativen Handelns häufig eine Eigendynamik, die auch solche Akteure ergreift, die sich ursprünglich nur dem Anschein nach auf diesen Handlungsmodus eingelassen haben. Derartige Dynamiken können sich insbesondere über den Modus des „rhetorischen Handelns" vermitteln, in dem ein Akteur Argumente und Rechtfertigungsgründe in strategischer Absicht vorträgt. Diese Argumente dienen dem Akteur in erster Linie dazu, seine strategische Einstellung zu verdecken, um dadurch eigene Standpunkte und Interessen besser durchsetzen zu können (Schimmelfennig 1997: 227–229; Habermas [1981] 1995: 445–446). Rhetorisch handelnde Akteure geraten jedoch oftmals in einen Prozess der „argumentative[n] Selbstverstrickung" (Risse et al. 2002: 191), in dem sie sich mit Bekenntnissen zur Geltung von Normen angreifbar für Kritik an etwaigen Diskrepanzen zwischen normenkonformer Rhetorik und normenwidrigem Handeln machen und zunehmend Veranlassung dafür sehen, sich vor dieser Kritik argumentativ zu rechtfertigen. Auf diese Weise können sich somit auch strategisch handelnde Akteure in Prozesse des argumentativen Handelns verwickeln und dabei in eine Sozialisationsspirale gelangen, an deren Ende sie eine Norm nicht mehr nur rhetorisch als gültig anerkennen, sondern tatsächlich verinnerlicht haben (Risse/Sikkink 1999: 11–35).

Der vierte Sozialisationsmechanismus besteht schließlich in der Mobilisierung gesellschaftlichen Drucks auf außenpolitische Akteure. Der Sozialisationsprozess zielt hier nicht direkt auf außenpolitische Entscheidungsträger, sondern vollzieht sich über gesellschaftliche Forderungen nach einer normenkonformen Außenpolitik. Normen werden danach in einem ersten Schritt von gesellschaftlichen Akteuren internalisiert und mobilisieren diese Akteure dazu, politischen Druck auf außenpolitische Entscheidungsträger auszuüben, in Übereinstimmung mit den Normen zu handeln. Solcher Druck kann sich sowohl in direkten *Bottom-up*-Prozessen über wahlpolitische Imperative fortsetzen als auch über transnationale Prozesse vermittelt werden und in einer Art „Bumerang-Effekt" über Akteure auf internationaler Ebene auf eine Regierung zurückwirken (Checkel 2001: 557–559; Keck/Sikkink 1998: 12–13).

Obwohl außenpolitische Akteure dem gesellschaftlichen Druck zunächst nur in zweckrationaler Einstellung entsprechen und die Vorgaben einer Norm aus rein utilitaristischen Gründen beachten, kann die Praxis normenkonformen Handelns in einem zweiten Schritt dazu führen, dass die Akteure die entsprechenden Normen internalisieren und somit nicht nur normenkonform, sondern auch normengeleitet zu handeln beginnen. Derartige Prozesse der indirekten Sozialisation außenpolitischer Akteure durch die Mobilisierung gesellschaftlichen Drucks sind am ehesten in Staaten zu erwarten, deren innere Struktur eine im Vergleich zu staatlichen Akteuren starke Gesellschaft aufweist (Checkel 1997: 478).

4.3.2   Beobachtbare Implikationen normengeleiteten Handelns

Normenkonformes Handeln außenpolitischer Akteure kann zunächst umso plausibler als normengeleitetes Handeln interpretiert werden, desto stärkere Hinweise die Methode der Prozessanalyse (George/Bennett 2005: 205–232) dafür erbringt, dass die Akteure die Vorgaben einer Norm über einen oder mehrere der aufgezeigten Sozialisationsmechanismen verinnerlicht haben. Darüber hinaus gehen normengeleitetes Handeln und ein hoher Internalisierungsgrad von Normen in zweierlei Hinsicht mit beobachtbaren Implikationen einher, deren empirische Überprüfung weitere Rückschlüsse auf die Stichhaltigkeit einer sozialkonstruktivistischen Erklärung dieses Handelns verspricht.

Erstens hinterlassen Normen, die für einen Akteur präskriptiven Status besitzen, in der Regel deutliche Spuren in dessen Kommunikationsverhalten. Solche Spuren finden sich zum einen in den Äußerungen außenpolitischer Akteure während des Prozesses der Entscheidungsfindung. Ein hoher Internalisierungsgrad von Normen findet seinen Ausdruck hierbei darin, dass Entscheidungsträger auf diese Normen implizit oder explizit als unhinterfragte und selbstverständliche Fixpunkte ihrer Überlegungen rekurrieren, anstatt normenkonforme und normenwidrige Handlungsoptionen in instrumenteller Einstellung auf ihre Konsequenzen zu befragen. Außenpolitische Akteure, die eine Norm als präskriptiven Standard ihres Handelns verinnerlicht haben, werden im Entscheidungsprozess keine Handlungsweisen in Erwägung ziehen, die nicht mit dieser Norm in Einklang stehen. Zum anderen schlagen sich stark verinnerlichte Normen häufig auch in den Stellungnahmen von Akteuren zur Entscheidungsfindung nieder. In dieser Phase äußert sich der hohe Internalisierungsgrad einer Norm insbesondere dadurch, dass Entscheidungsträger ihr Handeln ausdrücklich im Lichte der Norm begründen und rechtfertigen, sich gegen etwaige Vorwürfe normenwidrigen Handelns verteidigen oder die ausnahmsweise Missachtung der Norm mit außergewöhnlichen Handlungszwängen entschuldigen (Kratochwil/Ruggie 1986: 768; Risse 2003: 118–119).

Zweitens impliziert normengeleitetes Handeln ein hohes Maß an Konsistenz über unterschiedliche Entscheidungskontexte hinweg. Akteure, die eine Norm als handlungsleitend verinnerlicht haben, werden sich in Bezug auf diese Norm einheitlich verhalten, selbst wenn die sonstigen Rahmenbedingungen ihres Handelns verschieden sind. Dies gilt sowohl für die argumentative Konsistenz zwischen den Äußerungen eines Akteurs gegenüber unterschiedlichen Adressaten und für das Verhältnis zwischen Wort und Tat als auch für die Konsistenz der außenpolitischen Entscheidungen des Akteurs in unterschiedlichen Fällen (Klotz 1995: 32–33; Cortell/Davis 2000: 71–72).

4.4   Fazit

Die sozialkonstruktivistische Analyse von Außenpolitik beruht im Kern auf der metatheoretischen Annahme, dass die Identitäten und Interessen außenpolitischer Akteure sozial konstruiert sind und sich erst im Kontext internationaler und innerstaatlicher Normen herausbilden. Normen sind Bestandteile sozialer Strukturen und als solche konstitutiv für Akteurshandeln. Diese Ausgangsannahmen folgen in doppelter Hinsicht aus der Ontologie des Sozialkonstruktivismus, die erstens Akteur und Struktur in einen dialektischen Zusammenhang setzt und zweitens einen moderat idealistischen Standpunkt einnimmt. Die Epistemologie des Sozialkonstruktivismus ist demgegenüber uneinheitlich und reicht von gemäßigt positivistischen bis zu explizit postpositivistischen Positionen. Die vorangegangenen Ausführungen beschränken sich dabei auf die gemäßigte Variante des Sozialkonstruktivismus, die an einem positivistischen Wissenschaftsverständnis orientiert bleibt und in der Disziplin der Außenpolitikanalyse am weitesten verbreitet ist.

Vor diesem metatheoretischen Hintergrund erklärt der Sozialkonstruktivismus Außenpolitik als normengeleitetes Handeln. Eine solche Erklärung erfordert zwei Schritte, die Antworten auf zwei übergeordnete Leitfragen der sozialkonstruktivistischen Analyse von Außenpolitik geben müssen (Abb. 4.2).

Im ersten Schritt der sozialkonstruktivistischen Analyse ist danach zu fragen, ob die untersuchte außenpolitische Entscheidung in Übereinstimmung mit den Vorgaben einer oder mehrerer Normen steht. Nur eine normenkonforme Außenpolitik kann als normengeleitetes Handeln erklärt werden. Zu diesem Zweck gilt es zunächst diejenigen Normen herauszuarbeiten, die für die analysierte außenpolitische Entscheidung einschlägig sind und die somit im sozialkonstruktivistischen Sinn als Erklärungsfaktor für diese Entscheidung in Frage kommen. Je stärker die betreffenden Normen sind, desto eher ist zu erwarten, dass sie für außenpolitische Akteure handlungsleitend wirken.

Sofern die Analyse im ersten Schritt zu dem Schluss kommt, dass Außenpolitik den Vorgaben einschlägiger Normen entspricht, muss im zweiten Analyseschritt überprüft werden, ob dieses normenkonforme Handeln plausibel als normengeleitetes Handeln erklärt werden kann. Das ist nur dann der Fall, wenn außenpolitische Akteure die betreffenden Normen soweit internalisiert haben, dass sie ihnen nach der Logik der Angemessenheit nicht aus instrumentellen Gründen zu entsprechen versuchen, sondern weil sie die Normen als legitime und unhinterfragte Standards ihres Handelns betrachten. Im Ergebnis ist eine sozialkonstruktivistische Erklärung somit dann plausibel, wenn in der Analyse gezeigt werden kann, dass (a) Außenpolitik normenkonform ist und (b) dass außenpolitische Entscheidungsträger einer Norm präskriptiven Status beimessen und somit normengeleitet handeln.

Mit Blick auf die weitere Forschung wären in erster Linie stärkere Bemühungen um die empirische Anwendung des sozialkonstruktivistischen Ansatzes auf unterschiedliche außenpolitische Sachbereiche und Staaten zu begrüßen. Hier besteht im Vergleich zu anderen Ansätzen der Außenpolitikforschung ein augenfälliges Defizit, das die systematische Evaluation der Erklärungskraft sozialkonstruktivistischer Analysen erschwert und einer Weiterentwicklung des Ansatzes entgegensteht. Besonders lohnenswert wären dabei Forschungsdesigns, die in einem vergleichenden Theorientest sozialkonstruktivistische und rationalistische Erklärungen außenpolitischer Entscheidungen gegenüberstellen. Hierfür bieten sich vor allem Fälle an, bei denen beobachtbare Unterschiede zwischen normengeleiteten und interessengeleiteten Entscheidungen zu erwarten sind. Dabei wären sozialkonstruktivistische Erklärungen dann besonders überzeugend, wenn gezeigt werden kann, dass sich Staaten normenkonform verhalten, obwohl ihre Interessen eine normenwidrige Außenpolitik nahegelegt hätten. Eine andere kritische Forschungsfrage betrifft das Verhältnis zwischen innerstaatlichen und internationalen Normen in der Außenpolitik. Dies gilt gerade für Fälle in denen sich außenpolitische Entscheidungsträger mit einem Normenkonflikt zwischen den beiden Ebenen konfrontiert sehen.

4.5   Literatur

Adler, Emanuel (1997) Seizing the Middle Ground: Constructivism in World Politics. *European Journal of International Relations* 3(3), 319–363.

Adler, Emanuel (2002) Constructivism and International Relations. In: Carlsnaes, Walter/Risse, Thomas/Simmons, Beth A. (Hrsg.) *Handbook of International Relations*. London et al.: Sage, 95–118.

Boekle, Henning/Rittberger, Volker/Wagner, Wolfgang (1999) *Normen und Außenpolitik: Konstruktivistische Außenpolitiktheorie* (Tübinger Arbeitspapiere zur Internationalen Politik und Friedensforschung 34). Tübingen: Eberhard-Karls-Universität.

Boekle, Henning/Rittberger, Volker/Wagner, Wolfgang (2001) Soziale Normen und normgerechte Außenpolitik. Konstruktivistische Außenpolitiktheorie und deutsche Außenpolitik nach der Vereinigung. *Zeitschrift für Politikwissenschaft* 11(1), 71–103.

Carlsnaes, Walter (1992) The Agency-Structure Problem in Foreign Policy Analysis. *International Studies Quarterly* 36(3), 245–270.

Carlsnaes, Walter (2002) Foreign Policy. In: Carlsnaes, Walter/Risse, Thomas/Simmons, Beth A. (Hrsg.) *Handbook of International Relations*. London et al.: Sage, 331–349.

Chayes, Abram/Chayes, Antonia H. (1993) On Compliance. *International Organization* 47(2), 175–205.

Checkel, Jeffrey T. (1997) International Norms and Domestic Politics: Bridging the Rationalist-Constructivist Divide. *European Journal of International Relations* 3(4), 473–495.

Checkel, Jeffrey T. (1998) The Constructivist Turn in International Relations Theory. *World Politics* 50(2), 324–348.

Checkel, Jeffrey T. (1999) Norms, Institutions, and National Identity in Contemporary Europe. *International Studies Quarterly* 43(1), 83–114.

Checkel, Jeffrey T. (2001) Why Comply? Social Learning and European Identity Change. *International Organization* 55(3), 553–588.

Christiansen, Thomas/Jørgensen, Knud Erik/Wiener, Antje (1999) The Social Construction of Europe. *Journal of European Public Policy* 6(4), 528–544.

Cortell, Andrew P./Davis, James W. (1996) How Do International Institutions Matter? The Domestic Impact of International Rules and Norms. *International Studies Quarterly* 40(4), 451–478.

Cortell, Andrew P./Davis, James W. (2000) Understanding the Domestic Impact of International Norms: A Research Agenda. *International Studies Review* 2(1), 65–87.

Dessler, David (1989) What's at Stake in the Agent-Structure Debate?. *International Organization* 43(3), 441–473.

Dessler, David (1999) Constructivism Within a Positivist Social Science. *Review of International Studies* 25(1), 123–137.

Fearon, James D./Wendt, Alexander (2002) Rationalism v. Constructivism: A Skeptical View. In: Carlsnaes, Walter/Risse, Thomas/Simmons, Beth A. (Hrsg.) *Handbook of International Relations*. London et al.: Sage, 52–72.

Finnemore, Martha (1993) International Organizations as Teachers of Norms: The United Nations Educational, Scientific, and Cultural Organization and Science Policy. *International Organization* 47(4), 565–597.

Finnemore, Martha (1996) *National Interests in International Society*. Ithaca: Cornell University Press.

Finnemore, Martha/Sikkink, Kathryn (1998) International Norm Dynamics and Political Change. *International Organization* 52(4), 887–917.

Florini, Ann (1996) The Evolution of International Norms. *International Studies Quarterly* 40(3), 363–389.

George, Alexander L./Bennett, Andrew (2005) *Case Studies and Theory Development in the Social Sciences*. Cambridge: MIT Press.

Giddens, Anthony (1984) *The Constitution of Society: Outline of the Theory of Structuration*. Cambridge: Polity Press.

Goertz, Gary/Diehl, Paul F. (1992) Toward a Theory of International Norms: Some Conceptual and Measurement Issues. *Journal of Conflict Resolution* 36(4), 634–664.

Goldstein, Judith/Keohane, Robert O. (1993) Ideas and Foreign Policy: An Analytical Framework. In: Goldstein, Judith/Keohane, Robert O. (Hrsg.) *Ideas and Foreign Policy: Beliefs, Institutions, and Political Change*. Ithaca: Cornell University Press, 3–30.

Guzzini, Stefano (2000) A Reconstruction of Constructivism in International Relations. *European Journal of International Relations* 6(2), 147–182.

Habermas, Jürgen ([1981] 1995) *Theorie des kommunikativen Handelns*. Frankfurt a. M.: Suhrkamp.

Hay, Colin (1995) Structure and Agency. In: Marsh, David/Stoker, Gerry (Hrsg.) *Theory and Methods in Political Science*. Basingstoke: Macmillan, 189–206.

Holden, Gerard (2004) The State of The Art in German IR. *Review of International Studies* 30(3), 451–458.

Hopf, Ted (1998) The Promise of Constructivism in International Relations. *International Security* 23(1), 171–200.

Jepperson, Ronald L./Wendt, Alexander/Katzenstein, Peter J. (1996) Norms, Identity, and Culture in National Security. In: Katzenstein, Peter J. (Hrsg.) *The Culture of National Security: Norms and Identity in World Politics*. New York: Columbia University Press, 33–75.

Katzenstein, Peter J./Keohane, Robert O./Krasner, Stephen D. (1998) International Organization and the Study of World Politics. *International Organization* 52(4), 645–685.

Keck, Margaret E./Sikkink, Kathryn (1998) *Activists Beyond Borders: Advocacy Networks in International Politics*. Ithaca: Cornell University Press.

Klotz, Audie (1995) *Norms in International Relations. The Struggle against Apartheid*. Ithaca: Cornell University Press.

Kratochwil, Friedrich V. (1989) *Rules, Norms, and Decisions: On the Conditions of Practical and Legal Reasoning in International Relations and Domestic Affairs*. Cambridge: Cambridge University Press.

Kratochwil, Friedrich V./Ruggie, John G. (1986) International Organization: A State of the Art on an Art of the State. *International Organization* 40(4), 753–775.

Larsen, Henrik (1997) *Foreign Policy and Discourse Analysis: France, Britain and Europe*. London: Routledge.

Legro, Jeffrey W. (1997) Which Norms Matter? Revisiting the 'Failure' of Internationalism. *International Organization* 51(1), 31–63.

March, James G./Olsen, Johan P. (1989) *Rediscovering Institutions: The Organizational Basis of Politics*. New York: Free Press.

McAnulla, Stuart (2002) Structure and Agency. In: Marsh, David/Stoker, Gerry (Hrsg.) *Theory and Methods in Political Science*, 2. Auflage. Basingstoke: Palgrave, 271–291.

Müller, Harald (1994) Internationale Beziehungen als kommunikatives Handeln: Zur Kritik der utilitaristischen Handlungstheorien. *Zeitschrift für Internationale Beziehungen* 1(1), 15–44.

Müller, Harald (2004) Arguing, Bargaining and All That: Communicative Action, Rationalist Theory and the Logic of Appropriateness in International Relations. *European Journal of International Relations* 10(3), 395–435.

Nye, Joseph S., Jr. (1987) Nuclear Learning and U.S.-Soviet Security Regimes. *International Organization* 41(3), 371–402.

Onuf, Nicholas G. (1989) *World of Our Making: Rules and Rule in Social Theory and International Relations*. Columbia: University of South Carolina Press.

Price, Richard (1998) Reversing the Gun Sights: Transnational Civil Society Targets Land Mines. *International Organization* 52(3), 613–644.

Raymond, Gregory A. (1997) Problems and Prospects in the Studies of International Norms. *Mershon International Studies Review* 41(2), 205–245.

Risse, Thomas (1999) Identitäten und Kommunikationsprozesse in der internationalen Politik: Sozialkonstruktivistische Perspektiven zum Wandel in der Außenpolitik. In: Medick-Krakau, Monika (Hrsg.) *Außenpolitischer Wandel in theoretischer und vergleichender Perspektive: Die USA und die Bundesrepublik Deutschland*. Baden-Baden: Nomos, 33–57.

Risse, Thomas (2000) "Let's Argue!": Communicative Action in World Politics. *International Organization* 54(1), 1–40.

Risse, Thomas (2003) Konstruktivismus, Rationalismus und Theorien Internationaler Beziehungen – warum empirisch nichts so heiß gegessen wird, wie es theoretisch gekocht wurde. In: Hellmann, Gunther/Wolf, Klaus Dieter/Zürn, Michael (Hrsg.) *Die neuen Internationalen Beziehungen. Forschungsstand und Perspektiven in Deutschland*. Baden-Baden: Nomos, 99–132.

Risse, Thomas/Jetschke, Anja/Schmitz, Hans Peter (2002) *Die Macht der Menschenrechte. Internationale Normen, kommunikatives Handeln und politischer Wandel in den Ländern des Südens*. Baden-Baden: Nomos.

Risse, Thomas/Sikkink, Kathryn (1999) The Socialization of International Human Rights Norms into Domestic Practices: Introduction. In: Risse, Thomas/Ropp, Stephen C./Sikkink, Kathryn (Hrsg.) *The Power of Human Rights. International Norms and Domestic Change*. Cambridge: Cambridge University Press, 1–39.

Ruggie, John G. (1998) *Constructing the World Polity: Essays on International Institutionalization*. London: Routledge.

Schimmelfennig, Frank (1994) Internationale Sozialisation neuer Staaten: Heuristische Überlegungen zu einem Forschungsdesiderat. *Zeitschrift für Internationale Beziehungen* 1(2), 335–355.

Schimmelfennig, Frank (1997) Rhetorisches Handeln in der internationalen Politik. *Zeitschrift für Internationale Beziehungen* 4(2), 219–254.

Ulbert, Cornelia (2003) Sozialkonstruktivismus. In: Schieder, Siegfried/Spindler, Manuela (Hrsg.) *Theorien der Internationalen Beziehungen*. Opladen: Leske + Budrich, 391–420.

Wendt, Alexander (1987) The Agent-Structure Problem in International Relations Theory. *International Organization* 41(3), 335–370.

Wendt, Alexander (1992) Anarchy is What States Make of It: The Social Construction of Power Politics. *International Organization* 46(2), 391–425.

Wendt, Alexander (1995) Constructing International Politics. *International Security* 20(1), 71–81.

Wendt, Alexander (1999) *Social Theory of International Politics*. Cambridge: Cambridge University Press.

Zürn, Michael (2003) Die Entwicklung der Internationalen Beziehungen im deutschsprachigen Raum nach 1989. In: Hellmann, Gunther/Wolf, Klaus Dieter/Zürn, Michael (Hrsg.) *Die neuen Internationalen Beziehungen. Forschungsstand und Perspektiven in Deutschland*. Baden-Baden: Nomos, 21–46.

Zürn, Michael/Checkel, Jeffrey T. (2005) Getting Socialized to Build Bridges: Constructivism and Rationalism, Europe and the Nation-State. *International Organization* 59(4), 1045–1079.

Teil II   Innenpolitische Erklärungsansätze

Der zweite Teil des Bandes stellt theoretische Ansätze vor, die zur Erklärung von Außenpolitik das „Innere" von Staaten in den Blick nehmen. Sie öffnen die „black box" des Staates und setzen damit einen zentralen Anspruch um, der bereits in den 1950er Jahren als kennzeichnendes Merkmal des damals noch jungen Feldes der *Foreign Policy Analysis* (FPA) formuliert wurde (Snyder et al. [1954] 2002). Im Gegensatz zu strukturellen Sichtweisen auf internationale Politik (Kap. 2) erscheint Außenpolitik für diese Ansätze nicht als „rationale" Reaktion eines einheitlichen Staatsakteurs auf Anreize und Zwänge des internationalen Systems (vgl. Allison/Zelikow 1999: 13–76), sondern wird in erster Linie auf den innerstaatlichen Kontext der außenpolitischen Entscheidungsfindung zurückgeführt. Die Erwartung ist daher, dass sich Staaten selbst unter identischen internationalen Rahmenbedingungen ungleich verhalten, wenn sich die innerstaatlichen Parameter ihrer Außenpolitik unterscheiden oder verändern (vgl. Waltz 1996: 54–55).

Im Unterschied zu den kognitiven und psychologischen Erklärungsansätzen, die im dritten Teil des Bandes behandelt werden, begeben sich innenpolitische Ansätze allerdings nicht auf die Analyseebene individueller Entscheidungsträger. Sie untersuchen den Einfluss des innerstaatlichen Umfeldes auf das außenpolitische Handeln solcher Entscheidungsträger, nicht jedoch deren Persönlichkeitsmerkmale, Überzeugungen oder Wahrnehmungen. Unter identischen innenpolitischen Ausgangsbedingungen sollten aus dieser Sicht auch unterschiedliche Entscheidungsträger die gleiche Außenpolitik verfolgen. Damit bieten innenpolitische Ansätze *Inside-out*-Erklärungen außenpolitischer Entscheidungen (vgl. Müller/Risse-Kappen 1993), deren unabhängige Variablen auf der zweiten Analyseebene – der *second image* – angesiedelt sind.

Davon ausgehend kann eine Vielzahl innerstaatlicher Aspekte zur Erklärung von Außenpolitik herangezogen werden. Diese reichen von strukturellen Faktoren, wie dem Regimetyp eines Staates (Czempiel 1998; Hagan 2010) oder dem Verhältnis zwischen Staat und Gesellschaft (Katzenstein 1976; Risse-Kappen 1991) über institutionelle Merkmale außenpolitischer Entscheidungsprozesse bis zu den Interessen und Einflussmöglichkeiten unterschiedlicher Akteure der innenpolitischen Arena. Diese Akteure können dabei nach ihrer „Distanz" zu den Entscheidungsträgern innerhalb der Regierung geordnet werden (Hill 2003: 223–224). Zum einen besteht die Möglichkeit, dass innenpolitische Erklärungen von Außenpolitik bei den direkt an der außenpolitischen Entscheidungsfindung beteiligten Regierungsakteuren ansetzen und beispielsweise deren Interessen oder die Entscheidungsverfahren einer Regierung in den Blick nehmen. Zum anderen kann der Einfluss von nicht unmittelbar in den Entscheidungsprozess eingebundenen staatlichen und gesellschaftlichen Akteuren auf die Außenpolitik der Regierung in den Mittelpunkt gestellt werden. Die konzentrische Anordnung der verschiedenen innenpolitischen Akteure in Abbildung III.1 (vgl. Hilsman 1964: 541–544) soll die von innen nach außen abnehmenden Beteiligungschancen an der außenpolitischen Entscheidungsfindung zum Ausdruck bringen. In ähnlicher Weise ist auch die

Relevanz politischer Opposition für außenpolitische Entscheidungen davon abhängig, ob sie aus dem Zentrum des Entscheidungsprozesses oder von Akteuren ohne direkten Zugang zu diesem Prozess vorgebracht wird (Hagan 1993: 67–93).

Abb. II.1:   Innenpolitische Akteure und Außenpolitik

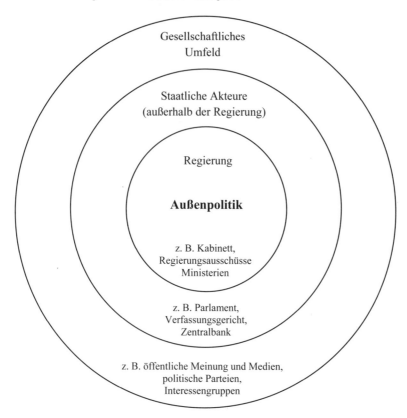

Ein weiteres Unterscheidungsmerkmal zwischen verschiedenen innenpolitischen Erklärungen von Außenpolitik betrifft das der Analyse zugrunde gelegte Verständnis innerstaatlicher Politikprozesse. Hier stehen sich im Kern eine *Top-down-* und eine *Bottom-up*-Perspektive gegenüber (vgl. Moravcsik 1997: 516–520). Die *Top-down*-Perspektive betont die Eigeninteressen, Ressourcen und Entscheidungsspielräume von Regierungsakteuren. Die übrigen innenpolitischen Akteure erscheinen aus dieser Sicht lediglich als mögliche Restriktionen der außenpolitischen Entscheidungsfindung. Die *Bottom-up*-Perspektive betrachtet demgegenüber die Interessen gesellschaftlicher Akteure als primären Ausgangspunkt außenpolitischen Handelns. Sie fokussiert daher auf den Wettstreit unterschiedlicher gesellschaftlicher Interessen um Einfluss auf den außenpolitischen Entscheidungsprozess und versteht Regierungen letztlich als passive Transmissionsriemen solcher Interessen. Eine solche gesellschaftszentrierte Konzeption zeichnet insbesondere liberale Analysen von Außenpolitik aus (Kap. 3). Im Gegensatz dazu teilen die in diesem Teil des Bandes vorgestellten innenpolitischen Erklärungsansätze eine regierungszentrierte Sicht auf Außenpolitik und setzen bei der Entscheidungsfindung und den Interessen von Regierungsakteuren an.

Schließlich bleibt darauf hinzuweisen, dass innenpolitische Erklärungsansätze das internationale Umfeld von Außenpolitik keineswegs vollständig ausblenden können. Da außenpolitisches Handeln definitionsgemäß über die Grenzen eines Staates hinaus gerichtet ist (Kap. 1.1), sind die Gegebenheiten auf internationaler Ebene eine wichtige Kontextbedingung und häufig der Anlass außenpolitischer Entscheidungen. So ist es nicht zuletzt von internationalen Entwicklungen abhängig, welche innerstaatlichen Interessen in welcher Art und Weise von außenpolitischen Entscheidungsprozessen berührt werden, welche innenpolitischen Akteure daher Einfluss auf diese Prozesse zu nehmen versuchen und welchen institutionellen und organisatorischen Verfahren die Entscheidungsfindung folgt. So eröffnen sich beispielsweise bei außenpolitischen Entscheidungen unter internationalen Krisenbedingungen in der Regel geringere Einflusschancen für innenpolitische Akteure jenseits der Regierung als im Falle langfristiger Planungsentscheidungen (Haftendorn 1990: 403). Mit Blick auf das Gewicht unterschiedlicher gesellschaftlicher Interessen bei handelspolitischen Entscheidungen hat die Internationalisierung der Weltwirtschaft, um ein zweites Beispiel zu nennen, den Einfluss exportorientierter, multinationaler Unternehmen tendenziell gegenüber auf den inländischen Markt ausgerichtete Unternehmen gestärkt (Milner/Keohane 1996). Aus einer solchen *Second image reversed*-Perspektive (Gourevitch 1978) werden die unabhängigen Variablen innenpolitischer Erklärungsansätze somit ihrerseits zu abhängigen Variablen, die durch Faktoren in der internationalen Umwelt eines Staates geprägt werden. Diese Umkehrung der Blickrichtung kann nicht zuletzt Auskunft darüber geben, welche innenpolitischen Ansätze die größte Erklärungskraft bei der Analyse konkreter außenpolitischer Entscheidungen versprechen.

Vor diesem Hintergrund behandelt Teil II des Bandes drei Erklärungsansätze. Zunächst richtet der Zwei-Ebenen-Ansatz den Blick auf die Wechselwirkungen zwischen innenpolitischen und internationalen Einflüssen auf Außenpolitik (Kap. 5). Der Ansatz untersucht die Restriktionen und Strategieoptionen von Regierungen, die an der Schnittstelle zwischen der innenpolitischen und der internationalen Arena außenpolitische Entscheidungen treffen müssen, welche den Anreizen und Zwängen auf beiden Ebenen gerecht werden. Darauf folgen zwei Ansätze, die zur Erklärung von Außenpolitik auf Verfahrensabläufe und Interessenkonstellationen innerhalb von Regierungen achten. Aus organisationstheoretischer Sicht ist Außenpolitik eine Funktion organisatorischer Routinen in der Exekutive (Kap. 6). Der bürokratietheoretische Ansatz erklärt außenpolitische Entscheidungen hingegen als Ergebnis regierungsinterner Verhandlungen zwischen den Repräsentanten unterschiedlicher bürokratischer Interessen (Kap. 7). Jedes Kapitel beginnt mit einer theoretischen Einordnung der Ansätze und diskutiert daran anschließend die wesentlichen Elemente des jeweiligen Erklärungskonzepts.

Literatur

Allison, Graham T./Zelikow, Philip (1999) *Essence of Decision: Explaining the Cuban Missile Crisis*, 2. Auflage. New York: Longman.

Czempiel, Ernst-Otto (1998) *Friedensstrategien*, 2. Auflage. Opladen: Westdeutscher Verlag.

Gourevitch, Peter (1978) The Second Image Reversed: International Sources of Domestic Politics. *International Organization* 32(4), 881–911.

Haftendorn, Helga (1990) Zur Theorie außenpolitischer Entscheidungsprozesse. *Politische Viertel-jahresschrift* 31(Sonderheft 21), 401–423.

Hagan, Joe D. (1993) *Political Opposition and Foreign Policy in Comparative Perspective*. Boulder et al.: Lynne Rienner.

Hagan, Joe D. (2010) Regime Type, Foreign Policy, and International Relations. In: Denemark, Robert A. (Hrsg.) *The International Studies Encyclopedia*. Blackwell Reference Online. Blackwell Publishing.

Hill, Christopher (2003) *The Changing Politics of Foreign Policy*. Basingstoke: Palgrave Macmillan.

Hilsman, Roger (1964) *To Move a Nation: The Politics of Foreign Policy in the Administration of John F. Kennedy*. New York: Delta.

Katzenstein, Peter J. (1976) International Relations and Domestic Structures: Foreign Economic Policies of Advanced Industrial States. *International Organization* 30(1), 1–45.

Milner, Helen V./Keohane, Robert O. (1996) Internationalization and Domestic Politics: An Intro-duction. In: Keohane, Robert O./Milner, Helen V. (Hrsg.) *Internationalization and Domestic Politics*. Cambridge: Cambridge University Press, 3–24.

Moravcsik, Andrew (1997) Taking Preferences Seriously: A Liberal Theory of International Politics. *International Organization* 51(4), 513–553.

Müller, Harald/Risse-Kappen, Thomas (1993) From the Outside In and From the Inside Out. International Relations, Domestic Politics, and Foreign Policy. In: Skidmore, David/Hudson, Valerie M. (Hrsg.) *The Limits of State Autonomy*. Boulder et al.: Westview Press, 25–48.

Risse-Kappen, Thomas (1991) Public Opinion, Domestic Structure, and Foreign Policy in Liberal Democracies. *World Politics* 43(4), 479–512.

Snyder, Richard C./Bruck, H. W./Sapin, Burton ([1954] 2002) Decision-Making as an Approach to the Study of International Politics. In: Snyder, Richard C./Bruck, H. W./Sapin, Burton: *Foreign Policy Decision-Making (Revisited)*. New York/Basingstoke: Palgrave Macmillan, 21–152.

Waltz, Kenneth N. (1996) International Politics is Not Foreign Policy. *Security Studies* 6(1), 54–57.

5   Der Zwei-Ebenen-Ansatz

Der Zwei-Ebenen-Ansatz ist untrennbar mit den Arbeiten von Robert Putnam verbunden. Sein Aufsatz *Diplomacy and Domestic Politics: The Logic of Two-Level Games* (Putnam 1988) prägte die Metapher des Zwei-Ebenen-Spiels und führte die zentralen terminologischen und konzeptionellen Grundlagen des Ansatzes ein, die nach wie vor bestimmend für seine Rezeption sind. Die Veröffentlichung des Aufsatzes von Putnam regte zudem eine intensive wissenschaftliche Debatte über die Analyse des Zusammenhangs subsystemischer/innenpolitischer und systemischer/internationaler Erklärungsfaktoren staatlicher Außenpolitik an und wurde so zum Bezugspunkt einer breiten Literatur in der Disziplin der Außenpolitikforschung.

Tab. 5.1:   Kernaussagen, Referenzautoren und zentrale Werke des Zwei-Ebenen-Ansatzes

Kernaussagen
Außenpolitische Entscheidungen sind geprägt durch sich wechselseitig beeinflussende internationale und innenpolitische Anreize und Zwänge.
Regierungen sind als *gatekeeper* zwischen der internationalen und innerstaatlichen Ebene die zentralen strategischen Akteure der Zwei-Ebenen-Analyse.
Der außenpolitische Handlungsspielraum von Regierungen ist durch das Erfordernis beschränkt, internationale Vereinbarungen innenpolitisch, formal oder informell, ratifizieren zu lassen.
Das *win-set* einer Regierung markiert den Raum innenpolitisch ratifizierbarer außenpolitischer Entscheidungen. Regierungen können auf gewisse politische Ressourcen zurückgreifen, um die Grenzen ihres *win-sets* sowie diejenigen ihrer internationalen Verhandlungspartner zu verschieben.
Die Größe und Konfiguration von *win-sets* haben Einfluss auf die Verhandlungsführung und Verhandlungsmacht von Regierungen auf internationaler Ebene.

Referenzautoren	*Zentrale Werke*
Robert Putnam	Diplomacy and Domestic Politics: The Logic of Two-Level Games. *International Organization* 42(3), 427–461, 1988.
Andrew Moravcsik	Introduction. Integrating International and Domestic Theories of International Bargaining. In: Evans, Peter B./Jacobson, Harold K./Putnam, Robert D. (Hrsg.) *Double Edged Diplomacy. International Politics and Domestic Bargaining.* Berkeley: University of California Press, 3–42, 1993.
Bernhard Zangl	*Interessen auf zwei Ebenen. Weltpolitik im 21. Jahrhundert.* Baden-Baden: Nomos, 1999.
Thomas Schelling	*The Strategy of Conflict.* Cambridge: Harvard University Press, 1980.

Diese Literatur nutzte die Konzeption des Ansatzes für eine Vielzahl unterschiedlicher und zum Teil vergleichend angelegter Fallstudien und überprüfte damit zentrale Hypothesen des Ansatzes (vgl. Evans et al. 1993; Lehmann/McCoy 1992; McLean/Stone 2012). Andere, stärker theoretisch orientierte Arbeiten verfolgten zudem die Absicht, den Zwei-Ebenen-Ansatz konzeptionell weiterzuentwickeln und zu modifizieren (vgl. Schoppa 1993; Iida 1993; Zangl 1994; Mo 1994; Milner 1997; Pahre 2003; Oppermann 2008a; Deets 2009).

Dieses Kapitel gibt einen Überblick über die theoretischen Grundlagen des Zwei-Ebenen-Ansatzes und zeigt dessen Implikationen für wichtige Fragestellungen der Außenpolitikforschung auf (Tab. 5.1). In diesem Sinne wird die Zwei-Ebenen-Literatur zunächst innerhalb des theoretischen Spektrums unterschiedlicher Ansätze der Außenpolitikanalyse verortet, bevor die konstituierenden Annahmen und das konzeptionelle Gerüst des Ansatzes herausgearbeitet werden können. Schließlich wendet sich das Kapitel den Folgerungen der Zwei-Ebenen-Perspektive für die Analyse zwischenstaatlicher Kooperation und damit einem zentralen Erkenntnisinteresse der Zwei-Ebenen-Literatur zu.

5.1   Theoretische Einordnung

Der theoretische Ausgangspunkt des Zwei-Ebenen-Ansatzes ist der Anspruch, systemische und subsystemische Erklärungsfaktoren außenpolitischen Handelns in einem in sich konsistenten Analyseansatz zu verbinden. Anreize und Zwänge auf beiden Ebenen werden in einem Zwei-Ebenen-Spiel als analytisch gleichgewichtige, simultan wirkungsmächtige und miteinander interagierende Bedingungsfaktoren staatlicher Außenpolitik modelliert. Der Ansatz wendet sich damit gegen die methodologische Position, dass es unzulässig sei, innerhalb eines Theoriekonzeptes die Grenzen zwischen zwei Analyseebenen zu durchbrechen (vgl. Singer 1961: 90–92). Vor diesem Hintergrund wird der Ansatz auch als Versuch rezipiert, einen fruchtbaren Austausch zwischen den politikwissenschaftlichen Subdisziplinen der Internationalen Politik und der Vergleichenden Politikwissenschaft anzustoßen und Forschungsansätze beider Bereiche in einem Konzept der Außenpolitikanalyse zu integrieren (vgl. Caporaso 1997: 566–575).

Der Zwei-Ebenen-Ansatz bietet den theoretischen Rahmen für eine systematische Analyse der bereits in den 1950er Jahren und verstärkt seit den 1960er Jahren postulierten Abhängigkeit außenpolitischen Handelns von Erklärungsfaktoren sowohl auf der Ebene des internationalen Systems als auch auf der Ebene des innerstaatlichen Politikprozesses (vgl. Snyder 1952: 64–69; Rosenau 1966: 27–31; Hanrieder 1967: 1–10; Gourevitch 1978: 900–911). So konnte eine Bestandsaufnahme des Forschungsstandes in der Disziplin der Außenpolitikanalyse bereits im Jahre 1966 darauf verweisen, dass eine wachsende Zahl von Untersuchungen staatlicher Außenpolitik von der Annahme geleitet sei „that foreign policy behavior is a reaction to both external and internal stimuli and that one breaks into the chain of causation only for analytic purposes" (Rosenau 1966: 31). Gleichzeitig konstatierte James Rosenau in derselben Bestandsaufnahme jedoch eine wachsende Diskrepanz zwischen dem Bewusstsein um die Interaktion systemischer und subsystemischer Bedingungsfaktoren staatlicher Außenpolitik auf der einen Seite und dem Stand der theoretisch-konzeptionellen Entwicklung zur systematischen Analyse dieser Interaktion auf der anderen Seite (Rosenau 1966: 32–35).

Im Lichte dieses oft problematisierten Defizits in der Theoriebildung ist es die Absicht des Zwei-Ebenen-Ansatzes, über die bloße Feststellung eines unbestimmten Zusammenhangs internationaler und innerstaatlicher Erklärungsfaktoren staatlicher Außenpolitik und über induktiv gewonnene *Ad hoc*-Auflistungen möglicherweise relevanter systemischer und subsystemischer Variablen hinauszugehen und eine theoretisch angeleitete Integration von Erklärungsfaktoren auf beiden Ebenen in ein kohärentes Analysekonzept anzubieten (Putnam 1988: 430–433; Wolf/Zangl 1996: 355–357). In der Perspektive eines solchen Anspruches ist der Zwei-Ebenen-Ansatz in Abgrenzung sowohl von rein systemischen als auch von rein subsystemischen Ansätzen, insbesondere von der neorealistischen Außenpolitiktheorie (Kap. 2) und liberalen Ansätzen der Außenpolitikanalyse (Kap. 3), formuliert worden (Putnam 1993: 79).

Der Schwerpunkt der theoretischen Kritik an der neorealistischen Außenpolitiktheorie betrifft deren Annahme, außenpolitisches Verhalten staatlicher Regierungen allein aus systemischen Zwängen und Anreizen ableiten zu können. Zwar gilt auch nach dem Zwei-Ebenen-Ansatz der außenpolitische Handlungsspielraum nationaler Regierungen als durch Bedingungsfaktoren im internationalen Umfeld eines Staates begrenzt. Gleichwohl reduziert diese strukturelle Beschränkung staatlicher Außenpolitik die Handlungsoptionen nationaler Regierungen in der Regel nicht auf nur eine Option. Vielmehr verbleiben staatlichen Akteuren verschiedene Möglichkeiten, unter der Bedingung systemischer Anreize und Zwänge außenpolitisch zu agieren, sodass im innerstaatlichen Politikprozess ein Potential für Konflikte über die Auswahl unter diesen Möglichkeiten außenpolitischen Handelns zwischen verschiedenen Akteuren mit unterschiedlichen Präferenzordnungen und institutionalisierten Einflusschancen auf die Entscheidungsfindung entsteht (Milner 1997: 3–5; Moravcsik 1993: 6–9).

Im Hinblick auf subsystemische Erklärungsansätze ist der Zwei-Ebenen-Ansatz in erster Linie vom liberalen Ansatz der Außenpolitikanalyse abzugrenzen. Diese Abgrenzung ist im Kern an der unterschiedlichen Modellierung des innerstaatlichen Politikprozesses festzumachen. Anders als aus liberaler Perspektive ist dieser Prozess im Zwei-Ebenen-Ansatz nicht als reiner *Bottom-up*-Prozess konzipiert, in dem staatliche Akteure als ehrliche und neutrale Makler gesellschaftlich artikulierte Präferenzen aufnehmen, aggregieren und nach außen repräsentieren. Vielmehr sind staatliche Akteure in einem Zwei-Ebenen-Spiel als einflussreiche Spieler zu berücksichtigen, deren Präferenzen sich nicht als Vektoren gesellschaftlicher Präferenzen abbilden lassen (Milner 1997: 14–17; Putnam 1988: 456–459). So werden Regierungen aus Sicht des Zwei-Ebenen-Ansatzes zwar durch die Präferenzen gesellschaftlicher Akteure in ihrem Handlungsspielraum beschränkt, ihre Positionen werden jedoch nicht durch solche Akteure determiniert. In einem Zwei-Ebenen-Spiel haben Regierungen sowohl eigene Präferenzen über verschiedene Optionen außenpolitischen Handelns als auch eigene politische Ressourcen zur Durchsetzung dieser Präferenzen gegen gesellschaftliche Akteure, die sie gerade aus ihrer privilegierten Position zwischen beiden Spielebenen gewinnen. Im Unterschied zu der liberalen Konzeption des innerstaatlichen Politikprozesses postuliert der Zwei-Ebenen-Ansatz somit eine gewisse Autonomie nationaler Regierungen von ihren gesellschaftlichen Prinzipalen, die sie zur Umsetzung eigener Präferenzordnungen nutzbar zu machen versuchen (Moravcsik 1993: 15–16, 1997: 211–225). Die Außenpolitik eines Staates ist in dieser Perspektive „not constituency driven, but it is constituency constrained" (Putnam 1993: 71).

Insgesamt rückt der Zwei-Ebenen-Ansatz zudem die Bedeutung politischer Institutionen im innerstaatlichen Politikprozess stärker in den Mittelpunkt der Analyse als liberale Ansätze. Politische Institutionen erscheinen nicht als neutrale und passive Prozessoren gesellschaftlicher Präferenzen, sondern haben einen von Akteurspräferenzen unabhängigen Einfluss auf die Ergebnisse der politischen Auseinandersetzung. Sie setzen den Rahmen für die interessengeleitete Interaktion gesellschaftlicher und politischer Akteure und definieren und beschränken die Handlungsoptionen und Einflusschancen dieser Akteure. Auch der Grad an Autonomie von anderen politischen und gesellschaftlichen Akteuren im innerstaatlichen Politikprozess, den eine nationale Regierung in einem Zwei-Ebenen-Spiel nutzbar machen kann, ist durch die Konfiguration des institutionellen *settings* auf innerstaatlicher Ebene mit bedingt (Milner 1997: 18–19; North 1990: 3–6). Angesichts dieser prominenten Bedeutung, die der Zwei-Ebenen-Ansatz den Präferenzen und institutionell vermittelten Handlungsoptionen staatlicher Akteure zuweist, kann der Ansatz am sinnvollsten in das breite Spektrum neoinstitutionalistischer Literatur eingeordnet werden (vgl. Zangl 1995: 393–395).

5.2   Das Analysekonzept

Die Grundannahme des Zwei-Ebenen-Ansatzes besagt, dass nationale Regierungen als *gatekeeper* zwischen der innerstaatlichen und der internationalen Ebene simultan an zwei sich wechselseitig bedingenden strategischen Spielen – zum einen mit ihren internationalen Verhandlungspartnern und zum anderen mit Akteuren des innerstaatlichen Politikprozesses – beteiligt sind:

> "Each national political leader appears at both game boards. Across the international table sit his foreign counterparts, and at his elbows sit diplomats and other international advisors. Around the domestic table behind him sit party and parliamentary figures, spokespersons for domestic agencies, representatives of key interest groups and the leader's own political advisors. The unusual complexity of this two-level game is that moves that are rational for a player at one board […] may be impolitic for that same player at the other board" (Putnam 1988: 434).

Durch die Notwendigkeit, die Imperative beider Spielebenen miteinander in Ausgleich zu bringen, sind die Handlungsoptionen nationaler Regierungen gleichzeitig von den Präferenzen und der Verhandlungsmacht anderer Regierungen auf der Ebene der internationalen Verhandlungen sowie durch die innerstaatliche Verteilung von Präferenzen und Einflusschancen eingeschränkt (Putnam 1988: 433–436).

Davon ausgehend können drei grundlegende Elemente des Zwei-Ebenen-Ansatzes herausgearbeitet werden (Abb. 5.1). Erstens sind nationale Regierungen in diesem Ansatz die zentralen strategischen Akteure. Sie besitzen das Monopol der Vertretung eines Staates nach außen und sind damit die einzigen Akteure, die auf beiden Spielebenen vertreten sind. Gerade aus dieser privilegierten Positionierung heraus gewinnen nationale Regierungen autonomen Handlungsspielraum, um die strategischen Opportunitäten eines Zwei-Ebenen-Spiels als rational handelnde Akteure zur Durchsetzung eigener Präferenzen zu nutzen.

Die theoretische Verbindung der innerstaatlichen und internationalen Ebene gelingt dem Zwei-Ebenen-Ansatz zweitens über das Konzept der Ratifikation. Der strategische Handlungskontext nationaler Regierungen ist wesentlich dadurch geprägt, dass sämtliche auf internationaler Ebene potenziell zu erzielende Verhandlungsergebnisse innenpolitisch – formal oder informell – ratifiziert werden müssen, um wirkungsmächtig zu werden. Die Kenntnis um die Zwänge des innerstaatlichen Ratifikationserfordernisses wird zur zentralen Restriktion gouvernementaler Handlungsfreiheit auf internationaler Ebene (Putnam 1988: 435–437; Pahre 2003: 2–7).

Die beiden analytisch unterschiedenen Spielebenen werden im Zwei-Ebenen-Ansatz damit über die auf beiden Ebenen agierenden Regierungen und über das theoretische Konzept der Ratifikation in Beziehung zueinander gesetzt. Aus dieser doppelten Verbindung entstehen drittens wechselseitige Rückwirkungen zwischen den strategischen Handlungskontexten auf beiden Ebenen, sodass diese nicht unabhängig voneinander analysiert werden können. Die Berücksichtigung dieser Wechselwirkungen zwischen den beiden Ebenen ist Ausdruck der gleichgewichtigen Integration beider Analyseebenen im Zwei-Ebenen-Ansatz und damit der Abgrenzung von anderen Konzeptionen der Zusammenführung systemischer und subsystemischer Bedingungsfaktoren staatlicher Außenpolitik (Moravcsik 1993: 23–24).

Abb. 5.1:   Die Konzeption des Zwei-Ebenen-Ansatzes

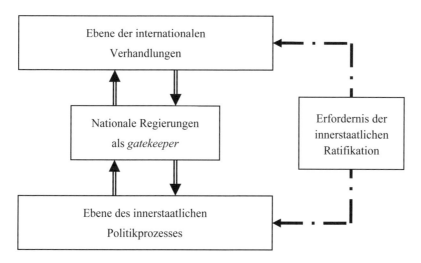

5.2.1   Nationale Regierungen als zentrale strategische Akteure

In der Betonung der herausgehobenen Positionierung nationaler Regierungen als *gatekeeper* zwischen innerstaatlicher und internationaler Ebene zeigt sich die Affinität des Zwei-Ebenen-Ansatzes zu staatszentrierten Analysekonzepten (Putnam 1988: 459). Wie bereits als Abgrenzungsmerkmal zu liberalen Ansätzen der Außenpolitikanalyse ausgeführt wurde, modelliert der Zwei-Ebenen-Ansatz nationale Regierungen als rationale, strategische Akteure, die sowohl eigene Präferenzen hinsichtlich außenpolitischer Entscheidungssituationen ausbilden als auch eigene politische Ressourcen besitzen, um sich eine gewisse Autonomie gegenüber anderen innerstaatlichen Akteuren zur Durchsetzung dieser Präferenzen zu bewahren.

Als rationale Akteure im Zwei-Ebenen-Spiel wählen Regierungen unter der Bedingung bestehender Restriktionen und in Antizipation rationaler Verhaltensdispositionen anderer Akteure diejenige Handlungsoption, deren erwartete Folgen sie gegenüber allen übrigen zur Verfügung stehenden Optionen bevorzugen. Dieser Prozess der rationalen Entscheidung findet unter der Bedingung von Unsicherheit statt und ist insbesondere durch unvollständige

Informationen über die Präferenzen und Restriktionen anderer Regierungen auf der Ebene der internationalen Verhandlungen sowie über die Ratifizierbarkeit bestimmter Verhandlungsergebnisse gekennzeichnet (Iida 1993: 409–416).

Die Handlungsrestriktionen rationaler Regierungen ergeben sich in einem Zwei-Ebenen-Spiel primär aus der Notwendigkeit, die Imperative beider Spielebenen miteinander in Ausgleich zu bringen. Die Präferenzordnung rationaler Regierungen, an deren Umsetzung sich die Auswahl zwischen den unter der Bedingung dieser Imperative verbleibenden außenpolitischen Handlungsoptionen orientiert, ist auf das primäre Interesse an Machterhalt ausgerichtet. Außenpolitische Präferenzen und Positionierungen nationaler Regierungen sind funktional auf dieses Interesse bezogen (Milner 1997: 33–35; Bueno de Mesquita/Ray 2001: 2–5). Rationale Regierungen werden innerstaatlichen Kalkülen in Zwei-Ebenen-Spielen daher Vorrang gegenüber internationalen Kalkülen geben, wenn beide in Konflikt miteinander stehen (Putnam 1988: 457–458).

Aus dem Interesse nationaler Regierungen an Machterhalt folgt, dass die außenpolitischen Präferenzen einer Regierung nicht zwangsläufig den aggregierten Präferenzen gesellschaftlicher Akteure entsprechen müssen. Das in liberalen Konzeptionen des innerstaatlichen Politikprozesses ausgeblendete Potential an divergierenden Präferenzen zwischen Regierung und Gesellschaft entsteht, weil sich die Nutzenfunktionen nationaler Regierungen, auf die ihre Präferenzbildung ausgerichtet ist, von denen gesellschaftlicher Gruppen unterscheiden. Regierungen haben in einem Zwei-Ebenen-Spiel daher ein eigenes „acceptability-set" (Moravcsik 1993: 30) an auf internationaler Ebene zustimmungsfähigen Verhandlungsergebnissen, das nicht als Funktion gesellschaftlich artikulierter Präferenzen abgebildet werden kann (Mo 1994: 402–404). Idealtypisch lassen sich drei Konstellationen des Verhältnisses zwischen den auf die Ebene der internationalen Verhandlungen bezogenen Präferenzen einer Regierung und den übrigen Akteuren der innenpolitischen Arena unterscheiden. Die Präferenzen einer Regierung können den aggregierten Präferenzen innenpolitischer Akteure entweder entsprechen (*statesman-as-agent*), weiter als letztere von den Präferenzen der internationalen Verhandlungspartner entfernt sein (*statesman-as-hawk*) oder näher an diesen angesiedelt sein als die Präferenzen der übrigen Akteure des innerstaatlichen Politikprozesses (*statesman-as-dove*) (Moravcsik 1993: 30–31; Evans 1993: 406–408).

Nationale Regierungen besitzen als *gatekeeper* zwischen den beiden Spielebenen zudem einen gewissen autonomen Handlungsspielraum zur Durchsetzung eigener außenpolitischer Präferenzen. Infolge ihres Monopols der Vertretung eines Staates auf der Ebene von internationalen Verhandlungen gewinnen nationale Regierungen politische Ressourcen, die sie zur Wahrung und Erweiterung ihrer Handlungsoptionen einsetzen können. Vor diesem Hintergrund ist auch die am prominentesten von Moravcsik (1997: 217–225) vorgetragene These zu verorten, nach der Zwei-Ebenen-Spiele generell zu einer relativen Stärkung von Regierungen in der innenpolitischen Arena führen.

Erstens können Regierungen innerhalb der durch das Ratifikationserfordernis – mehr oder weniger eng – definierten Grenzen die Auswahl zwischen konkreten Handlungsoptionen nach eigenen Nutzenkalkülen vornehmen und auf ihr primäres Interesse an Machterhalt ausrichten. Nationalstaatliche Regierungen als *gatekeeper* in einem Zwei-Ebenen-Spiel kontrollieren die Agenda der Verhandlungen auf internationaler Ebene. Sie besitzen eine doppelte implizite Vetomacht gegenüber Forderungen und Initiativen anderer innerstaatlicher Akteure hinsichtlich der auf die internationale Ebene einzubringenden Präferenzen sowie der innenpolitisch zur Ratifikation zu stellenden Verhandlungsergebnisse. Regierungen können somit

sicherstellen, dass sowohl die von ihnen in den internationalen Verhandlungsprozess einge-
speisten Präferenzen als auch die Ergebnisse dieses Verhandlungsprozesses von ihrem „acceptability-set" gedeckt sind (Moravcsik 1997: 219–221; Putnam 1988: 456–459).

Zweitens gewinnen Regierungen aus ihrer Position als *gatekeeper* politische Ressourcen, die
ihnen strategische Optionen zur Manipulation ihrer innerstaatlichen Handlungsrestriktionen
eröffnen. Diese Optionen entstehen als Folge ihrer Kontrolle des *Agenda-setting*-Prozesses.
Durch die Möglichkeit der strategischen Bündelung unterschiedlicher Verhandlungsgegen-
stände in ein Verhandlungspaket (*issue linkage*) auf internationaler Ebene können Regierungen die Kosten und Nutzen internationaler Kooperation für innenpolitische Akteure so balan-
cieren, dass ein Verhandlungspaket eine für die innerstaatliche Ratifikation ausreichend große Zustimmung erfährt. Da ein solches Verhandlungspaket im innerstaatlichen Politikprozess
nicht aufgeschnürt und nur als Ganzes angenommen oder abgelehnt werden kann, sind Regierungen in der Lage, die Unterstützung von Akteuren zu gewinnen, die einzelne Teile des
Pakets in isolierter Betrachtung abgelehnt hätten (Putnam 1988: 445–448). Analog dazu ist
auch der gezielte Einsatz von „side-payments" ein Instrument nationaler Regierungen, innenpolitische Handlungsrestriktionen zu lockern. Diese „side-payments" können in einem
Zwei-Ebenen-Spiel sowohl Bestandteil des internationalen Verhandlungsergebnisses als auch
ausschließlich innenpolitischen Charakters sein. Ihre gezielte Ausrichtung auf „kritische"
Akteure des Ratifikationsprozesses, deren Evaluation eines Verhandlungsergebnisses für die
innerstaatliche Ratifikation ausschlaggebend erscheint und deren Zustimmung zu diesem
Verhandlungsergebnis von zusätzlichen Anreizen abhängt, eröffnet nationalen Regierungen
eine weitere Möglichkeit, die innenpolitische Unterstützung für eine von ihnen verhandelte
Vereinbarung zu vergrößern (Mayer 1992: 806–818; Friman 1993: 390–391, 397–402).

Außerdem profitieren Regierungen in Zwei-Ebenen-Spielen von einem Informationsvorsprung gegenüber anderen innenpolitischen Akteuren. Die Instrumentalisierung asymme-
trisch verteilter Informationen über Restriktionen und strategische Optionen auf Ebene der
internationalen Verhandlungen erlaubt Regierungen die selektive Mobilisierung innenpolitischer Akteure im Sinne der eigenen Präferenzordnung. Zur innerstaatlichen Ratifikation
vorgelegte Verhandlungsergebnisse können als Sachzwang der internationalen Spielsituation
anstatt als Resultat eigener politisch zu verantwortender Entscheidungen präsentiert werden
(Moravcsik 1997: 222–224; Scharpf 1993: 168–170). Allerdings ist das Ausmaß der Infor-
mationsasymmetrie zu Gunsten nationaler Regierungen in einem Zwei-Ebenen-Spiel variabel. Je intensiver das Interesse innenpolitischer Akteure an einem Verhandlungsprozess auf
internationaler Ebene ist und je stärker somit die Mobilisierung dieser Akteure und die innerstaatliche Politisierung der Verhandlungen sind, desto geringer wird der als politische Ressource nutzbare Informationsvorsprung einer Regierung.

5.2.2   Das Konzept der Ratifikation

Die Autonomie nationalstaatlicher Regierungen in ihrer Verhandlungsführung auf internationaler Ebene ist in der Konzeption des Zwei-Ebenen-Ansatzes durch die Notwendigkeit beschränkt, jede internationale Vereinbarung innenpolitisch zur Ratifikation zu stellen. Da
Regierungen politisches Kapital investieren, wenn sie auf internationaler Ebene Verhandlungen führen und für eine Vereinbarung eintreten, werden sie nur solchen Verhandlungsergebnissen zustimmen, von denen sie erwarten, dass sie innenpolitisch ratifiziert werden können.
Niederlagen einer Regierung im innerstaatlichen Ratifikationsprozess erscheinen als Aus-

druck einer gescheiterten Außenpolitik sowie als Beleg für innenpolitische Schwäche und verursachen in der Regel hohe innenpolitische Kosten (Schneider/Cederman 1994: 653–655; Evans 1993: 404–405; Milner 1997: 122–124). Das Erfordernis der innerstaatlichen Ratifikation als Handlungsrestriktion nationaler Regierungen bestimmt daher nicht erst nach Abschluss der Verhandlungen auf internationaler Ebene das Rationalitätskalkül der Regierungen, sondern entfaltet über die Figur der antizipierten Reaktion bereits bei der Definition der auf internationaler Ebene zu verfolgenden Präferenzen und während des Verhandlungsprozesses eine die Autonomie nationaler Regierungen beschränkende Wirkung (Putnam 1988: 436; Milner 1997: 237–238).

Das Konzept der Ratifikation ist im Zwei-Ebenen-Ansatz umfassend definiert und beinhaltet nicht nur formale parlamentarische oder direktdemokratische Abstimmungen über ein internationales Verhandlungsergebnis, sondern auch die informellen Möglichkeiten innerstaatlicher Akteure, ihrer ablehnenden oder zustimmenden Haltung in der politischen Auseinandersetzung Ausdruck zu verleihen (Putnam 1993: 71; Pahre 2003: 2–4). Die an einem *formalen* Ratifikationsprozess beteiligten Akteure reduzieren die Handlungsfreiheit nationaler Regierungen auf der Ebene internationaler Verhandlungen durch ihre institutionalisierte Vetomacht gegenüber internationalen Vereinbarungen. Diesen „Vetospielern" (*veto players*; Tsebelis 2002) stehen in einem Zwei-Ebenen-Spiel allerdings nur die Optionen der Zustimmung oder Ablehnung einer internationalen Vereinbarung zur Verfügung. Die Modifikation einer solchen Vereinbarung im Ratifikationsprozess wäre gleichbedeutend mit einer Neueröffnung der Verhandlungen auf internationaler Ebene und ist in der Konzeption des Zwei-Ebenen-Ansatzes daher ausgeschlossen. Zur Referenzgröße für die Evaluation eines zur Ratifikation vorgelegten Verhandlungsergebnisses wird somit der Status quo in Abwesenheit einer internationalen Vereinbarung, nicht ein alternatives Verhandlungsergebnis. Diese Beschränkung der strategischen Optionen innerstaatlicher Vetospieler zur Beeinflussung des Regierungshandelns im formalen Ratifikationsprozess stärkt die Bedeutung der *Agenda-setting*-Macht nationaler Regierungen und wird ihrerseits zu einer Ressource der Regierungen zur Manipulation ihrer innenpolitischen Handlungsrestriktionen (Milner 1997: 101–108; Scharpf 1993: 168–170).

Nicht jede internationale Vereinbarung, die auf innerstaatlicher Ebene formal ratifizierbar ist, erscheint jedoch auch in der Perspektive des Interesses nationaler Regierungen an Machterhalt als rational. Auch innenpolitische Akteure ohne formale Vetomacht können die Handlungsautonomie von Regierungen nach der Konzeption der *informellen* Ratifikation dadurch beschränken, dass sie das außenpolitische Verhalten einer Regierung auf der Ebene internationaler Verhandlungen mit wahlpolitischen Kosten sanktionieren. Eine an Machterhalt interessierte Regierung muss diese potenziellen „audience costs" (Pahre 2003: 15; Gourevitch 2002: 316) internationaler Vereinbarungen auf innerstaatlicher Ebene in ihr Rationalitätskalkül integrieren (Pahre 2003: 15–24).

Die Intensität der durch das Erfordernis der formalen und informellen Ratifikation bedingten Begrenzung des autonomen Handlungsspielraumes nationaler Exekutiven wird im Zwei-Ebenen-Ansatz durch das Konzept der *win-sets* gefasst, das die Gesamtheit der innenpolitisch ratifizierbaren internationalen Verhandlungsergebnisse beschreibt. Je kleiner das *win-set* einer Regierung in einem Zwei-Ebenen-Spiel ist, desto enger ist der autonome Handlungsspielraum dieser Regierung auf internationaler Ebene durch das innenpolitische Ratifikationserfordernis begrenzt (Putnam 1988: 437).

Die Analyse der Faktoren, die für die Größe und Konfiguration innerstaatlicher *win-sets* von Regierungen ausschlaggebend sind, ist daher eine zentrale Voraussetzung für die Erfassung des strategischen Handlungskontextes nationaler Regierungen in einem Zwei-Ebenen-Spiel. Gerade die Identifikation und Konzeptualisierung dieser Bestimmungsgrößen erfolgen in den Anwendungen des Ansatzes jedoch oft uneinheitlich und ungenau (vgl. Lehmann/McCoy 1992; Wolf/Zangl 1996; Huelshoff 1994). Auf einer abstrakten Ebene können allerdings drei Faktorengruppen unterschieden werden, die das innerstaatliche *win-set* einer Regierung bedingen (vgl. Oppermann 2008a: 37–55).

Erstens ist die Größe eines *win-sets* von der Verteilung der Einflusschancen im innerstaatlichen Politikprozess und der relativen Stärke der Exekutive in diesem Prozess abhängig. Hinsichtlich des formalen Ratifikationserfordernisses sind somit die institutionelle Ausgestaltung dieses Erfordernisses und insbesondere die relevanten Vetospieler zu identifizieren. Die Relevanz innenpolitischer Akteure im informellen Ratifikationsprozess ist durch deren Fähigkeit bedingt, glaubhaft mit der *Ex post*-Bestrafung einer Regierung in Wahlen zu drohen. Je glaubhafter einer Regierung diese Drohung erscheint und je stärker sie ihr primäres Interesse an Machterhalt dadurch gefährdet sieht, desto größer ist die Bedeutung des informellen Ratifikationserfordernisses für das Verhalten einer Regierung auf internationaler Ebene und desto enger ist ihr *win-set* begrenzt. In dieser Perspektive sind auf der einen Seite die innerstaatliche Politisierung und Salienz eines internationalen Verhandlungsprozesses, die zeitliche Verortung dieser Verhandlungen im nationalen Wahlzyklus und die allgemeine wahlpolitische Stärke einer Regierung sowie auf der anderen Seite der Mobilisierungsgrad und die Organisationsmacht innenpolitischer Akteure zu analysieren.

Die Größe innerstaatlicher *win-sets* ist zweitens durch die Ausprägung und Verteilung außenpolitischer Präferenzen in der innenpolitischen Arena bedingt. Das Ratifikationserfordernis schränkt die Handlungsautonomie einer Regierung faktisch nur dann ein, wenn sich die Präferenzen der im Ratifikationsprozess einflussreichen Akteure von denen der Regierung unterscheiden. Von besonderer Bedeutung ist dabei die Evaluation des Status quo relativ zum vorgelegten Verhandlungsergebnis. Je höher innenpolitische Akteure die relative Attraktivität des Status quo bewerten, je geringer also die Kosten einer Nicht-Einigung auf internationaler Ebene veranschlagt werden, desto kleiner ist das Set an internationalen Vereinbarungen, dem ein Akteur im Prozess der innerstaatlichen Ratifikation zustimmt und desto stärker ist das *win-set* einer Regierung durch die Präferenzen dieses Akteurs bedingt (Putnam 1988: 442–443).

Drittens wird das *win-set* von Regierungen in Zwei-Ebenen-Spielen durch die im Folgenden diskutierten Rückwirkungen der internationalen Ebene auf den innerstaatlichen Politikprozess beeinflusst. Damit besteht an dieser Stelle ein Berührungspunkt zu dem zentralen Forschungsinteresse der *Second image reversed*-Literatur, die sich mit der Bedeutung von Erklärungsfaktoren auf der Ebene des internationalen Systems für innerstaatliche Politikprozesse auseinandersetzt (vgl. Gourevitch 1978; Keohane/Milner 1996).

5.2.3 Die Interdependenz der beiden Spielebenen

Der Zwei-Ebenen-Ansatz modelliert die systemische und die subsystemische Analyseebene als interdependente Spielebenen, deren strategische Implikationen wechselseitige Rückwirkungen auf die jeweils andere Spielebene haben und die simultan als Bedingungsfaktoren staatlicher Außenpolitik wirksam werden (Abb. 5.2).

Abb. 5.2:   Die Wechselwirkungen zwischen internationalen Verhandlungen und Innenpolitik

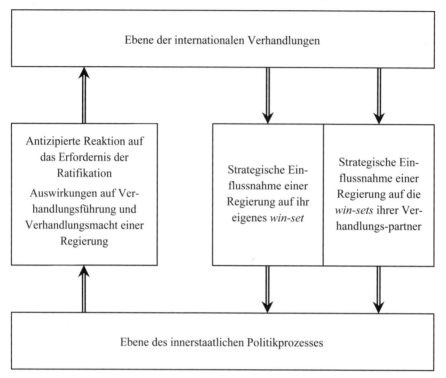

Die Implikationen der innerstaatlichen Ebene für die Verhandlungen auf internationaler Ebene ergeben sich als antizipierte Reaktion rationaler Regierungen auf das Ratifikationserfordernis. Erstens hat die von einer Regierung perzipierte Größe ihres *win-sets* Auswirkungen auf ihre internationale Verhandlungsführung. So wird ein kleines *win-set* den Spielraum einer Regierung einschränken, auf internationaler Ebene Konzessionen im Interesse des Abschlusses einer internationalen Vereinbarung anzubieten, und somit eine „härtere" Verhandlungsführung induzieren. Umgekehrt ermöglicht es ein größeres *win-set* einer Regierung, innenpolitisch ausreichende Zustimmung für Zugeständnisse gegenüber internationalen Verhandlungspartnern zu gewinnen, die auf den Erfolg einer internationalen Verhandlung ausgerichtet sind (Lehmann/McCoy 1992: 608–610).

Zweitens zieht die Zwei-Ebenen-Literatur aus dieser Logik Rückschlüsse auf den Zusammenhang zwischen der Größe des innerstaatlichen *win-sets* einer Regierung und ihrer internationalen Verhandlungsmacht. Gerade weil ein eng begrenztes *win-set* eine Regierung in die Lage versetze, Konzessionen in internationalen Verhandlungen glaubhaft mit dem Hinweis auf innerstaatliche Zwänge zu verweigern, bewirke die innenpolitische Schwäche einer Regierung eine Stärkung ihrer Verhandlungsmacht auf internationaler Ebene (Schelling 1980: 22–23; Putnam 1988: 440–441). Diese kontraintuitive These gehört zu den am breitesten

rezipierten Folgerungen der Zwei-Ebenen-Analyse und wird weiter unten umfassend diskutiert (Kap. 5.3.2).

Analog zu diesen *Bottom-up*-Effekten ist auch die Konfiguration der innenpolitischen Auseinandersetzung nicht unabhängig von Rückwirkungen der internationalen Ebene zu analysieren. Diese Rückwirkungen sind einerseits eine Funktion der strategischen Versuche von
Regierungen, ihre Positionierung als *gatekeeper* zwischen den beiden Ebenen und ihre daraus gewonnenen politischen Ressourcen zur Manipulation ihrer eigenen *win-sets* zu nutzen.
Andererseits erfasst der Zwei-Ebenen-Ansatz auch solche Rückwirkungen des internationalen Verhandlungsprozesses auf den innenpolitischen Handlungskontext einer Regierung, die
aus den Verhandlungsstrategien ihrer internationalen Verhandlungspartner resultieren. So hat
in internationalen Verhandlungen jede Regierung ein grundsätzliches Interesse daran, die
win-sets ihrer Verhandlungspartner in Richtung ihrer eigenen Präferenz für ein bestimmtes
Verhandlungsergebnis zu vergrößern. Erweiterte *win-sets* der Verhandlungspartner einer
Regierung erhöhen die Wahrscheinlichkeit eines erfolgreichen Abschlusses des internationalen Verhandlungsprozesses. Außerdem profitiert eine Regierung von einem erweiterten innenpolitischen Handlungsspielraum ihrer Gegenüber, weil diese in den Verhandlungen wei-
tergehende Zugeständnisse anbieten und innerstaatlich ratifizieren können (Putnam 1988:
450–454).

In einem Zwei-Ebenen-Spiel stehen Regierungen verschiedene Möglichkeiten zur Verfügung, eine solche Ausweitung der *win-sets* ihrer Verhandlungspartner zu bewirken. Diese
können drei allgemeinen Strategieoptionen zugeordnet werden. Die erste dieser Optionen ist
durch den Versuch gekennzeichnet, die Evaluation internationaler Verhandlungsprozesse
durch innenpolitische Akteure eines anderen Staates zu beeinflussen, um die politische
Unterstützung für eine Vereinbarung in diesem Staat über die zur Ratifikation erforderliche
Schwelle zu heben. Damit ist diese Strategie auf die Erzielung eines Effektes ausgerichtet,
der im Zwei-Ebenen-Ansatz als „reverberation" bezeichnet wird:

> "In some instances, perhaps even unintentionally, international pressures 'reverberate'
> within domestic politics, tipping the domestic balance and thus influencing the inter-
> national negotiations. [...] Given the pervasive uncertainty that surrounds many inter-
> national issues, messages from abroad can change minds, move the undecided, and
> hearten those in the domestic minority" (Putnam 1988: 454–455).

Unter diese Strategieoption sind Versuche einer Regierung zu subsumieren, die Kosten einer
Nicht-Einigung auf internationaler Ebene für innenpolitisch einflussreiche Akteure in anderen Staaten durch gezielte Drohungen oder Versprechungen in Form von „side payments"
oder „linkages" zu erhöhen. Auch Versuche, die Präferenzbildung dieser Akteure zu beeinflussen, in dem eine Regierung überzeugende Argumente (*suasive reverberation*) oder zusätzliche Politikalternativen in den innenpolitischen Prozess eines anderen Staates einführt
sind Konkretisierungen dieser Strategie (Moravcsik 1993: 28–29; Schoppa 1993: 372–373;
Lehmann/McCoy 1992: 604).

Die zweite Option zur Erweiterung der *win-sets* internationaler Verhandlungspartner besteht
für eine Regierung darin, die Anzahl der Akteure, die in der innenpolitischen Auseinandersetzung über eine internationale Verhandlung aktiv Einfluss zu nehmen suchen, durch die
Politisierung eines Themas in dieser Auseinandersetzung zu erhöhen. Diese Strategie ist
somit nicht auf eine Modifikation der Präferenzen innenpolitischer Akteure ausgerichtet,
sondern bezieht sich auf die Mobilisierung solcher Akteure (Öffentlichkeit, parlamentarische

Fraktionen, Interessengruppen etc.), deren Präferenzen denen der ausländischen Regierung nahestehen und die das *win-set* einer Regierung ausweiten können, sobald sie ihre Präferenzen aktiv in den Politikprozess einbringen (Schoppa 1993: 370–372; Sebenius 1983: 307–314).

Im Gegensatz zu den beiden erläuterten Strategien zielt die dritte Option nicht auf die Beeinflussung des innenpolitischen Handlungskontextes einer ausländischen Regierung an sich, sondern auf die Stärkung dieser Regierung relativ zu ihren innerstaatlichen Handlungsrestriktionen. Da populäre Regierungen generell ein größeres diffuses Vertrauen genießen als vergleichsweise unpopuläre Regierungen und es ihnen daher leichter fällt, innenpolitische Unterstützung für von ihr vorgelegte internationale Vereinbarungen zu gewinnen, haben Regierungen auf internationaler Ebene ein grundsätzliches Interesse an einer hohen innenpolitischen Popularität ihrer Verhandlungspartner. Es besteht für Regierungen daher ein Anreiz, die internationale Verhandlungsebene als Ressource zur wechselseitigen Stärkung ihres innenpolitischen Ansehens zu nutzen. Dies kann beispielsweise durch die Etablierung medien- und öffentlichkeitswirksamer Foren auf internationaler Ebene geschehen, die es Regierungen erlauben, ihr Prestige als Repräsentanten ihrer Staaten zu stärken, oder dadurch gelingen, dass einem internationalen Verhandlungspartner bewusst „Verhandlungserfolge" ermöglicht werden, die dieser auf innerstaatlicher Ebene in eine Stärkung seiner allgemeinen Popularität umsetzen kann (Moravcsik 1993: 26; Putnam 1988: 450–452; Schneider/ Cederman 1994: 646).

Allerdings sind die erläuterten strategischen Optionen von Regierungen zur Beeinflussung der innerstaatlichen Handlungsrestriktionen ihrer Verhandlungspartner unter der Bedingung von Unsicherheit immer mit der Gefahr des Scheiterns behaftet und können nicht intendierte Konsequenzen nach sich ziehen. Anstatt eine Ausweitung des innerstaatlichen Handlungsspielraumes einer Regierung zu bewirken, können offene Versuche ausländischer Einflussnahme gerade zu einem innenpolitischen „backlash" gegen eine internationale Vereinbarung führen. Auch derartige nicht beabsichtigte Rückkopplungen zwischen internationaler und innerstaatlicher Ebene sind eine Facette der Interdependenz beider Analyseebenen im Zwei-Ebenen-Ansatz.

5.3   Die Zwei-Ebenen-Analyse zwischenstaatlicher Kooperation

Der Zwei-Ebenen-Ansatz bietet in zweierlei Hinsicht eigene Perspektiven auf die Analyse zwischenstaatlicher Kooperation. Diese betreffen erstens die klassische Frage nach den Bedingungen der Kooperation souveräner Staaten im anarchischen internationalen System. Die am breitesten rezipierten Schlussfolgerungen aus der Zwei-Ebenen-Analyse beziehen sich zweitens auf die Verteilung zwischenstaatlicher Kooperationsgewinne, also auf die außenpolitischen Einflusschancen von Regierungen in internationalen Verhandlungen.

5.3.1   Die Bedingungen zwischenstaatlicher Kooperation

Zwischenstaatliche Kooperation kann in der Analyse des Zwei-Ebenen-Ansatzes nur entstehen, wenn nicht nur die Präferenzen der beteiligten Regierungen zu einem Verhandlungsergebnis zusammengeführt werden, sondern wenn sich zusätzlich die innerstaatlichen *win-sets* dieser Regierungen überschneiden. Kooperation zwischen souveränen Staaten findet nur auf der Basis intergouvernementaler Vereinbarungen statt, die im innerstaatlichen Politikprozess sämtlicher Teilnehmerstaaten ratifiziert werden können und damit innerhalb der Schnittmenge sich überlappender *win-sets* liegen. Je größer diese Schnittmenge ist, desto größer sind die Möglichkeiten zwischenstaatlicher Kooperation. Innenpolitisch schwache Regierungen mit geringem Handlungsspielraum auf innerstaatlicher Ebene verschlechtern dagegen die Aussichten für eine solche Kooperation (Putnam 1993: 77–82).

Indem der Zwei-Ebenen-Ansatz somit auf die innenpolitischen Bedingungen für zwischenstaatliche Kooperation verweist, erweitert er den Blickwinkel, unter dem die grundlegende Problematik der Kooperation im anarchischen internationalen System analysiert wird. Anders als aus der rein systemischen Perspektive des neoliberalen Institutionalismus besteht das Problem zwischenstaatlicher Kooperation nicht ausschließlich darin, die Einhaltung internationaler Vereinbarungen zu überwachen bzw. zu sanktionieren und damit gegen Versuche staatlicher Akteure zu sichern, von der intendierten Verletzung von Kooperationsvereinbarungen zu profitieren (vgl. Axelrod/Keohane 1993). Vielmehr rückt eine Zwei-Ebenen-Analyse die Möglichkeit der „involuntary defection" (Putnam 1988: 438), also der nicht intendierten Verletzung von Kooperationsvereinbarungen in das Blickfeld. Diese Möglichkeit entsteht in einem Zwei-Ebenen-Spiel unter der Bedingung von Unsicherheit, wenn Regierungen die Größe ihrer *win-sets* überschätzen und eine internationale Vereinbarung nicht einhalten können, weil sich diese innenpolitisch *ex post* als nicht ratifizierbar erweist. Schon die Antizipation einer möglichen „involuntary defection" in internationalen Verhandlungen ist eine zusätzliche Hürde für Kooperationsvereinbarungen, da sie ein weiteres Element der Unsicherheit in den Verhandlungsprozess einführt. Insbesondere wenn Regierungen das *win-set* eines potenziellen Kooperationspartners als sehr begrenzt einschätzen und ihnen die Verlässlichkeit der von diesem Partner eingegangenen internationalen Verpflichtungen daher gering erscheint, ist zu erwarten, dass sich die Bereitschaft dieser Regierungen, politisches Kapital in eine internationale Vereinbarung zu investieren, reduziert (Zangl 1995: 397; Iida 1993: 413–414).

Vor diesem Hintergrund wird deutlich, dass das Zustandekommen zwischenstaatlicher Kooperation nicht ausschließlich von der Verteilung von Kosten und Nutzen dieser Zusammenarbeit auf zwischenstaatlicher Ebene abhängt. Vielmehr beeinflusst auch die Zuordnung dieser Kosten und Nutzen zu verschiedenen Akteuren des innerstaatlichen Politikprozesses die Wahrscheinlichkeit einer solchen Kooperation. Grundsätzlich ist diese Wahrscheinlichkeit dann besonders gering, wenn die Kosten internationaler Zusammenarbeit eindeutig und konzentriert auf gut organisierte Akteure der innenpolitischen Arena entfallen, der Nutzen jedoch diffus, unsicher und breit gestreut bleibt. Eine derartige Verteilung von Kosten und Nutzen auf innerstaatlicher Ebene führt zur einseitigen Mobilisierung der „Verlierer" internationaler Kooperation und bedingt damit eine Verkleinerung der *win-sets* von Regierungen (Evans 1993: 412–414).

Der Zusammenhang zwischen der innenpolitischen Verteilung von Kosten und Nutzen internationaler Kooperation sowie den Aussichten für eine solche Kooperation hat zudem Implikationen für die Verhandlungsführung staatlicher Regierungen auf internationaler Ebene. Erstens sind Angebote von „side-payments" an einen Verhandlungspartner mit dem Ziel, diesen zur Annahme einer Kooperationsvereinbarung zu bewegen, nach der Logik der Zwei-Ebenen-Analyse effektiver, wenn sie nicht ausschließlich darauf ausgerichtet sind, den aggregierten Gesamtnutzen eines Staates aus der Kooperation zu erhöhen, sondern gezielt im Hinblick auf ihre Resonanz in der innenpolitischen Auseinandersetzung des Verhandlungspartners eingesetzt werden (Mayer 1992).

Zweitens ist auch die strategische Option der Paketlösung in internationalen Verhandlungen zur Erhöhung der Wahrscheinlichkeit zwischenstaatlicher Kooperation auf ihre Implikationen für beide Spielebenen zu überprüfen. Das Ausbalancieren der aggregierten Kosten und Nutzen eines Staates in einer Paketlösung stößt dort an seine Grenzen, wo dieses Paket einem Staat Kosten und Nutzen zuweist, die innenpolitisch nicht gegeneinander aufzurechnen sind, weil sie unterschiedliche Akteure betreffen. Die Ratifizierbarkeit einer solchen Paketlösung ist nicht durch den Gesamtnutzen des Pakets für einen Staat bedingt, sondern hängt von der innenpolitischen Verteilung dieses Nutzens sowie der Mobilisierung und den Einflusschancen von Gewinnern und Verlierern des Verhandlungspaketes ab. Die Realisierbarkeit internationaler Paketlösungen erscheint im Zwei-Ebenen-Ansatz somit durch deren innenpolitische Auswirkungen begrenzt (Martin 1993: 130; Friman 1993: 397–400; Scharpf 1993: 173).

Mit Blick auf die Frage nach den Bedingungen zwischenstaatlicher Kooperation hat Bernhard Zangl den Zwei-Ebenen-Ansatz zudem explizit zur Entwicklung von Hypothesen über die Wahrscheinlichkeit der Bildung internationaler Regime nutzbar gemacht (Zangl 1994, 1999). Ausgangspunkt dieser Anwendung des Ansatzes ist die Annahme, dass Kooperation zwischen souveränen Staaten in einem internationalen Regime die Lösung von „Kooperationsproblemen zweiter Ordnung" – wechselseitige Kontrolle, Sanktionierung von Regelverstößen und Verteilung von Kooperationsgewinnen – voraussetzt. Die Wahrscheinlichkeit der Bildung eines internationalen Regimes ist dann abhängig von der Intensität dieser Kooperationsprobleme. Auf der Grundlage des „situationsstrukturellen Ansatzes" (Zürn 1992; Axelrod/Keohane 1993) erarbeitet Zangl eine Typologie von Zwei-Ebenen-Situationen, in denen die Kooperationsprobleme zweiter Ordnung in unterschiedlicher Stärke auftreten und in denen Regimebildung daher mehr oder weniger wahrscheinlich ist (Zangl 1994: 306–307). Diese Zwei-Ebenen-Situationen entstehen aus der Kombination unterschiedlicher Spielsituationen auf Ebene der internationalen Verhandlungen mit unterschiedlichen Interessenkonstellationen auf Ebene des innerstaatlichen Politikprozesses der verhandelnden Regierungen. Dabei bewirken die innenpolitischen Präferenzkonstellationen eine Abschwächung oder Verschärfung der auf internationaler Ebene zu bewältigenden Kooperationsprobleme, je nachdem, ob sie positiv oder negativ auf die Bildung eines internationalen Regimes bezogen sind (Zangl 1994: 295–308).

5.3.2   Die internationale Verhandlungsmacht von Regierungen

Ein zentrales Erkenntnisinteresse der Zwei-Ebenen-Literatur betrifft die Analyse der internationalen Verhandlungsmacht von Regierungen und der dadurch bedingten zwischenstaatlichen Verteilung von Kooperationsgewinnen. Zahlreiche Anwendungen des Ansatzes sind explizit oder implizit auf diese Problematik bezogen. Hervorzuheben sind hier nicht zuletzt die Fallstudien in Evans et al. (1993), beispielsweise zum Camp-David-Abkommen von 1978, zum NATO-Doppelbeschluss von 1979 und zur europäischen Rüstungskooperation in den 1970er und 1980er Jahren.

Eine prominente Hypothese der Zwei-Ebenen-Literatur postuliert in diesem Kontext eine umgekehrt proportionale Beziehung zwischen der relativen Größe des *win-sets* einer Regierung und ihrer Verhandlungsmacht auf internationaler Ebene. Je geringer der (wahrgenommene) innerstaatliche Handlungsspielraum einer Regierung ist, desto größer wird ihre internationale Verhandlungsmacht. Innenpolitische Schwäche wandelt sich auf internationaler Ebene in eine Stärkung der Verhandlungsposition (Putnam 1988: 440–441; Schelling 1980: 21–28).

Hintergrund dieser Hypothese ist die Annahme, dass die Fähigkeit einer Regierung, glaubhaft die Ablehnung bestimmter Verhandlungslösungen und damit die Verweigerung internationaler Kooperation anzudrohen, die primäre Quelle ihrer internationalen Verhandlungsmacht ist. Eine solche Drohung auf internationaler Ebene ist in der Zwei-Ebenen-Analyse jedoch nur dann glaubhaft, wenn sie auf innerstaatlicher Ebene mitgetragen wird. Die ist umso eher der Fall, desto attraktiver innenpolitische Akteure den Status quo im Verhältnis zu dem Verhandlungsergebnis auf innenpolitischer Ebene einschätzen und je kleiner somit das *win-set* einer Regierung ist.

Ein geringer innenpolitischer Handlungsspielraum erlaubt es einer Regierung in internationalen Verhandlungen, glaubhaft Zugeständnisse im Interesse eines erfolgreichen Verhandlungsabschlusses zu verweigern. Entsprechende Zugeständnisse werden erstens überproportional von solchen Regierungen angeboten werden müssen, die eine besonders intensive Präferenz für das Zustandekommen einer internationalen Kooperation haben und großen Handlungsspielraum besitzen, diese Präferenz durch eine geeignete Verhandlungsführung zu verfolgen. Zweitens kann eine Regierung auf internationaler Ebene dann besonders nachdrücklich auf ihrer Verhandlungsposition beharren, wenn sie glaubhaft darauf verweisen kann, dass etwaige Zugeständnisse innenpolitisch nicht zu ratifizieren sind. Gerade die Regierung, deren internationaler Verhandlungsspielraum auf ein enges Set innenpolitisch durchsetzbarer Verhandlungslösungen beschränkt ist, gewinnt somit an Durchsetzungskraft, um auf internationaler Ebene eine Vereinbarung zu verhandeln, die ihren innenpolitischen Imperativen gerecht wird (Moravcsik 1993: 27–30; Wolf/Zangl 1996: 360–361).

Dieser Zusammenhang zwischen innenpolitischen Handlungsrestriktionen und internationaler Verhandlungsmacht liegt auch den von Thomas Schelling beschriebenen Verhandlungstaktiken der „rationalen Selbstbindung" (vgl. auch Elster 2000) zugrunde:

> "The essence of these tactics is some voluntary but irreversible sacrifice of freedom of choice. They rest on the paradox that the power to constrain an adversary may depend on the power to bind oneself; that, in bargaining, weakness is often strength, freedom may be freedom to capitulate, and to burn bridges behind one may suffice to undo an opponent" (Schelling 1980: 22).

In dieser verhandlungtaktischen Perspektive ist eine Regierung nicht darauf beschränkt, passiv von einem kleinen *win-set* zu profitieren, sondern ist in der Lage, durch aktive Selbstbindung eine Verringerung ihres innenpolitischen Handlungsspielraumes und damit eine Stärkung ihrer internationalen Verhandlungsmacht zu bewirken. Empirische Konkretisierungen der innenpolitischen Selbstbindung rationaler Regierungen in Zwei-Ebenen-Spielen wären öffentliche Vorfestlegungen auf ein bestimmtes Verhandlungsergebnis oder die Delegation von Vetomacht an Akteure des innerstaatlichen Politikprozesses (Mo 1995: 921; Schelling 1980: 24–28).

Allerdings ist die Annahme, dass Regierungen in Zwei-Ebenen-Konstellationen sowohl ein Interesse an engen innenpolitischen Handlungsrestriktionen als auch effektive strategische Optionen besitzen, diese Restriktionen herbeizuführen, in theoretischer wie empirischer Hinsicht hinterfragt, kritisiert und konditioniert worden. Erstens liegt eine aus innenpoliti-schen Zwängen resultierende Stärkung internationaler Verhandlungsmacht nur dann im Inte-resse einer Regierung, wenn die außenpolitischen Präferenzen der die Handlungsrestriktio-nen bedingenden innenpolitischen Akteure ihren eigenen Präferenzen ähnlich sind. Je stärker diese Präferenzen voneinander abweichen, desto weniger kann eine Regierung ihre gestärkte Verhandlungsmacht zur Umsetzung ihrer eigenen Präferenzordnung nutzen und desto weni-ger profitiert sie von einem kleinen *win-set* (Mo 1994: 403–404, 1995: 921; Milner 1997: 234–236).

Zweitens erhöht sich mit der Verkleinerung des *win-sets* einer auf internationaler Ebene verhandelnden Regierung die Wahrscheinlichkeit des Scheiterns dieser Verhandlungen. Innenpolitische Selbstbindung ist daher nur solange rational, wie eine Regierung ihren er-warteten Nutzen aus einer gestärkten Verhandlungsmacht höher gewichtet als ihre erwarteten Kosten infolge einer Nicht-Einigung auf internationaler Ebene (Putnam 1988: 437–441; Schelling 1980: 28).

Drittens ist fraglich, inwieweit Regierungen in Zwei-Ebenen-Spielen „Selbstbindung" tat-sächlich als effektive strategische Option zur Stärkung ihrer Verhandlungsmacht zur Verfü-gung steht. Je besser die Verhandlungspartner auf internationaler Ebene wechselseitig über ihre innerstaatlichen Handlungskontexte informiert sind, desto geringer wird zum einen der Spielraum jeder Regierung, Informationen über ihre innenpolitischen Restriktionen strate-gisch zu manipulieren, um eine absichtliche Selbstbindung als exogen gegebenen Hand-lungszwang darzustellen (Evans 1993: 408–412). Zum anderen reduziert sich die Glaubwür-digkeit und damit der Verhandlungsmacht steigernde Effekt einer innerstaatlichen „Hand-lungsrestriktion", wenn diese Restriktion auf Ebene der internationalen Verhandlungen nicht mehr als exogen gegebene Determinante der Verhandlungen, sondern als Folge strategischen Handelns einer Regierung erscheint (Pahre 1997: 147–148).

Die erläuterte theoretische Kritik an den verhandlungtaktischen Überlegungen Schellings spiegelt sich auch in den Ergebnissen einer überwiegenden Mehrzahl der empirischen An-wendungen des Zwei-Ebenen-Ansatzes wider (vgl. Evans et al. 1993). Diese Untersuchun-gen deuten vorläufig auf den Schluss, dass die Strategie der intentionalen Selbstbindung in der Regel wenig effektiv ist und Regierungen daher in den meisten analysierten Fällen nicht an einer Verringerung ihres autonomen innerstaatlichen Handlungsspielraumes (*tying hands*), sondern an einer Vergrößerung ihres innerstaatlichen *win-sets* (*cutting slack*) interessiert sind, um auf Ebene der internationalen Verhandlungen an außenpolitischer Flexibilität zu gewinnen (Evans 1993: 399–403).

5.4   Fazit

Der Zwei-Ebenen-Ansatz erklärt Außenpolitik als strategisches Regierungshandeln unter sich wechselseitig beeinflussenden internationalen und innenpolitischen Anreizen und Zwängen. Die zentralen Akteure der Zwei-Ebenen-Analyse sind Regierungen, die als *gate-keeper* zwischen internationalen Verhandlungen und der innenpolitischen Arena versuchen, die Imperative auf beiden Ebenen miteinander in Einklang zu bringen und dabei eigene, wahlpolitische Interessen zu wahren. Die primäre Restriktion des außenpolitischen Handlungsspielraums von Regierungen in Zwei-Ebenen-Konstellationen besteht darin, dass jede internationale Vereinbarung auf innenpolitischer Ebene formal oder informell ratifiziert werden muss. Das Konzept des *win-sets* erfasst die Gesamtheit innenpolitisch ratifizierbarer außenpolitischer Entscheidungen und markiert somit den außenpolitischen Möglichkeitsraum von Regierungen.

In der empirischen Anwendung des Zwei-Ebenen-Ansatzes gilt es insbesondere, systematisch und theoriegeleitet die Grenzen des *win-sets* der untersuchten Regierungen herauszuarbeiten. Dazu müssen vor allem die institutionelle Ausgestaltung des Ratifikationserfordernisses, die Präferenzen innenpolitischer Vetospieler sowie die strategischen Optionen und Ressourcen einer Regierung und ihrer Verhandlungspartner, ihrerseits Einfluss auf innerstaatliche Ratifikationsprozesse zu nehmen, berücksichtigt werden. Aus der Größe und Konfiguration innenpolitischer *win-sets* können in der Zwei-Ebenen-Analyse Rückschlüsse auf außenpolitische Verhandlungsstrategien von Regierungen sowie auf deren internationale Verhandlungsmacht und die Wahrscheinlichkeit zwischenstaatlicher Kooperation gezogen werden. Im Kern verfolgt der Zwei-Ebenen-Ansatz somit den Anspruch, systemische und subsystemische Bedingungsfaktoren von Außenpolitik theoretisch schlüssig in einem einzigen Erklärungsmodell zu integrieren.

Für die weitere Forschung gilt es insbesondere, diesen theoretischen Anspruch auch empirisch einzulösen. Obwohl der Zwei-Ebenen-Ansatz innenpolitische und internationale Anreize als simultan wirksame, interdependente und *a priori* gleichgewichtige Restriktionen von Außenpolitik versteht, beschränken sich die empirischen Anwendungen des Ansatzes oftmals auf den Einfluss nur einer – meistens der innenpolitischen – Ebene und halten Faktoren auf der anderen Ebene konstant. Obwohl dies aus forschungspraktischer Sicht nachvollziehbar erscheint, wird es dem theoretischen Kern der Zwei-Ebenen-Analyse nicht vollständig gerecht. Ein zweiter Ansatzpunkt für die Weiterentwicklung des Ansatzes betrifft die Bestimmung innenpolitischer *win-sets*. Hier besteht die Herausforderung darin, über häufig recht beliebige Listen innenpolitischer Restriktionen hinauszugehen und die Grenzen von *win-sets* systematisch aus einem allgemeinen theoretischen Rahmen abzuleiten. Zu diesem Zweck wurde beispielsweise die Verbindung der Zwei-Ebenen-Analyse mit dem *Principal-Agent*-Ansatz vorgeschlagen (Oppermann 2008b). Es wäre lohnenswert, die Tragfähigkeit dieses Vorschlags in unterschiedlichen außenpolitischen Handlungskontexten empirisch zu überprüfen. Ebenso vielversprechend wären schließlich vergleichende Studien zu den Erfolgsbedingungen von Regierungsstrategien zur Beschränkung (*tying hands*) oder Ausweitung (*cutting slack*) innenpolitischer Handlungsspielräume in Zwei-Ebenen-Kontexten.

5.5   Literatur

Axelrod, Robert/Keohane, Robert O. (1993) Achieving Cooperation Under Anarchy: Strategies and Institutions. In: Baldwin, David A. (Hrsg.) *Neorealism and Neoliberalism. The Contemporary Debate*. New York: Columbia University Press, 85–115.

Bueno de Mesquita, Bruce/Ray, James L. (2001) The National Interest Versus Individual Political Ambition. Two Level Games and International Conflict. Paper presented at the Annual Meeting of the American Political Science Association, August 30–September 2, San Francisco.

Caporaso, James A. (1997) Across the Great Divide: Integrating Comparative and International Politics. *International Studies Quarterly* 41(4), 563–592.

Deets, Stephen (2009) Constituting Interests and Identities in a Two-Level Game: Understanding the Gabcikovo-Nagymaros Dam Conflict. *Foreign Policy Analysis* 5(1), 37–56

Elster, Jon (2000) *Ulysses Unbound. Studies in Rationality, Precommitment, and Constraints.* Cambridge: Cambridge University Press.

Evans, Peter B. (1993) Building an Integrative Approach to International and Domestic Politics. Reflections and Projections. In: Evans, Peter B./Jacobson, Harold K./Putnam, Robert D. (Hrsg.) *Double-Edged Diplomacy. International Bargaining and Domestic Politics.* Berkeley: University of California Press, 397–430.

Evans, Peter B./Jacobson, Harold K./Putnam, Robert D. (Hrsg.) (1993) *Double-Edged Diplomacy. International Bargaining and Domestic Politics.* Berkeley: University of California Press.

Friman, H. Richard (1993) Side-payments versus Security Cards: Domestic Bargaining Tactics in International Negotiations. *International Organization* 47(3), 387–410.

Gourevitch, Peter (1978) The Second Image Reversed: International Sources of Domestic Politics. *International Organization* 32(4), 881–911.

Gourevitch, Peter (2002) Domestic Politics and International Relations. In: Carlsnaes, Walter/Risse, Thomas/Simmons, Beth A. (Hrsg.) *Handbook of International Relations.* London et al.: Sage, 309–328.

Hanrieder, Wolfram N. (1967) *West German Foreign Policy 1949–1963.* Stanford: Stanford University Press.

Huelshoff, Michael G. (1994) Domestic Politics and Dynamic Issue Linkage: A Reformulation of Integration Theory. *International Studies Quarterly* 38(2), 255–279.

Iida, Keisuke (1993) When and How Do Domestic Constraints Matter? Two-Level Games with Uncertainty. *Journal of Conflict Resolution* 37(3), 403–426.

Keohane, Robert O./Milner, Helen V. (Hrsg.) (1996) *Internationalization and Domestic Politics.* Cambridge: Cambridge University Press.

Lehmann, Howard P./McCoy, Jennifer L. (1992) The Dynamics of the Two-Level Bargaining Game: The 1988 Brazilian Debt Negotiations. *World Politics* 44(4), 600–644.

Martin, Lisa L. (1993) International and Domestic Institutions in the EMU Process. *Economics and Politics* 5(2), 125–144.

Mayer, Frederick W. (1992) Managing Domestic Differences in International Negotiations – the Strategic Use of Internal Side-Payments. *International Organization* 46(4), 793–818.

McLean, Elena V./Stone, Randall, W. (2012) The Kyoto Protocol: Two-Level Bargaining and European Integration. *International Studies Quarterly* 56(1), 99–113.

Milner, Helen (1997) *Interests, Institutions, and Information. Domestic Politics and International Relations.* Princeton: Princeton University Press.

Mo, Jongryn (1994) The Logic of Two-Level Games with Endogenous Domestic Coalitions. *Journal of Conflict Resolution* 38(3), 402–422.

Mo, Jongryn (1995) Domestic Institutions and International Bargaining: The Role of Agent Veto in Two-Level-Games. *American Political Science Review* 89(4), 914–924.

Moravcsik, Andrew (1993) Introduction. Integrating International and Domestic Theories of International Bargaining. In: Evans, Peter B./Jacobson, Harold K./Putnam, Robert D. (Hrsg.) *Double-Edged Diplomacy. International Bargaining and Domestic Politics.* Berkeley: University of California Press, 3–42.

Moravcsik, Andrew (1997) Warum die Europäische Union die Exekutive stärkt: Innenpolitik und internationale Kooperation. In: Wolf, Klaus Dieter (Hrsg.) *Projekt Europa im Übergang? Probleme, Modelle und Strategien des Regierens in der Europäischen Union*. Baden-Baden: Nomos, 211–269.

North, Douglass C. (1990) *Institutions, Institutional Change, and Economic Performance*. Cambridge: Cambridge University Press.

Oppermann, Kai (2008a) *Prinzipale und Agenten in Zwei-Ebenen-Spielen. Die innerstaatlichen Restriktionen der Europapolitik Großbritanniens unter Tony Blair*. Wiesbaden: VS Verlag.

Oppermann, Kai (2008b) Salience and Sanctions: A Principal-agent Analysis of Domestic Win-sets in Two-level Games – The Case of British European Policy under the Blair Government. *Cambridge Review of International Affairs* 21(2), 179–197.

Pahre, Robert (1997) Endogenous Domestic Institutions in Two-level Games and Parliamentary Oversight of the European Union. *Journal of Conflict Resolution* 41(1), 147–174.

Pahre, Robert (2003) Formal and Informal Ratification in the European Union. Paper presented at the European Union Studies Association (EUSA) Biennial Conference, March 27–29, Nashville.

Putnam, Robert D. (1988) Diplomacy and Domestic Politics: The Logic of Two-Level Games. *International Organization* 42(3), 427–461.

Putnam, Robert D. (1993) Two-level Games: The Impact of Domestic Politics on Transatlantic Bargaining. In: Helga Haftendorn/Tuschhoff Christian (Hrsg.) *America and Europe in an Era of Change*. Boulder: Westview Press, 69–83.

Rosenau, James N. (1966) Pre-theories and Theories of Foreign Policy. In: Farrell, R. B. (Hrsg.) *Approaches to Comparative and International Politics*. Evanston: Northwestern University Press, 27–92.

Scharpf, Fritz W. (1993) Legitimationsprobleme der Globalisierung: Regieren in Verhandlungssystemen. In: Böhret, Carl/Wewer, Göttrik (Hrsg.) *Regieren im 21. Jahrhundert – zwischen Globalisierung und Regionalisierung*. Opladen: Leske + Budrich, 165–185.

Schelling, Thomas C. (1980) *The Strategy of Conflict*. Cambridge: Harvard University Press.

Schneider, Gerald/Cederman, Lars-Erik (1994) The Change of Tide in Political Cooperation: A Limited Information Model of European Integration. *International Organization* 48(4), 633–662.

Schoppa, Leonard J. (1993) Two-level Games and Bargaining Outcomes: Why Gaiatsu Succeeds in Japan in Some Cases but Not Others. *International Organization* 47(3), 353–386.

Sebenius, James K. (1983) Negotiation Arithmetic: Adding and Subtracting Issues and Parties. *International Organization* 37(2), 281–316.

Singer, David J. (1961) The Level-of-Analysis Problem in International Relations. *World Politics* 14(1), 77–92.

Snyder, Richard C. (1952) The Nature of Foreign Policy. *Social Science* 27(2), 61–69.

Tsebelis, George (2002) *Veto Players: How Political Institutions Work*. Princeton: Princeton University Press.

Wolf, Dieter/Zangl, Bernhard (1996) The European Economic and Monetary Union: 'Two-level Games' and the Formation of International Institutions. *European Journal of International Relations* 2(3), 355–393.

Zangl, Bernhard (1994) Politik auf zwei Ebenen. Hypothesen zur Bildung internationaler Regime. *Zeitschrift für Internationale Beziehungen* 1(2), 279–312.

Zangl, Bernhard (1995) Der Ansatz der Zwei-Ebenen-Spiele. Eine Brücke zwischen dem Neoinstitutionalismus und seinen KritikerInnen?. *Zeitschrift für Internationale Beziehungen* 2(2), 393–416.

Zangl, Bernhard (1999) *Interessen auf zwei Ebenen. Weltpolitik im 21. Jahrhundert.* Baden-Baden: Nomos.

Zürn, Michael (1992) *Interessen und Institutionen in der internationalen Politik. Grundlegung und Anwendungen des situationsstrukturellen Ansatzes.* Opladen: Leske + Budrich.

6   Der organisationstheoretische Ansatz

Der organisationstheoretische Ansatz ist neben dem bürokratietheoretischen Modell (Kap. 7) einer von zwei Ansätzen der Außenpolitikanalyse, der wesentlich durch die Arbeiten Graham Allisons geprägt wurde (Allison 1971). Gerade für außenpolitische Entscheidungen, die von außen zunächst irrational und unverständlich erscheinen, eröffnet dieser Ansatz häufig neue Perspektiven auf mögliche Erklärungszusammenhänge.

Tab. 6.1:   Kernaussagen, Referenzautoren und zentrale Werke des organisationstheoretischen Ansatzes

Kernaussagen
Außenpolitik ist das Ergebnis organisatorischer Routinen innerhalb der Exekutive. Der Einfluss solcher Routinen schlägt sich vor allem in den Phasen der Vorbereitung und Implementierung außenpolitischer Entscheidungen nieder.
Der organisationstheoretische Ansatz beruht auf der Annahme begrenzt rationaler Akteure und versteht organisatorische Entscheidungsprozesse als Instrument zur Reduktion von Komplexität.
Standardisierte Handlungsroutinen sind elementare Bestandteile organisatorischer Entscheidungsprozesse, die Organisationen in die Lage versetzen, zuverlässig auf wiederkehrende Problemstellungen zu reagieren.
Organisatorische Routinen sind vergleichsweise stabil und rigide. Anpassungen dieser Routinen erfolgen in der Regel in inkrementellen Lernprozessen.
Organisatorische Routinen können zu nicht intendierten Konsequenzen außenpolitischer Entscheidungen führen, die oftmals im Mittelpunkt organisationstheoretischer Analysen stehen.

Referenzautoren	*Zentrale Werke*
Graham Allison	*Essence of Decision: Explaining the Cuban Missile Crisis*. Boston: Little, Brown and Company, 1971 (2. Auflage: 1999, zusammen mit Philip Zelikow).
Richard Cyert/ James March	*A Behavioral Theory of the Firm*. Englewood Cliffs: Prentice-Hall, 1963.
Herbert Simon	*Administrative Behavior: A Study of Decision-Making Processes in Administrative Organization*. New York: Macmillan Company, [1945] 1959.
Jack Levy	Organizational Routines and the Causes of War. *International Studies Quarterly* 30(2), 193–222, 1986.

„Organization matters" (Allison/Szanton 1976: 14) – Der Ausgangspunkt der organisationstheoretischen Analyse von Außenpolitik ist die Annahme, dass die organisatorische Vermittlung außenpolitischer Entscheidungen von Bedeutung für die Inhalte staatlicher Außenpolitik ist. Diese Annahme lenkt das Erkenntnisinteresse des Ansatzes auf die Analyse von Entscheidungsprozessen *innerhalb* von Regierungsorganisationen und auf deren außenpolitischen Implikationen.

Um die zentrale Argumentationslogik des Ansatzes nachvollziehbar zu machen (Tab. 6.1), beginnt die nachfolgende Darstellung mit der Einordnung des organisationstheoretischen Analysemodells in einen breiteren theoretischen Rahmen. Daran anschließend werden zunächst die zentralen Merkmale und Regelmäßigkeiten organisationsinterner Entscheidungsprozesse erläutert, durch die außenpolitische Entscheidungen aus Sicht dieses Modells bedingt sind. Besonderes Augenmerk gilt dabei der Bedeutung organisatorischer Routinen (vgl. auch Jäger/Oppermann 2006). Schließlich ist in einem dritten Abschnitt zu konkretisieren, in welcher Art und Weise die Verfahren der Entscheidungsfindung innerhalb von Organisationen Einfluss auf Außenpolitik gewinnen.

6.1   Theoretische Einordnung

Der organisationstheoretische Ansatz der Außenpolitikanalyse basiert auf zwei Literatursträngen, die ihrerseits in einem engen Zusammenhang stehen. Erstens ist die organisationstheoretische Analyse von Außenpolitik dem Konzept der „begrenzten Rationalität" (*bounded rationality*) nach Herbert Simon verpflichtet (Simon [1945] 1959, 1957). Zweitens übernimmt der Ansatz die zentrale Argumentationslinie eines vor allem von James March, Richard Cyert und Herbert Simon begründeten administrativen Zweiges der Organisationstheorie – der *Carnegie School* –, der die Entscheidungsfindung innerhalb von Organisationen in den Mittelpunkt seines Erkenntnisinteresses rückt (March/Simon 1958; Cyert/March 1963).

Das Konzept der *bounded rationality* (siehe auch die Einleitung zu Teil III) wurde als verhaltenswissenschaftliche Kritik an der in der Ökonomie vorherrschenden Rationalitätsannahme formuliert und dabei wesentlich durch Erkenntnisse der Psychologie informiert. Es stellt dem vollständig rationalen *Homo economicus* den begrenzt rationalen *Homo psychologicus* entgegen (Simon 1985: 303). Zwar richten auch begrenzt rationale Akteure ihre Handlungen intentional auf die Umsetzung bestimmter Ziele aus. Anders als vollständig rationale Akteure unterliegen sie dabei jedoch Beschränkungen ihrer kognitiven Fähigkeiten, die es ihnen angesichts der Komplexität ihrer Umwelt unmöglich machen, objektiv rationale, also Nutzen maximierende Entscheidungen zu treffen:

> "The capacity of the human mind for formulating and solving complex problems is very small compared with the size of the problems whose solution is required for objectively rational behaviour in the real world – or even for a reasonable approximation to such objective rationality" (Simon 1957: 198).

Insbesondere können Individuen nur auf begrenzte Kapazitäten der Informationsverarbeitung zurückgreifen. Ihre Entscheidungsfindung gründet daher auf einer unvollständigen Sichtung und Evaluation möglicher Handlungsalternativen sowie auf ungenauen Kalkulationen über die jeweiligen Konsequenzen der berücksichtigten Alternativen. Im Gegensatz zu den Annahmen der klassischen Wirtschaftstheorie geht den Entscheidungen begrenzt rationaler Akteure somit keine umfassende und exakte Analyse des relevanten Entscheidungskontextes voraus (Simon 1985: 294–297; Steinbruner 1974: 65–66). Vielmehr sind sie bestrebt, die Komplexität der an sie gestellten Anforderungen der Entscheidungsfindung so zu reduzieren, dass diese mit den verfügbaren kognitiven Kapazitäten bewältigt werden können. Dafür entwerfen begrenzt rationale Akteure vereinfachte Modelle der Realität und des zu bearbeitenden Entscheidungsproblems. Die Rationalität ihres Handelns bezieht sich auf diese *vereinfachte* Repräsentation der Wirklichkeit, nicht auf die objektive Wirklichkeit in ihrer gesamten Komplexität (March/Simon 1958: 169–171).

In dieser Perspektive erschließt sich der enge Zusammenhang zwischen dem Konzept der *bounded rationality* und der administrativen Organisationstheorie, wie sie von der *Carnegie School* geprägt wurde. Organisationen werden in diesem Forschungszweig als Mittel der Reduktion von Komplexität und der Vereinfachung von Entscheidungssituationen analysiert (Williamson 1975: 21–23; Simon 1957: 199). Es ist das zentrale Forschungsanliegen der administrativen Organisationstheorie, die Charakteristika der Strukturen und Entscheidungsprozesse innerhalb von Organisationen aufzuzeigen und zu erklären, welche begrenzt rationalen Akteuren zur Vereinfachung ihrer Entscheidungsprobleme dienen (Cyert/March 1995: 18–21). Organisationen können dabei definiert werden als „a number of persons who systematically and consciously combine their individual efforts for the accomplishment of a common task" (Stene 1940: 1127). Sie sind mit Blick auf bestimmte Organisationszwecke als Handlungszusammenhänge zur Produktion von Entscheidungen konzipiert, die sich von ihrer Umwelt durch einen hohen Verregelungsgrad der in ihnen stattfindenden Interaktionsprozesse abheben (March/Simon 1958: 4; Feldman/Kanter 1965: 614). Die beiden konstituierenden Merkmale des Arrangements der interagierenden Individuen in Organisationen sind die stark ausdifferenzierte Arbeitsteilung und die hierarchische Über- und Unterordnung.

Die funktionale Spezialisierung innerhalb von Organisationen zielt auf eine möglichst effiziente Zusammenführung individueller Arbeitsleistungen. Insbesondere reduziert die Arbeitsteilung das Aufgabenspektrum und damit die kognitiven Anforderungen, denen eingeschränkt rationale Akteure in ihrem Handeln unterliegen. Organisationen bilden die Komplexität ihrer externen Umwelt in ihrer internen Struktur der funktionalen Differenzierung ab, um relativ homogene und fassbare Tätigkeitsfelder für ihre individuellen Mitglieder zu definieren (Steinbruner 1974: 67–69). Die arbeitsteilige Differenzierung innerhalb von Organisationen ist dabei in ein System der hierarchischen Steuerung eingebettet. Dies soll gewährleisten, dass die Aktivitäten in den verschiedenen Untergliederungen einer Organisation auf den übergeordneten Organisationszweck ausgerichtet bleiben. Im Vergleich zur Methode der horizontalen Koordination ist das Prinzip der hierarchischen Steuerung ein Instrument zur Senkung der Transaktionskosten, die mit der Abstimmung interdependenter Arbeitsprozesse innerhalb einer Organisation einhergehen. Insbesondere vereinfacht die hierarchische Ordnung innerhalb von Organisationen die Umsetzung etwaiger Anpassungserfordernisse, die sich aus Veränderungen in einzelnen Arbeitsschritten für den gesamten organisationsinternen Arbeitsablauf ergeben können (Hannan/Freeman 1984: 162).

Diese beiden Strukturelemente von Organisationen bedingen die Merkmale intraorganisationeller Entscheidungsprozesse. Die Analyse dieser Prozesse steht im Mittelpunkt der organisationstheoretischen Analyse und soll allgemeine Rückschlüsse über regelmäßige Merkmale der von Organisationen produzierten Entscheidungen erlauben. Es ist das Verdienst von Allison, dieses Forschungsinteresse erstmals auf den Bereich der Außenpolitik übertragen zu haben. In seiner Untersuchung der Kuba-Krise hat Allison mit dem *Organizational Process*-Modell (Allison 1971) – in der überarbeiteten Neuauflage von *Essence of Decision* firmiert das Modell unter der Bezeichnung *Organizational Behavior*-Modell (Allison/Zelikow 1999) – die konzeptionelle Grundlage für die organisationstheoretische Analyse von Außenpolitik gelegt, wie sie noch heute bestimmend für die Rezeption dieses Ansatzes ist. Ebenso wie das bürokratietheoretische Modell der Außenpolitikanalyse (Kap. 7) ist auch das organisationstheoretische Modell als Kritik an einer Sichtweise formuliert, die Außenpolitik als rationale Reaktion eines monolithischen Staatsakteurs auf internationale Zwänge und Anreize interpretiert. Beide Ansätze gründen die Analyse von Außenpolitik stattdessen auf einer disaggregierten Konzeption des Staates, die auch zwischen verschiedenen Akteuren innerhalb von Regierungen differenziert.

Ausgehend von diesen konzeptionellen Gemeinsamkeiten sind das bürokratietheoretische und das organisationstheoretische Modell bei Allison jedoch als alternative Analyseansätze entworfen worden (Ball 1974: 73–77; Bernstein 2000: 140). Im Kern lassen sich die Unterschiede zwischen den beiden Modellen an zwei Punkten festmachen. Während der bürokratietheoretische Ansatz die erklärenden Faktoren für außenpolitische Entscheidungen erstens in den politischen Prozessen *zwischen* bürokratischen Akteuren in unterschiedlichen Organisationen sucht, analysiert der organisationstheoretische Ansatz den Entscheidungsprozess *innerhalb* von Organisationen. Außenpolitik erscheint aus organisationstheoretischer Perspektive nicht als Resultante (*resultant*) von Aushandlungsprozessen zwischen eigennutzorientierten Repräsentanten bürokratischer Interessen, sondern als Funktion organisationsinterner Entscheidungsprozesse unter der Bedingung begrenzt rationaler Akteure (Hudson/Vore 1995: 216–217; Jefferies 1977: 231–238).

Zweitens sind die beiden Ansätze in der Debatte um die relative Bedeutung von intentionalem Akteurshandeln und strukturellen Gegebenheiten für die Erklärung von Außenpolitik unterschiedlich zu verorten (Carlsnaes 2013: 307–312). Auf der einen Seite ist der bürokratietheoretische Ansatz der Außenpolitikanalyse als akteurzentrierter Erklärungsansatz zu typologisieren, der Außenpolitik ursächlich auf intentionale Handlungen rationaler Akteure zurückführt. Auf der anderen Seite muss der organisationstheoretische Ansatz dem Spektrum struktureller Erklärungsansätze zugeordnet werden. Erklärende Kraft wird hier nicht den intentionalen Handlungen individueller Akteure, sondern dem *Verhältnis* zwischen den Individuen, die eine Organisation konstituieren – also der Struktur einer Organisation –, zugewiesen. Diese Struktur prägt die Gestalt der Entscheidungsprozesse innerhalb von Organisationen und damit staatliche Außenpolitik als Ergebnis dieser Prozesse. Im Gegensatz zur bürokratietheoretischen Analyse von Außenpolitik bedarf eine organisationstheoretische Analyse daher keiner Aussagen über handlungsleitende Interessen und Intentionen individueller Akteure (Williamson 1979: 138–140; Posen 1984: 35–37).

6.2   Die Merkmale organisationsinterner Entscheidungsprozesse

Nationale Exekutiven sind in organisationstheoretischer Perspektive als Konglomerat komplexer Organisationen zu analysieren, das sich insbesondere aus den verschiedenen Ministerien und nachgeordneten Behörden, den Geheimdiensten und den Streitkräften in ihren jeweiligen Untergliederungen zusammensetzt. Staatliche Außenpolitik ist nicht auf intentionale Entscheidungen einzelner Akteure zurückzuführen, sondern muss als Ergebnis organisationsinterner Entscheidungsprozesse erklärt werden, durch deren Merkmale und Regelmäßigkeiten sie entscheidend geprägt ist: „Governmental behavior can […] be understood […] as *outputs* of large organizations functioning according to standard patterns of behavior" (Allison/Zelikow 1999: 143; Hervorhebung im Original).

Die forschungspraktische Anwendung dieser Ausgangsannahme auf eine konkrete außenpoli-tische Entscheidung verlangt zunächst Kenntnisse darüber, welche Organisation einer Exeku-tive in die entsprechende Entscheidungsfindung involviert ist. In einem ersten Schritt basiert die Operationalisierung des organisationstheoretischen Ansatzes somit auf einer Analyse der Struktur einer Exekutive insgesamt, die Aussagen über die Zuordnung außenpolitischer Kompetenzen und Funktionen innerhalb des Regierungsapparates erlaubt (Allison/Zelikow 1999: 390–391). Darauf aufbauend stehen in einem zweiten Schritt die Entscheidungsprozes-se innerhalb der zuständigen Organisation im Zentrum des Erkenntnisinteresses. Die Identi-fikation verallgemeinerbarer Merkmale dieser organisationsinternen Prozesse markiert den Kern der organisationstheoretischen Analyse staatlicher Außenpolitik. Diese Merkmale wer-den dabei aus dem Zusammenspiel der Annahme begrenzt rationaler Akteure mit den konsti-tutiven Strukturelementen von Organisationen erklärt. Arbeitsteilig und hierarchisch struktu-rierte Organisationen sind als Handlungsressourcen konzipiert, die begrenzt rationalen Indi-viduen zusätzliche Kapazitäten zur Bearbeitung komplexer Problemstellungen zur Verfügung stellen (Simon [1945] 1959: 100–102).

In dieser Perspektive erfüllen organisationsinterne Entscheidungsprozesse vier zentrale Funktionen. Ihre übergeordnete Funktion ist erstens die Reduktion von Komplexität. Sämtli-che Arbeitsabläufe innerhalb von Organisationen sind grundsätzlich darauf ausgerichtet, Entscheidungssituationen so zu vereinfachen, dass eine systematische Anwendung menschli-cher Ressourcen auf die zu bewältigenden Aufgaben möglich wird (Thompson [1967] 2003: 9–10). Zweitens ist die Koordination innerorganisatorischer Arbeitsprozesse eine zentrale Voraussetzung dafür, dass Organisationen zu einer Erweiterung menschlicher Problemlö-sungsfähigkeiten beitragen können. Im Kern trägt die Funktion der Koordination entschei-dend dazu bei, zwischen interdependenten Mitgliedern einer arbeitsteilig strukturierten Or-ganisation die Herausbildung stabiler wechselseitiger Erwartungen über die Verhaltenswei-sen der jeweiligen Interaktionspartner zu ermöglichen. Diese stabilen Erwartungen stellen die notwendigen Informationen bereit, um einzelne Arbeitsprozesse innerhalb der Organisa-tion zu bündeln und als kumulative Anstrengung auf eine gemeinsame Aufgabenstellung zu beziehen (Nelson/Winter 1982: 96–107; Simon [1945] 1959: 70–73). Eine dritte Funktion organisationsinterner Entscheidungsverfahren ist es, die hierarchische Kontrolle einzelner Arbeitsabläufe zu erleichtern. Damit soll insbesondere die Zuverlässigkeit und Stetigkeit sichergestellt werden, mit der eine Organisation die von ihr erwarteten Leistungen erbringt (March/Simon 1958: 44–46). Und viertens stellt die prozessuale Verregelung der Arbeitsab-läufe innerhalb von Organisationen eine Ressource zur Legitimation des Organisationshan-delns bereit. Der Verweis auf die Konformität einer Verfahrensweise mit etablierten Regeln der organisationsinternen Entscheidungsfindung kann sowohl nach außen für das Handeln einer Organisation insgesamt als auch nach innen für das Verhalten einer einzelnen Organisa-tionseinheit als Instrument der Rechtfertigung und Verteidigung gegen etwaige Kritik wirk-sam werden (Hannan/Freeman 1984: 153–154; Allison/Szanton 1976: 22–23).

Vor diesem Hintergrund sollen im Folgenden die wichtigsten Merkmale organisationsinterner Entscheidungsprozesse herausgearbeitet werden, die in ihrer Gesamtheit auf die beschriebe-nen Funktionen ausgerichtet sind und der Erklärung von Außenpolitik im organisationstheo-retischen Ansatz zugrunde liegen. In diesem Sinne werden zunächst einige allgemeine Cha-rakteristika der innerorganisatorischen Entscheidungsfindung erläutert, bevor die Herausbil-dung von Routinen und Standardverfahren als spezifische Verdichtung dieser Kennzeichen in Organisationen und als zentrale Erklärungsgröße für staatliche Außenpolitik herausgestellt wird. Abbildung 6.1 dient der Veranschaulichung der nachfolgenden Ausführungen über die Merkmale organisationsinterner Entscheidungsprozesse.

Abb. 6.1:   Der organisationsinterne Entscheidungsprozess

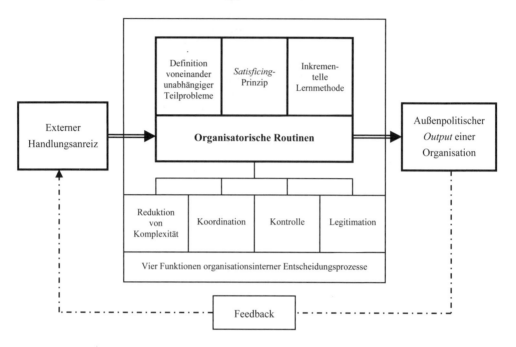

6.2.1   Die organisatorische Reduktion von Komplexität

Die organisatorische Bearbeitung einer außenpolitischen Fragestellung beginnt mit ihrer Zerlegung in mehrere Teilaspekte. Jedes dieser Teilprobleme wird in die Zuständigkeit unterschiedlicher Organisationseinheiten übergeben und dort unabhängig von den übrigen Teilproblemen bearbeitet. Sowohl die Abgrenzung der einzelnen Teilaspekte als auch ihre Zuordnung zu verschiedenen Gliederungen einer Organisation ist dabei durch die bestehende Struktur der Arbeitsteilung einer konkreten Organisation bedingt (March/Simon 1958: 151–154; Hill 2003: 92–93).

Die Entkopplung interdependenter Teilaspekte einer außenpolitischen Problemkonstellation entlang der internen Struktur einer Organisation ermöglicht es den handelnden Organisationseinheiten, in ihrer Entscheidungsfindung nur ein begrenztes Set an Variablen berücksichtigen zu müssen. Da sämtliche Aspekte, die für ein Teilproblem nicht unmittelbar relevant erscheinen, ausgeblendet werden, basieren organisatorische Prozesse auf stark vereinfachten Repräsentationen von Entscheidungssituationen (Cyert/March 1995: 158–159; Jones 1999: 305–310). Dieses Verfahren reduziert die Komplexität der Entscheidungsfindung zudem dahingehend, dass es die Notwendigkeit von Abwägungen zwischen mehrschichtigen Wertdimensionen und Zielkategorien, die von einer außenpolitischen Fragestellung berührt sind, verringert. Anstatt etwaige Norm- und Zielkonflikte vermittels einer umfassenden Bewertung des Entscheidungskontextes austragen zu müssen, erlaubt es die Aufspaltung des Entscheidungsproblems bei der Bearbeitung der einzelnen Teilaspekte, verschiedenartige und potenziell widersprüchliche Werte und Ziele parallel zu verfolgen (March/Shapira 1982: 109–111).

Schließlich erleichtert die Zerlegung komplexer Problemstellungen in voneinander unabhängige Teilaspekte die Koordination innerorganisatorischer Arbeitsabläufe. Mögliche Wechselwirkungen zwischen den Zuständigkeitsbereichen verschiedener Organisationseinheiten bleiben unberücksichtigt und werden daher nicht Gegenstand eines Koordinationserfordernisses. Dabei impliziert die Entkopplung einzelner Teilbereiche aus dem Gesamtkontext einer außenpolitischen Fragestellung nicht, dass tatsächlich keine Interdependenzen zwischen diesen Teilbereichen bestehen. Dieses Verfahren entspringt vielmehr der Erwartung, dass die Integration solcher Interdependenzen in den Prozess der Entscheidungsfindung von begrenzt rationalen Akteuren nicht zu leisten ist (March/Olsen 1989: 16–17). Ein erstes Merkmal organisationsinterner Entscheidungsprozesse, von dem die organisationstheoretische Analyse von Außenpolitik auszugehen hat, ist somit die Orientierung dieses Prozesses nicht an dem Ideal globaler Rationalität im Lichte des außenpolitischen Entscheidungskontextes insgesamt, sondern an einem Maßstab *lokaler Rationalität* (Cyert/March 1995: 158–159) bei der Bearbeitung voneinander abgegrenzter Teilaspekte des Entscheidungskontextes.

Ein zweites Kennzeichen dieser Prozesse betrifft die Suche nach Lösungsalternativen für die definierten Teilprobleme. Entgegen der Annahme Nutzen maximierenden Verhaltens richtet sich eine solche Suche nicht auf die Identifikation der optimalen, sondern lediglich einer zufriedenstellenden Handlungsoption. Die Komplexität von Entscheidungssituationen wird in organisatorischen Prozessen somit auch durch die Handlungsmaxime des *satisficing* (Simon 1957: 204) verringert. Im Vergleich zu dem Streben nach der einzig optimalen Problemlösung reduziert diese Maxime insbesondere die Anzahl der zu berücksichtigenden Alternativen und damit die Menge an auszuwertenden Informationen. Die Suche nach der besten Handlungsalternative ist um ein Vielfaches komplexer als die Suche nach einer zufriedenstellenden Handlungsalternative.

Satisficing beschreibt ein problemorientiertes Suchverfahren nach Entscheidungsoptionen, das bei der Definition eines Anspruchsniveaus für die erwarteten Folgen einer Handlung ansetzt, um von dort auf Handlungsalternativen zurück zu schließen, die diesem Niveau genügen (siehe auch die Einleitung zu Teil III). Dabei ist das Anspruchsniveau einer Organisation an den Ergebnissen ihres Handelns orientiert, die in früheren Entscheidungssituationen realisiert werden konnten und die als Zielformulierung auf eine neue Problemkonstellation übertragen werden. Die Suche nach Handlungsoptionen erfolgt nicht als Nutzenvergleich zwischen den Konsequenzen der verschiedenen Alternativen, sondern als sequenzieller Abgleich einzelner Optionen mit dem bestehenden Anspruchsniveau. Sobald in dieser Sequenz eine erste Entscheidungsvariante identifiziert ist, die dem angelegten Referenzmaßstab genügt, die also *gut genug* ist, wird die Suche nach weiteren Alternativen abgebrochen. Der organisatorische Suchprozess ist damit insofern unvollständig, als dass eventuell existierende Optionen unberücksichtigt bleiben, die eine Optimierung des Organisationshandelns erlauben würden (Simon 1957: 204–205; Feldman/Kanter 1965: 631–634).

In engem inhaltlichen Zusammenhang dazu steht ein drittes Instrument der organisationsinternen Vereinfachung von Entscheidungssituationen, das sich auf Merkmale des organisatorischen Lernens bezieht. Solange das Handeln einer Organisation Konsequenzen nach sich zieht, die dem gegebenen Anspruchsniveau entsprechen, besteht nach dem Prinzip des *satisficing* kein Anlass, diese Handlungsweise kritisch zu hinterfragen oder zu modifizieren. Organisatorische Lernprozesse werden nur dann angestoßen, wenn die Ergebnisse getroffener Entscheidungen unterhalb dessen bleiben, was als Maßstab für ausreichende Performanz definiert ist. Die Art und Weise, in der Organisationen Anpassungen in ihrem Verhalten vornehmen, ist in zweierlei Hinsicht geeignet, die Komplexität der Entscheidungsfindung möglichst gering zu halten.

Zum einen lernen Organisationen aus Erfahrung. Sie korrigieren ihr Verhalten in Reaktion auf Signale aus der Umwelt, die sie als Rückmeldungen auf früheres Handeln empfangen. Organisationen sind adaptiv rationale Systeme, die Verhaltensänderungen nicht auf Prognosen über zukünftige Entwicklungen gründen, sondern anhand der Bewertung von Feedback auf vergangene Entscheidungen vornehmen. Damit isolieren sie ihre Entscheidungsfindung von den Unsicherheiten, die mit der Abschätzung zukünftiger Kontingenzen verbunden sind und verringern gleichzeitig die kognitiven Anforderungen, denen sie im Lernprozess ausgesetzt sind (Cyert/March 1995: 160–167; Steinbruner 1974: 73–75; March/Olsen 1976: 54–56).

Zum anderen lernen Organisationen nach einer inkrementellen Methode. Organisatorisches Lernen geht von der aktuellen Verhaltensweise einer Organisation aus und setzt sich über eine Abfolge kleiner Modifikationsschritte dieses Verhaltens fort. In einem *Trial-and-error*-Verfahren wird jede der graduellen Veränderungen den Rückmeldungen aus der Umwelt ausgesetzt und gegebenenfalls erneut angepasst. Da sich inkrementelles Lernen insbesondere dadurch auszeichnet, dass neue Handlungsoptionen in unmittelbarer inhaltlicher Nähe zur aktuellen Handlungsweise gesucht werden und sich punktuell auf das identifizierte Problemsymptom beziehen, kommt es in der Regel nicht zu radikalen und umfassenden Brüchen in organisatorischen Verhaltensmustern (Lindblom 1959: 79–83; Levitt/March 1988: 319–323). Abweichungen von dieser Regel sind insbesondere dann zu erwarten, wenn der Lerndruck infolge exogener Schocks außergewöhnlich hoch ist (Steinbruner 1974: 74–76).

6.2.2   Die Funktionalität organisatorischer Routinen

Der organisatorische Entscheidungsprozess folgt standardisierten, stark verregelten Verhaltensweisen. Die Existenz von Handlungsroutinen und die von ihnen ausgehende Reproduktion der Struktur der organisationsinternen Entscheidungsfindung sind konstituierende Merkmale von Organisationen. Sie sind das primäre Instrument, das Organisationen die erforderlichen Handlungskapazitäten zur Verfügung stellt, um die ihnen zugewiesenen Zwecke zu realisieren. Die vier zentralen Funktionen des organisatorischen Entscheidungsprozesses – die Reduktion von Komplexität, die Koordination interner Arbeitsabläufe, ihre hierarchische Kontrolle sowie die Legitimation des Organisationshandelns – werden wesentlich über dieses Instrument erbracht. In den organisationsinternen Routinen bündeln sich zudem die im vorangegangenen Abschnitt erläuterten allgemeinen Charakteristika der Entscheidungsfindung in Organisationen. Routinen kodifizieren die Zerlegung einer außenpolitischen Problemkonstellation in verschiedene Teilaspekte, sie definieren das Anspruchsniveau einer Organisation an zufriedenstellende Handlungsoptionen und sie sind gleichzeitig Ausdruck und Gegenstand inkrementeller Lernprozesse. Damit kommt organisatorischen Routinen eine zentrale Bedeutung für die organisationstheoretische Erklärung politischer Prozesse und Entscheidungen zu. Dementsprechend stehen sie auch im Mittelpunkt der organisationstheoretischen Analyse von Außenpolitik (Feldman/Pentland 2002: 1–3; Allison/Zelikow 1999: 143–144).

Das Konzept der organisatorischen Routinen wurde von Edwin Stene (1940) in die Organisationsforschung eingebracht und bezeichnet im Kern ein sich stetig reproduzierendes Verhaltensmuster von Organisationen, nach dem externe Stimuli bestimmte im Vorhinein definierte Handlungsweisen aktivieren, ohne dass diese Handlungsweisen regelmäßig zum Gegenstand intentionaler Entscheidungen würden. Organisatorische Routinen konstituieren Handlungsregeln für den Umgang mit sich wiederholenden Problemstellungen. Durch Routinen angeleitetes Organisationshandeln zeichnet sich dadurch aus, dass die Aufnahme von Signalen aus der Umwelt – in Analogie zu Computerprogrammen – quasi automatisch die Initiierung von Handlungssequenzen nach sich zieht, die sich in einer Organisation als Standardreaktionen auf bestimmte externe Entwicklungen herausgebildet haben (Pentland/Rueter 1994: 486–488; Nelson/Winter 1982: 134–136).

Bei der Bezeichnung organisatorischer Routinen sind in der organisationstheoretischen Außenpolitikforschung drei Begrifflichkeiten voneinander abzugrenzen, die in unterschiedlichen Graden der Abstraktion auf Standardverfahren der Entscheidungsfindung rekurrieren. Organisationen besitzen erstens eine Vielzahl von *standard operating procedures* (SOPs), also einfachster „Standardprozeduren" zur Durchführung sehr spezifischer und eng begrenzter Handlungen. Diese SOPs sind zweitens in verschiedenen „Programmen" kombiniert und aufeinander abgestimmt, die von Organisationen als standardisierte Handlungssequenzen in Reaktion auf umfassendere Handlungserfordernisse aktiviert werden können. Die Gesamtheit an Programmen, die einer Organisation als alternative Handlungsmöglichkeiten zur Verfügung stehen, wird drittens als „Repertoire" dieser Organisation bezeichnet (Allison/Zelikow 1999: 178–179; Posen 1984: 44).

Das Repertoire einer Organisation an SOPs und Programmen konstituiert ihr operatives Gedächtnis. In Form von Präzedenzfällen umfasst und konserviert es Erfahrungen und Lehren, die eine Organisation aus Erfolgen und Misserfolgen früherer Handlungen gesammelt hat. Organisatorische Routinen stellen sich somit als geronnene Lerninhalte dar, in denen die Erfahrungen einer Organisation gespeichert sind, die sie auf aktuelle Handlungskontexte überträgt (Nelson/Winter 1982: 99–107; Feldmann 1993: 274–276). Diese Anwendung organisatorischer Handlungsroutinen zur Bearbeitung gegenwärtiger Problemstellungen erfolgt in zwei Schritten.

In einem ersten Schritt abstrahieren Organisationen von den Spezifika eines konkreten Handlungskontextes, um diesen Kontext in eine Typologie allgemeiner Standardszenarien einordnen zu können. Sie subsumieren spezifische Handlungsanreize unter eine abstraktere Klasse externer Stimuli. Aufbauend auf einer solchen Klassifikationsleistung sind Organisationen in der Lage, eine außenpolitische Problemstellung nicht als einzigartigen Spezialfall, sondern als Unterfall eines allgemeinen Typs von Problemstellungen wahrzunehmen und zu verarbeiten. Indem sich Organisationshandeln somit nicht mehr mit Problemen *sui generis* konfrontiert sieht, muss auch die Lösung dieser Probleme nicht jeweils von Neuem im Lichte der Einzigartigkeit einer außenpolitischen Fragestellung entworfen werden (March/Simon 1958: 159–164). Beispielhaft für dieses Phänomen ist die Umsetzung der Seeblockade gegen sowjetische Waffenlieferungen an Kuba im Verlauf der Kuba-Krise. Diese Aufgabe wurde von der zuständigen *US Navy* als ein Unterfall des generellen Handlungstyps „Seeblockade" klassifiziert und bedurfte daher nicht der vollständigen Neuentwicklung von Durchführungsplänen, die explizit auf den empirischen Einzelfall hätten zugeschnitten werden müssen (vgl. Allison/Zelikow 1999: 230–236).

Davon ausgehend gilt es in einem zweiten Schritt, aus dem gegebenen Set an organisatorischen Standardverfahren dasjenige auszuwählen, das als Reaktion auf die identifizierte Klasse von Problemstellungen vorgesehen ist. Ein Problem des Typs „Seeblockade" zieht somit organisatorische Verhaltensweisen nach sich, wie sie in den Standardprozeduren der zuständigen Organisation zur Durchführung von Blockaden vorgesehen sind (vgl. Allison/Zelikow 1999: 230–236). Handlungsleitend für die Umsetzung der gewählten Handlungsroutine sind dann nicht mehr explizite Kalkulationen über die Konsequenzen der einzelnen Maßnahmen. Im Vertrauen auf die Erfahrungen der Vergangenheit, die in eine Handlungsroutine eingegangen sind, ist es demgegenüber die Übereinstimmung einer Maßnahme mit den Vorgaben der Routine an sich, die zur bestimmenden Maxime im organisationsinternen Entscheidungsprozess wird.

Außenpolitische Entscheidungen als Ergebnis organisationsinterner Entscheidungsprozesse sind somit nicht aus einer Logik zu erklären, die auf den antizipierten Folgen dieser Entscheidungen beruht. Es ist in organisationstheoretischer Perspektive vielmehr die Angemessenheit einer Entscheidung im Lichte der Normen, wie sie in organisatorischen Routinen vorgegeben sind, an der eine Erklärung staatlicher Außenpolitik anzusetzen hat (Williamson 1979: 140; Cyert/March 1995: 225–228). Die von begrenzt rationalen Akteuren getragene Entscheidungsfindung in Organisationen folgt der *logic of appropriateness*, nicht der *logic of consequences* (March/Olsen 1989: 160–162; siehe auch Kap. 4.1).

Organisatorische Routinen sind somit in erster Linie Instrumente, die Organisationen in die Lage versetzen, wiederkehrende Problemkonstellationen über standardisierte Verfahrensweisen gleichbleibend effizient und zuverlässig zu bearbeiten. Routinen sind funktionale Mittel zur Bewältigung organisatorischer Aufgaben und allgegenwärtige Kennzeichen organisationsinterner Entscheidungsprozesse. Außenpolitik als *output* dieser Entscheidungsprozesse ist vor allem das Ergebnis einer auf Routinen basierenden Entscheidungsfindung in Organisationen. Der organisationstheoretische Ansatz geht somit von der Annahme eines kausalen Zusammenhangs zwischen den Routinen einer Organisation als unabhängiger/erklärender Variable und staatlicher Außenpolitik als abhängiger/zu erklärender Variable aus. Die zentrale Argumentationslogik des Ansatzes schließt von den Routinen einer Organisation auf Merkmale außenpolitischer Entscheidungen. Dementsprechend kommt der Identifizierung dieser organisatorischen Routinen eine entscheidende Bedeutung für die organisationstheoretische Erklärung von Außenpolitik zu.

Methodisch sind die erforderlichen empirischen Kenntnisse über die Routinen in konkreten Organisationen zunächst auf dem Wege der Dokumentenanalyse zu gewinnen. Formalisierte Standardverfahren einer Organisation sind häufig in Leitfäden, Handbüchern, Geschäftsordnungen und Akten zu den entsprechenden Arbeitsabläufen kodifiziert. Darüber hinaus können Experteninterviews ein geeignetes Mittel sein, weniger formalisierte Handlungsroutinen aufzudecken. Schließlich bietet sich die vergleichende Analyse außenpolitischer Entscheidungsprozesse als Methode an, um auf die Existenz und die Merkmale organisatorischer Routinen schließen zu können. Die Routinen einer Organisation als unabhängige Variable zur Erklärung einer außenpolitischen Entscheidung werden durch die Beobachtung stabiler Verhaltensmuster der Organisation in anderen außenpolitischen Problemkonstellationen abgeleitet, die ähnlich wie der Untersuchungsgegenstand gelagert sind (March/Simon 1958: 142–143; Levitt/March 1988: 327–328).

6.3 Der Einfluss organisatorischer Routinen auf außenpolitische Entscheidungen

In der organisationstheoretischen Analyse von Außenpolitik steht häufig das Spannungsfeld im Mittelpunkt, das der Ansatz zwischen der beschriebenen Funktionalität von Routinen und ihren nicht intendierten Konsequenzen ausmacht. Dieselben Merkmale von Routinen, die sie zu effizienten Mitteln im organisationsinternen Entscheidungsprozess werden lassen, sind auch ursächlich für ihre unerwünschten Folgewirkungen (Steinbruner 1974: 68–71; Nelson/Winter 1982: 125–126). Diesen nicht intendierten Konsequenzen organisatorischer Routinen wird in der organisationstheoretischen Analyse von Außenpolitik besondere Aufmerksamkeit gewidmet. Dies offenbart sich in den empirischen Fragestellungen, auf die organisationstheoretische Argumentationslinien angewendet worden sind. So sind beispielsweise die Bedeutung organisatorischer Routinen für den Ausbruch des Ersten Weltkriegs (Levy 1986; Williamson 1979) oder für die Eskalation des Vietnamkriegs (Gallucci 1975) ebenso zum Gegenstand von Studien geworden, wie die Rolle von Routinen im Hinblick auf den japanischen Angriff auf Pearl Harbor (Wohlstetter 1962) oder auf Innovationsdefizite in Streitkräften (Posen 1984; Zisk 1993). Auch in Allisons Analyse der Kuba-Krise werden vor allem negative Implikationen organisatorischer Routinen herausgestellt, die in verschiedener Hinsicht dazu beigetragen hätten, die Gefahr einer militärischen Zuspitzung der Krise zu erhöhen (Allison 1971).

Es ist diese Einseitigkeit in der empirischen Anwendung, die zum Anlass für eine zentrale Kritik am organisationstheoretischen Ansatz geworden ist. Durch seinen Fokus auf negative Effekte organisatorischer Routinen in dramatischen empirischen Einzelfällen, vertausche der Ansatz Ausnahme und Regel. Obwohl die organisatorische Analyse von Außenpolitik auf dem theoretischen Instrumentarium der Organisationstheorie aufbaue, verkehre sie die zentrale Erkenntnis der *Carnegie School* in die Funktionalität von Routinen in ihr Gegenteil (Bendor/Hammond 1992: 312–313). Allerdings ist der konstatierte Bias keine theorieimmanente Zwangsläufigkeit, sondern eher einer selektiven Verteilung des akademischen Interesses an außenpolitischen Entscheidungen geschuldet. Die Analyse von Entscheidungsprozessen, die in außenpolitischen Fiaskos mit weitreichenden Konsequenzen mündeten, liegt in vielerlei Hinsicht näher, als die Untersuchung unspektakulärer Entscheidungen, bei denen Organisationen ihre Funktionen routinemäßig und reibungslos erfüllt haben und denen auch deswegen nicht die Brisanz der Krisenhaftigkeit oder Außergewöhnlichkeit anhaftet. Grundsätzlich kann die Argumentationslogik des Ansatzes jedoch unabhängig von einer normativen Bewertung der Effekte organisatorischer Routinen immer dann nutzbar gemacht werden, wenn eine außenpolitische Entscheidung durch organisationsinterne Entscheidungsprozesse geprägt ist. Die organisationstheoretische Analyse des Rüstungswettlaufes während des Ost-West-Konflikts ist ein Beleg für diese Möglichkeit (Ostrom 1977).

Die allgemeine Funktionalität von Routinen und ihre nicht intendierten Konsequenzen schließen einander somit nicht aus, sondern stehen in einem komplementären Verhältnis zueinander. Keiner der beiden Aspekte wird im organisationstheoretischen Ansatz grundsätzlich ausgeblendet. Während die Funktionen von Routinen bereits in den vorangegangenen Abschnitten umfassend erörtert wurden, sollen im Folgenden ihre nicht intendierten Konsequenzen in den Mittelpunkt rücken. So sind zunächst die Implikationen der Stabilität und Persistenz von Routinen für Außenpolitik zu problematisieren, bevor abschließend die Bedeutung von Routinen in der Vorbereitung und Implementierung außenpolitischer Entscheidungen beleuchtet wird.

6.3.1   Die Stabilität organisatorischer Routinen

Der organisationstheoretische Ansatz der Außenpolitikanalyse geht von der grundsätzlichen Stabilität organisatorischer Routinen aus. Standardisierte Verfahrensweisen zeichnen sich durch eine gewisse Resistenz gegen Veränderungen aus und werden daher als Quelle für Inflexibilitäten im Organisationshandeln konzipiert. Diese Inflexibilität ergibt sich als Preis für die Handlungsressourcen, die Routinen dank der von ihnen geleisteten Reduktion von Komplexität und der Standardisierung von Entscheidungsprozessen bereitstellen (Hannan/ Freeman 1984: 154–155; Bueno de Mesquita 2003: 164–166).

Abb. 6.2:   Die Erklärungslogik des organisationstheoretischen Ansatzes

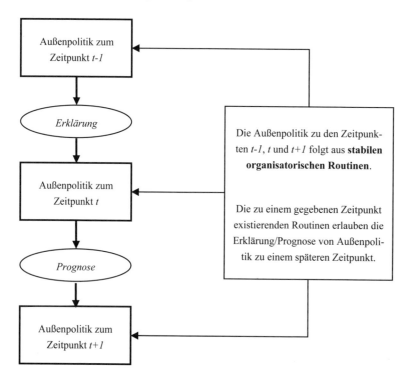

Die Annahme der Stabilität von Routinen ist eine notwendige Voraussetzung für die Erklärungskraft organisationstheoretischer Argumentationslinien in der Außenpolitikanalyse. Nur wenn organisatorische Routinen den außenpolitischen Entscheidungsträgern in einer konkreten Problemkonstellation als gegebene Parameter ihrer Handlungsmöglichkeiten gegenüberstehen und nicht beliebig disponibel sind, können sie als unabhängige Variable zur Erklärung staatlicher Außenpolitik modelliert werden (Abb. 6.2). Die angenommene Stabilität von Routinen impliziert eine Pfadabhängigkeit im Verhalten von Organisationen (vgl. Thelen/ Steinmo 1992). Die zentrale Argumentationslogik der organisationstheoretischen Analyse, nach der das außenpolitische Handeln einer Organisation zum gegebenen Zeitpunkt *t* zuverlässig aus ihrem Verhalten zu einem früheren Zeitpunkt *t-1* abgeleitet werden kann, beruht auf der angenommenen Persistenz organisatorischer Routinen (Allison/Zelikow 1999: 175–179; Williamson 1979: 140–141).

Diese Stabilität von Routinen folgt erstens aus dem *Satisficing*-Prinzip und der inkrementellen Lernmethode als Kennzeichen organisationsinterner Entscheidungsprozesse. Handlungsroutinen bleiben danach solange unverändert, wie die aus ihnen folgenden Ergebnisse als zufriedenstellend wahrgenommen werden. Selbst wenn das an zufriedenstellende Lösungen angelegte Anspruchsniveau nicht erreicht wird, kommt es nur zu graduellen und marginalen Anpassungen der organisatorischen Routinen.

Ein zweites zentrales Argument für die Stabilität von Routinen und die Pfadabhängigkeit organisatorischen Handelns ist mit dem Begriff der *sunk costs* beschrieben. Die Etablierung einer Verhaltensroutine erfordert die Investition verschiedener organisatorischer Ressourcen, von denen erwartet wird, dass sie sich über die iterative Anwendung der Routine amortisieren. Zu diesen Investitionen sind materielle Ressourcen wie Finanz- oder Personalmittel ebenso zu rechnen wie kognitive Ressourcen, die insbesondere in dem Erlernen einer standardisierten Verhaltensweise bestehen. Sobald eine bestehende Routine ausgetauscht und ihre Anwendung eingestellt wird, können die in sie geleisteten Investitionen jedoch keine Erträge mehr erbringen. Stattdessen werden weitere Investitionen zur Etablierung eines neuen Verhaltensstandards erforderlich. Angesichts der bereits eingebrachten Ressourcen wird es somit kostengünstiger, an einer gegebenen Routine festzuhalten, anstatt neue Standardverfahren zu entwickeln. Gerade im Rahmen des inkrementellen Entscheidungsprozesses in Organisationen kann dies selbst für offensichtlich suboptimale Routineverfahren gelten (Hannan/Feeman 1984: 149–152; Simon [1945] 1959: 66, 95–96).

Besonders augenscheinlich wird das Phänomen der *sunk costs* im Zusammenhang mit der Koordinationsleistung, die in einer organisatorischen Routine zum Ausdruck kommt. Die exakte Abstimmung interdependenter Arbeitsschritte und SOPs in einem organisatorischen Programm verlangt in der Regel detaillierte und komplexe Planungen, die in einer konkreten Handlungssituation oft nur unter hohem Zeitaufwand und prohibitiven Kosten modifiziert werden können. Kurzfristige Improvisationen an einer Stelle komplexer Handlungszusammenhänge laufen Gefahr, an anderer Stelle nicht antizipierte Konsequenzen nach sich zu ziehen und damit insgesamt zu einem chaotischen und dysfunktionalen Organisationshandeln zu führen (Steinbruner 1974: 77–78).

Ein instruktives Beispiel für diesen Zusammenhang bietet die Rigidität der militärischen Planung des Deutschen Reichs im Vorfeld der Ersten Weltkriegs (vgl. Levy 1986). Kurzfristige Improvisationen des Schlieffen-Plans, wie sie von Kaiser Wilhelm II. eingefordert wurden, wies die militärische Führung in Person General von Moltkes mit Verweis auf die in diesen Plan investierten Koordinationsleistungen und auf die Kosten einer Neuplanung als nicht realisierbar zurück:

> „Der Kaiser sagte mir: ,Also wir marschieren einfach mit der ganzen Armee im Osten auf!' – Ich erwiderte Sr. Majestät, daß das unmöglich sei. Der Aufmarsch eines Millionenheeres lasse sich nicht improvisieren, es sei das Ergebnis einer vollen, mühsamen Jahresarbeit und könne, einmal festgelegt, nicht geändert werden. Wenn Se. Majestät darauf bestehen, das gesamte Heer nach dem Osten zu führen, so würden die-

selben kein schlagfertiges Heer, sondern einen wüsten Haufen ungeordneter bewaffneter Menschen ohne Verpflegung haben" (Moltke 1922: 19–20).

Schließlich wird die Annahme der Stabilität von Routinen drittens mit dem Konzept der Organisationskultur begründet (vgl. Ott 1989). Danach entwickelt sich unter den Mitgliedern einer Organisation ein Set relativ stabiler gemeinsamer Werte und Normen über die konstitutiven Zwecke einer Organisation und über die angemessenen Verhaltensweisen zur Umsetzung dieser Zwecke. Diese Werte und Normen vermitteln sich über die repetitive Umsetzung standardisierter Handlungsmuster und tragen gleichzeitig zur Stabilisierung dieser Handlungsmuster bei. Organisatorische Routinen werden in die Kultur einer Organisation integriert und als solche internalisiert. Ihre Umsetzung wird unabhängig von ihrem ursprünglichen Zweck zu einem Wert an sich (Feldman 1993: 278–279; Allison/Zelikow 1999: 153–158).

Die Resistenz organisatorischer Routinen gegen Veränderungen bedingt nicht intendierte Konsequenzen für staatliche Außenpolitik. Erstens kann die Rigidität standardisierter Verfahrensweisen aus organisationstheoretischer Sicht eine Erklärung für außenpolitische Entscheidungen anbieten, die nicht auf aktuelle Anforderungen der Entscheidungssituation reagieren, sondern auf überholten Prämissen beruhen. Routinen spiegeln die Lehren einer Organisation aus vergangenen Handlungskontexten wider und beziehen sie auf aktuelle Handlungskontexte. Je stärker sich die Bedingungen des aktuellen von denen des vergangenen Handlungskontextes unterscheiden, desto weniger kann die Anwendung stabiler Routinen den Anforderungen der aktuellen Entscheidungssituation gerecht werden und desto augenfälliger wird die Diskrepanz zwischen dem Handeln einer Organisation und den Erfordernissen einer gegebenen außenpolitischen Problemstellung (Williamson 1979: 140–141).

Beispielhaft für diese Diskrepanz kann die herausgehobene Bedeutung von Schlachtschiffen in der Marinestrategie und -rüstung der Großmächte zwischen den beiden Weltkriegen angeführt werden. Obwohl sich der Handlungskontext in dieser Zeit dergestalt gewandelt hat, dass Schlachtschiffe zunehmend von Torpedoangriffen bedroht waren, blieb die Zentralität dieser Schiffsgattung zunächst unverändert. Erst als sich die gestiegene Verwundbarkeit im Zweiten Weltkrieg in Form von dramatischen und offensichtlichen Rückmeldungen an die jeweiligen Planungsstäbe ausdrückte, kam es zu entsprechenden Anpassungen organisatorischer Routinen an veränderte Handlungsbedingungen (Steinbruner 1974: 79–80).

Zweitens erklärt die Persistenz standardisierter Verhaltensweisen, warum Organisationshandeln oftmals nicht auf die spezifischen Eigenheiten einer konkreten Entscheidungssituation abgestimmt sein kann. Die unmittelbare Folge der Reduktion von Komplexität durch das Instrument der Standardisierung in organisatorischen Routinen ist ein Mangel an Flexibilität, die erforderlich wäre, um die Besonderheiten einer außenpolitischen Problemstellung in der Entscheidungsfindung zu berücksichtigen (Allison/Zelikow 1999: 178–179; Bueno de Mesquita 2003: 164–165). Gerade bei außenpolitischen Entscheidungen unter Krisenbedingungen kommt dieser Mangel besonders prägnant zum Ausdruck. Angesichts des Zeitdrucks, durch den sich Krisensituationen auszeichnen, wird eine umfassende Prüfung existierender Routinen zusätzlich impraktikabel und unwahrscheinlich (Sagan 1985: 132–133).

Als Beispiel für derartige Inflexibilitäten führen Allison und Zelikow in ihrer Analyse der Kuba-Krise die Art und Weise an, in der die sowjetischen Raketenstellungen auf Kuba installiert wurden. Diese Installation erfolgte im Wesentlichen ohne flankierende Maßnahmen der Tarnung, die einer Entdeckung durch amerikanische Aufklärungsflüge entgegengewirkt hätten. Damit folgte das Verfahren den Routinen, die für entsprechende Installationen auf sowjetischem Territorium entwickelt worden waren und daher keine Instruktionen für Tarnvorkehrungen enthielten. Bestehende Handlungsroutinen wurden rigide umgesetzt, ohne die spezifischen Besonderheiten zu berücksichtigen, die sich aus ihrer Anwendung auf Kuba ergaben (Allison/Zelikow 1999: 208–217).

6.3.2 Die Vorbereitung und Implementierung außenpolitischer Entscheidungen

Organisatorische Routinen beeinflussen staatliche Außenpolitik vor allem in der Vorbereitung und Implementierung außenpolitischer Entscheidungen (Allison/Zelikow 1999: 390). In der Vorbereitungsphase strukturieren sie den Kontext, in dem politische Entscheidungsträger außenpolitische Maßnahmen beschließen. Vermittels ihrer SOPs und Programme generieren und verarbeiten Organisationen die Informationen, auf deren Grundlage außenpolitische Entscheidungen getroffen werden. Auch die Weitergabe dieser organisatorisch aufbereiteten und gefilterten Informationen an die politischen Entscheidungsgremien erfolgt über standardisierte Kanäle der Kommunikation. Damit prägen organisatorische Routinen die Perzeption außenpolitischer Problemkonstellationen durch politische Entscheidungsträger, von denen diese in ihrer Beschlussfassung ausgehen.

Zudem konstituieren die existierenden SOPs und Programme der Organisationen einer Exekutive die Handlungsoptionen, die Entscheidungsträgern in einer außenpolitischen Entscheidungssituation effektiv zur Verfügung stehen. Die Umsetzung außenpolitischer Maßnahmen beruht notwendigerweise auf Kapazitäten, die durch organisatorisches Handeln geschaffen werden. Nur solche Maßnahmen können im Entscheidungsprozess als faktische Wahloptionen berücksichtigt werden, für deren Realisierung organisatorische Standardverfahren die erforderlichen Mittel bereithalten. Indem organisatorische Routinen das Set an Handlungsalternativen definieren, das der außenpolitischen Entscheidungsfindung zugrunde liegt, bilden sie einen wichtigen Bestandteil jedes Entscheidungsprozesses (Jefferies 1977: 232–233; Simon 1985: 302–303).

Ein instruktives Beispiel für diese Bedeutung von Routinen bietet das System abgestufter Alarmstufen der amerikanischen Streitkräfte, das im Vorfeld des japanischen Angriffs auf Pearl Harbor in Kraft war. Die höchste vorgesehene Alarmstufe wurde damals auch deshalb nicht ausgerufen, weil es dann zu den Standardverfahren gehört hätte, jedes nicht identifizierte japanische Flugzeug über Hawaii abzuschießen. Ein solches Vorgehen hätte von japanischer Seite als erster offener Akt der Aggression gedeutet werden können und sollte aus diesem Grund ausgeschlossen bleiben. Da kurzfristige Improvisationen an dem komplexen Geflecht organisatorischer SOPs und Programme, die in den verschiedenen Alarmstufen gebündelt waren, unmöglich erschienen, wurde eine niedrigere und – wie sich im Nachhinein herausstellen sollte – unzureichende Alarmstufe gewählt. Die effektiven Handlungsoptionen der Entscheidungsträger waren somit auf das Set organisatorischer Routinen beschränkt, die im Vorhinein als Alarmstufen definiert waren, und umfassten nicht die Möglichkeit der Modifikation einzelner Stufen (Wohlstetter 1962: 394–395).

Schließlich kommt organisatorischen Routinen in der Phase der Umsetzung außenpolitischer Maßnahmen eine zentrale Rolle zu. Die Implementierung außenpolitischer Entscheidungen folgt den etablierten Standardverfahren und Kapazitäten der damit beauftragten Organisationen und ist durch die existierenden Routinen geprägt. Darin liegen in organisationstheoretischer Perspektive die Ursache und die Erklärung für Abweichungen, die oftmals zwischen den Intentionen einer außenpolitischen Entscheidung und ihrer faktischen Umsetzung festzustellen sind.

Diese Abweichungen ergeben sich deshalb, weil die Kontrolle der organisatorischen Implementierung seitens der politischen Entscheidungsträger notwendigerweise unvollständig ist. Dieses Kontrolldefizit folgt dabei – anders als in der bürokratietheoretischen Analyse – nicht daraus, dass Organisationen als Nutzen maximierende Akteure intentional von den Vorgaben ihrer politischen Prinzipale abweichen. Vielmehr entsteht die *Principal-Agent*-Problematik im organisationstheoretischen Ansatz aus der Komplexität des Implementierungsprozesses und des organisatorischen Apparates, über den er vermittelt wird. Angesichts ihrer begrenzten kognitiven und materiellen Ressourcen sind die politischen Prinzipale nicht umfassend in der Lage, die Implikationen dieser organisatorischen Umsetzung außenpolitischer Maßnahmen zu antizipieren und in der Beschlussfassung zu berücksichtigen (Clarke/Smith 1989: 165–180; Welch 1992: 127–128).

Zum einen existieren zahlreiche organisatorische Standardprozeduren unterhalb der Wahrnehmungsschwelle außenpolitischer Entscheidungsträger. So kam es beispielsweise während der Kuba-Krise zu einem Zwischenfall, bei dem ein routinemäßiger Aufklärungsflug eines amerikanischen Spionageflugzeugs *U2* über Alaska versehentlich in den sowjetischen Luftraum eingedrungen ist und dadurch beinahe militärische Kampfhandlungen provoziert hätte. Die Existenz von Routinen, die derartige Flüge vorsahen, war den höchsten Entscheidungsträgern der Kennedy-Administration bei ihren Beratungen über die amerikanische Haltung in der Kuba-Krise nicht bewusst, sodass etwaige Konsequenzen dieser Routinen keinen Eingang in den Entscheidungsprozess finden und die Aufklärungsflüge nicht ausgesetzt werden konnten (Sagan 1985: 118–121).

Zum anderen sind die Kenntnisse der politischen Entscheidungsträger über die organisatorischen Routinen, die sie mit ihrer Beschlussfassung aktivieren, in der Regel unvollständig. Es kommt zu außenpolitischen Entscheidungen, ohne dass sich die handelnden Akteure darüber im Klaren wären, dass die organisatorische Implementierung dieser Entscheidungen zu Konsequenzen führt, die von ihnen nicht beabsichtigt sind. Instruktive Beispiele für dieses Phänomen finden sich erneut im Zusammenhang mit dem System abgestufter Alarmstufen der amerikanischen Streitkräfte (DEFCON). So befürwortete der amerikanische Außenminister Henry Kissinger während des Jom-Kippur-Krieges von 1973 eine erhöhte Alarmbereitschaft der amerikanischen Streitkräfte (DEFCON 3) in dem Glauben, dass diese Maßnahme umgesetzt werden könne, ohne öffentliche Aufmerksamkeit zu erregen. Dieser Glaube basierte allerdings auf einer Fehleinschätzung der organisatorischen Routinen, die durch diese Entscheidung innerhalb der Streitkräfte aktiviert wurden (Sagan 1985: 122–128).

Die organisationstheoretische Analyse außenpolitischer Entscheidungen ist somit dann besonders fruchtbar, wenn sie in den Phasen der Vorbereitung und Implementierung von Entscheidungen ansetzt. Die angeführten Beispiele veranschaulichen, dass organisatorische Routinen vor allem in diesen Phasen an Bedeutung für Außenpolitik gewinnen und nicht intendierte Folgen außenpolitischer Entscheidungen bedingen.

6.4 Fazit

Der organisationstheoretische Ansatz erklärt Außenpolitik als Ergebnis organisatorischer Entscheidungsprozesse innerhalb von Regierungen, die als Konglomerate komplexer Organisationen verstanden werden. Er beruht auf der Annahme begrenzt rationaler Akteure und konzipiert Organisationen als Instrumente zur Vereinfachung von Entscheidungssituationen. Zu diesem Zweck sind Entscheidungsprozesse in Organisationen vor allem durch Routineverfahren gekennzeichnet, die in dem Ansatz als erklärende Variablen außenpolitischer Entscheidungen modelliert sind. Im Kern ermöglichen es organisatorische Routinen Regierungen, spezifische außenpolitische Problemstellungen als Unterfall einer allgemeineren Klasse von Problemstellungen wahrzunehmen und darauf mit etablierten Standardprozeduren zu antworten. Dies verringert die kognitiven Anforderungen der Entscheidungsfindung und versetzt Regierungen in die Lage, effizient und in der Regel zufriedenstellend auf externe Anforderungen und Anreize zu reagieren.

Allerdings können organisatorische Routinen auch nicht intendierte Konsequenzen außenpolitischer Entscheidungen nach sich ziehen, die in den empirischen Anwendungen des Ansatzes oftmals im Mittelpunkt stehen. Solche unerwünschten Effekte organisatorischer Entscheidungsprozesse ergeben sich insbesondere daraus, dass Routinen im Zeitverlauf vergleichsweise stabil sind und naturgemäß nicht die Besonderheiten eines spezifischen außenpolitischen Entscheidungskontextes berücksichtigen. Insgesamt ist der Einfluss organisatorischer Routinen in den Phasen der Vorbereitung und Implementierung von Außenpolitik besonders ausgeprägt. Die organisationstheoretische Analyse sollte daher besonders fruchtbar sein, wenn sie an diesen Phasen außenpolitischer Entscheidungsprozesse ansetzt.

Anknüpfungspunkte für die weitere Forschung betreffen vor allem die Wandelbarkeit organisatorischer Routinen. Während die organisationstheoretische Analyse – wie oben dargestellt – grundsätzlich von einer hohen Stabilität solcher Routinen ausgeht, betonen einige Autoren die Fähigkeit von Akteuren des außenpolitischen Entscheidungsprozesses, organisatorische Abläufe nicht nur zu reproduzieren, sondern zielgerichtet zu verändern (vgl. Feldman/Pentland 2002; Pentland/Rueter 1994). Diese Akzentverschiebung impliziert eine Abkehr von rein strukturalistischen Ausformulierungen der Organisationstheorie und öffnet den Ansatz für die Analyse intentionalen Handelns unter organisatorischen Restriktionen. In diesem Zusammenhang bedürfen gerade die Bedingungen und Prozesse des Wandels organisatorischer Routinen der theoretischen Klärung und empirischen Überprüfung. Hierzu erscheint nicht zuletzt ein stärkerer Dialog zwischen organisationstheoretischen Arbeiten und der Literatur zu außenpolitischem Lernen (vgl. Levy 1994; Harnisch 2012) vielversprechend. Schließlich bleibt festzuhalten, dass im deutschsprachigen Raum mit wenigen Ausnahmen (z. B. Jäger/Oppermann 2006) kaum empirische Anwendungen des organisationstheoretischen Ansatzes vorliegen. Wie die Bürokratietheorie (Kap. 7) würde auch die organisationstheoretische Analyse insbesondere von vergleichend angelegten Studien, die über den Bereich der Sicherheits- und Verteidigungspolitik hinausgehen, profitieren. Außerdem wäre es zu begrüßen, wenn künftige Anwendungen des Ansatzes die fast ausschließliche Fokussierung bisheriger Arbeiten auf unerwünschte Effekte organisatorischer Routinen und außenpolitische Fiaskos korrigierten.

6.5   Literatur

Allison, Graham T. (1971) *Essence of Decision: Explaining the Cuban Missile Crisis*. Boston: Little, Brown and Company.

Allison, Graham T./Szanton, Peter (1976) *Remaking Foreign Policy: The Organizational Connection*. New York: Basic Books.

Allison, Graham T./Zelikow, Philip (1999) *Essence of Decision: Explaining the Cuban Missile Crisis*, 2. Auflage. New York: Longman.

Ball, Desmond J. (1974) The Blind Men and the Elephant: A Critique of Bureaucratic Politics. *Australian Outlook* 28(1), 71–92.

Bendor, Jonathan/Hammond, Thomas H. (1992) Rethinking Allison's Models. *American Political Science Review* 86(2), 301–322.

Bernstein, Barton J. (2000) Understanding Decisionmaking, U.S. Foreign Policy, and the Cuban Missile Crisis. *International Security* 25(1), 134–164.

Bueno de Mesquita, Bruce (2003) *Principles of International Politics*, 2. Auflage. Washington, D.C.: CQ Press.

Carlsnaes, Walter (2013) Foreign Policy. In: Carlsnaes, Walter/Risse, Thomas/Simmons, Beth A. (Hrsg.) *Handbook of International Relations*, 2. Auflage. London et al.: Sage, 298–325.

Clarke, Michael/Smith, Steve (1989) Perspectives on the Foreign Policy System: Implementation Approaches. In: Clarke, Michael/White, Brian (Hrsg.) *Understanding Foreign Policy. The Foreign Policy Systems Approach*. Cheltenham: Edward Elgar, 163–184.

Cyert, Richard M./March, James G. (1963) *A Behavioral Theory of the Firm*. Englewood Cliffs: Prentice-Hall.

Cyert, Richard M./March, James G. (1995) *Eine verhaltenswissenschaftliche Theorie der Unternehmung*. Stuttgart: Schäffer-Poeschel.

Feldman, Julian/Kanter, Herschel E. (1965) Organizational Decision Making. In: March, James G. (Hrsg.) *Handbook of Organizations*. Chicago: Rand McNally, 614–649.

Feldman, Martha S. (1993) Organization Theory and the Presidency. In: Edwards, George C./Kessel, John H./Rockman, Bert A. (Hrsg.) *Researching the Presidency: Vital Questions, New Approaches*. Pittsburgh: University of Pittsburgh Press.

Feldman, Martha S./Pentland, Brian T. (2002) *Re-Theorizing Organizational Routines as a Source of Flexibility and Change*. Ann Arbor: University of Michigan Press.

Gallucci, Robert L. (1975) *Neither Peace nor Honor: The Politics of American Military Policy in Vietnam*. Baltimore/London: Johns Hopkins University Press.

Hannan, Michael T./Freeman, John (1984) Structural Inertia and Organizational Change. *American Sociological Review* 49(2), 149–164.

Harnisch, Sebastian (2012) Conceptualizing in the Minefield. Role Theory and Foreign Policy Learning. *Foreign Policy Analysis* 8(1), 47–69.

Hill, Christopher (2003) *The Changing Politics of Foreign Policy*. Basingstoke: Palgrave Macmillan.

Hudson, Valerie M./Vore, Christopher S. (1995) Foreign Policy Analysis Yesterday, Today, and Tomorrow. *Mershon International Studies Review* 39(2), 209–238.

Jäger, Thomas/Oppermann, Kai (2006) Bürokratie- und organisationstheoretische Analysen der Sicherheitspolitik: Vom 11. September zum Irakkrieg. In: Siedschlag, Alexander (Hrsg.) *Methoden der sicherheitspolitischen Analyse. Eine Einführung*. Wiesbaden: VS Verlag, 105–134.

Jefferies, Chris L. (1977) Defense Decisionmaking in the Organizational-Bureaucratic Context. In: Endicott, John E./Stafford, Roy W. (Hrsg.) *American Defense Policy*, 4. Auflage. Baltimore: Johns Hopkins University Press, 227–239.

Jones, Bryan D. (1999) Bounded Rationality. *Annual Review of Political Science* 2, 297–321.

Levitt, Barbara/March, James G. (1988) Organizational Learning. *Annual Review of Sociology* 14, 319–340.

Levy, Jack S. (1984) Learning and Foreign Policy. Sweeping a Conceptual Minefield. *International Organization* 48(2), 279–312.

Levy, Jack S. (1986) Organizational Routines and the Causes of War. *International Studies Quarterly* 30(2), 193–222.

Lindblom, Charles E. (1959) The Science of 'Muddling Through'. *Public Administration Review* 19(2), 79–88.

March, James G./Olsen, Johan P. (1976) Organizational Learning and the Ambiguity of the Past. In: March, James G./Olsen, Johan P. (Hrsg.) *Ambiguity and Choice in Organizations*. Bergen: Universitetsforlaget, 54–68.

March, James G./Olsen, Johan P. (1989) *Rediscovering Institutions: The Organizational Basis of Politics*. New York: Free Press.

March, James G./Shapira, Zur (1982) Behavioral Decision Theory and Organizational Decision Theory. In: Ungson, Gerardo R./Braunstein, Daniel N. (Hrsg.) *Decision Making: An Interdisciplinary Inquiry*. Boston: Kent Publishing, 92–115.

March, James G./Simon, Herbert A. (1958) *Organizations*. New York: John Wiley & Sons.

Moltke, Helmuth von (1922) *Erinnerungen – Briefe – Dokumente, 1877–1916*. Stuttgart: Der Kommende Tag Verlag.

Nelson, Richard R./Winter, Sidney G. (1982) *An Evolutionary Theory of Economic Change*. Cambridge: Belknap Press.

Ostrom, Charles W. (1977) Evaluating Alternative Foreign Policy Decision-Making Models: An Empirical Test between an Arms Race Model and an Organizational Politics Model. *Journal of Conflict Resolution* 21(2), 235–266.

Ott, J. Steven (1989) *The Organizational Culture Perspective*. Pacific Grove: Brooks/Cole.

Pentland, Brian T./Rueter, Henry H. (1994) Organizational Routines as Grammars of Action. *Administrative Science Quarterly* 39(3), 484–510.

Posen, Barry R. (1984) *The Sources of Military Doctrine: France, Britain, and Germany Between the World Wars*. Ithaca/London: Cornell University Press.

Sagan, Scott D. (1985) Nuclear Alerts and Crisis Management. *International Security* 9(4), 99–139.

Simon, Herbert A. ([1945] 1959) *Administrative Behavior: A Study of Decision-Making Processes in Administrative Organization*, 2. Auflage. New York: Macmillan Company.

Simon, Herbert A. (1957) *Models of Man. Social and Rational*. New York: John Wiley & Sons.

Simon, Herbert A. (1985) Human Nature in Politics: The Dialogue of Psychology with Political Science. *American Political Science Review* 79(2), 293–304.

Steinbruner, John D. (1974) *The Cybernetic Theory of Decision*. Princeton: Princeton University Press.

Stene, Edwin O. (1940) An Approach to a Science of Administration. *American Political Science Review* 34(6), 1124–1137.

Thelen, Kathleen/Steinmo, Sven (1992) Historical Institutionalism in Comparative Politics. In: Steinmo, Sven/Thelen, Kathleen/Longstreth, Frank (Hrsg.) *Structuring Politics: Historical Institutionalism in Comparative Analysis*. Cambridge: Cambridge University Press, 1–32.

Thompson, James D. ([1967] 2003) *Organizations in Action: Social Science Bases of Administrative Theory*. New Brunswick: Transaction Publishers.

Welch, David A. (1992) The Organizational Process and Bureaucratic Politics Paradigms: Retrospect and Prospect. *International Security* 17(2), 112–146.

Williamson, Oliver E. (1975) *Markets and Hierarchies: Analysis and Antitrust Implications. A Study in the Economics of Internal Organization*. New York: The Free Press.

Williamson, Samuel R. (1979) Theories of Organizational Process and Foreign Policy Outcomes. In: Lauren, Paul G. (Hrsg.) *Diplomacy: New Approaches in History, Theory, and Policy*. New York: Free Press, 137–161.

Wohlstetter, Roberta (1962) *Pearl Harbor: Warning and Decision*. Stanford: Stanford University Press.

Zisk, Kimberly M. (1993) *Engaging the Enemy. Organization Theory and Soviet Military Innovation, 1955–1991*. Princeton: Princeton University Press.

7   Der bürokratietheoretische Ansatz

Das bürokratietheoretische Modell der Außenpolitikanalyse ist untrennbar mit den Arbeiten von Graham Allison und Morton Halperin verbunden (Allison 1969, 1971; Allison/Halperin 1972; Halperin 1974). Es sind in erster Linie diese beiden Autoren, die den Analyseansatz in den 1970er Jahren theoretisch ausdifferenziert und ausformuliert haben. Mehr als jede andere Studie hat sich Allisons *Essence of Decision* (1971) zu dem zentralen Referenzwerk für den bürokratietheoretischen Ansatz der Außenpolitikanalyse entwickelt. Diese Studie wurde zudem zu einem der am weitesten verbreiteten Lehrbücher an US-amerikanischen Universitäten sowie zu einem der meistzitierten und meistverkauften politikwissenschaftlichen Veröffentlichungen überhaupt (Welch 1992: 112; Bernstein 2000: 134–135).

Tab. 7.1:   Kernaussagen, Referenzautoren und zentrale Werke des bürokratietheoretischen Ansatzes

Kernaussagen
Außenpolitik ist das Ergebnis (*resultant*) von Verhandlungsprozessen zwischen den Repräsentanten unterschiedlicher bürokratischer Organisationen innerhalb einer Regierung.
Inhaber bürokratischer Positionen sind rationale Akteure, die den Nutzen „ihrer" Organisation zu maximieren versuchen. Das primäre Interesse von Bürokratien besteht darin, ihre Zuständigkeiten und ihr Budget zu bewahren oder auszuweiten.
Die relevanten Akteure regierungsinterner Verhandlungsprozesse folgen aus der bürokratischen Zuordnung außenpolitischer Kompetenzen im Regierungsapparat.
Die außenpolitischen Präferenzen von Regierungsakteuren sind maßgeblich durch ihre bürokratische Position innerhalb der Regierung geprägt (*stand-sit proposition*).
Der außenpolitische Einfluss von bürokratischen Akteuren in intra-gouvernementalen Verhandlungsprozessen ergibt sich aus den Kompetenzen und Ressourcen, die mit ihrer bürokratischen Position verbunden sind.

Referenzautoren	*Zentrale Werke*
Graham Allison	*Essence of Decision: Explaining the Cuban Missile Crisis.* Boston: Little, Brown and Company, 1971 (2. Auflage: 1999, zusammen mit Philip Zelikow).
Morton Halperin	*Bureaucratic Politics and Foreign Policy.* Washington, DC: Brookings Institution, 1974 (2. Auflage: 2006, zusammen mit Priscilla Clapp).
Roger Hilsman	*The Politics of Policy Making in Defense and Foreign Affairs: Conceptual Models and Bureaucratic Politics.* Englewood Cliffs: Prentice-Hall, 1987.
William Niskanen	*Bureaucracy and Representative Government.* Chicago: Aldine-Atherton, 1971.

Damit ist die herausgehobene Bedeutung des bürokratietheoretischen Modells innerhalb der Außenpolitikforschung bereits angedeutet. Insbesondere in den 1970er Jahren schloss sich an die Arbeiten von Allison und Halperin eine intensive Diskussion über den analytischen Nutzen des Modells an, die sich in einer vielschichtigen Kritik an dessen konzeptionellen Grundlagen niedergeschlagen hat (vgl. Krasner 1972; Art 1973; Ball 1974; Caldwell 1977). Auch in jüngerer Zeit fand diese Debatte in einigen kritischen Reflexionen über den Forschungsansatz (vgl. Jones 2010) und nicht zuletzt in Form einer überarbeiteten Auflage von *Essence of Decision* (Allison/Zelikow 1999) ihre Fortsetzung. Nach wie vor leitet das Modell zahlreiche empirische Untersuchungen insbesondere der US-amerikanischen Außenpolitik an.

Die nachfolgende Darstellung und Problematisierung dieses zentralen Ansatzes der Außenpolitikforschung verfolgt in erster Linie das Ziel, die grundlegenden Annahmen und Argumentationslinien des bürokratietheoretischen Modells (Tab. 7.1) so zu verdichten und zu systematisieren, dass es der konkreten empirischen Anwendung zugänglich ist (vgl. auch Jäger/Oppermann 2006). In diesem Sinne ist der Ansatz zunächst in die Tradition seiner theoretischen Vorläufer einzuordnen, bevor das Erklärungsmodell im zweiten Abschnitt umfassend als Sequenz von drei aufeinander folgenden Analyseschritten dargestellt wird. Auch die wesentlichen Linien der Kritik an Konzeption und Erklärungskraft des Ansatzes werden in diesem Kontext thematisiert. Abschließend erfolgen in einem dritten Abschnitt einige generelle Anmerkungen zur Operationalisierung des vorgestellten Erklärungsmodells.

7.1 Theoretische Einordnung

Die konzeptionellen Wurzeln der bürokratietheoretischen Analyse von Außenpolitik reichen zurück bis zu der wegweisenden Studie über den außenpolitischen Entscheidungsprozess von Richard Snyder, H. W. Bruck und Burton Sapin (1954). Das Modell der bürokratischen Politik folgt Snyder und Kollegen in deren zentraler Annahme, dass die Analyse außenpolitischer Entscheidungen eine Disaggregation des Staates in seine offiziellen Entscheidungsträger verlangt:

> "It is one of our basic methodological choices to define the state as its official decision-makers – those whose authoritative acts are, to all intents and purposes, the acts of the state. *State action is the action taken by those acting in the name of the state.* Hence, the state is its decision-makers. State X *as actor* is translated into its decision-makers as actors" (Snyder et al. 1962: 65; Hervorhebungen im Original).

Darauf aufbauend ist in den 1960er Jahren mit den Arbeiten insbesondere von Richard Neustadt (1960), Samuel Huntington (1961), Roger Hilsman (1967) und Charles Lindblom (1968) ein Fundus politikwissenschaftlicher Arbeiten entstanden, der sich im Kern durch die Orientierung an einem pluralistischen Politikkonzept auszeichnet und der die Ausformulierung des bürokratietheoretischen Modells der Außenpolitikanalyse in den frühen 1970er Jahren unmittelbar beeinflusst hat. Robert Art (1973) bezeichnet gerade die Arbeiten von Neustadt, Huntington und Hilsman als „first wave" der dem Paradigma der bürokratischen Politik zuzuordnenden Literatur und hebt damit auch begrifflich den Einfluss dieser Autoren auf die als „second wave" derartiger Literatur typologisierte Spezifizierung des bürokratietheoretischen Modells durch Allison und Halperin hervor. Dieser Einfluss zeigt sich in dreierlei Hinsicht.

Erstens ist das bürokratietheoretische Modell als prozessorientierter Ansatz zu charakterisieren. Wie schon bei Snyder et al. angelegt, geht das Modell von der Annahme aus, dass die Ausgestaltung des außenpolitischen Entscheidungsprozesses systematische Auswirkungen auf die Inhalte staatlicher Außenpolitik hat (Art 1973: 468–469; Ball 1974: 71–72; Bernstein 2000: 136–137). Zweitens ist dieser Prozess der Entscheidungsfindung als genuin *politischer* Prozess modelliert. Dem pluralistischen Politikverständnis der oben genannten Arbeiten folgend, ist der innerstaatliche Entscheidungsprozess im bürokratietheoretischen Ansatz dadurch gekennzeichnet, dass eine Vielzahl von Akteuren mit jeweils eigenen Präferenzordnungen und Machtressourcen danach strebt, Einfluss auf das Politikergebnis zu nehmen. In Abwesenheit eines Akteurs, der seine eigene außenpolitische Präferenz *qua* dominanter Machtposition hierarchisch durchsetzen könnte, entsteht Außenpolitik in einem politischen Prozess des *bargaining* und der Koalitionsbildung (Rosati 1981: 234–238; Perlmutter 1974: 93–94). Drittens folgt der bürokratietheoretische Ansatz dem pluralistischen Paradigma dahingehend, dass er *a priori* keine Hierarchie zwischen verschiedenen Politikfeldern annimmt. Insbesondere lehnt der Ansatz die Unterscheidung zwischen *high politics* und *low politics* ab und wendet sich gegen das Postulat eines „Primats der Außenpolitik". Damit bezieht das Modell auch Position in der Debatte um die prinzipielle Unterscheidbarkeit zwischen Außen- und Innenpolitik (vgl. Krippendorff 1963), indem es die Trennlinie zwischen beiden Bereichen verwischt und transzendiert (Schneider 1997: 109; Smith 1994: 3–5).

Darüber hinaus basieren die theoretischen Grundlagen des Analysemodells auf bürokratietheoretischen Konzeptionen, die innerhalb des Spektrums der „Ökonomischen Theorien der Politik" angesiedelt sind und die vor allem von Anthony Downs (1967), Gordon Tullock (1965) und William Niskanen (1971) geprägt wurden. Der gemeinsame Anknüpfungspunkt dieser Arbeiten ist ihre Kritik an der von Max Weber begründeten Dichotomie zwischen Politik und Administration, nach der die Bürokratie lediglich die Funktion der Verwaltung und Implementation von Politik erfüllt und idealtypisch als neutrale und unparteiische Agentin der politisch verantwortlichen Akteure agiert (vgl. Weber [1919] 1993: 27–28). Einem solchen Verständnis stellt die ökonomische Bürokratietheorie die Konzeption rationaler, den eigenen Nutzen maximierender Repräsentanten bürokratischer Organisationen gegenüber, die einen diskretionären Handlungsspielraum besitzen, um den politischen Prozess der Entscheidungsfindung ebenso wie die Implementation politischer Entscheidungen gemäß eigener Interessen zu beeinflussen. Zwar ist die Bürokratie auch in diesem Verständnis die „Agentin" politischer „Prinzipale". Sie hat aber sowohl ein Interesse als auch verschiedene Ressourcen (z. B. Information, Expertise, Zeit, Klientelbeziehungen), um als genuin politischer Akteur den Entscheidungsprozess zu beeinflussen, anstatt als neutraler Transmissionsriemen politischer Vorgaben zu fungieren (Niskanen 1971: 3–9; Kozak 1988: 4–7).

Damit wird schließlich auch deutlich, dass der bürokratietheoretische Ansatz fest im Spektrum rationalistischer Theorien verankert ist. Er geht von der Grundannahme rationaler Akteure aus, die ihren Nutzen unter der Bedingung von Unsicherheit und angesichts gegebener Handlungsrestriktionen maximieren (Weldes 1998: 222–224). In Abgrenzung zu dem von Allison (1971) als *Rational Actor*-Modell bezeichneten Referenzrahmen, bezieht der Ansatz die Rationalitätsannahme allerdings zum einen nicht mehr auf den Staat als einheitlichen Akteur, sondern auf individuelle Inhaber offizieller Positionen innerhalb der Exekutive. Zum anderen ist der Bewertungsmaßstab rationalen Handelns nicht die Maximierung des nationalen Interesses im internationalen System, sondern die Nutzenfunktionen dieser individuellen Akteure innerhalb der Exekutive, die auf intra-gouvernementale, nicht auf internationale

Anreize und Zwänge ausgerichtet sind (Rhodes 1994: 1–3; Welch 1992: 117–118; Stern/ Verbeek 1998a: 241–242). Diese Orientierung außenpolitischer Entscheidungsträger an bürokratischen Nutzenerwartungen begünstig eine binnenzentrierte, kurzsichtige und inkrementelle Entscheidungsfindung, die häufig zu einer Außenpolitik führt, die nicht dem entspricht, was als rationale Reaktion auf internationale Handlungsanreize zu erwarten wäre. Dennoch lässt der Befund einer im Lichte internationaler Anforderungen „irrationalen" Außenpolitik als Resultat intra-gouvernementaler Entscheidungsprozesse nicht den Rückschluss zu, auch die an diesen Prozessen beteiligten Akteure handelten hinsichtlich ihrer eigenen Nutzenfunktionen irrational.

7.2   Das bürokratietheoretische Analysemodell

Aus der Perspektive des bürokratietheoretischen Modells ist Außenpolitik als Ergebnis eines *Bargaining*-Prozesses zwischen den an der außenpolitischen Entscheidungsfindung innerhalb der Exekutive beteiligten individuellen Akteuren zu erklären, die auf der Basis konfligierender Präferenzordnungen sowie unter Einsatz eigener Einflusschancen und Machtressourcen danach streben, den Entscheidungsprozess im Sinne der Maximierung ihres individuellen Nutzens zu steuern:

> "The decisions and actions of governments are intranational political resultants: *resultants* in the sense that what happens is not chosen as a solution to a problem but rather results from compromise, conflict, and confusion of officials with diverse interests and unequal influence; *political* in the sense that the activity from which decisions and actions emerge is best characterized as bargaining along regularized channels among individual members of the government" (Allison/Zelikow 1999: 294–295; Hervorhebungen im Original).

Die Operationalisierung dieser Konzeption von Außenpolitik folgt einer Sequenz von drei aufeinander folgenden Analyseschritten (Abb. 7.1), die in den anschließenden Unterabschnitten sukzessive erläutert und problematisiert werden (vgl. Allison/Halperin 1972: 46–47). Voraussetzung für eine bürokratietheoretische Analyse von Außenpolitik ist erstens die Identifikation der am außenpolitischen Entscheidungsprozess beteiligten Akteure und damit die Bestimmung eines zentralen Strukturelements dieses Prozesses. Darauf aufbauend sind zweitens die Determinanten der außenpolitischen Präferenzbildung der beteiligten Akteure herauszuarbeiten, bevor drittens der Frage nach dem relativen Einfluss dieser Akteure im außenpolitischen Entscheidungsprozess nachzugehen ist.

Das Erkenntnisinteresse des bürokratietheoretischen Modells beschränkt sich dabei nicht auf den Prozess der Entscheidungsfindung, sondern erstreckt sich auch auf die Phase der Implementierung einer getroffenen Entscheidung (Halperin/Kanter 1973: 32–35; Keagle 1988: 22). Gerade für die Erklärung der empirisch häufig zu beobachtenden Divergenz zwischen Buchstabe und Geist einer Entscheidung auf der einen und der tatsächlich umgesetzten Außenpolitik auf der anderen Seite gilt das Modell vielfach als besonders aussagekräftig (vgl. Holsti 2002: 27; Nathan/Oliver 1978: 85–86; Dumbrell 1997: 20–21).

Abb. 7.1:   Drei Analyseschritte des bürokratietheoretischen Modells

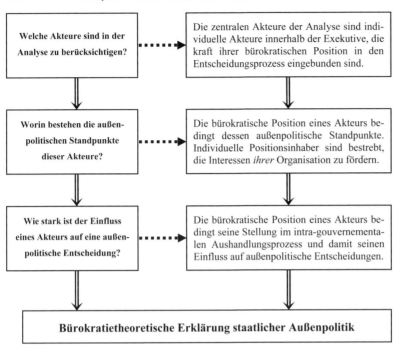

Welche Akteure sind in der Analyse zu berücksichtigen?	Die zentralen Akteure der Analyse sind individuelle Akteure innerhalb der Exekutive, die kraft ihrer bürokratischen Position in den Entscheidungsprozess eingebunden sind.
Worin bestehen die außenpolitischen Standpunkte dieser Akteure?	Die bürokratische Position eines Akteurs bedingt dessen außenpolitische Standpunkte. Individuelle Positionsinhaber sind bestrebt, die Interessen *ihrer* Organisation zu fördern.
Wie stark ist der Einfluss eines Akteurs auf eine außenpolitische Entscheidung?	Die bürokratische Position eines Akteurs bedingt seine Stellung im intra-gouvernementalen Aushandlungsprozess und damit seinen Einfluss auf außenpolitische Entscheidungen.

Bürokratietheoretische Erklärung staatlicher Außenpolitik

Für jeden der drei Analyseschritte sind zudem die Bedingungen zu erörtern, von denen die Erklärungskraft des bürokratietheoretischen Ansatzes abhängig ist. Damit wird die Betrachtung des bürokratischen Prozesses der außenpolitischen Entscheidungsfindung als erklärende Größe für staatliche Außenpolitik ergänzt durch die umgekehrte Blickrichtung auf den Prozess der bürokratischen Politik als abhängige Variable. Gerade diese Problematisierung der Bedingungen, unter denen bürokratische Politik empirisch zu erwarten ist und damit als Erklärung für Außenpolitik fruchtbar gemacht werden kann, wird von Kritikern des bürokratietheoretischen Modells eingefordert (vgl. Hart/Rosenthal 1998: 236–238) und ist für eine umfassende Evaluation des Erklärungsansatzes und seiner potenziellen Anwendungsbereiche von zentraler Bedeutung.

7.2.1   Die zentralen Akteure der bürokratietheoretischen Analyse

Der erste Schritt einer bürokratietheoretischen Erklärung von Außenpolitik ist die Identifikation der in die Analyse einzubeziehenden Akteure. Dabei ist erstens zu konstatieren, dass der bürokratietheoretische Ansatz ausschließlich Akteure innerhalb der Exekutive eines Staates in den Blick nimmt (Allison 1969: 708–709; Halperin 1974: 4–5). Gerade diese analytische Engführung im Vergleich zu den theoretischen Vorläufern des Ansatzes in den 1960er Jahren markiert das grundsätzliche Unterscheidungsmerkmal zu Analysekonzepten, die als *Governmental Politics Paradigm* (Jones 1999: 282) oder *Political Process Approach* (Hilsman 1987: ix) bezeichnet werden können und beispielsweise mit der Legislative oder gesellschaftlichen Interessengruppen auch Akteure außerhalb der Exekutive in die Erklärung von

Außenpolitik einbeziehen (Nathan/Oliver 1978: 88–89; Rosati 1981: 236; Caldwell 1977: 96).

Diese terminologische und konzeptionelle Abgrenzung ist in der Literatur allerdings umstritten. Insbesondere die Bezeichnungen „governmental politics" und „bureaucratic politics" finden teilweise synonym Verwendung (vgl. Art 1973: 467–468). Der Ursprung dieser begrifflichen Unklarheit liegt in der Ambivalenz der Arbeiten von Allison selbst, der in seiner ursprünglichen Formulierung des Ansatzes die Bezeichnung *Bureaucratic Politics Paradigm* (Allison 1969) prägte, in späteren Veröffentlichungen aber den Begriff der „governmental politics" (Allison 1971) verwendete. Allerdings sprechen die Rezeptionsgeschichte des bürokratietheoretischen Modells ebenso wie die in der Literatur vorherrschende Begriffsverwendung für die hier vorgeschlagene Terminologie und konzeptionelle Unterscheidung.

Welche Akteure als Repräsentanten einer Regierungsorganisation (Ministerien, Behörden, Beratergremien etc.) zu Teilnehmern im intra-gouvernementalen Prozess der außenpolitischen Entscheidungsfindung werden, folgt zweitens der bürokratischen Zuordnung von Positionen, Zuständigkeiten und Kompetenzen im arbeitsteilig organisierten Regierungsapparat (Allison 1969: 708–709; Rhodes 1994: 7–8). Diese Zuordnung erfasst das Modell mit dem Konzept der *action channels* („Handlungskanäle"), welches das institutionalisierte Vorgehen beschreibt, nach dem eine Regierung außenpolitische Entscheidungen trifft und implementiert. Die Ausgestaltung dieser *action channels* variiert einerseits zwischen Staaten und andererseits innerhalb eines Staates je nach Gegenstand (z. B. Sicherheitspolitik, Außenhandelspolitik, Entwicklungspolitik) und Typ (Routine-, Strategie- oder Krisenentscheidung) außenpolitischer Problemstellungen. Das Konzept bezieht sich auf formale und informelle Zuständigkeiten in den Bereichen der Initiative, Beschlussfassung und Implementierung von Außenpolitik ebenso wie auf obligatorische und nicht obligatorische Konsultations- und Beratungsmechanismen (Allison/Zelikow 1999: 300–302).

Die Bestimmung der Merkmale des *action channels*, über den die zu analysierende außenpolitische Entscheidung vermittelt wird, ist ein zentrales Element der Anwendung des bürokratietheoretischen Modells. Sie erlaubt die Identifikation derjenigen Akteure, deren Interessen und Einflusschancen in der Analyse zu berücksichtigen sind, und bildet so den Grundstein für eine bürokratietheoretische Erklärung von Außenpolitik. Die empirische Feststellung der am intra-gouvernementalen Entscheidungsprozess beteiligten Akteure erlaubt darüber hinaus zwei Rückschlüsse auf die Erklärungskraft der bürokratischen Perspektive für eine außenpolitische Entscheidung.

Erstens ist der analytische Nutzen des Modells davon abhängig, dass in einem Entscheidungsprozess tatsächlich eine Mehrzahl individueller Akteure in unterschiedlichen Positionen innerhalb der Exekutive und als Repräsentanten unterschiedlicher Regierungsorganisationen beteiligt ist. Eben diese Bedingung ist aber beispielsweise dann nicht erfüllt, wenn gering politisierte Routineentscheidungen in der Zuständigkeit einer einzigen Regierungsorganisation unterhalb der Wahrnehmungsschwelle anderer bürokratischer Akteure verbleiben. In einem derart „lokalisierten" Prozess werden Entscheidungen von wenigen Individuen getroffen, ohne dass Akteure über die Grenzen bürokratischer Jurisdiktionen hinweg involviert wären (Rosati 1981: 247–248).

Zweitens nimmt die Erklärungskraft einer bürokratietheoretischen Analyse in dem Maße ab, in dem die Bestimmung bürokratischer Positionen und Zuständigkeiten keine Rückschlüsse mehr auf die an einem Entscheidungsprozess beteiligten Individuen erlaubt. Sobald die

(Nicht-)Einbeziehung eines Akteurs in die Entscheidungsfindung unabhängig von dessen bürokratischer Position erfolgt und beispielsweise in erster Linie den persönlichen Präferenzen des Regierungschefs geschuldet ist, wird der angenommene Kausalzusammenhang zwischen bürokratischer Zuständigkeit innerhalb der Regierung und Beteiligung an außenpolitischen Entscheidungen obsolet (Krasner 1972: 166–168).

7.2.2 Bürokratische Position und außenpolitische Präferenzen

„Where you stand depends on where you sit" (Allison/Zelikow 1999: 307) – Kaum ein Postulat des bürokratietheoretischen Modells dürfte so häufig zitiert, paraphrasiert und kritisiert worden sein wie dieses. Kein anderer Satz steht in ähnlicher Weise für den Erklärungsansatz insgesamt. Tatsächlich ist der in diesem Aphorismus in komprimierter und prägnanter Form aufgestellte Zusammenhang zwischen der offiziellen Position eines Akteurs im Regierungsapparat und seinen außenpolitischen Präferenzen ein Kernbestandteil der bürokratietheoretischen Analyse von Außenpolitik (Brummer 2013a: 1–5).

Die Ableitung der inhaltlichen Standpunkte eines Akteurs aus dessen bürokratischer Position beruht dabei auf zwei Argumentationslinien. So muss der Ansatz erstens plausibel machen, über welche Mechanismen die außenpolitischen Präferenzen von Regierungsakteuren durch ihre Zugehörigkeit zu einer bürokratischen Organisation geprägt werden. Zweitens gilt es darzulegen, worauf diese Prägung substanziell ausgerichtet ist. Erst die Zusammenführung beider Überlegungen erlaubt den im Ansatz zugrunde gelegten Rückschluss von einer bürokratischen Position auf bestimmte außenpolitische Präferenzen.

Die erste Argumentationslinie geht von der Annahme aus, dass die handelnden Akteure ihre Präferenzbildung an dem orientieren, was ihnen als Interesse der Organisation erscheint, der sie zugehörig sind. Als „homo bureaucraticus" (Freedman 1976: 437) sind sie bestrebt, ihre außenpolitischen Entscheidungen und Handlungen auf die Maximierung des Nutzens *ihrer* Organisation auszurichten. Schon ihre Wahrnehmung einer außenpolitischen Problemstellung und der zur Verfügung stehenden Handlungsalternativen erfolgt durch den Filter bürokratischer Verantwortlichkeiten. Die außenpolitischen Präferenzen und Entscheidungen individueller Akteure sind somit als Funktion übergeordneter Organisationsinteressen konzipiert.

Der Einfluss der bürokratischen Position eines Akteurs innerhalb des Regierungsapparats auf dessen außenpolitischen Standpunkte und Wahrnehmungen ist über drei sich ergänzende Kausalmechanismen vermittelt (Abb. 7.2). Erstens ergibt sich aus dem angenommenen Eigeninteresse jedes Akteurs in einer bürokratischen Position an beruflichem Aufstieg, Einkommensmaximierung und Existenzsicherung, aber auch an Prestige und Anerkennung, ein starker Anreiz, in einer das Organisationsinteresse befördernden Art und Weise zu agieren. Dieser Anreiz besteht deswegen, weil die Zuteilung der genannten Werte vor allem organisationsintern erfolgt und von hierarchisch übergeordneten Akteuren kontrolliert wird, die dieser Wertzuteilung in erster Linie das Kriterium der Performanz gemäß der Anforderungen an die jeweilige bürokratische Position zugrunde legen (Downs 1967: 79–85; Tullock 1965: 20–22; Halperin 1974: 85–89).

Abb. 7.2:   Der Zusammenhang zwischen bürokratischer Position und außenpolitischen Standpunkten

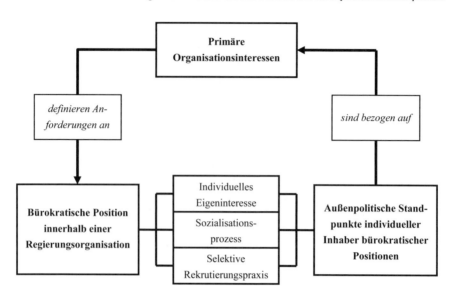

Zweitens entsteht die Korrelation zwischen bürokratischer Position und außenpolitischen Standpunkten eines Akteurs als Ergebnis von Sozialisationsprozessen. Infolge gemeinsamer bürokratischer Zuständigkeiten und Verantwortung, ähnlicher fachlicher Expertise und beruflicher Ausbildung, der Entwicklung persönlicher Kontakte und Loyalitäten sowie durch die langfristige Eingebundenheit in eine spezifische Organisationskultur entwickelt sich unter den Mitgliedern einer Organisation eine gewisse Identifikation mit den Zielen dieser Organisation und damit ein Set an geteilten Werten und Überzeugungen. Es entsteht ein gemeinsamer kognitiver Rahmen, innerhalb welchem außenpolitische Fragestellungen wahrgenommen und interpretiert werden (Halperin/Kanter 1973: 8–16; Halperin 1974: 14; Stern/Verbeek 1998a: 243). Für in einer bürokratischen Organisation sozialisierte Positionsinhaber erscheint das Interesse dieser Bürokratie als Operationalisierung eines abstrakten „nationalen Interesses", sodass für sie kein Widerspruch zwischen der Verfolgung partikularer bürokratischer Interessen und der Beförderung allgemeiner Interessen „des Staates" oder „der Gesellschaft" besteht.

Der dritte Mechanismus betrifft die Rekrutierungspraxis bürokratischer Organisationen. Im Interesse einer möglichst effizienten Erfüllung zentraler Organisationsfunktionen erfolgt die Besetzung bürokratischer Positionen innerhalb einer Organisation gerade nach dem Kriterium der antizipierten Performanz eines Individuums in einer bürokratischen Rolle sowie in der Absicht, die Homogenität der Ziele und Überzeugungen innerhalb einer Organisation zu wahren (Niskanen 1971: 22–23; Downs 1967: 228–230; Smith 1985: 23–25).

Der Zusammenhang zwischen einer bürokratischen Position und den inhaltlichen Standpunkten des Positionsinhabers ist im bürokratietheoretischen Modell der Außenpolitikanalyse allerdings nicht als Determinismus konzipiert. Diese Klarstellung findet sich in der überarbeiteten Fassung von *Essence of Decision* (Allison/Zelikow 1999: 307) als explizite Reaktion auf die zahlreiche theoretische und empirische Kritik an dem Modell (vgl. Stern/Verbeek 1998a: 242–243; Hollis/Smith 1986: 273–274; Keagle 1988: 23). Individuellen Akteuren verbleibt somit ein gewisser Spielraum zur Abwägung und Interpretation der an sie als Inhaber bürokratischer Positionen gestellten Erwartungen. Diese Erkenntnis birgt jedoch ihrerseits die Gefahr, die Erklärungskraft des Ansatzes durch die Einführung einer Vielzahl zusätzlicher Einflussfaktoren zu schwächen, die sich insbesondere auf individuelle Eigenschaften des Entscheidungsträgers beziehen. Eine eben solche Tendenz ist bei Allison selbst zu konstatieren, der beispielsweise die Persönlichkeit der handelnden Akteure, ihre persönlichen Loyalitäten und Erfahrungen oder ihren Entscheidungsstil als qualifizierende Einflüsse auf ihre Präferenzbildung einführt (vgl. Allison/Zelikow 1999: 296–300). Dies tauscht das eine Extrem einer deterministischen Ableitung inhaltlicher Standpunkte eines Akteurs aus dessen bürokratischer Zuordnung gegen das andere Extrem einer unsystematischen Auflistung möglicher Einflussfaktoren, die generalisierende Aussagen über die Präferenzen bürokratischer Positionsinhaber unmöglich macht und die Analyse auf die Ebene individueller Merkmale der handelnden Akteure zurückwirft (Bernstein 2000: 140; Krasner 1972: 171; Art 1973: 472–473).

In einem zweiten Argumentationsstrang trifft der Ansatz außerdem Aussagen darüber, worin das grundsätzliche Interesse von Organisationen im Regierungsapparat besteht, auf das die Präferenzen bürokratischer Akteure ausgerichtet sind. Anknüpfungspunkt ist dabei, dass die Realisierung der zugrunde gelegten Eigeninteressen individueller Akteure in bürokratischen Positionen ebenso wie die Umsetzung der unter den Mitgliedern einer Organisation geteilten Normen und Zielvorstellungen vom Fortbestand dieser Organisation abhängig sind. Je stärker die relative Position einer Organisation im Vergleich zu anderen Regierungsorganisationen im intra-gouvernementalen Kräfteverhältnis ist, desto größer sind die Möglichkeiten ihrer Mitglieder, ihre eigenen Interessen zu befriedigen. Oberstes Interesse jeder Organisation in einem Regierungsapparat ist somit die Sicherung ihrer Existenz und die Stärkung ihrer Stellung innerhalb der Exekutive insgesamt (Hudson/Vore 1995: 217; Krasner 1972: 165).

Daraus folgt erstens, dass Regierungsorganisationen außenpolitische Handlungsoptionen nach deren Auswirkungen auf ihre Fähigkeit bewerten, die ihr übertragenen Funktionen möglichst effektiv zu erfüllen. Konkret strebt eine Organisation nach Einfluss auf die Parameter der ihr zugewiesenen Aufgaben, nach Autonomie in der Umsetzung ihrer Aufgaben sowie nach ausreichenden Kapazitäten und Ressourcen, um eine erfolgreiche Erfüllung dieser Aufgaben zu ermöglichen. Außerdem muss eine Organisation sowohl gewährleisten, dass die von ihr bereitgestellten Leistungen in einer Regierung weiterhin nachgefragt werden, als auch sicherstellen, dass die Erbringung dieser Leistungen in ihrem Zuständigkeitsbereich verbleibt. Daher werden Organisationen außenpolitische Entscheidungen zu verhindern suchen, die eine Einschränkung oder Verwässerung ihres Zuständigkeitsbereiches implizieren und andererseits für solche Handlungsoptionen eintreten, die in besonderer Weise von den Funktionen abhängig sind, die von ihr selbst erbracht werden (Halperin 1971: 74–77; Downs 1967: 213–216; Brummer 2013b: 45–47).

Das Organisationsinteresse an einer effektiven Funktionserfüllung und an der Verteidigung eigener Zuständigkeiten gewinnt bei solchen außenpolitischen Fragen besondere Priorität, welche die „Essenz" einer Organisation berühren. Die Organisationsessenz beschreibt diejenigen Zuständigkeiten und Funktionen, die in der Wahrnehmung der Mitglieder einer Organisation den Kern der von ihr zu erbringenden Leistungen und damit die *Raison d'être* dieser Organisation ausmachen. Ineffektive Aufgabenerfüllung und Einschnitte in den Zuständigkeiten sind in diesen zentralen Bereichen besonders bedrohlich für den Fortbestand und die relative Stärke einer Organisation innerhalb einer Exekutive, sodass Organisationen ihre Interessen in derartigen Fragen mit besonderem Nachdruck in den Entscheidungsprozess einbringen (Halperin 1974: 28–40).

Zweitens beurteilen Organisationen außenpolitische Handlungsoptionen im Hinblick auf deren Auswirkungen für ihr Budget. Grundsätzlich präferieren Organisationen ein größeres gegenüber einem kleineren Budget. Darüber hinaus besteht ein Organisationsinteresse an der autonomen Verfügbarkeit eines gegebenen Haushaltsvolumens. Zum einen verbessert die autonome Verfügungsgewalt über ein großes Budget die Chancen effektiver Aufgabenerfüllung. Zum anderen ist die Größe eines Organisationshaushalts ein Indikator für die Fähigkeit dieser Organisation, die Interessen ihrer Mitglieder an Beförderungschancen, Einkommensmaximierung, beruflicher Sicherheit und Prestige zu fördern.

Das bürokratietheoretische Modell erklärt die außenpolitischen Präferenzen individueller Akteure innerhalb der Exekutive somit als Funktion des Organisationsinteresses derjenigen Regierungsorganisation, innerhalb der diese Akteure bürokratisch verortet sind. Allerdings kommen empirischen Studien, die Beobachtungen über diesen Zusammenhang enthalten, insgesamt zu widersprüchlichen Ergebnissen (vgl. Head 1988; Rhodes 1994; Holland 1999; Jones 1999). Dieses uneinheitliche Bild spiegelt sich in einer breiten Debatte über die Bedingungen wider, unter denen der bürokratietheoretische Ansatz der außenpolitischen Präferenzbildung mehr oder weniger Erklärungskraft besitzt.

Zusammenfassend verweist diese Debatte auf zwei Bedingungsfaktoren für die Aussagekraft des Modells. Erstens wird die Erklärungskraft des bürokratietheoretischen Modells in Abhängigkeit von dem Inhalt einer zu erklärenden außenpolitischen Entscheidung gesetzt. Vor allem so genannte *Bread-and-butter*-Themen mit unmittelbaren Auswirkungen auf das Budget einer Organisation oder Entscheidungen mit eindeutigen Implikationen für die kompetitive Stellung einer Organisation in der intra-gouvernementalen Auseinandersetzung erscheinen einer bürokratietheoretischen Analyse zugänglich (Art 1973: 480–486; Allison/Zelikow 1999: 307).

Ein zweites Kriterium bezieht sich auf Merkmale der bürokratischen Position, von der das bürokratietheoretische Modell inhaltliche Standpunkte individueller Akteure ableitet. Regierungsorganisationen und bürokratische Positionen in diesen Organisationen variieren hinsichtlich des Grades, zu dem sie das Handeln individueller Rolleninhaber in Richtung einer spezifischen Verhaltenserwartung steuern. Zum einen wird Organisationen mit vergleichsweise breiten, diffusen und unspezifischen Aufgabenspektren eine geringere Prägekraft für die inhaltlichen Positionierungen ihrer Repräsentanten zugesprochen, als Organisationen, deren Essenz auf einen schmalen und klar spezifizierten Aufgabenbereich ausgerichtet ist (Halperin/Kanter 1973: 9; Halperin 1971: 73–74). Zum anderen wird die Aussagekraft einer bürokratischen Position für die spezifischen außenpolitischen Präferenzen ihres Inhabers umso geringer eingeschätzt, je höher diese Position in der regierungsinternen Hierarchie angesiedelt ist. Insbesondere für allgemeine politische Berater eines Regierungschefs, deren Zuständigkeit nicht auf bestimmte Politikfelder begrenzt ist und denen keine gesonderte bürokratische Verantwortung für ein spezifisches Organisationsinteresse zuzuordnen ist, erscheint eine bürokratietheoretische Ableitung außenpolitischer Präferenzen wenig aussagekräftig (Nathan/Oliver 1978: 84–85; Allison/Halperin 1972: 48–49; Krasner 1972: 165–166).

7.2.3 Bürokratische Position und Einfluss im außenpolitischen Entscheidungsprozess

Der bürokratietheoretische Ansatz konzipiert die außenpolitische Entscheidungsfindung als Prozess der intra-gouvernementalen Aushandlung (*bargaining*) zwischen den Repräsentanten verschiedener Regierungsorganisationen, die in einem kompetitiven Verhältnis zueinander stehen. Dieses Verständnis basiert auf der Annahme, dass die politische Macht innerhalb einer Exekutive nicht auf einen dominanten Akteur konzentriert, sondern über mehrere Akteure verteilt ist. Regierungen sind als „bargaining arena", nicht als „command structure" zu analysieren (Kozak 1988: 12; Keagle 1988: 21). Die Ergebnisse regierungsinterner Verhandlungsprozesse sind dabei durch die Verteilung von Verhandlungsmacht zwischen den in die Entscheidungsfindung eingebundenen Akteuren bedingt. Außenpolitik stellt sich in der Regel als Kompromiss- oder Paketlösung (*resultant*) dar, die keinen der ursprünglichen Idealpunkte der beteiligten Akteure abbildet (Stern/Verbeek 1998b: 207; Jones 1999: 268).

Der relative Einfluss eines Akteurs in intra-gouvernementalen Verhandlungsprozessen ergibt sich aus dem Zusammenspiel zwischen den institutionellen Regeln der Entscheidungsfindung und der bürokratischen Position des Akteurs. Die Regeln der Entscheidungsfindung können in den Verfassungen eines Staates verankert sein, auf einfachen Parlamentsgesetzen, Exekutivakten oder Gerichtsentscheidungen beruhen oder aus den Konventionen der Regierungspraxis erwachsen sein und treten den Akteuren des Entscheidungsprozesses als gegebene Determinanten ihres Handlungsspielraumes gegenüber. Diese Regeln setzen die verschiedenen bürokratischen Positionen innerhalb einer Regierung in jeweils spezifische Beziehungen zum außenpolitischen Entscheidungsprozess und ordnen ihnen damit bestimmte Verhandlungsressourcen zu. Unter den bedeutendsten dieser Ressourcen sind das formale Initiativrecht und die mit der Zuständigkeit für die Erarbeitung von Beschlussvorlagen verbundene *Agenda-setting*-Macht, die reguläre Teilnahme und gegebenenfalls das Stimmrecht in zentralen Entscheidungs- und Beratungsgremien, die formale Autorität für die Implementierung und Evaluation von Entscheidungen sowie Konsultations- und Informationsansprüche (Allison/Zelikow 1999: 278–280, 300–302; Halperin/Kanter 1973: 19–30; Keagle 1988: 20–21).

Darüber hinaus sind mit einer bürokratischen Position Ressourcen verbunden, die aus dem Verwaltungsapparat erwachsen, auf den ein Positionsinhaber Zugriff hat, und die ihm Einflussmöglichkeiten auf die außenpolitische Entscheidungsfindung eröffnen. Dazu gehören insbesondere die fachliche Expertise, der Informationsvorsprung und die personelle wie organisatorische Kontinuität, die eine Verwaltung auszeichnen. Außerdem können die Kontrolle über materielle und personelle Ressourcen, die für die Umsetzung einer außenpolitischen Entscheidung erforderlich sind, oder die Existenz gewachsener Klientelbeziehungen einer Verwaltung zu Akteuren außerhalb der Exekutive zu wichtigen Quellen des Einflusses eines Akteurs im regierungsinternen Verhandlungsprozess werden (Kozak 1988: 7–8; Bendor/Hammond 1992: 315–316; Allison/Halperin 1972: 50–53).

Die bürokratische Verortung eines Akteurs im Regierungsapparat erklärt aus bürokratietheoretischer Perspektive somit dessen Verhandlungsmacht im intra-gouvernementalen *Bargaining*-Prozess und seinen außenpolitischen Einfluss. Problematisch erscheint dabei allerdings das in dem Ansatz angelegte Spannungsverhältnis zwischen der Konzeption der intra-gouvernementalen Entscheidungsfindung als Verhandlungsprozess und der Existenz formaler Hierarchien innerhalb der Regierung. Auf der einen Seite basiert das Verständnis des außenpolitischen Entscheidungsprozesses als *Bargaining*-Prozess auf der Annahme, dass kein

Akteur innerhalb der Exekutive in der Lage ist, Außenpolitik hierarchisch zu steuern. Auf der anderen Seite erkennt das Modell an, dass die am Entscheidungsprozess beteiligten Akteure innerhalb der Regierung in einem Verhältnis der formalen Über- und Unterordnung stehen (Allison/Zelikow 1999: 255; Bendor/Hammond 1992: 314–317). Um diese beiden gegenläufigen Tendenzen zusammen zu führen, rekurriert das bürokratietheoretische Modell auf zentrale Argumentationslinien des *Principal-Agent*-Ansatzes. Im Kern analysiert dieser Ansatz die Möglichkeiten und Grenzen hierarchischer Kontrolle und Steuerung von Agenten durch übergeordnete Prinzipale sowie – spiegelbildlich dazu – die sich ergebenden Handlungsspielräume von Agenten, trotz ihrer hierarchischen Unterordnung im Verhältnis zu ihren Prinzipalen eigene Interessen zu verfolgen (vgl. Shepsle/Bonchek 1997: 358–378).

Aus dieser Perspektive ist Außenpolitik auch unter der Bedingung einer hierarchisch strukturierten Exekutive aus zwei Gründen als Ergebnis eines intra-gouvernementalen Verhandlungsprozesses zu konzipieren. Erstens verfügen die Inhaber bürokratischer Positionen in ihrem Zuständigkeitsbereich über einen Vorsprung an Information und Expertise gegenüber ihren in der Regierungshierarchie übergeordneten Prinzipalen (Niskanen 1971: 24–30). Zweitens verursacht die Etablierung umfassender Kontroll- und Sanktionsmechanismen Kosten für den Prinzipal. Da die Ressourcen und Kapazitäten, die ein Prinzipal zu diesem Zweck aufwenden kann, begrenzt sind und zudem gleichzeitig über eine Vielzahl von Themen auf der außenpolitischen Agenda verteilt werden müssen, bleibt die hierarchische Kontrolle eines Agenten unvollständig (Allison/Halperin 1972: 50–53; Kiewit/McCubbins 1991: 22–38).

Gerade die Implementierung außenpolitischer Entscheidungen ist nach dem bürokratietheoretischen Ansatz häufig durch einen besonders großen diskretionären Handlungsspielraum der zuständigen bürokratischen Positionsinhaber gekennzeichnet. Da in der Phase der politischen Entscheidungsfindung nicht alle Kontingenzen der späteren Umsetzung einer Entscheidung antizipiert werden können, weisen diese Entscheidungen zum einen häufig eine gewisse Unschärfe und Interpretationsbedürftigkeit auf. Zum anderen treten die Informationsasymmetrien zu Gunsten der für die Umsetzung zuständigen Akteure ebenso wie die Kontrollprobleme des hierarchisch übergeordneten Prinzipals in der Implementierungsphase besonders in Erscheinung. Gerade die konkrete Operationalisierung politischer Entscheidungen ist oftmals durch eine ausgeprägte Komplexität ihrer technischen und administrativen Details geprägt, sodass politische Prinzipale diesbezüglich in besonderer Weise auf die vom Verwaltungsapparat bereitgestellten Ressourcen angewiesen sind und gleichzeitig nur geringe Möglichkeiten der effektiven Kontrolle zur Verfügung haben (Halperin 1971: 89–90; Halperin/Kanter 1973: 32–35; Rosati 1981: 238).

Im Ergebnis kann Außenpolitik nach dem bürokratietheoretischen Modell somit nicht hierarchisch formuliert und implementiert werden, weil es der Spitze des Regierungsapparates nicht gelingt, untergeordnete Akteure in bürokratischen Positionen vollständig über die Instrumente der Kontrolle und Sanktion zu steuern. Diese Argumentationslinie ist jedoch zum Gegenstand einer breiten Kritik geworden (vgl. Smith 1989: 116–117; Caldwell 1977: 96–98). Im Kern bezieht sich diese Kritik auf die Stellung des formalen Letztentscheiders – also zumindest in präsidentiellen Regierungssystemen in der Regel auf den Regierungschef – im außenpolitischen Entscheidungsprozess. Auch wenn die Rolle der Regierungsspitze in den verschiedenen Ausformulierungen des Ansatzes uneinheitlich definiert ist, fügt sich nach der Logik des Ansatzes auch ein Regierungschef in die Verhandlungsdynamik außenpolitischer Entscheidungsprozesse ein und erscheint in diesem Prozess als ein – wenn auch besonders einflussreicher – Akteur unter anderen. Die Erklärungskraft des Ansatzes ist unmittelbar von der Annahme abhängig, dass auch der formale Letztentscheider nicht in der Lage ist, die außenpolitische Entscheidungsfindung kraft seiner herausgehobenen Stellung in der Regierungshierarchie zu dominieren (Art 1973: 474–475). Eben diese Annahme ist zumindest in dreierlei Hinsicht hinterfragt worden.

Erstens verkennt das bürokratietheoretische Modell – so die Kritik – die strukturelle Macht von Regierungschefs im außenpolitischen Entscheidungsprozess. Durch seinen Fokus auf intra-gouvernementale Verhandlungsprozesse übersieht der Ansatz, dass die Parameter dieser Verhandlungen nicht exogen gegeben, sondern wesentlich durch die Präferenzen der Regierungsspitze bedingt sind. Insbesondere liegt es vor allen in präsidentiellen Demokratien in der Kompetenz eines Regierungschefs, die wichtigsten bürokratischen Positionen zu besetzen und die bedeutendsten außenpolitischen Berater zu ernennen. Auch die Regeln und Verfahrensweisen der Entscheidungsfindung sind nicht vollständig *a priori* gegeben, sondern stehen der Einflussnahme der Regierungsspitze offen (Freedman 1976: 446–448; Perlmutter 1974: 93–97; Krasner 1972: 166–168).

Zweitens kann die hierarchische Kontrolle durch einen Regierungschef auch dann wirkungsmächtig sein, wenn die Ausübung dieser Kontrolle nicht direkt empirisch zu beobachten ist. Bürokratische Positionsinhaber agieren im Schatten möglicher Sanktionierungen ihres Handelns und antizipieren die Präferenzen des Regierungschefs. Geeignete Anreizstrukturen können danach sicherstellen, dass untergeordnete Akteure des Entscheidungsprozesses im Sinne der Präferenzen der Regierungsspitze handeln, ohne dass es erforderlich wäre, knappe Ressourcen in Kontroll- oder Sanktionsmaßnahmen zu investieren (Weingast/ Moran 1983: 766–770; Krasner 1972: 168–169).

Und drittens ist ein Regierungschef in der Lage, unter der Vielzahl an Themen auf der außenpolitischen Agenda eigene Prioritäten zu setzen. Bei denjenigen außenpolitischen Fragen, die ein Regierungschef als Schwerpunkte seines politischen Profils und damit seiner Aufmerksamkeit und Kontrolle definiert, reduzieren sich in der Regel die Möglichkeiten der übrigen Akteure der außenpolitischen Entscheidungsfindung, unabhängig von den Präferenzen des formalen Letztentscheiders zu agieren (Rosati 1981: 245–247; Halperin 1974: 17).

Die Kritik an der bürokratietheoretischen Konzeption der Rolle des Regierungschefs im außenpolitischen Entscheidungsprozess verweist auf die Notwendigkeit, die Bedingungen zu spezifizieren, unter denen Außenpolitik tatsächlich als Ergebnis eines intra-gouvernehmentalen Verhandlungsprozesses zu erklären ist oder vielmehr den Präferenzen des Regierungschefs folgt. Dies erscheint umso dringlicher, als verschiedene empirische Überprüfungen des Ansatzes nur geringe Anzeichen für die Bedeutung der angenommenen *Bargaining*-Prozesse gefunden haben (vgl. Welch 1992: 136; Bendor/Hammond 1992: 314–315). Dabei sind insbesondere zwei Kriterien auszumachen, welche die Erklärungskraft des bürokratietheoretischen Modells bedingen.

Zum einen ist diese Erklärungskraft abhängig von der institutionellen Stärke eines Regierungschefs innerhalb einer Exekutive. Je stärker ein Regierungschef Einfluss auf die Struktur des Entscheidungsprozesses nehmen kann, je unmittelbarer er also das Verfahren der Entscheidungsfindung, die beteiligten Akteure sowie die Anreizstrukturen dieser Akteure definiert, desto weniger kann Außenpolitik als Ergebnis regierungsinterner Verhandlungen erklärt werden. Zum anderen variiert die Erklärungskraft der bürokratietheoretischen Analyse mit der Bedeutung, die ein Regierungschef einem außenpolitischen Thema beimisst. Je größer einem Regierungschef diese Bedeutung erscheint und je unmittelbarer er in die Prozesse der Entscheidungsfindung und Implementierung involviert ist, desto eher ist Außenpolitik aus den Präferenzen dieses Regierungschefs und nicht als Ergebnis eines *Bargaining*-Prozesses zu erklären (Ball 1974: 92; Smith 1989: 116–117). Insbesondere Entscheidungs-prozesse unter Krisenbedingungen, die in der Regel durch eine besonders enge Kontrolle durch die Regierungsspitze gekennzeichnet sind, scheinen der bürokratietheoretischen Erklä-rung in dieser Perspektive am wenigsten zugänglich zu sein. Demgegenüber sollte die Aus-sagekraft des bürokratietheoretischen Modells dann besonders groß sein, wenn die institutio-nelle Stellung eines Regierungschefs relativ schwach ist und der Gegenstand eines außen-politischen Entscheidungsprozesses nicht zu den Prioritäten der Regierungsspitze zählt (Ro-sati 1981: 246–249; Dumbrell 1997: 20). Aus dieser Sicht verspricht der Ansatz, obwohl er bislang in erster Linie für präsidentielle Regierungssysteme angewendet wurde, gerade für die Analyse der Außenpolitik parlamentarischer Demokratien wertvolle Erkenntnisse, da dort die Position des Regierungschefs innerhalb der Exekutive in der Regel weniger stark ist als in präsidentiellen Systemen.

7.3   Anwendungen

Letztendlich bemisst sich der forschungspraktische Nutzen eines Erklärungsansatzes an sei-ner empirischen Anwendbarkeit und an seiner Fähigkeit, der empirischen Überprüfung seiner Hypothesen in möglichst vielen Fällen und unter unterschiedlichen Kontextbedingungen standzuhalten. Vor diesem Hintergrund war die Darstellung des bürokratietheoretischen Mo-dells in den vorangegangenen Abschnitten von der Absicht geleitet, erstens eine möglichst trennscharfe und damit kritikfähige Formulierung des Ansatzes anzubieten sowie zweitens einige Bedingungen seiner empirischen Anwendbarkeit aufzuzeigen. In diesem Kontext sind abschließend einige Anmerkungen zu den Problemen der Operationalisierung des Ansatzes sowie der Generalisierbarkeit seiner Aussagen erforderlich.

Die existierenden empirischen Anwendungen des bürokratietheoretischen Modells unterlie-gen in dreifacher Hinsicht einem Bias, der die Generalisierbarkeit der gewonnenen Erkennt-nisse in Frage stellt. Sowohl in seiner Entstehung als auch in seiner empirischen Anwendung ist der Ansatz erstens stark auf die USA bezogen (Neack 2003: 98–102; Smith 1994: 11–14). Die ursprünglichen Formulierungen des Ansatzes von Allison und Halperin sind deutlich an dem institutionellen System der USA orientiert und von dem Interesse geleitet, zur Erklärung scheinbar paradoxer außenpolitischer Entscheidungen amerikanischer Regierungen in den 1960er und 1970er Jahren beizutragen. Dementsprechend gibt es bis heute nur wenige Stu-dien, die den Ansatz umfassend auf außenpolitische Entscheidungsprozesse außerhalb der Vereinigten Staaten anwenden und auf seine Erklärungskraft beispielsweise in parlamentari-schen Systemen (vgl. Brummer 2013b) überprüfen.

Damit fehlen weitgehend systematische Erkenntnisse darüber, inwieweit die Annahmen des bürokratietheoretischen Modells aus ihrem Entstehungskontext auf andere Fälle außerhalb der USA übertragen werden können. Während der Ansatz mit dem Anspruch der Generali-sierbarkeit seiner Aussagen für entwickelte Industriestaaten formuliert ist (Allison/Zelikow 1999: 256; Halperin/Kanter 1973: 39–40), wurde die Aussagekraft des Ansatzes beispiels-weise für westeuropäische Staaten ebenso wie für Entwicklungsländer bezweifelt (Wallace/ Paterson 1978; Korany 1986: 52–56).

Analog dazu ist zweitens auch eine thematische Verbreiterung der empirischen Überprüfung des Ansatzes erforderlich. Die vorhandenen bürokratietheoretischen Analysen außenpolitischer Entscheidungsprozesse sind fast ausschließlich auf Aspekte der Sicherheits- und Militärpolitik bezogen, sodass die Erklärungskraft des Ansatzes in anderen Politikfeldern zumindest fraglich bleibt (Stern/Verbeek 1998a: 244). Schließlich ist auch in methodischer Hinsicht ein Bias in der Fallauswahl der empirischen Anwendungen des bürokratietheoretischen Modells festzustellen. Diese Fallauswahl ist dahingehend selektiv, dass außenpolitische Entscheidungsprozesse vor allem dann zum Gegenstand der bürokratietheoretischen Analyse werden, wenn die im Ansatz angenommenen intra-gouvernementalen Verhandlungsprozesse sowie die Einflussmöglichkeiten bürokratischer Positionsinhaber tatsächlich empirisch zu beobachten sind. Da der Ansatz somit in erster Linie an solchen empirischen Fällen überprüft wird, die sich schon im Vorhinein dadurch auszeichnen, dass sie den grundlegenden Erwartungen des Modells entsprechen, verlieren die Erkenntnisse dieser empirischen Studien an Repräsentativität und Aussagekraft (Freedman 1974: 439–440).

Der somit erforderlichen Erweiterung des Bestandes an empirischen Anwendungen des bürokratietheoretischen Modells stehen allerdings vergleichsweise anspruchsvolle Erfordernisse der Datenerhebung entgegen. Um die Dynamik intra-gouvernementaler Verhandlungen erfassen zu können, ist die bürokratietheoretische Analyse vor allem auf detaillierte Informationen über diesen regierungsinternen Prozess angewiesen. Da offizielle Dokumente zu entsprechenden Entscheidungsprozessen häufig entweder nicht existieren oder nicht zugänglich sind, ist die Analyse in besonderem Maße auf Schilderungen von direkt an diesen Prozessen Beteiligten in Form von Interviews oder Memoiren angewiesen. Damit steht auch die bürokratietheoretische Analyse von Außenpolitik vor dem für diese Instrumente der Datenerhebung charakteristischen Problem, aus derartigen Darstellungen, die insbesondere von dem Interesse geleitet sind, die jeweils eigene Rolle in einer bestimmten Art und Weise gewürdigt zu wissen, ein Gesamtbild des Entscheidungsprozesses zu entwickeln, das von subjektiven Färbungen der zur Verfügung stehenden Daten abstrahiert (Allison/Zelikow 1999: 312–313; Caldwell 1977: 99–100). Diese Schwierigkeiten der bürokratietheoretischen Analyse außenpolitischer Entscheidungen sollen jedoch nicht davon abschrecken, den Erklärungsansatz für die empirische Forschung nutzbar zu machen. Vielmehr zeigen sie die Herausforderungen auf, vor denen eine systematische Evaluation der Erklärungskraft des Ansatzes steht.

7.4   Fazit

Aus bürokratietheoretischer Sicht ist Außenpolitik das Ergebnis von Aushandlungsprozessen zwischen unterschiedlichen bürokratischen Akteuren innerhalb des Regierungsapparats. Diese Akteure sind primär von dem Interesse geleitet, ihre Machtposition in der Regierung zu stärken und dazu ihre Zuständigkeiten und das ihnen verfügbare Budget zu verteidigen oder auszubauen. Infolgedessen kann es zwischen den Repräsentanten bürokratischer Interessen zu regierungsinternen Konflikten über außenpolitische Fragen kommen, die nicht hierarchisch aufgelöst werden können, sondern in Verhandlungen über den außenpolitischen Kurs der Regierung entschieden werden müssen.

Eine bürokratietheoretische Erklärung außenpolitischer Entscheidungen verlangt dabei im Kern drei Schritte. Erstens muss herausgearbeitet werden, welche Regierungsorganisationen infolge ihrer Zuständigkeiten und Kompetenzen im außenpolitischen Entscheidungsprozess als Akteure regierungsinterner Verhandlungen in Betracht zu ziehen sind. Zweitens sind für diese Akteure die außenpolitischen Standpunkte zu identifizieren, die sie in die Verhandlungen einbringen. Diese Standpunkte werden nach dem bürokratietheoretischen Modell wesentlich durch die bürokratische Position eines Akteurs innerhalb der Regierung geprägt. Der dritte Analyseschritt widmet sich schließlich dem relativen Einfluss von unterschiedlichen bürokratischen Akteuren in der außenpolitischen Entscheidungsfindung, der durch die institutionellen Einflusschancen und die Ressourcen bedingt ist, die ein Akteur dank seiner bürokratischen Position nutzen kann. Dabei sind in der empirischen Anwendung für jeden der drei Analyseschritte verschiedene Bedingungen zu berücksichtigen, unter denen der Ansatz mehr oder weniger Aussagekraft besitzt.

In der weiteren Forschung gilt es nicht zuletzt, verstärkt die Frage der Generalisierbarkeit bürokratietheoretischer Erklärungen für außenpolitische Entscheidungen jenseits des US-amerikanischen Kontextes in den Mittelpunkt zu rücken. Hierzu sind insbesondere vergleichend angelegte Studien erforderlich, die den Ansatz systematisch auf seine Erklärungskraft in parlamentarischen Demokratien, nicht demokratischen Systemen und in Staaten des Globalen Südens überprüfen und damit die Grenzen seiner empirischen Reichweite ausloten. Ebenso zu begrüßen wäre eine thematische Ausdifferenzierung bürokratietheoretischer Analysen, um zusätzliche Erkenntnisse über den analytischen Nutzen des Ansatzes über den Bereich der Sicherheits- und Militärpolitik hinaus zu gewinnen. Schließlich sollte sich die bürokratietheoretische Forschung stärker der Frage zuwenden, unter welchen Bedingungen die im Ansatz angenommenen bürokratischen Konflikte und Verhandlungen in außenpolitischen Entscheidungsprozessen tatsächlich zu erwarten sind (vgl. Preston/Hart 1999). *Bureaucratic politics* wäre in solchen Studien nicht die unabhängige Variable zur Erklärung von Außenpolitik, sondern die abhängige Variable, die gegebenenfalls mit anderen Ansätzen der Außenpolitikforschung zu erklären wäre (Kap. 12.2). Ein solcher Perspektivenwechsel könnte wiederum zu einer klareren Abgrenzung des empirischen Anwendungsbereichs (*scope conditions*) bürokratischer Erklärungen von Außenpolitik beitragen.

7.5   Literatur

Allison, Graham T. (1969) Conceptual Models and the Cuban Missile Crisis. *American Political Science Review* 63(3), 689–718.

Allison, Graham T. (1971) *Essence of Decision: Explaining the Cuban Missile Crisis*. Boston: Little, Brown and Company.

Allison, Graham T./Halperin, Morton H. (1972) Bureaucratic Politics: A Paradigm and Some Policy Implications. *World Politics* 24(Supplement), 40–79.

Allison, Graham T./Zelikow, Philip (1999) *Essence of Decision: Explaining the Cuban Missile Crisis*, 2. Auflage. New York: Longman.

Art, Robert J. (1973) Bureaucratic Politics and American Foreign Policy: A Critique. *Policy Sciences* 4(4), 467–490.

Ball, Desmond J. (1974) The Blind Men and the Elephant: A Critique of Bureaucratic Politics. *Australian Outlook* 28(1), 71–92.

Bendor, Jonathan/Hammond, Thomas H. (1992) Rethinking Allison's Models. *American Political Science Review* 86(2), 301–322.

Bernstein, Barton J. (2000) Understanding Decisionmaking, U.S. Foreign Policy, and the Cuban Missile Crisis. *International Security* 25(1), 134–164.

Brummer, Klaus (2013a) The Reluctant Peacekeeper: Governmental Politics and Germany's Participation in EUFOR RD Congo. *Foreign Policy Analysis* 9(1), 1–20.

Brummer, Klaus (2013b) *Die Innenpolitik der Außenpolitik. Die Große Koalition, „Governmental Politics" und Auslandseinsätze der Bundeswehr.* Wiesbaden: Springer VS.

Caldwell, Dan (1977) Bureaucratic Foreign Policy-Making. *American Behavioral Scientist* 21(1), 87–110.

Downs, Anthony (1967) *Inside Bureaucracy*. Boston: Little, Brown and Company.

Dumbrell, John (1997) *The Making of US Foreign Policy*. Manchester: Manchester University Press.

Freedman, Lawrence (1976) Logic, Politics and Foreign Policy Processes: A Critique of the Bureaucratic Politics Model. *International Affairs* 52(3), 434–449.

Halperin, Morton H. (1971) Why Bureaucrats Play Games. *Foreign Policy* 2, 70–90.

Halperin, Morton H. (1974) *Bureaucratic Politics and Foreign Policy*. Washington, DC: Brookings Institution.

Halperin, Morton H./Clapp, Priscilla A. (2006) *Bureaucratic Politics and Foreign Policy*, 2. Auflage. Washington, DC: Brookings Institution.

Halperin, Morton H./Kanter, Arnold (1973) The Bureaucratic Perspective: A Preliminary Framework. In: Halperin, Morton H./Kanter, Arnold (Hrsg.) *Readings in American Foreign Policy: A Bureauratic Perspective*. Boston: Little, Brown and Company, 1–42.

Hart, Paul 't/Rosenthal, Uriel (1998) Reappraising Bureaucratic Politics. *Mershon International Studies Review* 42(2), 235–240.

Head, Richard (1988) Crisis Decisionmaking: Bureaucratic Politics and the Use of Force. In: Kozak, David C./Keagle, James M. (Hrsg.) *Bureaucratic Politics and National Security. Theory and Practice.* London et al.: Lynne Rienner, 72–90.

Hilsman, Roger (1967) *To Move a Nation. The Politics of Foreign Policy in the Administration of John F. Kennedy.* New York: Doubleday.

Hilsman, Roger (1987) *The Politics of Policy Making in Defense and Foreign Affairs: Conceptual Models and Bureaucratic Politics.* Englewood Cliffs: Prentice-Hall.

Holland, Lauren (1999) The U.S. Decision to Launch Operation Desert Storm: A Bureaucratic Politics Analysis. *Armed Forces & Society* 25(2), 219–242.

Hollis, Martin/Smith, Steve (1986) Roles and Reasons in Foreign Policy Decision Making. *British Journal of Political Science* 16(3), 269–286.

Holsti, Ole R. (2002) Models of International Relations and Foreign Policy. In: Ikenberry, G. John (Hrsg.) *American Foreign Policy. Theoretical Essays*, 4. Auflage. New York: Longman, 14–40.

Hudson, Valerie M./Vore, Christopher S. (1995) Foreign Policy Analysis Yesterday, Today, and Tomorrow. *Mershon International Studies Review* 39(2), 209–238.

Huntington, Samuel P. (1961) *The Common Defense: Strategic Programs in National Politics*. New York: Columbia University Press.

Jäger, Thomas/Oppermann, Kai (2006) Bürokratie- und organisationstheoretische Analysen der Sicherheitspolitik: Vom 11. September zum Irakkrieg. In: Siedschlag, Alexander (Hrsg.) *Methoden der sicherheitspolitischen Analyse. Eine Einführung.* Wiesbaden: VS Verlag, 105–134.

Jones, Christopher M. (1999) Trading with Saddam: Bureaucratic Roles and Competing Conceptions of National Security. In: Wittkopf, Eugene R./McCormick, James M. (Hrsg.) *The Domestic Sources of American Foreign Policy: Insights and Evidence*, 3. Auflage. Lanham: Rowman & Littlefield, 267–285.

Jones, Christopher M. (2010) Bureaucratic Politics and Organizational Process Models. In: Denemark, Robert A. (Hrsg.) *The International Studies Encyclopedia*. Blackwell Reference Online. Blackwell Publishing.

Keagle, James M. (1988) Introduction and Framework. In: Kozak, David C./Keagle, James M. (Hrsg.) *Bureaucratic Politics and National Security. Theory and Practice*, London et al.: Lynne Rienner, 16–25.

Kiewiet, D. Roderick/McCubbins, Matthew (1991) *The Logic of Delegation: Congressional Parties and the Appropriations Process*. Chicago: University of Chicago Press.

Korany, Bahgat (with contributors) (1986) *How Foreign Policy Decisions are Made in the Third World. A Comparative Analysis*. Boulder et al.: Westview Press.

Kozak, David C. (1988) The Bureaucratic Politics Approach: The Evolution of the Paradigm. In: Kozak, David C./Keagle, James M. (Hrsg.) *Bureaucratic Politics and National Security. Theory and Practice*, London et al.: Lynne Rienner, 3–15.

Krasner, Stephen (1972) Are Bureaucracies Important? (Or Allison Wonderland). *Foreign Policy* 7, 159–179.

Krippendorff, Ekkehart (1963) Ist Außenpolitik Außenpolitik?. *Politische Vierteljahresschrift* 4(3), 243–266.

Lindblom, Charles E. (1968) *The Policy-Making Process*. Englewood Cliffs: Prentice-Hall.

Nathan, James A./Oliver, James K. (1978) Bureaucratic Politics: Academic Windfalls and Intellectual Pitfalls. *Journal of Political and Military Sociology* 6(1), 81–91.

Neack, Laura (2003) *The New Foreign Policy: U.S. and Comparative Foreign Policy in the 21st Century*. Lanham: Rowman & Littlefield.

Neustadt, Richard E. (1960) *Presidential Power: The Politics of Leadership*. New York: John Wiley & Sons.

Niskanen, William A. (1971) *Bureaucracy and Representative Government*. Chicago: Aldine-Atherton.

Perlmutter, Amos (1974) The Presidential Political Center and Foreign Policy: A Critique of the Revisionist and Bureaucratic-Political Orientation. *World Politics* 27(1), 87–106.

Preston, Thomas/Hart, Paul 't (1999) Understanding and Evaluating Bureaucratic Politics: The Nexus Between Political Leaders and Advisory Systems. *Political Psychology* 20(1), 49–98.

Rhodes, Edward (1994) Do Bureaucratic Politics Matter? Some Disconfirming Findings from the Case of the U.S. Navy. *World Politics* 47(1), 1–41.

Rosati, Jerel (1981) Developing a Systematic Decision-Making Framework: Bureaucratic Politics in Perspective. *World Politics* 33(2), 234–252.

Schneider, Gerald (1997) Die bürokratische Politik der Außenpolitikanalyse. Das Erbe Allisons im Lichte der gegenwärtigen Forschungspraxis. *Zeitschrift für Internationale Beziehungen* 4(1), 107–123.

Shepsle, Kenneth A./Bonchek, Mark S. (1997) *Analyzing Politics. Rationality, Behavior, and Institutions*. New York/London: W. W. Norton.

Smith, Steve (1985) Policy Preferences and Bureaucratic Position: The Case of the American Hostage Rescue Mission. *International Affairs* 61(1), 9–25.

Smith, Steve (1989) Perspectives on the Foreign Policy System: Bureaucratic Politics Approaches. In: Clarke, Michael/White, Brian (Hrsg.) *Understanding Foreign Policy. The Foreign Policy Systems Approach.* Cheltenham: Edward Elgar, 109–134.

Smith, Steve (1994) Foreign Policy Theory and the New Europe. In: Carlsnaes, Walter/Smith, Steve (Hrsg.) *European Foreign Policy: The EC and Changing Perspectives in Europe.* London et al.: SAGE, 1–20.

Snyder, Richard C./Bruck, H.W./Sapin, Burton (1954) *Decision-Making as an Approach to the Study of International Politics.* Princeton: Princeton University Press.

Snyder, Richard C./Bruck, H.W./Sapin, Burton (1962) Decision-Making as an Approach to the Study of International Politics. In: Snyder, Richard C./Bruck, H.W./Sapin, Burton (Hrsg.) *Foreign Policy Decision-Making. An Approach to the Study of International Politics.* Glencoe: Free Press, 14–185.

Stern, Eric K./Verbeek, Bertjan (1998a) Conclusions: Toward a Neopluralist Approach to Bureau-Governmental Politics. *Mershon International Studies Review* 42(2), 240–255.

Stern, Eric K./Verbeek, Bertjan (1998b) Whither the Study of Governmental Politics in Foreign Policymaking? A Symposium (Introduction). *Mershon International Studies Review* 42(2), 205–210.

Tullock, Gordon (1965) *The Politics of Bureaucracy.* Washington, DC: Public Affairs Press.

Wallace, William/Paterson, William E. (Hrsg.) (1978) Foreign Policy Making in Western Europe. A Comparative Approach. Westmead: Saxon House.

Weber, Max ([1919] 1993) *Politik als Beruf,* 10. Auflage. Berlin: Duncker & Humblot.

Weingast, Barry R./Moran, Mark J. (1983) Bureaucratic Discretion or Congressional Control? Regulatory Policymaking by the Federal Trade Commission. *Journal of Political Economy* 91(5), 765–800.

Welch, David A. (1992) The Organizational Process and Bureaucratic Politics Paradigms: Retrospect and Prospect. *International Security* 17(2), 112–146.

Weldes, Jutta (1998) Bureaucratic Politics: A Critical Constructivist Assessment. *Mershon International Studies Review* 42(2), 216–226.

Teil III   Psychologische und kognitive Erklärungsansätze

Im dritten Teil des Bandes richtet sich der Blick insbesondere auf die Rolle von einzelnen Entscheidungsträgern. Laut Robert Jervis (1994) sollten akteursbezogene Faktoren gerade in der Zeit nach dem Ende des Ost-West-Konflikts einen größeren Einfluss auf Außenpolitik haben, weil mit dem Wegfall des bipolaren Systems die externen Zwänge auf die Entscheidungsträger geringer ausgeprägt und dadurch ihre Handlungsspielräume erweitert worden wären. Das gemeinsame Leitmotiv der nachfolgend diskutierten Ansätze könnte lauten: „individuals matter". Entscheidungsträger gelten gerade *nicht* als beliebig austauschbar, weil sie nur übergeordneten strukturellen Zwängen folgen, die sich etwa aus dem internationalen System oder aus festgelegten organisatorischen Abläufen ergeben. Die Ansätze argumentieren vielmehr, dass es zur Erklärung außenpolitischer Entscheidungen zwingend notwendig ist, die an den Entscheidungsprozessen beteiligten Personen – mit ihren Eigenschaften und Eigenheiten – in den Blick zu nehmen. Außenpolitik wird somit auf die individuellen Unterschiede zwischen den Entscheidungsträgern zurückgeführt, zumal dann, wenn es um Veränderungen in der Außenpolitik eines Landes geht.

Neben ihrer Fokussierung auf einzelne Entscheidungsträger haben die diskutierten Ansätze weiterhin gemein, dass sie *nicht* alle Annahmen bezüglich menschlichen Entscheidens teilen wie sie in der klassischen Theorie des rationalen Entscheidens, oder *Rational Choice*-Theorie, zum Ausdruck kommen (für allgemeine Einführungen siehe Kunz 2004; Gilboa 2010). *Rational Choice*-Theorien stellen Entscheidungsträger als zielorientiert dar, wobei die Ziele die Eigeninteressen der Entscheidungsträger widerspiegeln. Auf der Grundlage ihrer von außen (exogen) vorgegebenen Präferenzen, die als in sich schlüssig wie auch als stabil gelten, wählen die individuellen Akteure in einer Entscheidungssituation aus der Summe aller möglichen Handlungsmöglichkeiten gezielt stets diejenige aus, die ihnen den größten Nutzen verspricht. Die Auswahl der „objektiv besten" Option ist deshalb möglich, weil Entscheidungsträger umfassende Informationen über alle Handlungsoptionen wie auch über etwaige Konsequenzen ihrer Entscheidung haben (Monroe 1995: 2). Zu betonen ist dabei, dass die Auswahl der unter bestimmten Bedingungen besten Option nicht zwingend zu „optimalen" Ergebnissen führen muss. Allerdings sollten solche Ergebnisse mit einer höheren Wahrscheinlichkeit eintreten.

Ein in der Außenpolitikforschung genutzter Ansatz, der sich auf Annahmen der *Rational Choice*-Theorie bezieht, ist die *Expected Utility Theory* (EUT; dt.: Erwartungsnutzentheorie) (Bueno de Mesquita 1981, 1985, 1997). Der Hauptvertreter der Theorie, Bruce Bueno de Mesquita (1997: 236), fasst deren Zielsetzung wie folgt zusammen: „The expected utility model is concerned with explaining how policy positions of competing interests evolve over time. It leads to predictions about policy outcomes and identifies strategic opportunities for altering them". Die EUT ist deshalb kurz anzuführen, weil mehrere der nachfolgenden Ansätze ausdrücklich in Abgrenzung zu ihr entwickelt worden sind. Die EUT, die anfänglich vor allem zur Erklärung der Initiierung bzw. der Eskalation von Konflikten herangezogen wurde, stellt zur Erklärung von Entscheidungen die folgenden fünf Aspekte in den Mittelpunkt. Erstens die zentralen Einzelakteure bzw. Akteursgruppen innerhalb oder außerhalb eines Landes, die eine bestimmte Entscheidung beeinflussen wollen. Zweitens die möglichen Entscheidungsalternativen bzw. Handlungsoptionen. Drittens die inhaltlichen Präferenzen der Akteure, sprich diejenige Handlungsoption, die sie auswählen würden, wenn sie eigenständig die Entscheidung treffen könnten. Viertens die relative Macht (politisch, militärisch etc.) der Akteure im Verhältnis zu den anderen Akteuren, die sie zur Beeinflussung einer Entscheidung einsetzen können. Und fünftens die Bedeutung (*salience*), welche die Akteure der Entscheidung zuweisen, woraus sich Hinweise auf das tatsächliche Interesse der Akteure zur Beeinflussung der Entscheidung ergeben. Ferner richtet sich der Blick unter anderem auf die strategische Interaktion der Akteure im Entscheidungsprozess sowie auf mögliche Folgen (*political realignments*), die sich aus einer Entscheidung ergeben können (Bueno de Mesquita 1984: 228).

Auf diesen Grundlagen erstellt die EUT Erwartungen für das Zusammenspiel der an einer Entscheidung beteiligten Akteure und für das wahrscheinliche Ergebnis des Entscheidungsprozesses. Die Annahme der Theorie lautet, dass Akteure die Kosten und Nutzen abwägen, die mit einzelnen Handlungsoptionen verbunden sind. Das Ziel lautet, den größten „Nettogewinn" (*net gain*) bei einem gleichzeitig akzeptablen Risiko zu erhalten:

> "[A]ctors try to maximise their expected utility by weighting the utility of each possible outcome of a given course of action by the probability of its occurrence, summing over all possible outcomes for each strategy, and selecting that strategy with the highest expected utility" (Levy 1997: 88).

Die Risikoneigung kann von Akteur zu Akteur unterschiedlich sein, und zwar als Folge ihrer inhaltlichen Präferenzen, ihrer Einflussmöglichkeiten oder von Unterschieden in der Bedeutung, die sie dem Sachverhalt beimessen. Die Zurückführung der Risikoneigung der Akteure auf die drei genannten Faktoren führt auch dazu, dass der Entscheidungsprozess rational bleibt und sich nicht „lediglich" auf psychologische Faktoren zurückführen lässt (McDermott/Kugler 2001: 54).

Wie schon angedeutet: Auf die ein oder andere Weise widersprechen die nachfolgend diskutierten Ansätze zentralen Grundannahmen von *Rational Choice*-Theorien und hier insbesondere der EUT. Welche Punkte genau hinterfragt werden, wird in den einzelnen Kapiteln erörtert. Bereits an dieser Stelle ist allerdings zu betonen, dass die Ansätze nicht von einem irrationalen Verhalten der Entscheidungsträger ausgehen. So konstatieren Karl DeRouen und Christopher Sprecher (2004: 57) beispielsweise für kognitive Ansätze, zu denen der *Operational Code*-Ansatz (Kap. 9) und in Teilen auch die *Poliheuristic Theory* (Kap. 10) gehören: „The cognitive approach is not antirational. It simply assumes that humans process information differently depending on time constraints, prior beliefs and experiences, limited searches for information, and a dominant goal or value that heavily influences the decision process."

Allgemeiner formuliert: Die nachfolgend diskutierten Ansätze gründen auf der Annahme einer „begrenzten Rationalität" (*bounded rationality*) der Entscheidungsträger. Diese geht sowohl von prozeduralen Begrenzungen (*procedural limits*) rationalen Entscheidens aus, welche sich auf die Art der Entscheidungsfindung beziehen, als auch von inhaltlichen Begrenzungen (*substantive limits*), welche sich auf die Entscheidung als solche auswirken (Jones 1999) (wie Kap. 6 zeigt, finden sich derlei Begrenzungen freilich nicht nur auf der *first image*). Das Prinzip der begrenzten Rationalität wurde von Herbert Simon (1957) entwickelt, der die Rationalitätsannahmen klassischer ökonomischer Theorien hinterfragte. Simons Grundanliegen bestand darin, eine Form rationalen Verhaltens zu entwickeln, die „compatible with the access to information and the computational capacities that are actually possessed by organisms, including man" (Simon 1957: 241) sei. Laut Simon seien die Kapazitäten des menschlichen Gehirns zur Lösung komplexer Probleme gering im Verhältnis zu den Problemen, denen er sich gegenübersehe. Trotz dieser Begrenzungen versuchten Menschen dennoch, rational – im Sinne von zielorientiert – zu handeln. Hierfür müssen sie allerdings vereinfachte Modelle der Wirklichkeit schaffen, innerhalb derer sie sich dann rational verhielten:

> "[T]he intended rationality of an actor requires him to construct a *simplified model* of the real situation in order to deal with it. He behaves *rationally with respect to this model*, and such behavior is not even approximately optimal with respect to the real world" (Simon 1957: 199; unsere Hervorhebungen).

Um Verhalten erklären oder prognostizieren zu können, muss demnach geklärt werden, auf welchen Grundlagen die Entscheidungsträger ihre subjektiven Modelle der Wirklichkeit konstruieren.

Simon (1957: 204–205) verweist auf einen zweiten Punkt, der ebenfalls eine maßgebliche Abkehr von den zentralen Annahmen der klassischen *Rational Choice*-Theorie darstellt. Wie angeführt, erreichen die Entscheidungsträger durch die Konstruktion „individueller Wirklichkeiten" eine Vereinfachung der Entscheidungssituation. Offen ist hierbei noch, auf welcher Grundlage sie letztlich ihre Entscheidung treffen. Im Unterschied zu der von *Rational Choice*-Theorien vertretenen Annahme der Nutzenmaximierung betreiben Entscheidungsträger laut Simon „satisficing". Der Begriff setzt sich zusammen aus den Wörtern *satisfy* und *suffice* und meint, dass die Akteure sich für eine Option entscheiden, die sie als „gut genug" (*good enough*) bewerten würden – und die somit nicht zwingend die „beste", weil ihren Nutzen maximierende Option sein muss. Die Verbindung zur begrenzten Rationalität zeigt sich darin, dass die Auswahl einer „lediglich" ausreichend guten Option weitaus weniger aufwendig ist hinsichtlich der Suche, Aufnahme und Verarbeitung von Informationen, als es die Identifizierung der bestmöglichen Option wäre.

Teil III dieses Bandes umfasst vier Kapitel. Zunächst richtet sich der Blick auf die *Prospect Theory* (Kap. 8). Dies ist ein ursprünglich in der Verhaltensökonomik entwickelter psychologischer Ansatz zur Erklärung von Entscheidungen in risikobehafteten Situationen. Anschließend wird mit dem *Operational Code*-Ansatz ein kognitiver Ansatz erörtert, der den Einfluss politischer Überzeugungen auf außenpolitische Entscheidungen thematisiert (Kap. 9). Dem folgt die Diskussion der *Poliheuristic Theory*, die sich dadurch auszeichnet, dass sie zur Erklärung von Außenpolitik eine Brücke zwischen kognitiven und rationalistischen Ansätzen herstellt (Kap. 10). Das letzte Kapitel diskutiert das *Groupthink*-Modell (Kap. 11). Während in den drei vorherigen Kapiteln einzelne Entscheidungsträger im Mittelpunkt stehen, richtet sich der Blick hier auf Entscheidungsgruppen und mögliche aus der Gruppensituation folgende (negative) Konsequenzen für die Qualität außenpolitischer Entscheidungen. Da der Ansatz auf sozialpsychologischen Überlegungen gründet und nicht auf innenpolitische Prozesse abhebt, wird er trotz seiner Ausrichtung auf Entscheidungsgruppen wie sie auch im bürokratietheoretischen Ansatz erfolgt (siehe Kap. 7) in diesem Teil des Bandes diskutiert. Jedes Kapitel gibt die zentralen theoretisch-konzeptionellen Annahmen der Ansätze wieder, führt Kritik an einzelnen Aspekten der Ansätze an, bietet Beispiele für die Anwendung der Ansätze in empirischen Studien und endet mit Hinweisen für die künftige Forschung.

Literatur

Bueno de Mesquita, Bruce (1981) *The War Trap*. New Haven/London: Yale University Press.

Bueno de Mesquita, Bruce (1984) Forecasting Policy Decisions: An Expected Utility Approach to Post-Khomeini Iran. *PS: Political Science and Politics* 17(2), 226–236.

Bueno de Mesquita, Bruce (1985) The War Trap Revisited: A Revised Expected Utility Model. *American Political Science Review* 79(1), 156–177.

Bueno de Mesquita, Bruce (1997) A Decision Making Model: Its Structure and Form. *International Interactions* 23(3–4), 235–266.

DeRouen, Karl, Jr./Sprecher, Christopher (2004) Initial Crisis Reaction and Poliheuristic Theory. *Journal of Conflict Resolution* 48(1), 56–68.

Gilboa, Itzhak (2010) *Rational Choice*. Cambridge: MIT Press.

Jervis, Robert (1994) Leadership, Post-Cold War Politics, and Psychology. *Political Psychology* 15(4), 769–777.

Jones, Bryan D. (1999) Bounded Rationality. *American Review of Political Science* 2, 297–321.

Kunz, Volker (2004) *Rational Choice*. Frankfurt a. M.: Campus.

Levy, Jack S. (1997) Prospect Theory, Rational Choice, and International Relations. *International Studies Quarterly* 41(1), 87–112.

McDermott, Rose/Kugler, Jacek (2001) Comparing Rational Choice and Prospect Theory Analyses: The US Decision to Launch Operation 'Desert Storm', January 1991. *Journal of Strategic Studies* 24(3), 49–85.

Monroe, Kristen Renwick (with the assistance of Kristen Hill Maher) (1995) Psychology and Rational Actor Theory. *Political Psychology* 16(1), 1–21.

Simon, Herbert A. (1957) *Models of Man. Social and Rational*. New York: John Wiley & Sons.

8   *Prospect Theory*

Der Fokus der *Prospect Theory* (dt.: Neue Erwartungstheorie), die auf Arbeiten von Daniel Kahneman und Amos Tversky (1979, 2000) beruht, liegt auf risikobehafteten Entscheidungen. Die Theorie versteht sich als deskriptive psychologische Theorie der Entscheidungsfindung, die menschliches Verhalten beschreibt, nicht hingegen als normative Theorie, die Vorgaben macht, wie Menschen sich verhalten sollten. Im Zentrum der *Prospect Theory* stehen die Annahmen, dass Entscheidungsträger Handlungsalternativen als Gewinne oder Verluste gegenüber einem Referenzpunkt bewerten und obendrein Gewinne und Verluste unterschiedlich einschätzen, was Folgen für ihre Bereitschaft haben soll, Risiken einzugehen.

Tab. 8.1:   Kernaussagen, Referenzautoren und zentrale Werke der *Prospect Theory*

Kernaussagen
Die *Prospect Theory* ist eine deskriptive Theorie zur Erklärung von Entscheidungen unter Risiko.
Sie geht davon aus, dass Entscheidungsträger Optionen bzw. erwartete Ergebnisse als Gewinne oder Verluste gegenüber einem Referenzpunkt – in der Regel ist dies der Status quo – bewerten.
Verluste wiegen dabei schwerer als Gewinne, was sich an der unterschiedlichen Akzeptanz von Risiken seitens der Entscheidungsträger zeigt.
Sehen sich Entscheidungsträger in einem „Gewinnbereich", sollten sie eher risikoscheu handeln, wohingegen Entscheidungsträger, die sich in einem „Verlustbereich" wahrnehmen, eher bereit sein dürften, risikoreiche Entscheidungen zu treffen.

Referenzautoren	Zentrale Werke
Daniel Kahneman/ Amos Tversky	Prospect Theory: An Analysis of Decision under Risk. *Econometrica* 47(2), 263–291, 1979.
Barbara Farnham	(Hrsg.) *Avoiding Losses/Taking Risks. Prospect Theory and International Conflict.* Ann Arbor: University of Michigan Press, 1994.
Rose McDermott	*Risk-taking in International Politics. Prospect Theory in American Foreign Policy.* Ann Arbor: University of Michigan Press, 1998.
Jack Levy	Prospect Theory, Rational Choice, and International Relations. *International Studies Quarterly* 41(1), 87–112, 1997.

Die im Bereich der Verhaltensökonomik entwickelte *Prospect Theory* fand Anfang der 1990er Jahre Eingang in die Außenpolitikforschung. Seitdem ist die Theorie in einer Vielzahl von empirischen Analysen zur Anwendung gekommen. Im Einklang mit dem Fokus dieses Bandes geht es nachfolgend um diejenigen Aspekte der Theorie, die für die Außenpolitikforschung von besonderem Interesse sind (Tab. 8.1). Der Anspruch lautet somit nicht, die Anwendung der *Prospect Theory* in anderen politikwissenschaftlichen Teildisziplinen (siehe

Levy 2003; Mercer 2005; Wilson 2011) nachzuzeichnen oder die Theorie gar in all ihren Facetten darzustellen.

8.1   Grundlagen der *Prospect Theory*

Im Mittelpunkt der *Prospect Theory* steht die Entscheidungsfindung unter Risiko (*decision making under risk*). Risiko (*risk*) verweist auf Situationen, in denen – im Unterschied zu Ungewissheit (*uncertainty*) – Eintrittswahrscheinlichkeiten von Ergebnissen zwar bekannt sind, diese jedoch – im Unterschied zu Gewissheit (*certainty*) – weder 0 (d. h. tritt nicht ein) noch 1 (d. h. tritt ein) sind (Levy 1992a: 172–173). Für solche Entscheidungssituationen werden von der *Prospect Theory* zentrale Annahmen der *Expected Utility Theory* (EUT; dt.: Erwartungsnutzentheorie) hinterfragt. Die *Prospect Theory* wurde von Kahneman und Tversky (1979: 263) ausdrücklich in Abgrenzung zur EUT (siehe auch die Einleitung zu Teil III) entwickelt, die gemeinhin als die dominante Theorie zur Erklärung von Entscheidungen unter Risiko gilt.

Die Grundannahmen – Jack Levy (1992a: 174) sprich von den „descriptive foundations" – der *Prospect Theory*, auf denen die „eigentliche" Theorie (Kap. 8.2) beruht, lassen sich wie folgt zusammenfassen:

> "Prospect theory posits that individuals evaluate outcomes with respect to deviations from a reference point rather than with respect to net asset levels, that their identification of this reference point is a critical variable, that they give more weight to losses than to comparable gains, and that they are generally risk-averse with respect to gains and risk-acceptant with respect to losses" (Levy 1992a: 171).

Es geht somit um die Bedeutung von Referenzpunkten in Entscheidungssituationen und um die unterschiedliche Behandlung von Gewinnen und Verlusten durch Entscheidungsträger. Darüber hinaus gibt es eine Reihe weiterer im Widerspruch zu den Annahmen der EUT stehender Verhaltensmuster, die Kahneman und Tversky in Laborexperimenten nachweisen konnten. Auch wenn diese Experimente häufig Entscheidungssituationen zum Gegenstand hatten, die auf monetäre Gewinne oder Verluste bezogen waren, sollten die empirischen Beobachtungen auch auf andere Typen von Risikoentscheidungen (Levy 1992a: 174) sowie allgemein, trotz der damit verbundenen Schwierigkeiten, vom Labor auf die politische Praxis übertragbar sein (eher skeptisch hierzu Shafir 1992).

Wie der Name der Theorie besagt, stehen Erwartungen (*prospects*) von Entscheidungsträgern im Mittelpunkt. Laut Kahneman und Tversky (1979: 263) lassen sich Entscheidungen unter Risiko als die Wahl zwischen unterschiedlichen Erwartungen konzipieren. Die *Prospect Theory* geht davon aus, dass sich der Wert einer Entscheidung für den Entscheidungsträger aus der Größenordnung von relativen Gewinnen bzw. Verlusten ergibt, die eine Entscheidung nach sich ziehen sollte. Die Theorie fokussiert somit auf Veränderungen: „[T]he carriers of value are *changes* in wealth or welfare, rather than final states" wie bei der EUT (Kahneman/ Tversky 1979: 277; unsere Hervorhebung).

Veränderungen – sprich: Gewinne oder Verluste – werden dabei gegenüber einem neutralen Referenzpunkt (*reference point*) ermittelt. Ergebnisse, die besser sind als der Referenzpunkt, gelten als Gewinne und Ergebnisse, die schlechter sind, als Verluste. Zumeist wird der Status quo als Referenzpunkt herangezogen. Es kann jedoch auch vorkommen, dass Gewinne und

Verluste gegenüber einer bestimmten Erwartung oder Zielperspektive bewertet werden, die nicht mit dem Status quo übereinstimmen (Kahneman/Tversky 1979: 286). So kann beispielsweise auch ein geringer Verlust als Gewinn wahrgenommen werden, sofern von einem größeren Verlust ausgegangen worden war. Der Referenzpunkt wäre in diesem Fall nicht der gegenwärtige Besitz, sondern der erwartete künftige Besitz gewesen. Unabhängig von der Art des Referenzpunkts gilt: Ändert sich dieser, so hat das Folgen für die Präferenzordnung der Akteure und damit für ihre Entscheidungen. Nicht von ungefähr gehört die Festlegung des Referenzpunkts zu den „critical factors in the analysis of decisions" (Kahneman/Tversky 1979: 288).

Des Weiteren betont die *Prospect Theory*, wie folgenreich die Konzeption und Erfassung von Informationen und Kontexten durch die Entscheidungsträger sein kann. *Framing*, verstanden als eine subjektive Wahrnehmung und Darstellung der Realität, beeinflusst die Akteure in mehrfacher Hinsicht, und zwar bezogen auf den Entscheidungskontext, auf die ihnen vorliegenden Handlungsoptionen, auf die Ergebnisse dieser Optionen wie auch hinsichtlich der Eintrittswahrscheinlichkeiten für diese Ergebnisse (Boettcher 2004: 333). Dem *framing* kommt somit wesentliche Bedeutung zu: „[F]raming effects influence how individuals approach a choice problem in ways that can affect the substance of the choices that they make" (McDermott 2004: 291). Im Unterschied zur EUT können Veränderungen in den Präferenzen der Entscheidungsträger (*preference reversals*) aufgrund von *Framing*-Effekten selbst dann eintreten, wenn der Nutzen und die Eintrittswahrscheinlichkeiten, die den Ergebnissen zugewiesen werden, unverändert bleiben (Kahneman/Tversky 1979: 286). Besonders stark sollte der Einfluss von *Framing*-Effekten sein „when the situation is changing, when there is no salient status quo, or where there is a sequence of successive choices rather than a single choice" (Levy 1996: 184; siehe auch Boettcher 2004: 336–338).

Neben der Herausstellung der Bedeutung eines Referenzpunkts und des *framing* für die Entscheidungsfindung fußt die *Prospect Theory* ferner auf der Annahme, dass Akteure Gewinne und Verluste unterschiedlich beurteilen. Dies zeigt sich zum einen an der „Verlustaversion" (*loss aversion*) von Entscheidungsträgern. Diese besagt, dass Verluste schwerer wiegen als Gewinne: „[L]osses loom larger than gains" (Kahneman/Tversky 1979: 279). Soll heißen: Die Aussicht, 100 Euro zu verlieren, bringt einem mehr Kummer als die Aussicht, 100 Euro zu gewinnen, Freude brächte. Aus der Verlustaversion ergibt sich der *endowment effect*, laut dem vorhandener Besitz überbewertet wird im Vergleich zu vergleichbaren Objekten, die man nicht besitzt. Das Konzept der Verlustaversion impliziert außerdem, dass Entscheidungsträger sich schneller an Gewinne gewöhnen als an Verluste (*accomodation effect*).

Die unterschiedliche Beurteilung von Gewinnen und Verlusten durch Entscheidungsträger hat zum anderen auch Folgen für ihre Risikoneigung. Diese wird auf den situativen Kontext zurückgeführt, in dem sich Entscheidungsträger befinden. Durch die Betonung des Zusammenwirkens von Personen und dem Entscheidungsumfeld verbindet die *Prospect Theory* psychologische und politische Aspekte bei der Analyse von Entscheidungen:

> "[P]rospect theory is not a traditional personality theory; that is, an analyst need not know much about the individual character or history of a particular leader in order to explain or predict behavior. Rather, it is a theory concerned with *the importance and impact of the environment* on the person" (McDermott 2004: 293; unsere Hervorhebung).

Die *Prospect Theory* geht davon aus, dass sich Entscheidungsträger entweder in einem Gewinnbereich (*domain of gains*) oder in einem Verlustbereich (*domain of losses*) sehen, und zwar im Verhältnis zu dem oben erwähnten Referenzpunkt. Ob sich ein Entscheidungsträger in dieser oder jener *domain* sieht, bestimmt seine Bereitschaft, Risiken einzugehen. Sofern der Status quo der Referenzpunkt ist – wovon, wie angeführt, in der Regel ausgegangen wird –, gilt Folgendes:

Entscheidungsträger, die sich in einem Gewinnbereich sehen, sind zufrieden mit ihrer gegenwärtigen Situation und hegen zudem die Erwartung, dass ihre Situation auch in Zukunft gut bleibt oder sich sogar noch weiter verbessert. Die Erwartung der *Prospect Theory* lautet, dass Entscheidungsträger in diesen Fällen davor zurückschrecken, Risiken einzugehen (*risk aversion*). Sie sollten mit Vorsicht agieren und sich mit größerer Wahrscheinlichkeit für eine Handlungsoption entscheiden, die ihre gute Lage („Gewinne") nicht gefährdet. Hier zeigt sich die bereits geschilderte Verlustaversion.

Sehen sich Entscheidungsträger hingegen in einem Verlustbereich, so sind sie nicht zufrieden mit dem gegenwärtigen Zustand und erwarten in absehbarer Zukunft auch keine Verbesserung, sondern eher noch eine weitere Verschlechterung. In diesen Fällen geht die *Prospect Theory* davon aus, dass Entscheidungsträger bereit sind, Risiken einzugehen (*risk acceptance*). Das Ziel lautet, durch die Wahl einer risikoreichen Handlungsoption eine weitere Verschlechterung der Situation („Verluste") zu verhindern und ggf. auch vergangene Verluste auszugleichen. Rose McDermott (2004: 294) fasst diese Verbindung zwischen *domain* und Risikoverhalten wie folgt zusammen:

> "[T]he idea is that leaders in a good situation, or a domain of gains, where things are going well and are expected to continue to do well or improve, are more likely to be cautious in their choices. On the other hand, leaders in a bad situation, where things are bad or likely to get worse, are more likely to make risky choices to recover their losses."

Sofern es einen anderen Referenzpunkt gibt als den Status quo, ändert sich der „Maßstab" der Entscheidungsträger, nicht jedoch der angeführte Zusammenhang zwischen der *domain* und dem Risikoverhalten.

Aus diesem grundsätzlichen Zusammenhang folgt wiederum, dass eine Änderung in der *domain* Auswirkungen auf die Risikoneigung von Entscheidungsträgern hat. Wenn sich beispielsweise im Zuge einer Krise die Position eines Entscheidungsträgers durch innerstaatliche oder internationale Entwicklungen oder aber auch durch einen veränderten emotionalen Bezug zur Situation (Aufkommen von Angst etc.) verschlechtert, kann dies zum *reframing* der Entscheidungssituation führen. Der Entscheidungsträger gelangt vom Gewinnbereich in den Verlustbereich, was sich in einem risikofreudigeren Verhalten niederschlagen sollte. Änderungen in die umgekehrte Richtung sind freilich ebenfalls möglich.

Zwei Fragen ergeben sich aus den bisherigen Ausführungen. Erstens: Wie lässt sich feststellen, in welcher *domain* ein Entscheidungsträger ist? An dieser Stelle zeigt sich die weiter oben erwähnte Bedeutung, die die *Prospect Theory* dem situativen Kontext beimisst. Zur Illustration wird wieder davon ausgegangen, dass der Status quo der Referenzpunkt ist. Zur Beantwortung der Frage, ob ein Entscheidungsträger mit seiner gegenwärtigen Situation zufrieden ist, müsste der aktuelle innerstaatliche und/oder internationale Kontext in den Blick genommen werden. Victor Cha (2002: 59) verweist konkret auf ökonomische und militärische Aspekte, auf ideelle Zielsetzungen, auf das Ansehen in der internationalen Gemeinschaft sowie auf die Verfügbarkeit von Alliierten. Diese Aufzählung ließe sich fortsetzen. In jedem Fall ist es wesentlich „that the analyst attempt[s] to determine the definition of the situation and the framing of choice *in the eyes of the actor*" (Levy 1992b: 291; unsere Hervorhebung). Es geht somit um die subjektiven Einschätzungen der Situation durch den Entscheidungsträger.

Welche Aspekte konkret analysiert werden (Wirtschaft, Militär, Innenpolitik etc.), hängt von der bzw. von den Ebenen ab, die vom Entscheidungsträger als wesentlich angesehen werden (McDermott 2004: 294). Eine vorteilhafte Situation bestünde beispielsweise dann, wenn der Entscheidungsträger innenpolitisch hohe Zustimmungsraten erhielte und als verantwortlich für eine gute wirtschaftliche Lage gesehen würde bzw. international seinem Land zu hohem Ansehen verhelfen konnte. In derlei Situationen wäre der Entscheidungsträger in einem Gewinnbereich und sollte sich entsprechend risikoscheu verhalten. Sind hingegen beispielsweise die Zustimmungsraten niedrig und die wirtschaftliche Lage schlecht bzw. das internationale Ansehen des Landes am Boden, wäre der Entscheidungsträger in einem Verlustbereich und sollte demnach größere Risikofreude zeigen.

Auch wenn es plausibel erscheint, die *domain* eines Entscheidungsträgers durch die Zusammenschau innerstaatlicher und internationaler Faktoren zu bestimmen, spricht sich McDermott (2004: 295) dafür aus, sich für eine Ebene zu entscheiden, und zwar für diejenige, die der Entscheidungsträger besondere Beachtung schenkt. Um festzustellen, welche Ebene dies ist, können Sprechakte der Entscheidungsträger analysiert werden. Auf dieser Grundlage können jedoch nicht nur Hinweise dahingehend gewonnen werden, welche Faktoren (innerstaatlich oder international) die Akteure als zentral erachten, sondern auch zur *domain*, in der sie sich befinden. Neben den kognitiven Wahrnehmungen der Situation durch die Entscheidungsträger können auch die Emotionen der Akteure das *framing* anleiten. Laut Jonathan Mercer (2005: 10) sind die subjektiven Gefühle von Gewinn und Verlust bzw. allgemein „[e]motion's influence on decision making [...] fundamental to prospect theory". Er verweist beispielsweise auf Furcht, Wut, Bedauern, Verzweiflung, Stolz oder Vertrauen als mögliche relevante Emotionen.

Zweitens: Wie lässt sich feststellen, ob eine Handlungsoption tatsächlich risikoreich war bzw. risikoreicher als die anderen Optionen, die dem Entscheidungsträger vorlagen? Ein Vorschlag, wie Risiko operationalisiert werden kann, stammt von McDermott (1998: 38–40). Sie regt an, die relative Varianz in den mit den einzelnen Optionen verbundenen Ergebnissen zu untersuchen. Je größer diese Varianz sei bzw. je „extremer" die möglichen Ergebnisse wären, desto risikoreicher wäre die Option. Wenn beispielsweise das beste und das schlechteste Ergebnis von Option A extremer sind als von Option B, würde Option A eine größere Varianz aufweisen als Option B und damit risikoreicher sein.

Zu den weiteren Beobachtungen der *Prospect Theory* (siehe Kahneman/Tversky 1979: 265–273; Levy 1992a: 174–179) gehört, dass sich Entscheidungsträger schneller an Gewinne als an Verluste gewöhnen (*instant endowment effect*). Um Entscheidungssituationen zu vereinfachen, ignorieren Akteure ferner diejenigen Aspekte, die allen Handlungsoptionen gemeinsam sind. Stattdessen achten sie ausschließlich auf Aspekte, die die Optionen voneinander unterscheiden (*isolation effect*). Schließlich wird davon ausgegangen, dass Entscheidungsträger Ergebnisse, deren Eintreten als sicher oder aber als unmöglich eingeschätzt wird, überbewerten im Vergleich zu Ergebnissen, deren Eintreten nur als wahrscheinlich gilt (*certainty effect*). Dieser Effekt trägt zu den oben angeführten Tendenzen von risikoscheuem Verhalten im Gewinnbereich, wo sichere Gewinne gegenüber einem noch größeren, aber nur wahrscheinlichen Gewinn bevorzugt werden, wie auch zu risikofreudigem Verhalten im Verlust-bereich, wo Verluste, die nur als wahrscheinlich gelten, bevorzugt werden gegenüber kleine-ren, aber sicher eintretenden Verlusten, bei.

8.2 Die „eigentliche" Theorie

Im vorherigen Unterkapitel wurde eine Reihe von in Laborexperimenten identifizierten Ver-haltensmustern aufgezeigt, die zentralen Annahmen der EUT (weniger jedoch *Rational Choice*-Ansätzen im Allgemeinen; siehe Taliaferro 2010; Bueno de Mesquita/McDermott 2004) widersprechen. Es sind diese Unterschiede, auf denen Kahneman und Tversky ihre nun zu schildernden Theorie begründet haben.

Die *Prospect Theory* unterteilt den Entscheidungsprozess in zwei Phasen (Abb. 8.1). Die erste Phase wird als Bearbeitungsphase (*editing phase*) – oder auch *Framing*-Phase (McDermott 2001: 16) – bezeichnet, die zweite als Evaluierungsphase (*evaluation phase*). In der ersten Phase kommt es zur Identifizierung und vorläufigen Untersuchung der Optionen. In der zweiten Phase werden die „bearbeiteten" Optionen bewertet und schließlich eine Op-tion ausgewählt (Kahneman/Tversky 1979: 274–284).

Abb. 8.1:   Die zwei Phasen des Entscheidungsprozesses

Bearbeitungsphase

Identifizierung von Optionen

Framing von Werten, Eintrittswahrscheinlichkeiten etc.

Bearbeitung von Optionen mittels Kodierung, Trennung, Vereinfachung, Streichung etc.

Evaluierungsphase

Bewertung der bearbeiteten Optionen

Auswahl derjenigen Option mit dem größten Wert (*value*)

In der *Bearbeitungsphase* identifizieren die Entscheidungsträger die vorhandenen Optionen. Sie bestimmen bzw. „framen" außerdem die möglichen Ergebnisse sowie den Wert und die Eintrittswahrscheinlichkeiten der Optionen. Durch die Nutzung unterschiedlicher „Hilfsmit-tel" wird versucht, die Entscheidungssituation zu vereinfachen, um auf diese Weise die in der zweiten Phase folgende Bewertung der Optionen zu erleichtern.

Zu diesen „mentalen Operationen" gehört die Kodierung (*coding*), mittels welcher Entschei-dungsträger Ergebnisse als Gewinne oder Verluste gegenüber einem Referenzpunkt einstu-fen, nicht hingegen, wie von der EUT angenommen, als „final states of wealth or welfare" (Kahneman/Tversky 1979: 274). Ebenfalls separat auf jede Option angewandt wird die Tren-nung (*segregation*), in deren Zuge die einzelnen Optionen in ihre risikolosen und risikoreichen Komponenten unterteilt werden. Während erstere auf das Minimum an Gewinnen bzw. Verlusten verweisen, das in jedem Fall erhalten wird bzw. zu entrichten ist, beziehen sich letztere auf zusätzliche Gewinne oder Verluste, deren Eintritt eben nicht garantiert ist und um die es somit „geht". Und die Vereinfachung (*simplification*) beinhaltet unter anderem den Ausschluss von Optionen, die als extrem unwahrscheinlich gelten.

Auf alle Optionen gleichzeitig angewandt wird wiederum die auf dem bereits angeführten *isolation effect* beruhende Streichung (*cancellation*), gemäß derer – im Unterschied zur EUT – diejenigen Aspekte nicht länger in den Blick genommen werden, die von allen vorliegenden Optionen geteilt werden. Und bei der *detection of dominance* werden die vorliegenden Optionen dahingehend geprüft, ob es dominierte Alternativen gibt, die ohne weitere Prüfung ausgeschlossen werden können. Die Bedeutung der Bearbeitungsphase für die *Prospect Theory* fasst Levy (1992a: 180) wie folgt zusammen: „Editing is an integral part of the choice process and is essential if prospect theory is to be able to explain violations of invariance, preference reversal, intransitivities, and other anomalies of preference". Diese „Verletzungen" grenzen die *Prospect Theory* von der EUT ab.

In der zweiten Phase, der *Evaluierungsphase*, bewerten die Entscheidungsträger die bearbeiteten Optionen und wählen diejenige mit dem höchsten Wert (*value*) aus. Um den Wert einer Option zu bestimmen, wird der Wert eines jeden Ergebnisses mit einem Entscheidungsgewicht (*decision weight*) multipliziert (Kahneman/Tversky 1979: 280). Bei den Entscheidungsgewichten handelt sich jedoch nicht „bloß" um Eintrittswahrscheinlichkeiten, wie sie bei der EUT im Mittelpunkt stehen, sondern: „[D]ecision weights measure the impact of events on the desirability of prospects, and not merely the perceived likelihood of these events" (Kahneman/Tversky 1979: 280). Neben objektiven Eintrittswahrscheinlichkeiten können beispielsweise auch Faktoren wie Ambiguität oder Ungewissheiten bezüglich des vorhandenen Risikos das Entscheidungsgewicht beeinflussen. Die Aufgabe der Gewichtungsfunktion (*weighting function*) besteht darin, die Entscheidungsgewichte mit festgelegten Wahrscheinlichkeiten zu verbinden. Die Funktion „measures the impact of the probability of an event on the desirability of a prospect" (Levy 1992a: 181). An der Gewichtungsfunktion zeigt sich unter anderem, dass sehr unwahrscheinlichen Ereignissen ein zu hohes Gewicht und sehr wahrscheinlichen Ereignissen ein zu niedriges Gewicht zugewiesen wird – der oben angeführte *certainty effect* – und dass Verhalten bei sehr hohen bzw. sehr niedrigen Erwartungen kaum prognostizierbar ist (Kahneman/Tversky 1979: 281; Levy 1992a: 182–183).

Der s-förmige Verlauf der Wertfunktion (*value function*) spiegelt wiederum die unterschiedliche Beurteilung von Gewinnen und Verlusten durch Entscheidungsträger wie auch die Bedeutung des Referenzpunkts wider (Kahneman/Tversky 1979: 279). Die Wertfunktion gibt die Risikoneigung von Entscheidungsträgern über die unterschiedlichen *domains* (Gewinnbereich und Verlustbereich) hinweg wieder. Sie wird definiert anhand von Abweichungen vom Referenzpunkt, nicht jedoch, wie bei der EUT, durch Endergebnisse (*final outcome positions*). Die Wertfunktion ist konkav für Gewinne und konvex für Verluste, was die Risikoscheu von Entscheidungsträgern im Gewinnbereich und die Risikobereitschaft im Verlustbereich anzeigt. Sie ist außerdem steiler für Gewinne als für Verluste. Diese Asymmetrie entspricht dem oben angeführten Phänomen der Verlustaversion („losses loom larger than gains"). Schließlich ist die s-förmige Wertfunktion besonders steil am Referenzpunkt und weniger steil im weiteren Verlauf, was die abnehmende Empfindlichkeit für Gewinne wie auch für Verluste verdeutlicht (im Sinne von: für Gewinne wie Verluste ist der subjektive Unterschied zwischen fünf Euro und zehn Euro viel größer als zwischen 1000 Euro und 1005

Euro). Bei *Rational Choice*-Theorien wird hingegen zumeist von einer grundsätzlichen Risikoaversion der Akteure ausgegangen, was sich in einer durchgehend konkaven Wertefunktion zeigt (Kahneman/Tversky 1979: 264). Laut Robert Jervis (1992: 187) war dann auch gerade diese Einsicht der Risikofreudigkeit im Verlustbereich die eigentliche „Überraschung", die von der *Prospect Theory* zutage gefördert wurde.

8.3   Kritik an der *Prospect Theory*

Auch wenn die *Prospect Theory* mittlerweile zum festen Bestandteil der politikwissenschaftlichen Forschung zählt und in einer Vielzahl von empirischen Studien im Bereich der Außenpolitikforschung (Kap. 8.4; siehe auch Taliaferro 2010) wie auch in anderen Teilbereichen der Politikwissenschaft angewandt worden ist (siehe Levy 2003; Mercer 2005; Wilson 2011), erfuhr sie vielfältige Kritik. Fünf Aspekte werden nachfolgend angeführt.

Ein erster Aspekt bezieht sich allgemein auf die Fokussierung auf die Evaluierungsphase bei gleichzeitiger Vernachlässigung der Bearbeitungsphase. Levy (1997: 100) kritisiert die *Prospect Theory* dafür, „a theory of the evaluation of prospects, not a theory of the editing of choices" zu sein. In der Tat grenzten Kahneman und Tversky (1979: 275) die Bearbeitungsphase insofern ein, als dass sie sich auf Entscheidungssituationen konzentrierten, in denen die Optionen gar nicht erst weiter bearbeitet werden konnten oder in denen es zumindest eindeutig war, wie die Bearbeitung aussehen würde. Wie Optionen hingegen in – für die Außenpolitik typischen – komplexen Entscheidungssituationen tatsächlich bearbeitet werden, bleibt weitgehend offen.

Die diesbezüglichen analytischen Herausforderungen sind zugegebenermaßen immens. Ein Aspekt sind die vielfältigen Kombinationsmöglichkeiten der weiter oben angeführten Maßnahmen (Kodierung, Streichung etc.), die Entscheidungsträger zur Vereinfachung der Entscheidungssituation nutzen können. Außerdem beeinflussen subjektive Gewohnheiten und Erwartungen des Entscheidungsträgers wie auch der zu bearbeitende Entscheidungsgegenstand die Bearbeitungsphase (Levy 1992a: 180). Gleichwohl ist festzuhalten, dass die *Prospect Theory* nicht um die Entwicklung konkreter Aussagen zur Bearbeitungs- bzw. *Framing*-Phase umhinkommt: „Greater explication of the theoretical foundation for framing can help begin to establish some of the underpinnings of how options are developed, values are constructed, and choices are rendered" (McDermott 2004: 304).

Neben dieser grundsätzlichen Kritik an der Bearbeitungsphase wurden auch einzelne mit dieser Phase verbundene Aspekte bemängelt. Ein zweiter Kritikpunkt bezieht sich auf Unbestimmtheiten hinsichtlich der Identifizierung des Referenzpunkts. Wie angeführt, wird in der Regel der Status quo herangezogen. Allerdings sind auch andere Referenzpunkte mit der Theorie vereinbar, wie die Erwartungen oder Aspirationen eines Entscheidungsträgers. Diese Offenheit ist an sich zu begrüßen, weil es plausibel erscheint, dass nicht jeder Entscheidungsträger zu jeder Zeit seine gegenwärtige Situation als Maßstab heranzieht, sondern Optionen beispielsweise dahingehend prüft, ob sie ihm dabei helfen, die eigenen, in die Zukunft gerichteten Erwartungen zu erfüllen. Zugleich ist diese Offenheit jedoch problematisch, weil sich dadurch aus der Theorie heraus keine konkreten Vorgaben ergeben, in welchen Situationen der Status quo als Referenzpunkt dient und in welchen nicht (McDermott 2004: 309–310). Hinzu kommt laut Mercer (2005: 5–6), dass sich Unzufriedenheit mit dem Status quo mitunter nur schwer unterscheiden lässt von der Aspiration nach einem neuen Status quo.

Levy (1997: 100) konstatiert entsprechend für die *Prospect Theory*: „It is a reference-dependent theory without a theory of the reference point". In der Tat bleibt es in der Regel der Einschätzung des Analysten überlassen, beispielsweise auf der Grundlage von öffentlichen Äußerungen des zu untersuchenden Entscheidungsträgers zu bestimmen, was diesem als Referenzpunkt gedient haben könnte.

Ein dritter Kritikpunkt verweist auf Schwierigkeiten bei der Identifizierung der *domain*, in der sich Entscheidungsträger befinden. Uneinigkeit besteht schon darüber, ob die Festlegung auf der Grundlage „objektiver" Bewertungen bestimmter Kriterien (Umfragewerte, Lage der Wirtschaft etc.) oder aber der subjektiven Einschätzung dieser Kriterien durch den analysierten Entscheidungsträger erfolgen soll (McDermott 1998: 37). Das Argument von Boettcher (2004: 341–342), laut dem die subjektive Einschätzung der Situation durch einen Akteur näher am Kern der – auf die Bedeutung von *framing* abhebenden – *Prospect Theory* liegt, scheint plausibel.

Gleichwohl bleibt die Frage, ob die innerstaatliche oder aber die internationale Handlungsebene – und obendrein welche Aspekte auf diesen Ebenen (Politik, Militär, Wirtschaft etc.) – der entscheidende Bezugspunkt für Entscheidungsträger ist. McDermott (2004: 295–296) führt als „Daumenregel" an, auf diejenige Ebene zu achten, in der sich auch der zu behandelnde Sachverhalt befindet. Wenn es also zum Beispiel um eine außenpolitische Entscheidung geht, sollte der internationale Kontext in den Blick genommen werden. Einschränkend betont McDermott allerdings, dass es durchaus die andere Ebene – im genannten Beispiel wäre dies die innerstaatliche – sein könne, die wesentlicher für den Entscheidungsträger sei und deshalb zur Bestimmung seiner *domain* herangezogen werden müsse. Kurzum: Während die Einbeziehung des situativen Kontextes bzw. von dessen Wahrnehmung durch den Entscheidungsträger außer Frage steht, macht die *Prospect Theory* keine konkreten Vorgaben dahingehend, in welchen Entscheidungssituationen auf welche Ebene (innerstaatlich oder international) geachtet werden müsste. Auch diese Entscheidung bleibt letztlich dem Analysten überlassen.

Ein vierter Kritikpunkt hebt auf Probleme bei der Bestimmung von riskanten Entscheidungen ab. Tautologieschlüsse von der *domain* (im Sinne von: Wenn ein Akteur in dieser oder jener *domain* ist, wird er sich schon entsprechend der Vorgaben der Theorie verhalten) bzw. vom Ergebnis einer Entscheidung (im Sinne von: Die Interventionsentscheidung führte zu einem Fiasko, weshalb sie risikoreich gewesen sein muss) auf das Risiko einer Option sind unbedingt zu vermeiden (McDermott 1998: 44). Während diesbezüglich Einigkeit in der Literatur besteht, fehlt sie darüber, wie die Bestimmung von Risiko am besten geschehen kann (Mercer 2005: 13–14).

Hinzu kommt, dass sich in Laborexperimenten häufig „nur" etwa zwei Drittel der Teilnehmer im Einklang mit den Annahmen der *Prospect Theory* zur Risikoneigung von Akteuren verhalten. Auch wenn dies für sich genommen ein hoher Wert ist und die ursprünglichen Ergebnisse von Kahneman und Tversky in vielen Experimenten repliziert werden konnten, verhält sich etwa ein Drittel der Personen nicht risikoscheu im Gewinnbereich bzw. nicht risikoreich im Verlustbereich. Paul Kowert und Margaret Hermann (1997) untersuchten deshalb, inwieweit Persönlichkeitsfaktoren Einfluss auf die Risikoneigung von Entscheidungsträgern haben. Ihren Ergebnissen zufolge gibt es in der Tat bestimmte „Typen" von Menschen, die generell eher bereit sind, Risiken in Kauf zu nehmen, und dies unabhängig von der Situation, in der sie sich befinden. Dies legt nahe, die Annahmen der *Prospect Theory* zur

Risikoneigung stärker mit individuellen Persönlichkeitsmerkmalen der zu untersuchenden Akteure zu verknüpfen.

Der fünfte und letzte hier kurz anzuführende Kritikpunkt verweist auf Unklarheiten hinsichtlich der Anwendbarkeit der *Prospect Theory* auf Entscheidungen, die von kollektiven Akteuren (Kabinette etc.) getroffen werden (Whyte/Levi 1994; McDermott 2004: 305–306; Vis 2011: 337–338). Die Kernfrage lautet, wie in einer Entscheidungsgruppe die individuellen Präferenzen der einzelnen Akteure aggregiert werden können. Welche Folgen für den Entscheidungsprozess und die Entscheidung hat es beispielsweise, wenn Gruppenmitglieder unterschiedliche Referenzpunkte haben? Und selbst wenn die Referenzpunkte identisch sein sollten: Was passiert, wenn mehrere Gruppenmitglieder im Gewinnbereich sind, die anderen hingegen im Verlustbereich? Die zur Erklärung von Entscheidungen von Einzelpersonen entwickelte *Prospect Theory* bietet hierauf keine Antworten. Ein möglicher Ansatzpunkt könnte darin bestehen, die *Prospect Theory* zur Erklärung der Handlungspräferenzen heranzuziehen und anschließend mit Ansätzen zu außenpolitischen Entscheidungsprozessen wie beispielsweise dem *Bureaucreatic Politics*-Ansatz (Kap. 7) zu verbinden, um auf diese Weise die Aggregation individueller Präferenzen in kollektiv getroffene Entscheidungen zu erklären (Levy 1997: 104).

8.4   Anwendungen

Nun richtet sich der Blick auf die konkrete Nutzung der *Prospect Theory* zur Erklärung außenpolitischer Entscheidungen. Zwei allgemeine Punkte fallen hierbei auf. Erstens kommt es in theoretischer Hinsicht zu einer merklichen „Reduzierung" des Ansatzes. Die meisten Studien stützen sich nicht auf den zweistufigen Entscheidungsprozess (Kap. 8.2), sondern „nur" auf einzelne Grundannahmen der Theorie (Kap. 8.1). Maßgeblich sind hierbei *Framing*-Effekte, die unterschiedliche Beurteilung von Gewinnen und Verlusten sowie die darauf gründende Verbindung zwischen der *domain* eines Akteurs und seiner Risikoneigung. Vor diesem Hintergrund ist Mercers (2005: 3) Feststellung, wonach „the details of prospect theory […] tend to slip away in most empirical applications of the theory", nur bedingt zutreffend. Genauer gesagt fällt nämlich der große Rahmen weg, und der Fokus wird stattdessen auf einzelne – wenn auch maßgebliche – Teilaspekte der Theorie gelegt.

Zweitens ist in methodischer Hinsicht festzustellen, dass die *Prospect Theory* in der empirischen Außenpolitikforschung fast ausschließlich in Verbindung mit qualitativen Fallstudien genutzt worden ist. Für Mercer ergibt sich diese methodische Einseitigkeit mehr oder minder zwangsläufig. Da die Grundannahmen der Theorie in Laborexperimenten gewonnen wurden, bedürfe es eben „detailed empirical case studies" (Mercer 2005: 13), um diese Annahmen in „echten" Entscheidungssituationen zu überprüfen. Dass dieser „Übergang" vom Labor ins Feld mit Schwierigkeiten verbunden ist, gestanden bereits Kahneman und Tversky (1979: 265) ein: „Field studies can only provide for rather crude tests of qualitative predictions, because probabilities and utilities cannot be adequately measured in such contexts." Dies hat Forscher jedoch nicht davon abgehalten, die Theorie zur Erklärung sowohl außenpolitischer Entscheidungen einzelner Staaten – insbesondere der USA – als auch zwischenstaatlicher Beziehungen anzuwenden.

Mehrere Studien gehen beispielsweise der Frage nach, ob sich der Zusammenhang zwischen Veränderungen in der *domain* von Entscheidungsträgern und den für diese Fälle erwarteten

Veränderungen in ihrer Risikoakzeptanz empirisch nachweisen lässt. Ein Beispiel hierfür ist die Monographie von McDermott (1998), in der sie die *Prospect Theory* zur Erklärung US-amerikanischer Außenpolitik nutzt. Hierzu gehören die Entscheidungen von Präsident Jimmy Carter, dem iranischen Schah vorübergehend die Einreise in die USA zu verweigern und im April 1980 die amerikanischen Geiseln in der US-Botschaft in Teheran zu befreien (McDermott 1998: 45–105). Laut McDermott befand sich Carter bei der ersten Entscheidung im Gewinnbereich, nicht zuletzt aufgrund seiner erfolgreichen Vermittlungsbemühungen zwischen Israel und Ägypten in Camp David im September 1978. Aus diesem Grund mied Carter Risiken und untersagte zunächst die Einreise des Schahs. Anschließend sei Carter jedoch aufgrund mehrerer innerstaatlicher und internationaler Entwicklungen in den Verlustbereich geraten. Die daraus resultierende größere Risikobereitschaft Carters zeigte sich daran, den Schah im Oktober 1979 doch in die USA einreisen zu lassen. Die Geiselnahme in Teheran im November 1979 verschlechterte Carters Situation zusätzlich, weshalb seine Risikobereitschaft weiter anstieg. Der Wechsel vom Gewinnbereich in den Verlustbereich erkläre dann auch „the risks Carter was willing to run, both militarily and politically, in order to force the release of the hostages from Iranian control" (McDermott 1998: 45).

In einer anderen Studie findet McDermott gemeinsam mit Jacek Kugler (2001) den Zusammenhang zwischen *domain* und Risikoneigung ebenfalls bestätigt, jedoch in die „umgekehrte" Richtung. Die Autoren untersuchen die Politik der US-Regierung unter George H. W. Bush in Reaktion auf die Besetzung Kuwaits durch den Irak. Ihrer Einschätzung nach sei Präsident Bush zunächst bereit gewesen, Risiken einzugehen, womit sich die Entscheidung zur Invasion erklären lasse. Nach der erfolgreichen Vertreibung der irakischen Armee aus Kuwait habe sich die Situation allerdings verändert: Bush kam vom Verlustbereich in den Gewinnbereich und war fortan entsprechend weniger bereit, Risiken einzugehen. Hieraus erklären die Autoren Bushs Entscheidung, die Invasion gegen den Irak nicht bis zum Sturz des irakischen Präsidenten Saddam Hussein fortzuführen. Nachdem sich die Situation zu Gunsten der USA verändert hatte, habe Bush die Invasion beendet, um weitere Verluste zu vermeiden.

Die beiden angeführten Studien sind zugleich Beispiele für vergleichende Anwendungen der *Prospect Theory* und der EUT, in denen „getestet" wird, welche der beiden Theorien größere Erklärungskraft besitzt. McDermott und Kugler (2001) kommen allerdings zu dem wenig eindeutigen Schluss, dass die beiden Theorien unterschiedliche Aspekte des Falls thematisierten und sich insofern komplementär verhielten. In ihrem Fazit fordern sie sogar die Integration der beiden Ansätze: „By integrating an accurate psychological portrait of human cognition, including emotional responses [gemeint ist die *Prospect Theory*], into a formal model of strategic interaction [gemeint ist die EUT], we might be able to achieve an even more realistic picture of the human decision making process" (McDermott/Kugler 2001: 81). Eindeutiger fällt die Bewertung in einem Artikel von Bruce Bueno de Mesquita und Kollegen (2001) aus. Sie untersuchen, welche Theorie die Entwicklungen in Nordirland seit dem Abschluss des „Karfreitagsabkommens" besser vorhersagen kann. Die Antwort lautete: Die EUT ist der *Prospect Theory* hinsichtlich ihrer Prognosefähigkeit klar überlegen. Ursächlich hierfür sei die Berücksichtigung strategischer Interaktionen durch die EUT, während die *Prospect Theory* eine „nur" auf einzelne Akteure ausgerichtete Entscheidungstheorie sei und deshalb die Interaktion zwischen mehreren Akteuren nicht erfassen könne.

In ihrer Untersuchung der Entscheidungen von US-Präsident Franklin Roosevelt im Kontext der Sudetenkrise im September 1938 sieht Barbara Farnham (1992) hingegen die *Prospect*

Theory als überlegen an (so z. B. auch Haas 2001 mit Blick auf die Entscheidungen von Kennedy und Chruschtschow während der Kuba-Krise). Erwähnenswert ist der Aufsatz von Farnham vor allem durch seine Betonung der Rolle von Emotionen für das *framing* von Entscheidungssituationen. Anfangs habe Roosevelt die Entwicklungen in Europa als eine Krise erachtet, die jedoch noch innerhalb des für ihn akzeptablen Rahmens gelegen habe. Aufgrund zahlreicher ihm zugetragener Schilderungen der Entwicklungen in Europa und der von diesen Schilderungen hervorgerufenen Emotionen änderte sich laut Farnham (1992: 229) allerdings Roosevelts emotionaler Bezug zum Thema: „Strong emotion […] was apparently behind Roosevelt's transformation from a detached observer of someone else's crisis to a sort of participant". Als Folge habe sich auch Roosevelts *framing* der Entscheidungssituation verändert, und zwar weg von einer Krise (Gewinnbereich) hin zu einem Krieg (Verlustbereich). Aus diesem Grund sei Roosevelt fortan bereit gewesen, Risiken einzugehen und sich aktiv in die Entwicklungen einzubringen, was sich in zwei an Hitler und andere Verhandlungsteilnehmer gerichtete schriftliche Appelle geäußert habe.

Die Bedeutung des *framing* wird auch einem Aufsatz von Héctor Perla (2011) unterstrichen. Perla entwickelt eine „Framing Theory of Policy Objectives", mittels derer er die Determinanten für die Unterstützung von militärischen Interventionen durch die Bevölkerung eines Landes festzustellen sucht. Maßgeblich sei hierbei die Einschätzung einer Intervention durch die Bevölkerung. Die Unterstützung soll steigen, wenn die Bevölkerung den Einsatz als Versuch wahrnimmt, Verluste zu vermeiden, und sie soll fallen, wenn der Einsatz mit einem Gewinnstreben der Regierung verbunden wird. *Framing* ist hierbei wesentlich, weil die Bevölkerung die wahren Absichten der Regierung nicht klar bestimmen kann. Deshalb seien Politiker in der Lage, durch eine bestimmte Darstellung der Ziele der Intervention in den Medien Einfluss auf die Festlegung des Referenzpunkts der Bevölkerung und, darauf gründend, auf die Unterstützung der Intervention durch die Bevölkerung zu nehmen.

In einer Reihe von weiteren Studien zeigt sich wiederum, wie die auf Prozesse, nicht jedoch auf bestimmte Inhalte abhebenden Einsichten der *Prospect Theory* in Verbindung mit substanziellen Perspektiven auf Außenpolitik gebracht werden können. Victor Cha (2002) untersucht beispielsweise die Politik der USA und verbündeter Staaten gegenüber Nordkorea. Cha argumentiert, dass eine Politik des „containment-plus-engagement" am vielversprechendsten sei. Eine solche Politik würde verhindern, Nordkorea in eine Lage zu treiben, aus der es sich nach seiner eigenen Einschätzung nur noch mit militärischer Gewalt befreien könne (Cha 2002: 43). Es müsse somit vermieden werden, Nordkorea in den Verlustbereich zu drängen, da es sich dann zu einem militärischen Erstschlag gezwungen sehen könnte. Stattdessen solle eine Politik betrieben werden, die Nordkorea die Möglichkeit für Gewinne bietet.

Jeffrey Taliaferro (2004) fragt wiederum, wieso Großmächte riskante diplomatische und militärische Unternehmungen in peripheren Regionen auf sich nehmen, von denen keine unmittelbare Sicherheitsbedrohung für sie ausgehen, und weshalb die Großmächte derlei Unternehmungen selbst dann noch fortsetzen, wenn die Erfolgschancen schwinden und die Kosten steigen. Zur Beantwortung dieser Fragen entwickelt Taliaferro die *Balance of Risk*-Theorie, die die inhaltlichen Einsichten des defensiven Realismus (Kap. 2.1) mit den Prozessvorgaben der *Prospect Theory* verknüpft: „One can incorporate prospect theory […] into broader theories about political behavior by adding substantive assumptions about actors and the environment in which they operate" (Taliaferro 2004: 17). Laut der *Balance of Risk*-Theorie wählen Entscheidungsträger von Großmächten riskante Interventionen in der Peripherie, wenn sie davon ausgehen, auf diese Weise von ihnen wahrgenommene Verluste an relativer Macht, internationalem Status und/oder Reputation ausgleichen zu können. Anschließend behalten die Entscheidungsträger ihre riskanten Strategien bei oder eskalieren diese sogar noch weiter, um im Zuge der Intervention erlittene Verluste zu kompensieren. Als Fallbeispiel dient unter anderem die Entscheidung des deutschen Kaisers Wilhelm II. zur Initiierung der Ersten Marokkokrise (1905/06).

Einen anderen Sonderfall außenpolitischer Entscheidungen diskutiert Scott Helfstein (2012). Er analysiert das häufige Fehlschlagen von Überraschungsangriffen. Die Motivation für solche Angriffe liegt laut Helfstein darin, andere Staaten unvorbereitet zu treffen, um auf diese Weise die eigenen Verluste in einer militärischen Konfrontation gering zu halten und die Erfolgsaussichten zu steigern. Empirisch lasse sich diese Annahme allerdings nicht bestätigen. So würden durch Überraschungsangriffe Gegenschläge des angegriffenen Staates nicht verhindert, und die dann ausbrechenden Kriege würden umso mehr Opfer fordern, je mehr Opfer der Überraschungsangriff gebracht habe. Helfstein (2012: 281–283) führt dieses Phänomen, das er als „backfire" bezeichnet, auf die größere Risikoneigung von Entscheidungsträgern zurück, die sich im Verlustbereich befinden und die deshalb bestrebt sind, durch den Überraschungsangriff verursachte Verluste auszugleichen.

David Welch (2005) nutzt einzelne Annahmen der *Prospect Theory* wiederum dazu, um einer der Grundfragen der Außenpolitikforschung nachzugehen. Diese lautet: Wie lässt sich außenpolitischer Wandel erklären? Welch entwickelt die „Loss-Aversion Theory of Foreign Policy Change", die unter anderem auch Einsichten des organisationstheoretischen Ansatzes (Kap. 6) berücksichtigt. Laut der Theorie von Welch ist ein grundlegender außenpolitischer Wandel nur dann zu erwarten, wenn aus der Sicht der Entscheidungsträger der Status quo unakzeptable Kosten verursacht und auch die Zukunft höchstwahrscheinlich signifikante Verluste bringen wird. Demgegenüber werden Entscheidungsträger die Außenpolitik eines Landes nicht fundamental ändern, sofern dies „nur" zu geringfügigen Gewinnen führen sollte (Welch 2005: 45–46).

Die folgenden Beispiele illustrieren schließlich, dass die *Prospect Theory* auch im Kontext der Internationalen Beziehungen (IB) angewandt wird. So nutzt beispielsweise Jeffrey Berejekian (1997) Einsichten der Theorie, um der Debatte über relative bzw. absolute Gewinne in den IB einen neuen Impuls zu geben. Während für Staaten laut realistischen Ansätzen relative Gewinne maßgeblich sind (Kap. 2.1), heben institutionalistische Ansätze das Streben nach absoluten Gewinnen hervor. Berejekian argumentiert, dass diese beiden Perspektiven miteinander verbunden werden können, und zwar mittels der *Prospect Theory*. Schätzt ein Staat den Status quo negativ ein, so strebt er laut Berejekian (1997: 795) nach relativen Gewinnen und akzeptiert dabei Risiken; wird der Status quo hingegen als positiv eingeschätzt, werden absolute Gewinne angestrebt und der Staat scheut risikoreiche Entscheidungen. Ändert sich wiederum etwa im Zuge eines Verhandlungsprozesses der Kontext, so könne sich auch die Bewertung des Status quo und, als Folge dessen, das Streben der Staaten von der einen Art von Gewinn zur anderen Art verändern. Berejekian illustriert sein Modell anhand des Verhaltens der Europäischen Gemeinschaft (EG) im Zuge der Aushandlung des Montreal-Protokolls zum Schutz der Ozonschicht, wo die EG zunächst nach absoluten Gewinnen und später unter anderem aufgrund von Änderungen in der Position der USA nach relativen Gewinnen strebte.

Kai He und Huiyun Feng (2012) beschäftigen sich mit der Bildung von Bündnissen. Sie untersuchen, weshalb die USA nach dem Ende des Zweiten Weltkriegs unterschiedliche Strategien der Allianzbildung verfolgten, indem sie für Europa multilaterale Allianzen und für Asien bilaterale Allianzen etablierten. Die Autoren entwickeln ein „Prospect-Threat Alliance Model", das Einsichten der realistischen *Balance of Threat*-Theorie (Kap. 2.3) und der *Prospect Theory* verbindet. Das Modell führt die Varianz in der amerikanischen Politik auf den unterschiedlichen Bedrohungsgrad zurück, den amerikanische Entscheidungsträger für Europa bzw. Asien ausgemacht haben. Eine starke Bedrohung bringe Entscheidungsträger in den Verlustbereich. In einer solchen Situation wären sie bereit, das mit der Bildung multilateraler Allianzen verbundene Risiko hinsichtlich der Begrenzung der eigenen autonomen Handlungsmöglichkeiten in Kauf zu nehmen, weil sie im Gegenzug die Unterstützung von einer Reihe von Staaten erhielten. Wird hingegen nur ein geringer Grad an Bedrohung wahrgenommen, so befänden sich die Entscheidungsträger im Gewinnbereich und bevorzugten bilaterale Allianzen, welche die eigenen Handlungsspielräume weniger begrenzten, wodurch diese weniger risikoreich seien als multilaterale Allianzen.

James Davis (2000) fragt nach den Bedingungen, unter denen negative Anreize wie Drohungen oder aber positive Anreize wie Versprechungen wirksame Instrumente zum Management von Konflikten und zur Vermeidung von Kriegen sind. Laut Davis sind Drohungen am effektivsten, wenn Entscheidungsträger aufgrund von Gewinnbestrebungen darauf aus sind, den Status quo zu ändern. Demgegenüber sollten Versprechungen gemacht werden, wenn Entscheidungsträger wegen Verlustängsten den Status quo ändern möchten. Konflikte und Konfliktmanagement sind auch das Thema der Studie von Carsten Giersch (2009), die zu den wenigen von deutschen Forschern erbrachten Beiträgen zur Nutzung der *Prospect Theory* in der Außenpolitikforschung bzw. in der IB-Forschung gehört (siehe auch Brummer 2012). Giersch verbindet die *Prospect Theory* mit spieltheoretischen Einsichten, um das Konfliktverhalten von Akteuren in inner- und zwischenstaatlichen Konflikten zu ergründen und darauf basierend Vorschläge zur Konfliktbearbeitung zu entwickeln.

8.5   Fazit

Die *Prospect Theory* gilt als „the most influential behavioral theory of choice in the social sciences" (Mercer 2005: 3). Sie gründet auf einer Reihe von in Laborexperimenten gewonnenen Beobachtungen, die zentrale Annahmen der EUT hinterfragen. Hierzu gehören die Bewertung von Optionen gegenüber einem Referenzpunkt, die unterschiedliche Bedeutung, die Entscheidungsträger Gewinnen und Verlusten beimessen, und die sich aus dieser Verlustaversion ergebenden Folgen für die Risikoneigung von Entscheidungsträgern. Auf diesen Grundlagen beruht ein Modell, das Entscheidungsprozesse in zwei Phasen unterteilt. In der Bearbeitungsphase werden unter anderem Optionen identifiziert und „geframed". In der Evaluierungsphase werden die bearbeiteten Optionen anschließend bewertet, und es wird diejenige ausgewählt, die den größten Wert verspricht.

Seit den 1990er Jahren ist die *Prospect Theory* in der Außenpolitikforschung in einer Vielzahl von empirischen Studien zur Anwendung gekommen. Hierbei dominieren qualitative Fallstudien, die sich insbesondere auf die Außenpolitik der USA beziehen. Trotz (oder wegen) ihrer Popularität ist die *Prospect Theory* vielfach kritisiert worden. Bemängelt wurden unklare Vorgaben zur Bestimmung des Referenzpunkts und der *domain*, in der sich ein Akteur befindet, wie auch hinsichtlich der Feststellung, welche Handlungsoptionen risikoreicher sind als andere.

Nicht zuletzt aufgrund ihrer Defizite bietet die *Prospect Theory* eine Reihe von Ansatzpunkten für die künftige Forschung. Beim *framing* hat beispielsweise der Faktor „Zeit" bislang kaum Beachtung gefunden. So kann ein Akteur unabhängig von Veränderungen im innerstaatlichen oder internationalen Kontext vom Gewinnbereich in den Verlustbereich geraten, und zwar dann, wenn ihm schlichtweg die Zeit zur Erledigung bestimmter Aufgaben davonläuft. Neben situativem Wandel kann somit auch „temporal change" (McDermott 1998: 41) das *framing* von Situationen und damit die Entscheidungen von Akteuren beeinflussen. Andere Stränge der gegenwärtigen Forschung versuchen wiederum, durch die Zuhilfenahme evolutionspsychologischer Einsichten zu ergründen, woher eigentlich die von der *Prospect Theory* identifizierten Phänomene stammen, allen voran die kontextabhängige Risikoneigung (McDermott et al. 2008). Wieder andere Forscher gehen der Frage nach, ob Eliten insbesondere aufgrund ihrer in der Regel vorhandenen langjährigen (Berufs-)Erfahrung grundsätzlich weniger Abneigung gegenüber dem Eingehen von Risiken haben als Individuen, die keine Spitzenpositionen in Politik, Wirtschaft etc. bekleiden (Hafner-Burton et al. 2013).

Zu klären gilt es schließlich auch, wie individuelle Präferenzen im Kontext der Entscheidungsfindung in Gruppen aggregiert werden. Es geht somit darum, die *Prospect Theory* von „a theory of individual choice to a theory of collective choice" (Levy 1997: 104) zu entwickeln. Neben dieser grundsätzlichen Frage ließe sich speziell untersuchen, auf welche Weise Gruppenmitglieder versuchen, das *framing* anderer Gruppenmitglieder zu manipulieren (Maoz 1990: 88–90; Kanner 2004). Ebenfalls zu klären ist, ob Entscheidungsgruppen möglicherweise allgemein zu risikoärmeren (Whyte/Levi 1994: 257) oder aber zu risikoreicheren Entscheidungen tendieren, und zwar selbst dann, wenn sie sich im Gewinnbereich befinden (Boettcher 2004: 354).

8.6 Literatur

Berejekian, Jeffrey (1997) The Gains Debate: Framing State Choice. *American Political Science Review* 91(4), 789–805.

Boettcher, William A., III (2004) The Prospects for Prospect Theory: An Empirical Evaluation of International Relations Applications of Framing and Loss Aversion. *Political Psychology* 25(3), 331–362.

Bueno de Mesquita, Bruce/McDermott, Rose (2004) Crossing No Man's Land: Cooperation From the Trenches. *Political Psychology* 25(2), 271–287.

Bueno de Mesquita, Bruce/McDermott, Rose/Cope, Emily (2001) The Expected Prospects for Peace in Northern Ireland. *International Interactions* 27(2), 129–167.

Brummer, Klaus (2012) Germany's Participation in the Kosovo War: Bringing Agency Back In. *Acta Politica* 47(3), 272–291.

Cha, Victor D. (2002) Hawk Engagement and Preventive Defense on the Korean Peninsula. *International Security* 27(1), 40–78.

Davis, James W., Jr. (2000) *Threats and Promises. The Pursuit of International Influence*. Baltimore/London: Johns Hopkins University Press.

Farnham, Barbara (1992) Roosevelt and the Munich Crisis: Insights from Prospect Theory. *Political Psychology* 13(2), 205–235.

Farnham, Barbara (Hrsg.) (1994) *Avoiding Losses/Taking Risks. Prospect Theory and International Conflict*. Ann Arbor: University of Michigan Press.

Giersch, Carsten (2009) *Risikoeinstellungen in internationalen Konflikten*. Wiesbaden: VS Verlag.

Haas, Mark L. (2001) Prospect Theory and the Cuban Missile Crisis. *International Studies Quarterly* 45(2), 241–270.

Hafner-Burton, Emilie M./Hughes, D. Alex/Victor, David G. (2013) The Cognitive Revolution and the Political Psychology of Elite Decision Making. *Perspectives on Politics* 11(2), 368–386.

He, Kai/Feng, Huiyun (2012) 'Why is There No NATO in Asia?' Revisited: Prospect Theory, Balance of Threat, and US Alliance Strategies. *European Journal of International Relations* 18(2), 227–250.

Helfstein, Scott (2012) Backfire: Behavioral Decision Making and the Strategic Risks of Successful Surprise. *Foreign Policy Analysis* 8(3), 275–292.

Jervis, Robert (1992) Political Implications of Loss Aversion. *Political Psychology* 13(2), 187–204.

Kahneman, Daniel/Tversky, Amos (1979) Prospect Theory: An Analysis of Decision under Risk. *Econometrica* 47(2), 263–291.

Kahneman, Daniel/Tversky, Amos (Hrsg.) (2000) *Choices, Values, and Frames*. New York: Cambridge University Press/Russell Sage Foundation.

Kanner, Michael D. (2004) Framing and the Role of the Second Actor: An Application of Prospect Theory to Bargaining. *Political Psychology* 25(2), 213–239.

Kowert, Paul A./Hermann, Margaret G. (1997) Who Takes Risk? Daring and Caution in Foreign Policy Making. *Journal of Conflict Resolution* 41(5), 611–637.

Levy, Jack S. (1992a) An Introduction to Prospect Theory. *Political Psychology* 13(2), 171–186.

Levy, Jack S. (1992b) Prospect Theory and International Relations: Theoretical Applications and Analytical Problems. *Political Psychology* 13(2), 283–310.

Levy, Jack S. (1996) Loss Aversion, Framing, and Bargaining: The Implications of Prospect Theory for International Conflict. *International Political Science Review* 17(2), 179–195.

Levy, Jack S. (1997) Prospect Theory, Rational Choice, and International Relations. *International Studies Quarterly* 41(1), 87–112.

Levy, Jack S. (2003) Applications of Prospect Theory to Political Science. *Synthese* 135(2), 215–241.

Maoz, Zeev (1990) Framing the National Interest: The Manipulation of Foreign Policy Decision Group Settings. *World Politics* 43(1), 77–110.

McDermott, Rose (1998) *Risk-taking in International Politics. Prospect Theory in American Foreign Policy*. Ann Arbor: University of Michigan Press.

McDermott, Rose (2001) The Psychological Ideas of Amos Tversky and Their Relevance for Political Science. *Journal of Theoretical Politics* 13(1), 5–33.

McDermott, Rose (2004) Prospect Theory in Political Science: Gains and Losses From the First Decade. *Political Psychology* 25(2), 289–312.

McDermott, Rose/Fowler, James H./Smirnov, Oleg (2008) On the Evolutionary Origin of Prospect Theory Preferences. *Journal of Politics* 70(2), 335–350.

McDermott, Rose/Kugler, Jacek (2001) Comparing Rational Choice and Prospect Theory Analyses: The US Decision to Launch Operation 'Desert Storm', January 1991. *Journal of Strategic Studies* 24(3), 49–85.

Mercer, Jonathan (2005) Prospect Theory and Political Science. *Annual Review of Political Science* 8, 1–21.

Perla, Héctor, Jr. (2011) Explaining Public Support fort he Use of Military Force: The Impact of Reference Point Framing and Prospective Decision Making. *International Organization* 65(1), 139–167.

Shafir, Eldar (1992) Prospect Theory and Political Analysis: A Psychological Perspective. *Political Psychology* 13(2), 311–322.

Taliaferro, Jeffrey W. (2004) *Balancing Risks. Great Power Intervention in the Periphery*. Ithaca/London: Cornell University Press.

Taliaferro, Jeffrey W. (2010) Prospect Theory and Foreign Policy Analysis. In: Denemark, Robert A. (Hrsg.) *The International Studies Encyclopedia*. Blackwell Reference Online. Blackwell Publishing.

Vis, Barbara (2011) Prospect Theory and Political Decision Making. *Political Studies Review* 9(3), 334–343.

Welch, David A. (2005) *Painful Choices. A Theory of Foreign Policy Change*. Princeton/Oxford: Princeton University Press.

Whyte, Glen/Levi, Ariel S. (1994) The Origins and Function of the Reference Point in Risky Group Decision Making. The Case of the Cuban Missile Crisis. *Journal of Behavioral Decision Making* 7(4), 243–260.

Wilson, Rick K. (2011) The Contribution of Behavioral Economics to Political Science. *Annual Review of Political Science* 14, 201–223.

9   Der *Operational Code*-Ansatz

Die beiden Grundannahmen des *Operational Code*-Ansatzes lauten: „who leads matters" und „beliefs matter" (Walker 2003: 245, 275). Der Ansatz wendet sich gegen Erklärungen, die außenpolitische Entscheidungen auf strukturelle, vom internationalen System ausgehende Faktoren zurückführen (wie der Neorealismus; Kap. 2). Er argumentiert ebenso gegen die Annahme, dass Gemeinsamkeiten zwischen politischen Entscheidungsträgern weitaus größer seien als Unterschiede zwischen ihnen, weshalb Außenpolitik auf innerstaatliche Strukturen und Prozesse zurückgeführt werden könne (Teil II). Strukturellen bzw. auf die „Austauschbarkeit" von Akteuren hinauslaufenden Erklärungen von Außenpolitik hält der *Operational Code*-Ansatz entgegen, dass die einzelnen Entscheidungsträger sehr wohl einen nennenswerten Einfluss auf außenpolitische Entscheidungen und Handlungen eines Staates haben.

Tab. 9.1:   Kernaussagen, Referenzautoren und zentrale Werke des *Operational Code*-Ansatzes

Kernaussagen
Der *Operational Code*-Ansatz geht davon aus, dass die Überzeugungen von Entscheidungsträgern ihre außenpolitischen Entscheidungen maßgeblich beeinflussen.
Operational Codes bilden entsprechend die politischen Überzeugungen von Entscheidungsträgern ab.
Überzeugungen werden in zwei Kategorien unterteilt: philosophische Überzeugungen, die sich auf grundlegende Annahmen über die Natur von Politik und politischen Konflikten beziehen, und instrumentelle Überzeugungen, die den Zusammenhang von Zielen und Mitteln im Kontext politischer Handlungen thematisieren.
In der aktuellen *Operational Code*-Forschung wird von einer kausalen Wirkung von Überzeugungen auf die Entscheidungen und Handlungen von Entscheidungsträgern ausgegangen.

Referenzautoren	*Zentrale Werke*
Alexander George	The "Operational Code": A Neglected Approach to the Study of Political Leaders and Decision-Making. *International Studies Quarterly* 13(2), 190–222, 1969.
Stephen Walker	(mit Mark Schafer und Michael Young) Systematic Procedures for Operational Code Analysis: Measuring and Modeling Jimmy Carter's Operational Code. *International Studies Quarterly* 42(1), 175–190, 1998.
Mark Schafer	(mit Stephen Walker) (Hrsg.) *Beliefs and Leadership in World Politics. Methods and Applications of Operational Code Analysis*. New York, Basingstoke: Palgrave Macmillan, 2006a.
Nathan Leites	*The Operational Code of the Politburo*. New York: McGraw-Hill, 1951.

Genauer gesagt werden politische Überzeugungen der Entscheidungsträger in den Mittelpunkt gerückt, weil diese laut dem *Operational Code*-Ansatz zu divergierenden Präferenzen und darauf gründender unterschiedlicher Außenpolitik führen (Walker 2003: 245–246). Überzeugungen gelten in kognitiver Hinsicht als „mentale Schablonen", durch die Entscheidungsträger die Welt sehen. Die subjektiven, sich aus den Überzeugungen ergebenden Wahrnehmungen haben wiederum praktische Konsequenzen für die von den Entscheidungsträgern verfolgte Politik. Dies soll deshalb der Fall sein, weil bestimmte Überzeugungen auch bestimmte Strategien, Handlungsoptionen etc. nahelegen oder aber ausschließen (Tab. 9.1).

Um die Überzeugungen von Entscheidungsträgern analytisch fassbar zu machen – um also „in deren Köpfe" zu schauen – nutzt der *Operational Code*-Ansatz eine „At a distance"-Technik (Schafer 2000; Post 2005). Da es für Forscher in der Regel nicht möglich ist, mit hochrangigen politischen Entscheidungsträgern – vor allem, so lange sie im Amt sind – ausführliche Gespräche zur Ergründung ihrer Überzeugungen zu führen, basiert die Identifizierung von *Operational Codes* auf der Auswertung von Sprechakten (Reden, Interviews etc.) der Akteure. Auf diesem Wege werden die politischen Überzeugungen der Entscheidungsträger identifiziert, auf welcher Grundlage sowohl vergangene Entscheidungen erklärt als auch künftige Entscheidungen prognostiziert werden können.

9.1   Die Grundlagen des *Operational Code*-Ansatzes

Der *Operational Code*-Ansatz wurde Anfang der 1950er Jahre von Nathan Leites (1951, 1953) entwickelt. Geprägt vom Kontext des Kalten Krieges, galt das Interesse des in den USA arbeitenden Leites den persönlichen Überzeugungen der Mitglieder des sowjetischen Politbüros und den Auswirkungen dieser Überzeugungen auf die außenpolitischen Entscheidungen der Sowjetunion. Sein Ziel war „to discover the rules which Bolsheviks believe to be necessary for effective political conduct" (Leites 1951: xi). Auf dieser Grundlage sollten bessere Vorhersagen über das außenpolitische Verhalten des Politbüros ermöglicht und zugleich die Fähigkeiten westlicher Entscheidungsträger erweitert werden, mit dem sowjetischen Politbüro umzugehen.

Leites Arbeiten litten jedoch unter der Vielzahl von Aspekten, die er unter einem nur vage definierten Konzept des *Operational Code* erfasste. In *The Operational Code of the Politburo* (Leites 1951) führte er insgesamt 20 verschiedene Punkte an. Zu diesen zählten Einschätzungen zur (Un-)Vorhersehbarkeit künftiger Entwicklungen und die Bedeutung von Durchhaltevermögen und Flexibilität ebenso wie die Notwendigkeit von Organisation, der Einsatz von Gewalt zum Zweck der Ausbreitung des Kommunismus und die Gefahr der Auslöschung der kommunistischen Partei durch den Feind. Eine Definition dessen, was *Operational Codes* konkret erfassen sollen, blieb Leites schuldig. Eine solche fand sich erst in *A Study of Bolshevism* aus dem Jahr 1953. Darin bezeichnete Leites (1953: 15) *Operational Codes* als „the conceptions of political ‚strategy'". Auch diese Definition ist jedoch vage. Zudem bettete Leites sein ohnehin bereits ausdifferenziertes Konzept nunmehr in einen übergeordneten sozio-psychologischen Ansatz zur historischen Herleitung und Bedeutung des Bolschewismus und des „bolschewistischen Charakters" ein (George 1969: 193, 201). Die Folge dieser konzeptionellen Unklarheiten war, dass der *Operational Code*-Ansatz für empirische Studien zunächst weitgehend unbrauchbar blieb.

Zu einer Systematisierung des *Operational Code*-Ansatzes kam es durch Alexander George (1969, 1979). Dieser grenzte Leites Überlegungen inhaltlich ein und ließ den Ansatz dadurch anwendbar werden. George (1969: 199) selbst sprach von der Entwicklung eines „research construct for empirical work on decision-making". Ausgehend von einer „begrenzten Rationalität" (*bounded rationality*) der Entscheidungsträger (siehe die Einleitung zu Teil III) fragte er, wie Politiker komplexe Sachverhalte vereinfachen und ordnen würden, um anschließend Entscheidungen treffen zu können (George 1969: 201). Seine Antwort lautete, dass den Entscheidungsträgern ihr *Operational Code* dabei helfe, mit ihren „Begrenzungen" umzugehen: „[A] person's operational code beliefs structure and channel the way in which he copes and deals with the cognitive limits on rationality; they serve to define his particular type of ‚bounded rationality'" (George 1979: 103).

Konkret helfen *Operational Codes* den Entscheidungsträgern dabei, Situationen einzuschätzen und Handlungsoptionen auszuwählen bzw. zu verwerfen. George definierte *Operational Codes* dann auch als

> "a set of *general beliefs* about fundamental issues of history and central questions of politics as these bear, in turn, on the problem of action. […] They serve […] as a *prism* that influences the actor's *perceptions and diagnoses* of the flow of political events, his *definitions and estimates* of particular situations. These beliefs also provide *norms, standards, and guidelines* that influence the actor's choice of strategy and tactics, his structuring and weighing of alternative courses of action" (George 1969: 191; unsere Hervorhebungen).

Zugleich betonte George (1969: 191), was *Operational Codes* nicht seien, nämlich standardisierte Handlungsanleitungen, die von den Akteuren bei ihrer Entscheidungsfindung mechanisch angewendet würden. Als passendere Bezeichnung nannte er „approaches to political calculation" (George 1969: 220). Die Bezeichnung *Operational Code* ist jedoch bis heute geblieben.

Die Definition von *Operational Codes* zeigt, worin die Eingrenzung von Leites Arbeiten durch George bestand: Er fokussierte auf *kognitive* Elemente im Kontext *politischer* Entscheidungen. Anstatt sämtliche Überzeugungen von Akteuren wiederzugeben, stellen *Operational Codes* Überzeugungen über das „politische Leben" in den Mittelpunkt, welche „an individual acquires and applies in information processing for the purpose of exercising judgment and choice in decision-making" (George 1979: 97). Nicht berücksichtigt bleiben beispielsweise ethische oder normative Überzeugungen, die von Leites noch einbezogen wurden, oder religiöse Überzeugungen.

George (1969: 201–216) subsumierte die Elemente eines *Operational Codes* unter zehn Fragen, die er ihrerseits in zwei Kategorien einteilte: „philosophische Überzeugungen" und „instrumentelle Überzeugungen" (Tab. 9.2). Philosophische Überzeugungen (P) beziehen sich auf grundlegende Annahmen und Prämissen über die Natur von Politik und politischen Konflikten sowie auf die Rolle von Individuen in der Geschichte. Sie thematisieren somit die in der obigen Definition angeführten „Wahrnehmungen" und „Diagnosen" politischer Ereignisse sowie „Definitionen" und „Einschätzungen" von Situationen. Instrumentelle Überzeugungen (I) verweisen auf den Zusammenhang von Zielen und Mitteln im Kontext politischer Handlungen. Sie beziehen sich demnach auf die oben angeführten „Normen", „Standards" und „Richtlinien".

Tab. 9.2:   Philosophische und instrumentelle Überzeugungen

Philosophical Beliefs	Instrumental Beliefs
P-1 What is the "essential" nature of political life? Is the political universe essentially one of harmony or conflict? What is the fundamental character of one's political opponents? (*master belief*)	I-1 What is the best approach for selecting goals or objectives for political action? (*master belief*)
P-2 What are the prospects for the eventual realization of one's fundamental political values and aspirations? Can one be optimistic, or must one be pessimistic on this score; and in what respects the one and/or the other?	I-2 How are the goals of action pursued most effectively?
P-3 Is the political future predictable? In what sense and to what extent?	I-3 How are the risks of political action calculated, controlled, and accepted?
P-4 How much "control" or "mastery" can one have over historical development? What is one's role in "moving" and "shaping" history in the desired direction?	I-4 What is the best "timing" of action to advance one's interest?
P-5 What is the role of "chance" in human affairs and in historical development?	I-5 What is the utility and role of different means for advancing one's interests?

Eigene Darstellung basierend auf George (1969).

Innerhalb der beiden Kategorien P und I gibt es Verbindungen zwischen den einzelnen Elementen. Diese ergeben sich daraus, dass die im *Operational Code* erfassten Überzeugungen die Eigenschaften eines „belief system" aufweisen, verstanden als „a configuration of ideas and attitudes in which the elements are bound together by some form of constraint or functional interdependence" (Converse 1964: 207). Der Brückenschlag zwischen Überzeugungen und Handlungen von Entscheidungsträgern wird durch die Theorie der kognitiven Konsistenz (*cognitive consistency theory*) hergestellt. Diese besagt unter anderem, dass Überzeugungen ein interdependentes und hierarchisches System darstellen, in welchem die einzelnen Bestandteile untereinander konsistent sowie nur sehr schwer zu ändern sind. Je stärker die Interdependenz und je ausgeprägter die Hierarchie sind, desto größer ist die Konsistenz zwischen Überzeugungen und Handlungen der Akteure und desto wahrscheinlicher ist es, dass Informationen, die den Überzeugungen zuwiderlaufen, bei der Entscheidungsfindung ausgeblendet werden. Kommt es zu Änderungen einzelner Überzeugungen (v. a. von solchen, die Nahe an der Spitze der Hierarchie stehen), sollte dies Veränderungen in weiteren Überzeugungen nach sich ziehen (Walker 2003: 251–252). Die Hierarchie zwischen den einzelnen Elementen der beiden Kategorien zeigt sich daran, dass P-1 und I-1 als „master beliefs" (George 1979: 101) gelten. Stephen Walker, Mark Schafer und Michael Young bemerken hierzu:

"The indices [siehe Kap. 9.3] for I-1 and P-1 *summarize the balance* between the leader's attribution of cooperative and conflictual properties of self and others. The indices for the remaining instrumental (self) and philosophical (other) elements are *disaggregations* of these two indices into different measures of central tendency, balance, and dispersion" (Walker et al. 1998: 177; unsere Hervorhebungen).

In den 1970er Jahren entwickelte Ole Holsti eine Typologie von *Operational Codes*, in der er systematische Verbindungen zwischen den einzelnen Elementen aufzeigte (Holsti 1977: 150–271). Seine Typologie beinhaltete mehrere „independent belief systems, i.e., distinct sets of beliefs which are themselves internally consistent, interdependent, and resistant to change" (Walker 1983: 187; siehe auch Walker 1990). Als Ausgangspunkt nahm Holsti die Einschätzung des „politischen Universums" (P-1) durch die Akteure. In diesem Kontext stellte er zwei Fragen: Wird Konflikt als dauerhaft eingeschätzt oder lässt er sich abmildern oder gar beseitigen? In Anlehnung an die „three images" von Kenneth Waltz (1959; siehe Kap. 1.1) fragte er außerdem, auf welcher Handlungsebene die Ursachen für Konflikte nach Einschätzung des Akteurs angesiedelt sind: in der menschlichen Natur, auf der staatlichen Ebene oder auf der Ebene des internationalen Systems?

Die Beantwortung dieser beiden Fragen führte zu sechs unterschiedlichen *Operational Code*-Typen (A bis F) (Tab. 9.3). Darauf aufbauend zeigte Holsti (1977: 167–178), wie sich die auf P-1 beruhenden Typen mit anderen Überzeugungen verbinden ließen. Zur Illustration: Typ A ist optimistisch dahingehend, seine Ziele langfristig zu erreichen (P-2), glaubt, dass politische Entwicklungen zumindest teilweise vorhersehbar sind (P-3), ist zuversichtlich, dass er Entwicklungen beeinflussen kann (P-4), und schreckt vor dem schnellen Einsatz von Gewalt zurück (I-5). Typ D hingegen ist pessimistisch bezüglich der Zielerreichung, weist dem Zufall eine größere Rolle zu, schätzt seine Fähigkeiten zur Beeinflussung von Entwicklungen geringer ein und ist offen für den Einsatz von Gewalt, wenn auch nur als letztes Mittel.

Tab. 9.3:   Holstis *Operational Code*-Typologie

Natur des „politischen Universums" (P-1) Quelle von Konflikten	*harmonisch* (Konflikt als vorübergehendes Phänomen)	*konfliktiv* (Konflikt als dauerhaftes Phänomen)
Menschliche Natur (*first image*)	A	D
Attribute von Staaten (*second image*)	B	E
Internationales System (*third image*)	C	F

Ergänzte Darstellung nach Holsti (1977): 158.

Später entwickelte Walker die Typologie von Holsti insofern weiter, als dass er sie auf vier Typen reduzierte: A, B, C und DEF (Walker 1983: 181–186). Er führte also diejenigen drei Typen zusammen, die von der Dauerhaftigkeit von Konflikten ausgingen und die seiner Einschätzung nach auch hinsichtlich der aus diesem *master belief* abgeleiteten weiteren Überzeugungen (P-2, P-3 etc.) übereinstimmten. An anderer Stelle kam Walker hingegen zu dem

Schluss, dass Holstis Typologie zu undifferenziert sei. Die Überzeugungen politischer Akteure wären vielschichtiger als von Holsti angeführt, was sich beispielsweise an Überschneidungen zwischen den einzelnen Typen zeige (Walker/Falkowski 1984).

9.2   Weiterentwicklungen des *Operational Code*-Ansatzes

Basierend auf der Kritik an der zu wenig komplexen und obendrein statischen, weil keine Veränderungen zulassenden Typologie entwickelten Walker und Kollegen (Walker et al. 1998, 1999, 2005) eine im Vergleich zu Holsti (wie auch zu Leites und George) grundsätzlich veränderte Sichtweise auf *Operational Codes*. Unterschiede zeigen sich insbesondere in drei Bereichen, und zwar hinsichtlich der Stabilität von *Operational Codes*, ihrer Reichweite sowie mit Blick auf den Einfluss, der ihnen auf außenpolitische Entscheidungen zugesprochen wird.

Zunächst galten Überzeugungen als weitgehend stabil. George verwies sogar darauf, dass sich Entscheidungsträger gegen Änderungen ihrer Überzeugungen „sperren" könnten. Widerstände seien insbesondere dann zu erwarten, wenn Überzeugungen „doktrinären Charakter" (George 1969: 217) angenommen hätten. Als unabänderlich galten *Operational Codes* jedoch von Anfang an nicht. Die Überzeugungen von Einzelpersonen können sich beispielsweise ändern, wenn geschichtliche Entwicklungen zu einer Neubewertung einer Situation oder eines Gegners führen (George 1969: 218–220). Jonathan Renshon (2008: 837–839) nennt wiederum Veränderungen in den Rollen bzw. Ämtern von Akteuren sowie traumatische Ereignisse als mögliche Ursachen für Veränderungen.

In den letzten Jahren hat sich die Annahme, dass Überzeugungen nicht stabil sind, als die vorherrschende Sichtweise etabliert. Walker et al. (1998: 176) bezeichnen *Operational Codes* als „a set of alternative ‚states of mind'" eines Entscheidungsträgers. Dies schließt Möglichkeiten für Veränderungen von Überzeugungen, etwa durch Lernen, ebenso ein wie die weiter unten noch zu diskutierende Entwicklung von „themenspezifischen" Überzeugungen.

Walker und Schafer (2000) identifizierten beispielsweise den *Operational Code* des amerikanischen Präsidenten Lyndon Johnson im Zuge der Eskalation des Vietnamkriegs. Sie unterteilten den Zeitraum von November 1964 bis Juli 1965 in zwei Phasen: Phase 1 endete mit der Entscheidung zur Durchführung von massiven Luftschlägen gegen Nordvietnam und Phase 2 mit der Entscheidung für eine unbefristete Entsendung von Bodentruppen in den Süden. Die Autoren zeigen, dass es zwischen den beiden Phasen in mehr als der Hälfte der *Operational Code*-Elemente (u. a. bei P-3, P-4 und I-3) zu statistisch signifikanten Veränderungen kam (Walker/Schafer 2000: 537).

Renshon (2008) unterteilte die Amtszeit von US-Präsident George W. Bush ebenfalls in mehrere Phasen und stellte zumindest für einige Elemente von dessen *Operational Code* ebenfalls signifikante Veränderungen fest. Diese betrafen insbesondere die philosophischen Überzeugungen von Bush. Vor diesem Hintergrund, sowie unter Verweis auf andere Studien (u. a. Feng 2005; Malici/Malici 2005), legt Renshon (2008: 827) nahe, dass sich philosophische Überzeugungen eher bzw. leichter veränderten, wohingegen sich instrumentelle Überzeugungen als stabiler erwiesen und etwaige Änderungen von geringerer Reichweite seien. Seine Erklärung hierfür lautet: „We can […] conceive of the instrumental aspects of the operational code as comprising part of an individual's identity, with the philosophical beliefs being the results of ‚reality-testing' and ‚lessons-learned' about the nature of the political universe" (Renshon 2008: 841). Die situativen „Realitätstests" sollten sich leichter verändern als die Identitäten von Akteuren.

Der zweite grundsätzliche Unterschied zwischen der frühen und der aktuellen Forschung bezieht sich auf die „Reichweite" von *Operational Codes*. Im Mittelpunkt dieser Diskussion steht die Frage, ob jeder Akteur über einen generalisierten *Operational Code* verfügt, der „von oben" (*top-down*) auf einzelne Themenbereiche angewandt wird, oder ob „von unten" (*bottom-up*) von handlungs- bzw. themenspezifischen *Operational Codes* ausgegangen werden sollte (Walker/Schafer 2000; Walker et al. 1998, 2005). Die Sichtweise „von unten" hat in den letzten Jahren stark an Bedeutung gewonnen. In diesem Sinne betonen Walker und Kollegen, dass

> "the empirical task of mapping a leader's operational code beliefs should proceed from the bottom up, by aggregating targeted beliefs about particular issues in different domains of political action, rather than from the top down, as deductions from an idealized typology of operational code belief systems" (Walker et al. 2005: 223).

In der bereits erwähnten Studie zu Johnsons Vietnampolitik entwickelten Walker und Schafer (2000) drei themenspezifische *Operational Codes* des US-Präsidenten, indem sie dessen Äußerungen den Bereichen „Vietnam", „Außenpolitik (ohne Vietnam)" sowie „Innenpolitik" zuordneten. Während die Indizes (Kap. 9.3) für Außenpolitik und Innenpolitik sehr ähnlich waren, wiesen die Ergebnisse für Vietnam im Vergleich zu diesen beiden deutliche Unterschiede auf. Johnson stufte beispielsweise seine Erfolgschancen (P-2) in der Außenpolitik im Allgemeinen sowie besonders in der Innenpolitik sehr optimistisch ein, zeigte sich mit Blick auf Vietnam jedoch stark pessimistisch. Angesichts dieser themenspezifischen Unterschiede lautete das Fazit der Autoren, dass *Operational Codes* „are [...] perhaps best conceptualized as variables subject to change over time and across domains, rather than as temporally stable, cross-situational characteristics" (Walker/Schafer 2000: 542).

Als dritter Unterschied zwischen der frühen und der aktuellen *Operational Code*-Forschung ist die veränderte Sichtweise auf die „kausale Wirkung" von Überzeugungen anzuführen. In diesem Kontext ist zunächst zu klären, unter welchen Bedingungen Überzeugungen den größten Einfluss auf politische Entscheidungen haben sollten. Anschließend stellt sich die Frage, welcher konkrete Einfluss von Überzeugungen auf politische Entscheidungen ausgeht.

Laut Holsti (1976: 30) haben Überzeugungen bei den folgenden Arten außenpolitischer Entscheidungen bzw. bei Entscheidungen, die in folgenden Situationen getroffen werden, den größten Einfluss:

- bei „Nicht-Routineentscheidungen", bei denen die Anwendung von bestehenden Abläufen oder Verfahren, wie etwa von „standard operating procedures" (SOPs; Kap. 6), nicht ausreicht (z. B. bei Entscheidungen zur Aufnahme oder Beendigung eines Krieges);
- bei langfristigen Planungsentscheidungen, mit denen aufgrund ihres Zeithorizonts stets ein hohes Maß an Unvorhersehbarkeit und Ungewissheit einhergeht;
- bei Entscheidungen, die von Spitzenvertretern ihrer jeweiligen Institution getroffen werden, die weitgehend unabhängig von äußeren Zwängen handeln können;
- bei Entscheidungen in komplexen Situationen, aus denen sich eine Vielzahl von Interpretationen wie auch Reaktionen ableiten lassen;

- in Situationen, in denen sich Entscheidungsträger mit einem Übermaß an Informationen konfrontiert sehen und deshalb Strategien zur Vereinfachung einsetzen müssen, um zu einer Entscheidung gelangen zu können;
- bei unvorhergesehenen Ereignissen, weil Entscheidungsträger in diesen Fällen in ihrer ersten Reaktion auf bestehende Überzeugungen zurückgreifen; oder
- bei Entscheidungen unter Stress.

Dass sich die angeführten Punkte überschneiden können, betonen Steven Hoagland und Stephen Walker (1979: 130; auch Holsti 1976: 30). Sie verweisen beispielsweise auf die „Zentralisierung" von Entscheidungsprozessen gerade in politischen Krisensituationen, wodurch die höchstrangigen Entscheidungsträger (v. a. der Regierungschef) besonderen Einfluss auf Entscheidungen haben sollten.

Für *Operational Code*-Analysen ergibt sich aus dem Gesagten fast zwangsläufig der Fokus auf politische Eliten. Diese werden am ehesten mit den angeführten (Krisen-)Situationen konfrontiert und verfügen zudem aufgrund ihrer herausgehobenen Stellung im politischen System über eine gewisse Unabhängigkeit in ihren Entscheidungen (Dyson 2001: 331). Weiterhin wird von unterschiedlichen Sozialisationserfahrungen zwischen Eliten und der breiten Bevölkerung sowie von einem Informationsvorsprung und klarer strukturierten Überzeugungen seitens der Eliten ausgegangen. Auch dies rechtfertigt laut Walker (2003: 252), den Fokus auf diese Gruppe zu legen.

Nachdem Bedingungen bzw. Kontexte angeführt worden sind, in denen Überzeugungen den größten Einfluss auf politische Entscheidungen haben sollten, stellt sich die noch grundlegendere Frage nach der „Natur" dieses Einflusses. In diesem Zusammenhang lassen sich, wie angeführt, Unterschiede zwischen der frühen und der aktuellen *Operational Code*-Forschung ausmachen. Die frühe Forschung (v. a. George und Holsti) ging von einer eher mittelbaren Verbindung zwischen den Überzeugungen von politischen Entscheidungsträgern und ihren Entscheidungen bzw. Handlungen aus. Überzeugungen dienten in dieser Sichtweise als das in der obigen Definition von *Operational Codes* angeführte „Prisma". Für den konkreten Einfluss von Überzeugungen auf Entscheidungsprozesse und Entscheidungen galten die folgenden beiden Punkte (George 1979: 101–104). Erstens sollten Überzeugungen auf die Entscheidungsfindung von Akteuren auf indirekte Weise einwirken, indem sie die Situationswahrnehmung, Informationsverarbeitung etc. beeinflussen, die der Entscheidungsfindung vorangehen bzw. mit dieser einhergehen. Zweitens sollten es nicht ausschließlich *Operational Codes* sein, die die Entscheidungen und Handlungen von Akteuren festlegen. Überzeugungen galten vielmehr als „an important, but not the only, variable that shapes decision-making behavior" (George 1969: 191). Weitere Einflussfaktoren konnten beispielsweise innenpolitische Aspekte oder Organisationsinteressen sein. George (1979: 104) gestand ein, dass es vor diesem multikausalen Hintergrund schwierig sei, die Bedeutung – er sprach vom „causal weight" – von Überzeugungen auf bestimmte Entscheidungen herauszuarbeiten.

Demgegenüber wird in der aktuellen *Operational Code*-Forschung der kausale Zusammenhang zwischen Überzeugungen und außenpolitischen Entscheidungen deutlich stärker betont. Walker und Schafer (2006: 5) heben sogar ausdrücklich die Rolle von Überzeugungen „as causal mechanisms with steering effects" hervor. Im Sinne der angeführten „begrenzten Rationalität" von Entscheidungsträgern „begrenzen" Überzeugungen die Rationalität der Akteure. Innerhalb dieses von Überzeugungen subjektiv gesetzten Rahmens „the decision maker is *steered* by his/her system of beliefs in the identification of options, ends/means calculations, and choice of action" (Walker/Schafer 2006: 6; Hervorhebung im Original).

In diesem Zusammenhang wurde nunmehr auch Raum für interne Widersprüche bzw. „Inkonsistenzen" innerhalb von *Operational Codes* eröffnet, genauer zwischen den philosophischen und den instrumentellen Überzeugungen. Als Beispiel: Selbst wenn zwei Akteure in der Bewertung der Situation übereinstimmen, bedeutet dies nicht länger (wie noch bei Holsti), dass sie deshalb zwangsläufig auch dieselben Schlussfolgerungen hinsichtlich der erforderlichen Mittel ziehen (Walker/Schafer 2011a). Es kam somit zu einer Lockerung hinsichtlich der Annahme der kognitiven Konsistenz innerhalb von *Operational Codes*.

Auf der Grundlage der angeführten Kausalitätsannahme lassen sich Überzeugungen in empirischen Analysen als abhängige (zu erklärende) oder unabhängige (erklärende) Variable nutzen. Ersteres bezieht sich beispielsweise auf Untersuchungen, die nach Veränderungen in den *Operational Codes* von Akteuren oder nach Unterschieden zwischen einzelnen Themenbereichen suchen; letzteres auf Studien, die *Operational Codes* heranziehen, um Entscheidungen zu erklären oder zu prognostizieren.

9.3 Die „Quantifizierung" des *Operational Code*-Ansatzes

Im Schrifttum findet sich keine einheitliche Antwort darauf, welche Methode für *Operational Code*-Studien am besten geeignet ist. Die Offenheit des Ansatzes für unterschiedliche methodische Zugänge brachte bereits George (1969: 221) zum Ausdruck, der darauf verwies, dass „questions of data [siehe Kap. 9.4] and methods [should] be approached in an eclectic and pragmatic spirit." An diese „Vorgabe" haben sich die mit dem *Operational Code*-Ansatz arbeitenden Forscher seitdem gehalten, wobei ein Trend von qualitativen hin zu quantitativen Studien zu beobachten ist.

Zunächst gab es fast ausschließlich *qualitative* Studien, die einen „hermeneutic approach to content analysis in which the reader ‚interprets' the contents by asking what the author ‚means' when s/he says or writes a statement" (Walker/Schafer 2011a) wählten. Hierzu zählen die eingangs angeführten Arbeiten von Leites (1951, 1953). Weitere Beispiele sind die Aufsätze oder Monographien von Ole Holsti (1970) zu den politischen Überzeugungen des amerikanischen Außenministers John Foster Dulles, von Bruce Thordarson (1972: v. a. Kap. 3) zum kanadischen Premierminister Pierre Elliott Trudeau und von Stephen Walker (1977) zum amerikanischen Nationalen Sicherheitsberater und Außenminister Henry Kissinger.

Auch in den letzten Jahren sind qualitative Studien erschienen. Zu nennen sind die beiden deutschsprachigen Arbeiten von Sebastian Harnisch (2000) zu Koreapolitik mehrerer US-Regierungen und von Klaus Brummer (2011), der eine Verbindung zwischen Veränderungen in Angela Merkels *Operational Code* und Anpassungen der deutschen Afghanistanpolitik zieht. Stephen Benedict Dyson (2001) analysiert wiederum den *Operational Code* des zum damaligen Zeitpunkt im Westen wenig bekannten russischen Präsidenten Wladimir Putin, um auf dieser Grundlage Vorschläge zum Umgang mit diesem zu entwickeln.

Zu den besonderen methodischen Herausforderungen bei qualitativen Studien gehört der Nachweis, dass Überzeugungen kausalen Einfluss auf die Entscheidungen eines Akteurs haben. Bereits Holsti (1976: 47, 50) hatte mit Blick auf qualitative *Operational Code*-Studien auf die mitunter wenig transparente und unklaren Kriterien folgende Zuordnung des Materials zu den einzelnen Elementen (P-1, P-2 etc.) hingewiesen. Vor diesem Hintergrund ordnete Holsti jeder der von George angeführten zehn Fragen eine Reihe von Unterfragen zu. Mittels eines derart verfeinerten Fragenkatalogs entwickelte er ein umfangreiches „coding manual" (Holsti 1977: 36–148). Die Kodierungsregeln sollten die Auswertung von Dokumenten anleiten und standardisieren, um dadurch die Vergleichbarkeit von Ergebnissen einzelner Studien zu steigern.

Als Alternative zu der von Holsti vorgeschlagenen Kodierung bieten sich Kongruenztests und/oder die Prozessanalyse (*process tracing*) an – George widmete sich im Kontext seiner Diskussionen zum *Operational Code* ausführlich diesen methodischen Fragen (George 1979; allgemein George/Bennett 2005). Das Zutrauen in den kausalen Einfluss des *Operational Codes* gilt dabei als besonders groß, wenn sich die Handlungen eines Akteurs in einer Reihe von miteinander verbundenen Entscheidungen im Einklang mit den aus den Überzeugungen gefolgerten Erwartungen befinden. Walkers (1977) Aufsatz zum *Operational Code* von Kissinger erfüllt diese Vorgabe beispielsweise dadurch, dass er einen Vergleich zwischen Kissingers akademischen Schriften, die er vor seinem Eintritt in die US-Administration angefertigt hatte, und seinem Verhalten im Kontext des Vietnamkriegs durchführte und dabei große Übereinstimmung feststellte.

Angestoßen von den Arbeiten von Walker, Schafer und Young (Walker et al. 1998, 1999, 2005) sind in den letzten Jahren zusehends *quantitative* Studien in den Vordergrund getreten. Wie Holsti monierten auch die genannten Autoren die Subjektivität und fehlende Systematik bei der qualitativen Kodierung von Texten. Demgegenüber seien quantitative Ergebnisse reproduzierbar und leichter zu kumulieren. Weiterhin würden quantitative Zugänge auch ganz allgemein Vergleiche innerhalb und zwischen Akteuren erleichtern (Schafer/Walker 2006b: 27). Vor diesem Hintergrund entwickelten Walker und Kollegen das *Verbs in Context System* (VICS) zur systematischen wie auch intersubjektiven Erhebung von *Operational Codes*. Durch VICS „operational code analysis has evolved from a qualitative and subjective textual analysis technique into a systematic, computer-aided content analysis methodology" (Marfleet/Simpson 2011: 209).

VICS ist ein System zur Inhaltsanalyse von Sprechakten (Details zu den Kodierungsregeln und zur Erstellung der Indizes für die einzelnen Elemente des *Operational Codes* können an dieser Stelle nicht diskutiert werden; siehe Walker et al. 1998, 2005; Schafer/Walker 2006b). Das in Verbindung mit VICS üblicherweise verwendete automatisierte Inhaltsanalyseprogramm heißt *Profiler Plus*. Anhand eines speziell für *Operational Code*-Analysen entwickelten Wörterbuchs identifiziert und kodiert das Programm in englischsprachigen Texten transitive Verben und berechnet auf dieser Grundlage den *Operational Code* von Entscheidungsträgern.

Genauer gesagt werden für jedes der zehn Elemente des *Operational Codes* – Walker und Kollegen sprechen von „diagnostic propensities" (als Antworten auf P-1 bis P-5), „choice propensities" (I-1, I-2 und I-5) und „shift propensities" (I-3 und I-4) (Walker et al. 1998: 178–181) – Indizes gebildet. Als Beispiel: Die Skala für I-1 reicht von −1.0 bis +1.0. Ein Wert von −0.75 würde bedeuten, dass der Entscheidungsträger glaubt, mittels einer „sehr konfliktiven" Strategie seine Ziele am besten durchsetzen zu können, während ein Akteur mit einem Wert von +0.75 der Ansicht ist, seine Ziele am besten mithilfe einer „sehr kooperativen" Strategie realisieren zu können (Walker et al. 2005: 226–227). Würde wiederum eine Analyse eines Akteurs beispielsweise zum Zeitpunkt von vor zehn Jahren einen I-1-Wert von

–0.75 ergeben und zum heutigen Zeitpunkt von +0.25, müsste sich diese Veränderung im – nunmehr deutlich kooperativeren – Verhalten des Akteurs widerspiegeln. Neben der Feststellung von aktuellen Handlungsneigungen (im Sinne von: „Der Wert von I-1 ist x, weshalb sich der Akteur so und so verhalten sollte") sowie der Nachzeichnung von Veränderungen in einzelnen Dimensionen über Zeit (im Sinne von: „Der Wert für I-1 hat sich zwischen Zeitpunkt A und Zeitpunkt B von x zu y verändert, was sich im Verhalten des Akteurs so und so bemerkbar machen sollte"), ermöglichen die Indizes auch Vergleiche zwischen den *Operational Codes* mehrerer Entscheidungsträger, und dies viel exakter als es in qualitativen Studien möglich ist.

Mittlerweile gibt es zahlreiche Beispiele für Studien, die VICS (und in der Regel auch *Profiler Plus*) nutzen. Walker und Schafer (2011a) sprechen zurecht davon, dass „[t]he quantitative content analysis of a leader's public and private statements with explicit coding rules for measuring the beliefs of leaders ‚at a distance' has become the dominant solution adopted by operational code theorists to measure more dynamically and precisely the beliefs of decision makers." Akan Malici (2006) untersucht beispielsweise Deutschlands außenpolitische „Kultur der Zurückhaltung", wobei er die *Operational Codes* unter anderem von Helmut Kohl und Hans-Dietrich Genscher erstellt. An anderer Stelle geht Malici (2005) der Frage nach, weshalb es beim Anti-Terror-Einsatz *Operation Enduring Freedom* zur Zusammenarbeit zwischen Großbritannien und Frankreich kam, nicht jedoch bei der Invasion des Irak im Zuge von *Operation Iraqi Freedom*. Schafer und Walker (2006c) untersuchen wiederum den Zusammenhang zwischen den Überzeugungen politischer Eliten und dem „demokratischen Frieden" (Kap. 3.2) anhand von Bill Clinton und Tony Blair.

Ein weiteres Beispiel ist die Untersuchung von Walker et al. (1999) zum Konfliktmanagement durch die amerikanischen Präsidenten George H. W. Bush und Clinton in den 1990er Jahren. Im ersten Schritt identifizierten die Autoren die *Operational Codes* der beiden Präsidenten. Aus den hierbei deutlich werdenden Unterschieden leiteten sie Erwartungen für das Verhalten der Präsidenten beim Konfliktmanagement (u. a. im Kontext des Golfkriegs für Bush und des Bosnienkriegs für Clinton) ab und verglichen diese anschließend mittels der Hinzuziehung von Ereignisdaten (*event data*) mit dem tatsächlichen Verhalten der beiden Akteure. In der Analyse bestätigte sich die aus den *Operational Codes* abgeleitete Erwartung, nach der sich Bush im Umgang mit Konfliktgegnern weniger kooperativ und flexibel zeigen würde als Clinton.

Abermals angetrieben von Stephen Walker erschienen in den letzten Jahren vermehrt Studien, die einen Brückenschlag zwischen dem *Operational Code*-Ansatz und der Spieltheorie herstellen (siehe allgemein Walker/Schafer 2006, 2011a). Diesbezügliche Arbeiten gehen ebenfalls von einer „begrenzten Rationalität" von Akteuren aus, die auf deren individuelle Überzeugungen zurückgeführt wird. Im Mittelpunkt stehen P-1, P-4 und I-1: „These three beliefs form the boundaries of rationality for Self and Other by specifying the appropriate rank order of preferences for the political outcomes of settlement, deadlock, domination, and submission" (Walker/Schafer 2011a). Die subjektiven Überzeugungen der Akteure über sich selbst (*self*) und den anderen Akteur (*other*) bestimmen die Natur des „Spiels" wie auch konkret die einzelnen Züge (*moves*) der Akteure in diesem Spiel. Die Überzeugungen haben somit einen unmittelbaren Einfluss auf die Entscheidungen der einzelnen Akteure wie auch auf die Ergebnisse von deren strategischer Interaktion. Die von den Akteuren gespielten „subjektiven Spiele" sind letztendlich nichts anderes als „mental representations of the perceived strategic environment – and they may or may not comport with the ‚real' environment" (Marfleet/Simpson 2011: 209). Das Ergebnis der Spiele wird bestimmt durch die Schnittmengen in den Präferenzen und daraus resultierenden Entscheidungen der Akteure (Walker/Schafer 2011a).

Beispielhaft für diesen Typ von *Operational Code*-Analysen ist die Arbeit von Malici (2008) zur Frage nach außenpolitischer Stabilität und Wandel in der Außenpolitik, die er anhand der Politik von Michail Gorbatschow und Kim Il Sung nach dem Ende des Ost-West-Konflikts diskutiert. Zu nennen sind ferner Aufsätze von Huiyun Feng (2006) zum Konfliktpotenzial zwischen China und Taiwan, von Walker und Schafer (2007) zur Bedeutung von Theodore Roosevelt und Woodrow Wilson für die amerikanische Außenpolitik sowie abermals von Walker und Schafer (2011b) zur strategischen Interaktion zwischen US-Präsidenten und „rogue leaders".

9.4   Weitere Anwendungen und Kritik

In den beiden vorherigen Unterkapiteln wurden bereits zahlreiche empirische Untersuchungen angeführt, die unter Nutzung qualitativer und zuletzt vermehrt auch quantitativer Methoden den *Operational Code*-Ansatz zur Erklärung außenpolitischer Entscheidungen herangezogen haben. Viele Studien beschränkten sich dabei nicht auf die „bloße" Analyse von Entscheidungen, sondern griffen wiederholt auch offene theoretisch-konzeptionelle Fragen in Verbindung mit dem Ansatz auf. Zu denken ist an die Studien, die nach der Stabilität bzw. Veränderbarkeit oder aber nach der Reichweite von *Operational Codes* fragten. Nachfolgend geht es um eine weitere diskussionswürdige Frage im Zusammenhang mit dem Ansatz: die nach den „richtigen" Quellen. Anschließend richtet sich der Blick auf zwei weitere mit dem Ansatz verbundene offene Punkte.

Die Nutzung von Sprechakten zur Identifizierung von *Operational Codes* ist in der Literatur nicht umstritten. Die dem zugrunde liegende Annahme besagt, dass „we can infer psychological characteristics based upon the subject's verbal behavior: what an individual says and how he or she says it can tell us important things about his or her ‚state of mind'" (Schafer/Walker 2006b: 26). Der Gefahr von Tautologieschlüssen bzw. zumindest von Endogenität sind sich die Vertreter des Ansatzes bewusst. Dem möglichen Vorwurf, auf beiden Seiten der Gleichung ein und dasselbe stehen zu haben – im Sinne von: Sprechakte sind gleichbedeutend mit Handlungen –, wird entgegnet, dass „each speech act produces a generalized picture of a subject's broad belief system, as opposed to specific acts of foreign policy" (Schafer/Walker 2006b: 46).

In der Literatur gibt es allerdings eine lebhafte Debatte zur Frage nach den am besten geeigneten Sprechakten zur Ableitung von *Operational Codes* (Schafer 2000). Diskutiert wird zum einen, ob öffentliche (Reden, Pressekonferenzen etc.) oder vertrauliche (Gespräche mit Beratern etc.) Sprechakte herangezogen werden sollten. Das zentrale Argument gegen die Verwendung von öffentlichen Sprechakten ist, dass Entscheidungsträger diese im Sinne des „impression management" ganz bewusst nutzten, um Zuhörer zu überzeugen oder gar zu täuschen (Tetlock/Manstead 1985). Demgegenüber lautet das Argument für die Nutzung von öffentlichen Sprechakten, dass „a leader's public behavior is constrained by his public image and that, over time, his public actions will consistently match his public beliefs" (Walker et al. 2005: 223). Dies sei deshalb der Fall, weil Akteure Entscheidungen auf der Grundlage ihrer Überzeugungen träfen und weil zugleich andere Personen von ihnen erwarteten, dass sie sich in sozialen Situationen gemäß ihrer Überzeugungen verhielten.

Vor dem Hintergrund dieser Diskussion leitete Renshon (2009) den *Operational Code* von John F. Kennedy für einen mehrmonatigen Zeitraum vor der Kuba-Krise vergleichend sowohl aus öffentlichen als auch aus vertraulichen Sprechakten ab. Der „öffentliche" und der „vertrauliche" *Operational Code* von Kennedy erwiesen sich als nahezu identisch. Zu einem weniger eindeutigen Ergebnis kam Gregory Marfleet (2000) bei seinem Vergleich von Kennedys öffentlichen und vertraulichen Sprechakten während der Kuba-Krise im Herbst 1962. Er konstatierte, dass es abhängig von der Art der Quellen (öffentliche oder private Sprechakte) sehr wohl Unterschiede im *Operational Code* von Kennedy gebe. Einschränkend fügte Marfleet allerdings an, dass die Werte in dieselbe Richtung wiesen, weshalb keine grundsätzlichen Differenzen festzustellen seien.

Der andere Diskussionsstrang mit Blick auf die „richtigen" Quellen bezieht sich darauf, ob spontane (Fernsehinterviews, Pressekonferenzen etc.) oder vorgefertigte (Reden etc.) Sprechakte ausgewertet werden sollten (Schafer 2000: 515–516). Für die Analyse von spontanen Äußerungen spricht, dass sie von den Akteuren selbst und nicht etwa von Redenschreibern stammen, die ihnen Wörter „in den Mund legen". Andererseits sollten Redenschreiber die Ansichten „ihres" Redners kennen und entsprechend in den Texten berücksichtigen. Hinzu kommt, dass sich die Redner spätestens bei der Endredaktion des Textes selbst einbringen und sich den Text dadurch „aneignen". Letzteres geschieht auch durch den Vortrag des Textes. Als Folge sollten „a leader's basic propensities [...] be apparent in the general patterns that run through the text of policy statements regardless of whether the leader actually writes it" (Crichlow 1998: 690). Gleichwohl kommen Schafer und Crichlow in einer vergleichenden Analyse von spontanen und vorgefertigten Sprechakten von US-Präsident Clinton zu dem Ergebnis, dass es signifikante Unterschiede zwischen dem „spontanen" und dem „vorgefertigten" *Operational Code* von Clinton gebe und obendrein die spontanen Äußerungen „more sensitive, and therefore more accurate, in terms of capturing responses to changing environments" (Schafer/Crichlow 2000: 570) gewesen seien.

Die Ausführungen legen nahe, dass zur Ableitung von *Operational Codes* am besten vertrauliche, spontane Sprechakte herangezogen werden. Dies steht unter dem – maßgeblichen – Vorbehalt von deren Verfügbarkeit. Wenn beispielsweise vertrauliche Sprechakte noch nicht freigegeben sind oder generell nicht in einem ausreichenden Maß dokumentiert wurden, ist deren Auswertung schlichtweg nicht möglich. Anstatt in diesen Situationen ganz auf eine Untersuchung zu verzichten bzw. so lange damit zu warten, bis Quellen freigegeben werden – was mitunter Jahrzehnte dauern kann –, scheint es angebrachter, sich mit etwaigen aus dem Material ergebenden Begrenzungen bewusst auseinanderzusetzen und diese in Forschungsarbeiten auch explizit darzulegen.

Abschließend richtet sich der Blick noch auf zwei weitere Kritikpunkte am *Operational Code*-Ansatz. Unklar ist zum einen dessen Anwendbarkeit auf kollektive Entscheidungsgruppen. Im präsidentiellen Regierungssystem der USA, für das der Ansatz häufig genutzt wird, existiert eine klare Überordnung des Präsidenten über die Minister, die als seine Berater (*advisors*) fungieren. In parlamentarischen Regierungssystemen wie demjenigen der Bundesrepublik Deutschland würde es hingegen seltsam anmuten, Minister lediglich als „Berater" des Bundeskanzlers zu bezeichnen. In weniger hierarchischen Entscheidungsgruppen stellt sich demnach die Frage, wie man im Falle von unterschiedlichen *Operational Codes* ihrer Mitglieder eine Entscheidung erklären kann. Zwar ließen sich regierungsinterne

Konflikte auf Differenzen in den politischen Überzeugungen und daraus abgeleiteten Handlungsempfehlungen einzelner Regierungsmitglieder zurückführen. Zur Erklärung einer unter diesen Umständen getroffenen Regierungsentscheidung müssten hingegen andere, auf politische Prozesse und politischen Einfluss abhebende Faktoren berücksichtigt werden. Zu beachten ist hierbei, dass sich innerhalb parlamentarischer Regierungssysteme der Grad der Autonomie des Regierungschefs deutlich voneinander unterscheiden kann. Gerade in den Westminster-Typen parlamentarischer Regierungssysteme, wie etwa in Großbritannien, sollten *Operational Code*-Analysen deshalb fruchtbarer sein (z. B. Dyson/Raleigh 2012) als in mehr konsensual ausgerichteten parlamentarischen Systemen.

Eine weitere grundsätzliche Frage zum *Operational Code*-Ansatz lautet, ob dieser möglicherweise einen „kulturellen Bias" aufweist, der seine Anwendbarkeit auf nicht westliche Kulturen schmälert. Bereits George griff diesen Punkt auf. Seine Einschätzung fiel eher skeptisch aus: „[W]e take note of the possibility that in some non-Western cultures the problem of knowledge and its relation to the calculation of political action may be approached differently and, hence, the list of fundamental questions identified here may not be entirely applicable" (George 1969: 201). Mittlerweile haben allerdings mehrere Studien den *Operational Code*-Ansatz zur Analyse nicht westlicher Entscheidungsträger genutzt. Beispielhaft sind Arbeiten zum *Operational Code* von Mao Tse-tung (Feng 2005), Fidel Castro und Kim Il Sung (Malici/Malici 2005) sowie von einer Reihe von Entscheidungsträgern aus der Region des Nahen und Mittleren Ostens (u. a. Khomeini, Erdogan und Ahmadinejad) (Özdamar i. V.). Trotz dieser Beispiele bedarf es weiterer Forschung, die sich systematisch mit der von George aufgeworfenen Frage nach der Anwendbarkeit der *Operational Code*-Fragen auf nicht westliche Kulturkreise befasst.

9.5   Fazit

Der *Operational Code*-Ansatz rückt individuelle Entscheidungsträger in den Mittelpunkt der Analyse von Außenpolitik. Als kognitiver Ansatz thematisiert er den Einfluss von politischen Überzeugungen von Akteuren auf außenpolische Entscheidungen und Handlungen. Politische Überzeugungen werden unterteilt in „philosophische Überzeugungen" (P) und „instrumentelle Überzeugungen" (I). Während erstere dabei helfen, Situationen einzuschätzen, beeinflussen letztere die Auswahl der in der jeweiligen Situation als angemessen erachteten Instrumente. Durch die Existenz eines insgesamt zehn Elemente umfassenden „Rasters" in Verbindung mit der Darlegung von Verhaltenserwartungen für unterschiedliche Ausprägungen dieser Elemente bietet der *Operational Code*-Ansatz klare Vorgaben für empirische Analysen.

Während in der frühen Forschung „nur" von einer ermöglichenden bzw. begrenzenden Wirkung der Überzeugungen ausgegangen wurde, wird in der aktuellen Forschung eine kausale Verbindung zwischen Überzeugungen und außenpolitischen Entscheidungen hergestellt. Ebenfalls in den letzten Jahren ist es zu einer „Quantifizierung" des Ansatzes gekommen. Durch die Einführung des *Verbs in Context Systems* (VICS) ist eine systematische, computergestützte Auswertung von Sprechakten zur Erstellung von *Operational Code*-Indizes möglich geworden. Bezüglich der heranzuziehenden Sprechakte gibt es allerdings eine Diskussion darüber, ob öffentliche oder vertrauliche bzw. spontane oder vorgefertigte Texte ausgewertet werden sollten, wobei, unter dem Vorbehalt der Verfügbarkeit, vertrauliche, spontane Sprechakte zu bevorzugen sind.

Zu den mit dem *Operational Code*-Ansatzes verbundenen Fragen, die einer Klärung bedürfen, zählt die nach dessen Anwendbarkeit auf kollegiale Entscheidungsgremien. Was passiert beispielsweise, wenn Mitglieder einer Regierung auf der Grundlage unterschiedlicher Überzeugungen zu unterschiedlichen Schlussfolgerungen gelangen? Ebenso zu diskutieren gilt es, inwieweit die Erklärungskraft des Ansatzes geschmälert wird, wenn er zur Analyse von nicht westlichen Entscheidungsträgern herangezogen wird. Wenig Beachtung in der *Operational Code*-Forschung findet schließlich auch die Frage, aus welchen Quellen sich eigentlich die Überzeugungen von Akteuren speisen. Zu den Ausnahmen gehört ein Aufsatz von Loch Johnson, in welchem er die Entwicklung des *Operational Codes* des US-amerikanischen Senators Frank Church analysierte und zu dem Schluss kam, dass „the most fundamental dimensions of the operational code may develop early in the career and endure with a few (albeit sometimes important) exceptions" (Johnson 1977: 113). Auch Stephen Walker und Lawrence Falkowski (1984) nahmen die Ursprünge von Überzeugungen politischer Akteure in den Blick und führten diese auf frühe Sozialisationserfahrungen der späteren Entscheidungsträger sowie deren Streben nach Macht, Zugehörigkeit und Erfolg zurück. Trotz dieser Beispiele blenden die meisten *Operational Code*-Studien die Frage nach den Ursprüngen der Überzeugungen der untersuchten Akteure aus.

9.6   Literatur

Brummer, Klaus (2011) Überzeugungen und Handeln in der Außenpolitik. Der Operational Code von Angela Merkel und Deutschlands Afghanistanpolitik. In: Brummer, Klaus/Fröhlich, Stefan (Hrsg.) *Zehn Jahre Deutschland in Afghanistan*. Wiesbaden: VS Verlag, 143–169.

Converse, Philip E. (1964) The Nature of Belief Systems in Mass Publics. In: Apter, David E. (Hrsg.) *Ideology and Discontent*. New York: Free Press, 206–261.

Crichlow, Scott (1998) Idealism or Pragmatism? An Operational Code Analysis of Yitzhak Rabin and Shimon Peres. *Political Psychology* 19(4), 683–706.

Dyson, Stephen Benedict (2001) Drawing Policy Implications From the 'Operational Code' of a 'New' Political Actor: Russian President Vladimir Putin. *Policy Sciences* 34(3–4), 329–346.

Dyson, Stephen Benedict/Raleigh, Alexandra (2012) Blair, Brown, Cameron and the War on Terror. In: Oppermann, Kai (Hrsg.) *British Foreign and Security Policy. Historical Legacies and Current Challenges*. Augsburg: Wißner, 190–206.

Feng, Huiyun (2005) The Operational Code of Mao Zedong: Defensive or Offensive Realist?. *Security Studies* 14(4), 637–662.

Feng, Huiyun (2006) Crisis Deferred: An Operational Code Analysis of Chinese Leaders Across the Strait. In: Schafer, Mark/Walker, Stephen G. (Hrsg.) *Beliefs and Leadership in World Politics. Methods and Applications of Operational Code Analysis*. Basingstoke/New York: Palgrave Macmillan, 151–170.

George, Alexander L. (1969) The "Operational Code": A Neglected Approach to the Study of Political Leaders and Decision-Making. *International Studies Quarterly* 13(2), 190–222.

George, Alexander L. (1979) The Causal Nexus between Cognitive Beliefs and Decision-Making Behavior: The "Operational Code" Belief System. In: Falkowski, Lawrence S. (Hrsg.) *Psychological Models in International Politics*. Boulder: Westview Press, 95–124.

George, Alexander L./Bennett, Andrew (2005) *Case Studies and Theory Development in the Social Sciences*. Cambridge: MIT Press.

Harnisch, Sebastian (2000) *Außenpolitisches Lernen. Die US-Außenpolitik auf der koreanischen Halbinsel*. Opladen: Leske + Budrich.

Hoagland, Steven W./Walker, Stephen G. (1979) Operational Codes and Crisis Outcomes. In: Falkowski, Lawrence S. (Hrsg.) *Psychological Models in International Politics*. Boulder: Westview Press, 125–167.

Holsti, Ole R. (1970) The "Operational Code" Approach to the Study of Political Leaders: John Foster Dulles' Philosophical and Instrumental Beliefs. *Canadian Journal of Political Science* 3(1), 123–157.

Holsti, Ole R. (1976) Foreign Policy Formation Viewed Cognitively. In: Axelrod, Robert (Hrsg.) *Structure of Decision. The Cognitive Maps of Political Elites*. Princeton: Princeton University Press, 18–54.

Holsti, Ole R. (1977) The "Operational Code" as an Approach to the Analysis of Belief Systems: Final Report to the National Science Foundation Grant No. SOC75-15368. Durham.

Johnson, Loch K. (1977) Operational Codes and the Prediction of Leadership Behavior: Senator Frank Church at Midcareer. In: Hermann, Margaret G. (mit Thomas W. Milburn) (Hrsg.) *A Psychological Examination of Political Leaders*. New York/London: Free Press, 82–119.

Leites, Nathan (1951) *The Operational Code of the Politburo*. New York: McGraw-Hill.

Leites, Nathan (1953) *A Study of Bolshevism*. Glencoe: Free Press.

Malici, Akan (2005) Discord and Collaboration between Allies. Managing External Threats and Internal Cohesion in Franco-British Relations During the 9/11 Era. *Journal of Conflict Resolution* 49(1), 90–119.

Malici, Akan (2006) Germans as Venutians: The Culture of German Foreign Policy Behavior. *Foreign Policy Analysis* 2(1), 37–62.

Malici, Akan (2008) W*hen Leaders Learn and When They Don't: Mikhail Gorbachev and Kim Il Sung at the End of the Cold War*. Albany: State University of New York Press.

Malici, Akan/Malici, Johnna (2005) The Operational Codes of Fidel Castro and Kim II Sung: The Last Cold Warriors?. *Political Psychology* 26(3), 387–412.

Marfleet, B. Gregory (2000) The Operational Code of John F. Kennedy During the Cuban Missile Crisis: A Comparison of Public and Private Rhetoric. *Political Psychology* 21(3), 545–558.

Marfleet, B. Gregory/Simpson, Hannah (2011) Cognitive Responses by U.S. Presidents to Foreign Policy Crises. Belief Changes in Response to Positive or Negative Experiences. In: Walker, Stephen G./Malici, Akan/Schafer, Mark (Hrsg.) *Rethinking Foreign Policy Analysis. States, Leaders, and the Microfoundations of Behavioral International Relations*. New York/Abingdon: Routledge, 205–219.

Özdamar, Özgur (i. V.), Leadership Analysis at a "Great Distance:" Using the Operational Code Construct to Analyze Islamist Leaders. In: Hudson, Valerie M./Brummer, Klaus (Hrsg.) *Foreign Policy Analysis Beyond North America*.

Post, Jerrold M. (Hrsg.) (2005) *The Psychological Assessment of Political Leaders. With Profiles of Saddam Hussein and Bill Clinton*. Ann Arbor: University of Michigan Press.

Renshon, Jonathan (2008) Stability and Change in Belief Systems. The Operational Code of George W. Bush. *Journal of Conflict Resolution* 52(6), 820–849.

Renshon, Jonathan (2009) When Public Statements Reveal Private Beliefs: Assessing Operational Codes at a Distance. *Political Psychology* 30(4), 649–661.

Schafer, Mark (2000) Issues in Assessing Psychological Characteristics at a Distance: An Introduction to the Symposium. *Political Psychology* 21(3), 511–527.

Schafer, Mark/Crichlow, Scott (2000) Bill Clinton's Operational Code: Assessing Source Material Bias. *Political Psychology* 21(3), 559–571.

Schafer, Mark/Walker, Stephen G. (Hrsg.) (2006a) *Beliefs and Leadership in World Politics. Methods and Applications of Operational Code Analysis.* Basingstoke/New York: Palgrave Macmillan.

Schafer, Mark/Walker, Stephen G. (2006b) Operational Code Analysis at a Distance: The Verbs in Context System of Content Analysis. In: Schafer, Mark/Walker, Stephen G. (Hrsg.) *Beliefs and Leadership in World Politics. Methods and Applications of Operational Code Analysis.* Basingstoke/New York: Palgrave Macmillan, 25–51.

Schafer, Mark/Walker, Stephen G. (2006c) Democratic Leaders and the Democratic Peace: The Operational Codes of Tony Blair and Bill Clinton. *International Studies Quarterly* 50(3), 561–583.

Tetlock, Philip E./Manstead, A. S. R. (1985) Impression Management Versus Intrapsychic Explanations in Social Psychology: A Useful Dichotomy?. *Psychological Review* 92(1), 59–77.

Thordarson, Bruce (1972) *Trudeau and Foreign Policy. A Study in Decision-Making.* Toronto: Oxford University Press.

Walker, Stephen G. (1977) The Interface between Beliefs and Behavior: Henry Kissinger's Operational Code and the Vietnam War. *Journal of Conflict Resolution* 21(1), 129–168.

Walker, Stephen G. (1983) The Motivational Foundations of Political Belief Systems: A Re-Analysis of the Operational Code Construct. *International Studies Quarterly* 27(2), 179–201.

Walker, Stephen G. (1990) The Evolution of Operational Code Analysis. *Political Psychology* 11(2), 403–418.

Walker, Stephen G. (2003) Operational Code Analysis as a Scientific Research Program. A Cautionary Tale. In: Elman, Colin/Elman, Miriam F. (Hrsg.) *Progress in International Relations Theory. Appraising the Field.* Cambridge/London: MIT Press, 245–276.

Walker, Stephen G./Falkowski, Lawrence S. (1984) The Operational Codes of U.S. Presidents and Secretaries of State: Motivational Foundations and Behavioral Consequences. *Political Psychology* 5(2), 237–266.

Walker, Stephen G./Schafer, Mark (2000) The Political Universe of Lyndon B. Johnson and His Advisors: Diagnostic and Strategic Propensities in Their Operational Codes. *Political Psychology* 21(3), 529–543.

Walker, Stephen G./Schafer, Mark (2006) Belief Systems as Causal Mechanisms in World Politics: An Overview of Operational Code Analysis. In: Schafer, Mark/Walker, Stephen G. (Hrsg.) *Beliefs and Leadership in World Politics. Methods and Applications of Operational Code Analysis.* Basingstoke/New York: Palgrave Macmillan, 3–22.

Walker, Stephen G./Schafer, Mark (2007) Theodore Roosevelt and Woodrow Wilson as Cultural Icons of U.S. Foreign Policy. *Political Psychology* 28(6), 747–776.

Walker, Stephen G./Schafer, Mark (2011a) Operational Code Theory: Beliefs and Foreign Policy Decisions. In: Denemark, Robert A. (Hrsg.) *The International Studies Encyclopedia.* Blackwell Reference Online. Blackwell Publishing.

Walker, Stephen G./Schafer, Mark (2011b) Duelling With Dictators. Explaining the Strategic Interaction Patterns of U.S. Presidents and Rogue Leaders. In: Walker, Stephen G./Malici, Akan/Schafer, Mark (Hrsg.) *Rethinking Foreign Policy Analysis. States, Leaders, and the Microfoundations of Behavioral International Relations*. New York/Abingdon: Routledge, 223–244.

Walker, Stephen G./Schafer, Mark/Young, Michael D. (1998) Systematic Procedures for Operational Code Analysis: Measuring and Modeling Jimmy Carter's Operational Code. *International Studies Quarterly* 42(1), 175–190.

Walker, Stephen G./Schafer, Mark/Young, Michael D. (1999) Presidential Operational Codes and Foreign Policy Conflicts in the Post-Cold War World. *Journal of Conflict Resolution* 43(5), 610–625.

Walker, Stephen G./Schafer, Mark/Young, Michael D. (2005) Profiling the Operational Codes of Political Leaders. In: Post, Jerrold M. (Hrsg.) *The Psychological Assessment of Political Leaders. With Profiles of Saddam Hussein and Bill Clinton*. Ann Arbor: University of Michigan Press, 215–245.

Waltz, Kenneth N. (1959) *Man, the State and War. A Theoretical Analysis*. New York: Columbia University Press.

10   *Poliheuristic Theory*

Die in den 1990er Jahren entwickelte *Poliheuristic Theory of Decision Making* (nachfolgend: PHT) versucht, außenpolitische Entscheidungsprozesse und außenpolitische Entscheidungen miteinander in Verbindung zu setzen. Der dahinter stehende Gedanke lautet, dass „the ‚why' and ‚how' of a decision certainly interact with and influence each other and the final outcome" (Mintz 1993: 614). Die Theorie will somit sowohl den Prozess (das „how") als auch die Entscheidung (das „why") als solche erklären. Um dies zu erreichen, verknüpft die PHT kognitive und rationalistische Erklärungen von Außenpolitik. Die PHT geht von einem zweistufigen Entscheidungsprozess aus, wobei im ersten Schritt die kognitive Komponente und im zweiten Schritt die rationalistische Komponente der Theorie zum Tragen kommen. Durch diesen Brückenschlag stellt die Theorie einen innovativen Beitrag zur theoretischen Integration im Bereich der *Foreign Policy Analysis* (FPA) dar (siehe auch Kap. 12.2).

Tab. 10.1:   Kernaussagen, Referenzautoren und zentrale Werke der *Poliheuristic Theory*

Kernaussagen
Die PHT verbindet kognitive und rationalistische Erklärungen von Außenpolitik.
Außenpolitische Entscheidungsprozesse werden in zwei Stufen unterteilt, wobei in der ersten Stufe die kognitive Komponente und in der zweiten Stufe die rationalistische Komponente der Theorie zum Tragen kommt.
In der ersten Phase schließen die Entscheidungsträger unter Nutzung von Heuristiken „schnell und günstig" diejenigen Handlungsoptionen aus, die – in der Regel aus innenpolitischen Gesichtspunkten – als grundsätzlich inakzeptabel gelten.
Unter den verbliebenen Handlungsoptionen wird in der zweiten Stufe des Entscheidungsprozesses eine Option ausgewählt, und zwar diejenige, die den größten Nutzen und die geringsten Kosten verspricht.

Referenzautoren	*Zentrale Werke*
Alex Mintz	(Hrsg.) *Integrating Cognitive and Rational Theories of Foreign Policy Decision Making*. New York: Palgrave Macmillan, 2003.
Steven Redd	The Influence of Advisers on Foreign Policy Decision Making. An Experimental Study. *Journal of Conflict Resolution* 46(3), 335–364, 2002.
Nehemia Geva	(mit Alex Mintz) The Poliheuristic Theory of Foreign Policy Decisionmaking. In: Geva, Nehemia/Mintz, Alex (Hrsg.) *Decisionmaking on War and Peace. The Cognitive-Rational Debate*. Boulder/London: Lynne Rienner, 81–101, 1997.
David Brulé	The Poliheuristic Research Program: An Assessment and Suggestions for Further Progress. *International Studies Review* 10(2), 266–293, 2008.

Bevor in den nachfolgenden Abschnitten die zentralen Inhalte der PHT (Tab. 10.1), theoretische „Unschärfen" sowie Anwendungsbeispiele diskutiert werden, gilt es an dieser Stelle noch, den – ebenso programmatischen wie mehrschichtigen – Namen der Theorie zu erläutern. Die Bezeichnung „poliheuristic" verweist zum einen darauf, dass Akteure mehrere („poly" = viel, mehr, verschieden) Heuristiken bei ihrer Entscheidungsfindung nutzen. Zugleich soll das Politische herausgestellt werden („poli" = Politik). Laut der PHT messen Entscheidungsträger Gewinne und Verluste primär an politischen Maßstäben und nicht etwa an normativen oder wirtschaftlichen Kriterien (Mintz 2004: 6). Diese Hervorhebung ist vor dem Hintergrund zu sehen, dass sich die FPA-Forschung in den 1970er und 1980er Jahren verstärkt auf psychologische Ansätze konzentriert hatte. Dies führte laut Juliet Kaarbo (1998: 71) zu einer Sichtweise auf außenpolitische Entscheidungsprozesse „without much politics". Mittels der PHT soll der Blick wieder stärker auf das Politische gelenkt werden.

10.1   Die erste Stufe des Entscheidungsprozesses

Die PHT wurde als Kritik an der *Expected Utility Theory* (EUT; siehe auch die Einleitung zu Teil III) und anderer „rational-analytic decision models" (Mintz 2004: 3) entwickelt. Zentrale Annahmen rationalistischer Erklärungen von Außenpolitik, insbesondere bezüglich der Aufnahme und Verarbeitung von Informationen, werden hinterfragt. Andererseits stützt sich die PHT auf Einsichten rationalistischer Theorien.

Aufgelöst wird dieser vermeintliche Widerspruch, indem die PHT außenpolitische Entscheidungsprozesse in zwei Stufen unterteilt. In der ersten Stufe geht es um den Ausschluss von grundsätzlich inakzeptablen Handlungsoptionen aus dem „choice set" durch die Entscheidungsträger. Hier kommt der kognitive Teil der Theorie zum Tragen, der sich gegen rationalistische Erklärungen wendet. In der im nachfolgenden Unterkapitel geschilderten zweiten Stufe, bei der es um die Auswahl einer Handlungsoption durch die Entscheidungsträger geht, zeigt sich der rationalistische Teil der PHT. Zusammenfassend lässt sich mit dem Hauptvertreter der Theorie, Alex Mintz (2004: 6–7), festhalten:

> "Poliheuristic theory postulates that when making decisions, policy makers employ a two-stage decision process consisting of (a) rejecting alternatives that are unacceptable to the policy maker on a critical dimension or dimensions and (b) selecting an alternative from the subset of remaining alternatives while maximizing benefits and minimizing risks."

Laut der PHT basiert der Ausschluss von Handlungsoptionen in der ersten Stufe des Entscheidungsprozesses auf der Nutzung von Heuristiken. Allgemein gelten Heuristiken als „mental shortcuts in processing information" (Cottam et al. 2010: 39), die Menschen dabei helfen, schneller und einfacher zu Entscheidungen zu gelangen. In komplexen Entscheidungssituationen, die von unvollständigen Informationen und entsprechend von großer Unsicherheit geprägt sind, verwenden Menschen Heuristiken als „mentale bzw. kognitive Abkürzungen", um die vorliegenden Informationen so zu sortieren, dass der Entscheidungsprozess erleichtert wird (Mintz et al. 1997: 554).

Gemäß der PHT nutzen Entscheidungsträger Heuristiken dazu, inakzeptable Handlungsoptionen möglichst schnell und somit ohne größeren zeitlichen oder intellektuellen Aufwand auszuschließen: „[T]he decision maker adopts heuristic decision rules that do not require detailed and complicated comparisons of relevant alternatives, and adopts or rejects undesirable alternatives on the basis of one or a few criteria" (Mintz 1993: 599). Mittels der Zuhilfenahme von Heuristiken sortieren die Akteure aus den Handlungsoptionen, die ihnen vorliegen und die sie zu bewerten haben, diejenigen aus, die Mindestanforderungen gegenüber einer bestimmten inhaltlichen „Dimension" nicht entsprechen – wie nachfolgend noch genauer ausgeführt wird, ist diese Dimension zumeist die Innenpolitik. Auf diese Weise wird die Zahl der von den Entscheidungsträgern anschließend in der zweiten Stufe des Entscheidungsprozesses genau zu prüfenden Optionen vergleichsweise schnell und ohne größeren Aufwand verringert. Für die Akteure wird es dadurch einfacher, eine Entscheidung zu treffen.

Bezüglich der mit der Verringerung von Handlungsoptionen verbundenen Aufnahme und Verarbeitung von Informationen (*processing characteristics*) durch die Entscheidungsträger in der ersten Stufe des Entscheidungsprozesses geht die PHT von fünf miteinander verbundenen Annahmen aus, die sich durchweg gegen rationalistische Erklärungsansätze von Außenpolitik wenden (vgl. Mintz/Geva 1997: 84–87; Redd et al. 2010). Die erste Annahme besagt, dass Entscheidungsträger die ihnen vorliegenden Handlungsoptionen nicht umfassend auf alle möglichen Aspekte hin prüfen (*nonholistic/nonexhaustive search*). Vielmehr vereinfachen sie den Entscheidungsprozess, indem sie Heuristiken zum Abgleich von Optionen heranziehen. Wie angeführt, ist die Nutzung von Heuristiken in kognitiver Hinsicht weniger anspruchsvoll, wodurch der Entscheidungsprozess vereinfacht wird. Im Unterschied hierzu gehen rationalistische Ansätze davon aus, dass Entscheidungsträger sämtliche Aspekte einer Handlungsoption ebenso detailliert wie bewusst prüfen, was in kognitiver Hinsicht deutlich aufwendiger ist.

Bekräftigt wurde die Annahme der begrenzten, im Sinne von nicht umfassenden Suche nach Informationen beispielsweise in einem Experiment, bei dem sich zeigte, dass nur jeder fünfte Versuchsteilnehmer auf sämtliche der insgesamt 16 Informationen, die für jede der zu prüfenden Handlungsoptionen vorlagen, zugriff. Drei Viertel der Probanden begnügte sich mit der Durchsicht von elf bis zwölf Informationen pro Handlungsoption. Hinzu kam, dass den Versuchsteilnehmern kein Zeitlimit vorgegeben wurde, innerhalb dessen sie die Informationen hätten durchsehen müssen. Sie hätten somit alle Informationen ansehen können, taten dies aber nicht (Mintz/Geva 1997: 95).

Die zweite Annahme lautet, dass nicht Handlungsoptionen, sondern „Dimensionen" im Mittelpunkt stehen (*dimension-based processing*). Eine Dimension wird konzipiert als „organizing theme [...] for related information as well as variables" (Redd et al. 2010). Die PHT geht von einem Abgleich aller vorliegenden Handlungsoptionen gegenüber einzelnen als relevant erachteten Dimensionen – zum Beispiel Innenpolitik, Militär, Diplomatie oder Wirtschaft – aus (intradimensionaler Abgleich). Die Dimensionen werden ausgewählt „with a probability that is proportional to [their] weight or relative importance" (Mintz 1993: 600). Demgegenüber basieren rationalistische Ansätze auf der Annahme, dass für alle Handlungsoptionen bzw. Handlungsalternativen die zu erwartenden Konsequenzen für sämtliche als relevant angesehene Dimensionen untersucht werden (*alternative-based processing*; interdimensionaler Abgleich).

Die dritte Annahme verweist darauf, dass Handlungsoptionen ausgeschlossen werden, sofern sie bestimmten Mindestanforderungen gegenüber einer als zentral eingestuften Dimension nicht entsprechen. An dieser Stelle zeigen sich gewisse Parallelen zwischen der PHT und der *Prospect Theory* (Kap. 8). Beide Theorien gehen davon aus, dass Akteure von einer Abneigung gegen Verluste (*loss aversion*) getrieben werden und außerdem Verluste im Verhältnis zu Gewinnen überbewerten. Als Folge sind sie darauf bedacht, Verluste zu vermeiden. Im Unterschied zur *Prospect Theory* ergeben sich bei der PHT aus der Verlustaversion von Akteuren jedoch keine bestimmten Folgen für deren Risikoakzeptanz.

Die Abneigung gegen Verluste aufgreifend, eliminieren laut der PHT die Entscheidungsträger in der ersten Stufe des Entscheidungsprozesses diejenigen Optionen, von denen sie erwarten, dass sie in der zentralen Dimension die – von den Akteuren subjektiv gesetzten – Mindestanforderungen nicht erfüllen. In diesem Zusammenhang kommt das „nicht kompensatorische Prinzip" (*noncompensatory principle*) zum Tragen (Mintz 1993, 1995), welches „[a]t the core of the poliheuristic theory" (Mintz 2004: 8) steht und als ihr „most innovative feature" (Oppermann 2012: 2) gilt. Laut diesem Prinzip lässt sich ein ungenügender Wert einer Handlungsoption in der als wesentlich eingestuften Dimension selbst durch ausgezeichnete Werte in anderen Dimensionen nicht ausgleichen: „[I]n a choice situation, if a certain alternative is unacceptable on a given dimension (e.g., it is unacceptable politically), then a high score on another dimension (e.g., the military) *cannot* compensate/counteract for it, and hence the alternative is eliminated" (Mintz 1993: 598; Hervorhebung im Original). Die Option wird folglich eliminiert und gelangt somit nicht in die zweite Stufe des Entscheidungsprozesses. Rationalistische Ansätze gehen hingegen von einem kompensatorischen Prinzip aus, das heißt der geringe Nutzen einer Option in einer Dimension kann durch gute Werte in anderen Dimensionen ausgeglichen werden.

Im Rahmen der PHT können unterschiedliche Typen von nicht kompensatorischen Entscheidungsregeln (siehe Mintz/DeRouen 2010: 35–37) zur Anwendung kommen. Eine Variante ist die *Elimination-by-Aspect Decision Rule* (EBA), bei der ein Entscheidungsträger die vorliegenden Optionen zunächst entlang der für ihn wichtigsten Dimension prüft. Diejenigen Optionen, die den Anforderungen entlang dieser Dimension nicht genügen, werden eliminiert. Im Unterschied zu EBA legt ein Akteur laut der *Lexicographic Decision Rule* (LEX), als einer weiteren nicht kompensatorischen Entscheidungsregel, zunächst die aus seiner Sicht maßgebliche Dimension fest und bestimmt anschließend diejenigen Optionen, die bemessen an dieser einen Dimension Nutzen versprechen.

Prinzipiell könnte von Entscheidungsträgern jede Dimension als wesentlich eingestuft werden. Während für den einen die Wirtschaft im Mittelpunkt steht, legen andere ihr Hauptaugenmerk beispielsweise auf militärische Aspekte und wieder andere auf organisatorische Interessen. An dieser Stelle zeigt sich jedoch die in der Einleitung dieses Kapitels angeführte ausdrückliche Betonung des „Politischen" in der PHT. Aus dieser ergibt sich eine klare Vorgabe dahingehend, welche Dimension von Entscheidungsträgern in der Regel als wesentlich angesehen wird: die Innenpolitik. In Anlehnung des berühmten Buchtitels von Graham Allison (Kap. 7) spricht Mintz (2004: 7) von „domestic politics as ‚the essence of decision'". David Brulé (2005: 102) wiederum bezeichnet Innenpolitik als „the sine qua non of decision making". Die der Fokussierung auf die Innenpolitik zugrunde liegende Annahme lautet, dass die auf ihren Verbleib im Amt („politisches Überleben") fixierten Entscheidungsträger bei der Bewertung von Optionen mehr oder minder zwangsläufig deren zu erwartende politischen Konsequenzen in den Mittelpunkt rücken (Mintz 1993: 599). Die Verbindung zwischen der oben angeführten Abneigung gegen Verluste und der Innenpolitik zeigt sich daran, dass „the political dimension is important in foreign policy decisions not so much because politicians are driven by public support but because they are averse to loss and would therefore reject alternatives that may hurt them politically" (Mintz/Geva 1997: 84).

Die zentrale Positionierung der Innenpolitik in der PHT spiegelt sich in der *Noncompensatory political loss aversion*-Variable (Mintz 2004: 9) wider. Die Nutzung dieser Variable bzw. Heuristik führt dazu, dass in der ersten Stufe des Entscheidungsprozesses alle Optionen ausgeschlossen werden, die hinsichtlich ihres erwarteten Wertes für die Innenpolitik die Mindestanforderungen oder -erwartungen des Entscheidungsträgers nicht erfüllen. Mintz (2004: 9) führt gleich ein Dutzend Möglichkeiten an, wie diese Variable operationalisiert werden kann. Seiner Ansicht nach sind inakzeptable innenpolitische Kosten dann gegeben, wenn Entscheidungsträger von einer Option erwarten, dass sie beispielsweise:

- die Unterstützung von ihnen verfolgter Politiken in der Bevölkerung schwinden lässt;
- allgemein ihre Popularität verringert;
- ihre Wiederwahlaussichten gefährdet;
- ihre Stellung innerhalb der eigenen Partei (z. B. durch das Aufkommen von parteiinterner Konkurrenz) schwächt;
- den Fortbestand der Regierungskoalition aufs Spiel setzt;
- das Aufkommen von Protest oder gar Aufständen in der Bevölkerung befördert; und/oder
- eine Herausforderung des Regimes durch externe Akteure heraufbeschwört.

Unklar an dieser Auflistung von inakzeptablen innenpolitischen Folgen einer Handlungsoption bleibt, wie viele dieser Aspekte negativ eingeschätzt werden müssen, um eine Option zu verwerfen (einer? mehrere? alle?) und wie die Aspekte zueinander stehen (verbunden oder unverbunden? hierarchisch oder gleichwertig?).

Auch die Frage, ob es einen Zusammenhang zwischen einzelnen Aspekten und bestimmten Regimetypen gibt, auf deren Grundlage sich Verhaltensmuster von Entscheidungsträgern ableiten ließen, bleibt bei Mintz offen. Dieser Frage widmete sich Brandon Kinne (2005) mit Blick auf nicht demokratische Staaten. Unter Bezugnahme auf die *Selectorate Theory* (Bueno de Mesquita et al. 2005) argumentiert er, dass die Entscheidungsträger in drei (Ideal-) Typen von Autokratien – „Einparteienautokratien", „personalisierte Autokratien" und „Militärautokratien" – zuvorderst am Erhalt ihrer Macht interessiert sind und dass es in jedem Staat eine bestimmten Gruppe von Personen (*winning coalition*) gibt, die über das Schicksal der Entscheidungsträger bestimmt. Die Entscheidungsträger sind entsprechend bemüht, sich der fortgesetzten Unterstützung „ihrer" *winning coalition* zu versichern. Hierbei zeigen sich laut Kinne Unterschiede zwischen den verschiedenen Typen autokratischer Systeme. Diese Unterschiede hätten wiederum Folgen dahingehend, welche Optionen für die Entscheidungsträger als innenpolitisch inakzeptabel gelten und deshalb auf der Grundlage des nicht kompensatorischen Prinzips von vornherein ausgeschlossen werden sollten (Kinne 2005: 120–121). In Einparteienautokratien sei dies für Optionen der Fall, die nur in ungenügender Weise den Interessen der Regierungspartei entsprächen. In personalisierten Autokratien sind es wiederum Optionen, die nachhaltige negative Konsequenzen für den politischen Status des Entscheidungsträgers haben könnten. Und für Militärautokratien gelten alle Optionen als grundsätzlich inakzeptabel, die den Interessen der Militärführung zuwiderlaufen.

Kai Oppermann (2012) diskutiert eine andere Facette des nicht kompensatorischen Prinzips. Er hinterfragt, ob dieses Prinzip in sämtlichen Entscheidungssituationen zum Tragen kommt oder ob seine Anwendung auf bestimmte Sachverhalte begrenzt sein könnte. Unter Verweis auf das Konzept der Salienz (*issue salience*) argumentiert Oppermann, dass ein auf innenpolitischen Gesichtspunkten beruhender Ausschluss von Optionen gemäß des nicht kompensatorischen Prinzips wesentlich wahrscheinlicher sein sollte, wenn es um Themen geht, die für die Wählerschaft von großer Bedeutung – eben von hoher Salienz – sind. Demgegenüber wären bei Themen, die aus Sicht der Wählerschaft von geringer Bedeutung sind, mit allen zur Auswahl stehenden Handlungsoptionen keine nennenswerten innenpolitischen Kosten verbunden, wodurch die Nutzung der *Noncompensatory political loss aversion*-Variable nicht zur Verringerung von Handlungsoptionen führen dürfte (Oppermann 2012: 7). In diesen Fällen ließe sich darüber nachdenken, ob nicht andere Dimensionen den Platz der Innenpolitik in der ersten Stufe des Entscheidungsprozesses einnehmen könnten.

Steven Redd (2002) stellt wiederum einen Zusammenhang zwischen Beratern (*advisers*) und der Nutzung des nicht kompensatorischen Prinzips durch Entscheidungsträger her. Der Einfluss von „Beratern" – reichend von persönlichen Mitarbeitern über Bürokraten bis hin zu Ministern – zeige sich unter anderem daran, dass sie Entscheidungsträger auf etwaige mit einzelnen Optionen verbundene Kosten aufmerksam machten. Die Hinweise der Berater führten dazu, dass die Entscheidungsträger bei der Bewertung von Handlungsoptionen das nicht kompensatorische Prinzip nutzten. Redd (2002: 356) spricht von einem „sensitizing mechanism for decision makers, which led them to adopt noncompensatory decision rules." Es wird somit argumentiert, dass Entscheidungsträger nicht automatisch das nicht kompensatorische Prinzip anwenden, sondern die Nutzung dieser Heuristik durch die von Beratern bereitgestellten Informationen „ausgelöst" wird.

Die vierte Annahme der PHT verweist auf den Einfluss der Präsentation von Inhalten (*framing*) sowie auf die mögliche Relevanz der Reihenfolge, in der Handlungsalternativen vorgelegt sowie Dimensionen zur Bewertung dieser Optionen herangezogen werden (*order-sensitive search*). Entscheidungssituationen wie auch Handlungsoptionen und deren Eintrittswahrscheinlichkeiten und zu erwartende Politikergebnisse können auf unterschiedliche Art formuliert bzw. präsentiert werden (siehe allgemein Mintz/Redd 2003; auch Kap. 8.1). Diesbezügliche Unterschiede beeinflussen laut der PHT die Bewertung von Optionen durch die Akteure und dadurch ihre Entscheidung. Ob beispielsweise eine Option so dargestellt wird, dass sie zu einem „weitgehenden Erfolg" oder aber zu einen „leichten Misserfolg" führen wird, hat Folgen für die Einschätzung dieser Option durch den Entscheidungsträger. Das *framing* kann dabei durch Akteure innerhalb des Regierungsapparats oder aber auch durch externe Akteure (Unternehmen etc.) erfolgen (Taylor-Robinson/Redd 2003). Hinzu kommt, dass den Entscheidungsträgern die zur Prüfung anstehenden Handlungsoptionen wie auch die Dimensionen, entlang derer die Optionen geprüft werden, in unterschiedlicher zeitlicher oder inhaltlicher Reihenfolge vorgelegt werden bzw. „begegnen" können. Aufgrund der oben angeführten Annahme des *dimension-based processing* sollte auch dies Einfluss auf die Entscheidung haben.

Im Unterschied zu diesen Annahmen gehen rationalistische Ansätze davon aus, dass die Art der Präsentation beispielsweise der zu erwartenden Handlungsergebnisse folgenlos für die Entscheidung bleibt. Da sich substanziell nichts ändert, sollten unterschiedliche Formulierungen ein und desselben Sachverhalts keinen Einfluss auf die Präferenzordnung der Akteure und somit auf ihre Entscheidung haben (*invariance assumption*). Zudem spielt in dieser Sichtweise auch die Reihenfolge der Heranziehung einzelner Dimensionen keine Rolle, da, wie oben angeführt, von einem *alternative-based processing* ausgegangen wird.

Die fünfte Annahme der PHT stützt sich schließlich auf das von Herbert Simon (1957: 204–205) entwickelte Konzept des *satisficing* (siehe auch die Einleitung von Teil III). Dieses besagt, dass Akteure sich mit der Auswahl einer als „gut genug" (*good enough*) eingeschätzten Handlungsoption zufrieden gäben und mit der Informationssuche aufhörten, sobald eine solche gefunden worden sei. Die von den Akteuren ausgewählte Option ist somit nicht zwingend die „beste", weil den Nutzen maximierende. Sie verspricht „lediglich", einen vom Entscheidungsträger *a priori* definierten Nutzen entlang bestimmter Dimensionen zu erfüllen bzw. zu übersteigen, wodurch sie als akzeptabel gilt. Rationalistische Ansätze gehen hingegen davon aus, dass Entscheidungsträger auf die Maximierung ihres Nutzens aus sind und entsprechend stets die aus ihrer Sicht „beste" Option auswählen.

In der ersten Stufe des Entscheidungsprozesses der PHT zeigt sich *safisficing* daran, dass, wie geschildert, die Handlungsoptionen nur entlang bestimmter Dimensionen geprüft werden und ausschließlich diejenigen Optionen „überleben", die gewissen Mindestanforderungen zumeist gegenüber der innenpolitischen Dimension genügen. Diese Optionen gelten als „gut genug" und werden deshalb nicht eliminiert. In der zweiten Phase des Entscheidungsprozesses, auf die sich nunmehr der Blick richtet, steht hingegen die Nutzenmaximierung im Mittelpunkt.

10.2   Die zweite Stufe des Entscheidungsprozesses

In der zweiten Stufe des Entscheidungsprozesses geht es um die Festlegung der Entscheidungsträger auf eine Handlungsoption. Zur Auswahl stehen diejenigen Optionen, die die erste Stufe des Entscheidungsprozesses „überlebt" haben, sprich all jene, die den Mindestanforderungen an der als maßgeblich eingestuften Dimension (i. d. R. die Innenpolitik) erfüllt haben. Diese Optionen werden nun „umfassend" und somit ohne die Nutzung von Heuristiken geprüft. Sollte nach der ersten Stufe nur eine Option übrig bleiben, wird diese in der zweiten Stufe dahingehend geprüft, wie sich Kosten minimieren und Nutzen maximieren lassen, was zu einer Verfeinerung bzw. Spezifizierung der Option führen kann (Mintz 1993: 600).

In der zweiten Stufe zeigt sich die rationalistische Komponente der PHT. Die nunmehr greifenden Annahmen bezüglich der Aufnahme und Verarbeitung von Informationen unterscheiden sich grundlegend von denjenigen der ersten Stufe (Tab. 10.2). Das Ziel der Entscheidungsträger besteht darin, diejenige Option zu identifizieren, die das beste Verhältnis von Nutzen, Kosten und Risiken verspricht. Zu diesem Zweck führen die Entscheidungsträger eine umfassende (*holistic*) Suche nach Informationen durch. Zudem prüfen sie die verbliebenen Optionen entlang aller als relevant angesehenen Dimensionen (*alternative-based processing*), wobei bestimmten Dimensionen durchaus eine größere Gewichtung als anderen zugewiesen werden kann. Allein entscheidend ist jedoch keine. Weiterhin kommt es nun bei der Prüfung der Optionen zur Kompensation von schlechten Werten in einer Dimension mit guten Werten in anderen Dimensionen (*compensatory principle*). Darüber hinaus wird der Einfluss unterschiedlicher Präsentationen (*framing*) ein und desselben Sachverhalts wie auch der Reihenfolge, in der beispielsweise Optionen geprüft werden (*invariance assumption*), auf die Entscheidung der Akteure verneint.

Und schließlich geben sich Entscheidungsträger auch nicht länger mit einer ausreichend guten Option zufrieden (*satisficing*), sondern sind auf die Auswahl der bestmöglichen Option aus. Einschränkend ist freilich anzumerken, dass dies nur für diejenigen Optionen zutrifft, die es überhaupt in die zweite Stufe des Entscheidungsprozesses geschafft haben. Die insgesamt beste Option könnte nämlich bereits in der ersten Stufe des Entscheidungsprozesses ausgeschlossen worden sein, weil sie – trotz ihrer Vorzüge in anderen Dimensionen (Diplomatie, Wirtschaft etc.) – in der als Bewertungsmaßstab herangezogenen Dimension den Mindestanforderungen nicht entsprochen hat. Eine solche Konstellation ändert allerdings nichts daran, dass die Entscheidungsträger in der zweiten Stufe bestrebt sind, unter den verbliebenen Optionen die bestmögliche auszuwählen. Ingesamt verdeutlichen diese vielfältigen Unterschiede zwischen der ersten der zweiten Stufe des Entscheidungsprozesses, dass Akteure „use a mixture of decision strategies en route to a single choice" (Mintz/Geva 1997: 83).

Tab. 10.2:   Das Zweistufen-Modell der *Poliheuristic Theory*

	Erste Stufe des Entscheidungsprozesses	**Zweite Stufe** des Entscheidungsprozesses
Komponente der Theorie	Kognitive Komponente (Nutzung von Heuristiken)	Rationalistische Komponente
Zweck	Ausschluss von (i. d. R. innenpolitisch) inakzeptablen Handlungsoptionen	Auswahl der „besten" (verbliebenen) Handlungsoption
Ziel	Verringerung der zu prüfenden Handlungsoptionen	Festlegung auf eine Handlungsoption („eigentliche" Entscheidung)
Entscheidungsregel	*Elimination-by-Aspect* (EBA)/ *Lexicographic* (LEX)	*Expected Utility*
Prozesscharakteristika		
(a) Art der Informationssuche	Nicht umfassend (*nonholistic*)	Umfassend (*holistic*)
(b) Prüfung entlang von…	Dimensionen (v. a. Innenpolitik) (*dimension-based processing*)	Handlungsoptionen (*alternative-based processing*)
(c) *Trade-offs* zwischen Dimensionen möglich?	Nein (*noncompensatory principle*)	Ja (*compensatory principle*)
(d) *Framing* sowie Reihenfolge der Heranziehung von Dimensionen wichtig?	Ja	Nein
(e) *Satisficing*?	Ja: Optionen, welche (innenpolitischen) Mindestanforderungen genügen, werden „ausgewählt" (im Sinne von nicht eliminiert)	Nein: Auswahl der besten (verbliebenen) Option

10.3   Kritik an der *Poliheuristic Theory*

Die Unterteilung des Entscheidungsprozesses in eine kognitive, durch die Nutzung von Heuristiken geprägte erste Stufe zum Ausschluss von Handlungsoptionen und eine rationalistische, von Kosten-Nutzen-Abwägungen gekennzeichnete zweite Stufe zur Auswahl einer Handlungsoption ist der Wesenskern der PHT. Gleichwohl muss an dieser Stelle einschränkend angeführt werden, dass die bisherige Darstellung eher „idealtypischer Natur" gewesen ist. Tatsächlich finden sich im Schrifttum mehrere theoretisch-konzeptionelle „Unschärfen" bezüglich der konkreten Ausformung der beiden Stufen sowie deren Verknüpfung.

Mit Blick auf die Prozesscharakteristika, die in der *ersten Stufe* des Entscheidungsprozesses zum Tragen kommen, ist beispielsweise auf Unbestimmtheiten bezüglich der Bedeutung der einzelnen Dimensionen hinzuweisen. In den Arbeiten zur PHT wird wiederholt von einer sequenziellen Prüfung der einzelnen Optionen entlang unterschiedlicher Dimensionen gesprochen (z. B. Mintz 1993: 599, 601; Mintz/Geva 1997: 85; Redd et al. 2010). Die Optionen werden somit zunächst entlang Dimension A geprüft, dann Dimension B, dann Dimension C etc. Wie diese Idee einer aufeinander folgenden Prüfung von Optionen entlang unterschiedlicher Dimension mit der ausdrücklichen Herausstellung der innenpolitischen Dimension als „the paramount attribute" (Redd et al. 2010) für die erste Stufe des Entscheidungsprozesses zusammengeht, bleibt offen.

Freilich ließe sich auch umgekehrt fragen, ob der Innenpolitik überhaupt eine so dominante Rolle zugeschrieben werden sollte, wie dies in der PHT geschieht (Stern 2004: 110; Keller/Yang 2008: 689–690; Brummer 2013). Gerade für Staaten, die über begrenzte Macht- und Einflussmittel verfügen, könnten beispielsweise internationale Bündnisse bedeutsamer sein als innenpolitische Aspekte. Einen „Vermittlungsversuch" bieten Jonathan Keller und Edward Yang (2008: 689–690). Laut diesen hängt es von den persönlichen Charakterzügen (*traits*) der Entscheidungsträger (z. B. ihr Streben nach Macht oder ihr Glaube, Entwicklungen kontrollieren zu können) in Verbindung mit innen- und außenpolitischen Kontextfaktoren ab, welche einzelne Dimension (Innenpolitik, Wirtschaft, Allianzpolitik etc.) von den Akteuren als Prüfmaßstab für die erste Stufe aktiviert wird.

Sofern tatsächlich mehrere Dimensionen zur Prüfung von Optionen herangezogen werden sollen, ist nicht genau festgelegt, welche Dimensionen dies sein können und welche nicht. Abhängig von dem zu entscheidenden Sachverhalt, dem situativen Kontext sowie den Eigenschaften und Eigenheiten der individuellen Entscheidungsträger kann faktisch jeder Inhalt als Maßstab herangezogen werden: „[E]conomic, strategic, diplomatic, legal, social, psychological, *and so on*" (Mintz 1993: 601; unsere Hervorhebung). Offen ist auch, in welcher Reihenfolge die verschiedenen Dimensionen konsultiert werden, was schon allein deshalb von Bedeutung ist, weil laut der Annahme der *order-sensitive search* die Reihenfolge Einfluss auf die Entscheidung haben kann. Unbeantwortet ist weiterhin, entlang wie vieler Dimensionen die Optionen zunächst geprüft werden sollen – Mintz et al. (1997: 554) sprechen von „one or at most a few" – und wann genau dieser Prozess der sequenziellen Prüfung endet, damit der Übergang zur zweiten Stufe des Entscheidungsprozesses erfolgen kann.

Weiterhin wird nicht genau benannt, wie hoch die Mindestanforderungen sind, die eine Option erzielen muss, um nicht bereits in der ersten Stufe des Entscheidungsprozesses eliminiert zu werden, und ob diese Anforderungen von Entscheidung zu Entscheidung konstant sind oder ob die zu überwindende „Hürde" beispielsweise von der Salienz der Thematik abhängt.

Keller und Yang (2008: 688–689) gingen diesen Fragen nach und kamen zu dem Schluss, dass es – wie bereits bei der weiter oben erwähnten Auswahl der Dimension – persönliche Eigenschaften der Entscheidungsträger in Verbindung mit Kontextfaktoren seien, welche die von Akteur zu Akteur unterschiedliche Höhe der Mindestanforderungen bestimmten. Auch Keller und Yang konnten allerdings die konkrete Höhe dieser Mindestanforderungen nicht exakt bestimmen.

Mit Blick auf die *zweite Stufe* des Entscheidungsprozesses ist zu bemerken, dass es in der Literatur keine Einigkeit über die Entscheidungsregel (*decision rule*) gibt, die hier zur Anwendung kommt. Eigentlich gibt der in der PHT angelegte Brückenschlag zwischen kognitiven und rationalistischen Erklärungen von Außenpolitik klar vor, dass die Auswahl einer Handlungsoption in der zweiten Stufe des Entscheidungsprozesses auf der Grundlage anderer Prozesscharakteristika zu erfolgen hat als in der ersten: „Poliheuristic theory can be refuted and falsified by finding the decision process to be compensatory, alternative based, holistic, or order insensitive" (Mintz 2004: 8). Diese Aussage gilt freilich nur dann, wenn sich einer oder mehrere dieser Aspekte durch den gesamten Entscheidungsprozess ziehen. Für die zweite, rationalistische Stufe hingegen sollten, ja müssten sie sogar zutreffen, um das Gegenstück zur ersten, kognitiven Stufe zu bilden.

Verschiedene Autoren verweisen jedoch allgemein oder im Zusammenhang von Fallstudien auf die Möglichkeit, dass auch in der zweiten Stufe nicht kompensatorische Entscheidungsregeln wie LEX oder EBA genutzt werden können (z. B. Mintz/Geva 1997: 83; DeRouen 2003; James/Zhang 2005; Below 2008). Mintz und Kollegen betonen sogar ausdrücklich, dass „[m]ultiple decision strategies […] can be used in each of the two decision stages subject to different environmental and personal conditions" (Mintz et al. 1997: 554). Welche Umwelt- bzw. Persönlichkeitsfaktoren zur Auswahl welcher Entscheidungsstrategie führen, bleibt jedoch weitgehend offen. Es wird lediglich angenommen, dass in Fällen, in denen die vorliegenden Optionen vom Anfang bis zum Ende einer Entscheidung inhaltlich wie von ihrer Zahl her konstant bleiben, Akteure zu *dimension-based processing* und somit zur Nutzung von Heuristiken neigten, während sie in Fällen, in denen im Zuge des Entscheidungsprozesses neue Optionen hinzukämen, eher zum analytischeren *alternative-based processing* griffen (Mintz et al. 1997: 556). Ob Akteure in der zweiten Stufe erneut *satisficing* betreiben, bleibt ebenfalls ungeklärt: „The poliheuristic theory of foreign policy decision-making posits that decision makers ‚satisfice' rather than ‚maximize' utility; although in the second stage of information processing they may actually maximize" (Redd et al. 2010). Es ist demnach möglich, dass sich Akteure in beiden Stufen des Entscheidungsprozesses mit „ausreichend guten" Optionen zufrieden geben. Wenn allerdings in beiden Stufen identische Entscheidungsregeln und damit einhergehende Prozesscharakteristika zum Tragen kommen, stellt sich ganz grundsätzlich die Frage, wodurch sich die Stufen voneinander unterscheiden.

Sofern in der zweiten Stufe die Entscheidungsregel der ersten Stufe gilt, geht obendrein die rationalistische Dimension der PHT verloren, wodurch die Theorie nicht länger eine Brücke zwischen kognitiven und rationalistischen Erklärungen von Außenpolitik darstellt. Umgekehrt misslingt der Brückenschlag freilich auch dann, wenn von Anfang an von nutzenmaximierenden Strategien ausgegangen wird, was laut Mintz et al. (1997: 561) dann eintreten könnte, wenn die Zahl der vorliegenden Handlungsoptionen von Anfang an gering ist. Was „gering" genau bedeutet, bleibt allerdings ebenso offen wie die Frage, was in diesem Fall mit der kognitiven Dimension der PHT geschieht.

10.4   Anwendungen

Als eine der Stärken der PHT gilt ihre Offenheit für unterschiedliche methodische Zugänge (Redd et al. 2010). In der Tat ist die Theorie bereits in Verbindung mit einer Reihe von Methoden eingesetzt worden, inklusive quantitativer und formaler Methoden (zu letzterem Goertz 2004; Ye 2007). Der Schwerpunkt liegt jedoch auf qualitativen Fallstudien und, bereits zu einem geringeren Grad, auf experimentellen Designs. Die nachfolgenden Beispiele verdeutlichen aber nicht nur die methodische Offenheit der PHT, sondern illustrieren ferner ihre breite empirische Anwendung, sowohl thematisch (Einsatz militärischer Gewalt, Atomwaffentests, Umweltpolitik etc.) als auch bezüglich der in den Blick genommenen Staaten (westliche wie auch nicht westliche Staaten; Demokratien wie auch nicht demokratische Staaten).

Ein Beispiel für eine *qualitative* Fallstudie ist der Aufsatz von Michelle Taylor-Robinson und Steven Redd, in dem sie den Einfluss von *framing* auf außenpolitische Entscheidungen diskutieren. Analysiert werden die Versuche der *United Fruit Company* (UFCO), Einfluss auf die Haltung der US-Regierung unter Präsident Dwight Eisenhower zu nehmen. UFCO, die aufgrund innenpolitischer Reformen (u. a. in Landfragen) ihre Interessen in Guatemala gefährdet sah, sei sich bewusst gewesen, dass ihr ökonomisches Motiv allein nicht ausreichen würde, um die US-Regierung zum Eingreifen zu bewegen. Aus diesem Grund habe sie gegenüber amerikanischen Regierungsvertretern Guatemala als kommunistische Bedrohung präsentiert, wofür es laut Taylor-Robinson und Redd (2003: 84) allerdings kaum Anhaltspunkte gab. Dieses *framing* sei ausschlaggebend dafür gewesen, dass Eisenhower im Jahr 1954 die Entscheidung für eine verdeckte Operation zum Sturz der demokratisch gewählten guatemaltekischen Regierung traf. Begünstigt worden sei der Einfluss von UFCO unter anderem durch die engen Verbindungen des Unternehmens zu hochrangigen Regierungsmitgliedern sowie durch die stark ausgeprägte anti-kommunistische Haltung des US-Präsidenten (Taylor-Robinson/Redd 2003: 91–94). Aus diesen Punkten folgt, dass der situative Kontext eine wichtige Rolle dahingehend spielt, zu welchem Grad *framing* – zumal durch Akteure außerhalb der Regierung – Einfluss auf außenpolitische Entscheidungen haben kann.

Brulé analysiert wiederum die Entscheidung von US-Präsident Jimmy Carter zur Befreiung amerikanischer Geiseln im Iran im April 1980. Carter habe im ersten Schritt aus den vorliegenden acht Optionen diejenigen ausgeschlossen (u. a. massive Luftschläge und Wirtschaftssanktionen), die er bemessen an der innenpolitischen Dimension – genauer: seinen Wiederwahlaussichten, die er gefährdet sah, wenn er die Geiseln nicht würde befreien können – als ungenügend einschätzte. Aus den verbliebenen zwei Optionen wählte Carter anschließend diejenige aus, die ihm den größten Nutzen mit Blick auf militärische und strategische Belange versprach, und zwar in Form der Entsendung eines kleinen – anstatt eines großen – Kontingents von Elitesoldaten zur Befreiung der Geiseln (Brulé 2005: 103–107). Das Missglücken der Geiselbefreiung steht dabei nicht im Widerspruch dazu, dass Carter die aus seiner Sicht beste (jedoch eben nicht zwangsläufig Erfolg garantierende) Option auswählte. Innovativ ist Brulés Aufsatz deshalb, weil er über die Falldiskussion hinaus Überlegungen darüber anstellt, wann die PHT zur Vorhersage künftiger außenpolitischer Entscheidungen geeignet ist. Hierfür müssten dem Analysten drei Aspekte bekannt sein: das konkrete innenpolitische Kriterium, das in der ersten Stufe des Entscheidungsprozesses als Maßstab zum Ausschluss von Handlungsoptionen herangezogen wird; diejenigen Optionen, die die Mindestanforderungen entlang dieses Kriteriums erfüllen; sowie der zu erwartende Nutzen dieser verbleibenden Optionen entlang der weiteren relevanten Dimensionen (Brulé 2005: 111).

Auch wenn in den Fallstudien überwiegend außenpolitische Entscheidungen westlicher Staaten (v. a. der USA) untersucht werden, wird die Theorie auch zur Analyse nicht westlicher bzw. nicht demokratischer Staaten herangezogen (siehe auch Astorino-Courtois/Trusty 2000; Sandal et al. 2011). Exemplarisch hierfür ist der Artikel von Patrick James und Enyu Zhang (2005), die mit Blick auf China fragen, ob bei Krisenentscheidungen die politische Dimension maßgeblich ist im Zuge der anfänglichen Prüfung von Handlungsoptionen und ob in späteren Phasen des Entscheidungsprozesses die noch vorhandenen Optionen tatsächlich entlang weiterer Dimensionen (z. B. der militärischen oder wirtschaftlichen) geprüft werden (James/Zhang 2005: 44). Die Autoren analysieren neun außenpolitische Krisen, die sie auf der Grundlage des *International Crisis Behavior*-Datensatzes identifizierten. Die Untersuchung ergibt, dass die chinesischen Entscheidungsträger in acht Fällen Optionen aufgrund politischer Erwägungen ausschlossen. Allerdings seien anschließend nur in fünf Fällen die verbliebenen Optionen entlang mehrerer Dimensionen geprüft worden; in den anderen Fällen ließ sich kein zweistufiger Entscheidungsprozess feststellen (James/Zhang 2005: 45). Die Autoren sehen dies jedoch nicht als Beweis für die fehlende Erklärungskraft der PHT. Vielmehr argumentieren sie, dass China „hardly could be more distant, literally and figuratively, from Western models of decision making" (James/Zhang 2005: 47). China wird somit als ein schwieriger Fall (*hard case*) für die Theorie dargestellt, weshalb die Erklärungskraft der PHT sogar sehr gut gewesen sei.

Als letztes Beispiel für eine qualitative Fallstudie dient der Artikel von Amy Below (2008). Dieser unterscheidet sich von den bisherigen Arbeiten dadurch, dass nicht etwa Entscheidungen über den Einsatz von militärischer Gewalt oder das Verhalten von Entscheidungsträgern in Krisensituationen diskutiert werden, sondern eine „weiche" Facette von Außenpolitik analysiert wird. Below untersucht die Entscheidungen von vier amerikanischen Präsidenten (von Reagan bis George W. Bush) zu Fragen des Abbaus der Ozonschicht und des Klimawandels. Sie erklärt unter Rückgriff auf die PHT, weshalb sich die Präsidenten unterschiedlich verhielten bzw. entschieden: Mal agierten sie proaktiv (*leaders*), mal zögerten sie Entscheidungen hinaus (*postponers*), mal lagen ihre Entscheidungen irgendwo „dazwischen" (*laggard*) (Below 2008: 13).

Experimentelle Arbeiten auf der Grundlage der PHT beruhen auf der *Decision Board Platform* (Mintz et al. 1997; siehe auch Mintz/Geva 1997: 88–99; Redd 2003). Für zumeist fiktive Entscheidungsszenarien geben Forscher zum einen Handlungsalternativen (z. B. Nichtstun, Sanktionen, militärische Intervention) und zum anderen Dimensionen (z. B. Innenpolitik, Militär, Wirtschaft) vor, die für die Sachfrage als relevant gelten. Für jede Kombination von Handlungsalternative und Dimension (z. B. Nichtstun/Innenpolitik) werden den Versuchsteilnehmern (den „Entscheidungsträgern") Informationen bereitgestellt. Diese beinhalten auch die Zuweisung von bestimmten Nutzwerten für die jeweilige Kombination, wobei argumentiert wird, als ob diese Werte von den wichtigsten Beratern des Entscheidungsträgers festgelegt worden seien (Mintz et al. 1997: 557). Die Informationen zu den einzelnen Kombinationen sind allerdings nicht durchgängig sichtbar, sondern müssen von den Probanden durch einen Mausklick einzeln aufgerufen werden. Das *Decision Board*-Computerprogramm zeichnet auf, in welcher Reihenfolge die Versuchsteilnehmer Informationen aufrufen, welche und wie viele Informationen sie für jede Handlungsalternative entlang der einzelnen Dimensionen abrufen und wie viel Zeit verstreicht, bis sie eine Entscheidung treffen (Mintz et al. 1997: 557).

Mintz et al. (1997) führten beispielsweise mit 44 Angehörigen der *US Air Force* ein Experiment durch. Sie wollten unter anderem herausfinden, unter welchen Bedingungen die Probanden im Zuge ihres Entscheidungsprozesses Handlungsalternativen (*alternative-based processing*) oder aber Dimensionen (*dimension-based processing*) in den Mittelpunkt rückten und ob sich ein Wechsel in der Vorgehensweise beobachten ließe. Sie untersuchten zudem, inwieweit der Grad der Vertrautheit der Versuchsteilnehmer mit der zu entscheidenden Materie Einfluss auf ihren Entscheidungsprozess hatte. Im Einklang mit den zentralen Annahmen der PHT stellten Mintz et al. (1997: 560) fest, dass die Probanden sowohl in komplexen als auch in ihnen nicht vertrauten Entscheidungssituationen dazu neigten, zunächst mittels der Nutzung von Heuristiken – in Form eines *dimension-based processing* – die Situation zu vereinfachen und dass sie erst dann zum anspruchsvolleren *alternative-based processing* übergingen, sobald die Zahl der Handlungsalternativen verringert worden war.

In einer anderen experimentellen Studie beschäftigen sich Eben Christensen und Steven Redd mit dem Einfluss von Beratern auf Entscheidungsprozesse. Sie entwickelten ein Experiment (für Details siehe Christensen/Redd 2004: 76–79), mittels dem die Erklärungskraft der theoretischen Annahmen der PHT und des *Bureaucratic Politics*-Modells (Kap. 7) vergleichend getestet werden sollte. Die Frage lautete: Werden außenpolitische Entscheidungen – im Falle des Experiments über den Einsatz militärischer Gewalt – von innenpolitischem Kalkül oder aber von organisatorischen Interessen angeleitet? Christensen und Redd kamen zu dem Ergebnis, dass das für die PHT maßgebliche nicht kompensatorische Prinzip (bemessen an der innenpolitischen Dimension) insgesamt große Erklärungskraft für den Ausschluss von Handlungsoptionen habe. Sofern die Entscheidungsträger von ihren Beratern (aus den Bereichen Politik, Militär und Diplomatie) negative Einschätzungen zum möglichen Einsatz von militärischen Mitteln erhielten, schlössen sie diese Option aus, und zwar ungeachtet etwaiger Vorzüge der Option in anderen Dimensionen. Einschränkend führten die Autoren allerdings an, dass unter bestimmten Bedingungen der Einfluss organisatorischer Interessen stärker sein könne: Sprächen sich mehrere militärische Berater für den Einsatz militärischer Gewalt aus, würden Entscheidungsträger die mit dieser Option verbundenen innenpolitischen Kosten hintan stellen – sprich mit der positiven Bewertung „kompensieren" (Christensen/Redd 2004: 82).

Ein Beispiel für die Nutzung von PHT im Rahmen einer *quantitativen Large-N*-Studie ist der Artikel von Karl DeRouen und Christopher Sprecher (2004). Für den Zeitraum von 1918 bis 1994 untersuchten sie, in welchen Fällen Staaten auf eine Krise mit dem Einsatz von Gewalt reagierten. Zu den Ergebnissen der Studie zählte, dass erwartete innenpolitische Verluste einen wichtigen Einfluss auf die erste Reaktion eines Staates auf die von einem anderen Staat herbeigeführte Krise hätten. In diesen Fällen komme es weniger wahrscheinlich zum Einsatz von Gewalt, weil solche Maßnahmen später kaum wieder rückgängig gemacht werden könnten und damit möglicherweise das Überleben des Regimes gefährdeten (DeRouen/Sprecher 2004: 64). Ähnliche Wirkung entfalteten allerdings auch andere in der Studie getestete Variablen, wie beispielsweise der Umstand, dass der Konflikt zwei Demokratien betraf (siehe Kap. 3.2 zum „demokratischen Frieden").

In einer anderen quantitativen Studie verknüpft DeRouen (2000) die PHT mit der *Diversionary Theory of War*. Letztere besagt im Kern, dass politische Entscheidungsträger zum Einsatz des Militärs gegen „out-groups" neigen, um von innerstaatlichen (politischen, wirtschaftlichen etc.) Problemen abzulenken und um zugleich die eigene Popularität in der Bevölkerung zu steigern (*rally effect*). Basierend auf einer statistischen Analyse des Einsatzes militärischer Gewalt durch US-amerikanische Präsidenten im Zeitraum von 1949 bis 1994 argumentiert DeRouen, dass die PHT zu erklären helfe, wie der Einfluss der Innenpolitik auf solche Entscheidungen aussehen könne. Wenn Entscheidungsträger prüfen, wie sie ihre Lage verbessern können, würden sie – im Sinne der PHT – zunächst all jene Optionen ausschließen, die innenpolitisch inakzeptabel seien und damit die ohnehin schon schlechte Lage weiter zu verschlechtern drohten. Anschließend wählten sie diejenige Option aus, die entlang mehrerer Dimensionen (Wirtschaft, Militär etc.) den größten Nutzen verspräche (DeRouen 2000: 324–325). Originell ist DeRouens PHT-Argument im Kontext der *Diversionary Theory* deshalb, weil nicht davon ausgegangen wird, dass der Einsatz militärischer Gewalt in jedem Fall innenpolitisch von Nutzen ist. Wenn diese Option inakzeptable Kosten verursacht, würde sie vielmehr rasch ausgeschlossen. Innenpolitische Probleme können somit den Einsatz von Gewalt nicht nur begünstigen, sondern auch verhindern.

10.5   Fazit

Die PHT ist ein vergleichsweise „junger" sowie innovativer Ansatz zur Erklärung von außenpolitischen Entscheidungsprozessen und Entscheidungen. Die in den 1990er Jahren entwickelte Theorie ist vor allem deshalb innovativ, weil sie einen Brückenschlag zwischen kognitiven und rationalistischen Ansätzen der Außenpolitikforschung anstrebt. Die PHT unterteilt Entscheidungsprozesse in zwei Stufen. In der ersten, kognitiven Stufe nutzen die Entscheidungsträger Heuristiken, um vergleichsweise „schnell und günstig" Optionen zu eliminieren, die bestimmten (zumeist innenpolitischen) Mindestanforderungen nicht entsprechen. Wenn eine Option (innenpolitisch) inakzeptable Kosten verursacht, wird sie nicht weiter geprüft. Laut dem nicht kompensatorischen Prinzip, welches in der ersten Stufe zum Tragen kommt, gilt das auch dann, wenn die Option in anderen Dimensionen (z. B. Militär oder Wirtschaft) großen Nutzen verspricht. In der zweiten, rationalistischen Stufe des Entscheidungsprozesses wird anschließend unter den verbliebenen Optionen diejenige ausgewählt, die bemessen an allen als relevant erachteten Dimensionen den größten Nutzen bringen sollte.

Die PHT ist mittlerweile in einer Vielzahl von empirischen Studien angewandt worden. Hierbei fällt zum einen die Offenheit der Theorie für unterschiedliche methodische Zugänge auf, wobei der Schwerpunkt auf qualitativen Fallstudien und experimentellen Designs liegt. Zum anderen ist die inhaltliche Anschlussfähigkeit der PHT hervorzuheben, die zur Erklärung ganz unterschiedlicher Sachfragen (reichend vom Einsatz militärischer Gewalt bis hin zu klimapolitischen Entscheidungen) herangezogen worden ist, und dies nicht nur für westliche bzw. demokratische Staaten, sondern auch für nicht westliche bzw. nicht demokratische Staaten. Bemessen an den von Imre Lakatos aufgestellten Kriterien für die Evaluierung von Forschungsprogrammen gilt die PHT dann auch als „progressiv" (Brulé 2008). Hierfür sei nicht nur ihre methodische Offenheit sowie ihre Anschlussfähigkeit an unterschiedliche substanzielle Forschungsthemen ausschlaggebend, sondern ferner, dass die Theorie ihre „Konkurrenten" (wie die EUT) subsumiere und darüber hinaus neue Hypothesen generiere. Letzteres basiere insbesondere auf der Einbeziehung des nicht kompensatorischen Prinzips in die Theorie.

Andererseits weist die PHT eine Reihe von Schwächen auf. So besteht beispielsweise Uneinigkeit bezüglich der alleinigen (oder eben nicht) Anwendung der *Noncompensatory politi-*

cal loss aversion-Variable in der ersten Stufe des Entscheidungsprozesses sowie hinsichtlich die Nutzung (oder eben nicht) einer kompensatorischen Entscheidungsregel in der zweiten Stufe. Neben diesen (eher der Anwendung der Theorie als der Theorie als solcher geschuldeten) Unbestimmtheiten bezüglich des zweistufigen Entscheidungsprozesses lassen sich weitere Punkte anführen, die der weiteren Forschung bedürfen. Hierzu gehört beispielsweise die Frage, „woher" die Optionen stammen, die in der ersten Stufe des Entscheidungsprozesses geprüft werden. In Anlehnung an den weiter oben angeführten Aufsatz von Kinne (2005) zu Autokratien ist beispielsweise zu klären, ob sich ähnliche Muster dahingehend, welche konkreten innenpolitischen Aspekte als inakzeptabel gelten, auch für unterschiedliche Typen demokratischer Regierungssysteme identifizieren lassen. Die Typologie von Arend Lijphart (2012) aufgreifend, lässt sich fragen, ob (Einparteien-)Regierungen in majoritären demokratischen Regierungssystemen andere Einschätzungen darüber haben, was innenpolitisch inakzeptabel ist, als (Koalitions-)Regierungen in konsensualen demokratischen Regierungssystemen.

Weiterer Forschung bedarf auch die Frage, ob die PHT auf Entscheidungsgruppen, wie etwa Koalitionsregierungen in parlamentarischen Regierungssystemen, anwendbar ist. Brulé (2008: 283–284) argumentiert, dass die Handlungspositionen einzelner Gruppenmitglieder in Koalitionsregierungen auf der Grundlage der PHT wie folgt zu einer Entscheidung aggregiert werden können: In der ersten Stufe werden alle Optionen ausgeschlossen, die nicht kompensatorisch für einzelne Gruppenmitglieder sind, und in der zweiten Stufe wird diejenige Option ausgewählt, die den Nutzen der Gruppenmitglieder maximiert. Problematisch an Brulés Argumentation ist jedoch, dass er keine Aussagen zum Prozess trifft, der innerhalb der Entscheidungsgruppe zur Streichung bzw. zur späteren Auswahl von Optionen führt (Brummer 2013: 57–58). Die Mitglieder der Gruppe scheinen schlicht zu wissen, welche Optionen inakzeptabel für die anderen Akteure sind bzw. den größten Nutzen für diese bringen. Im Unterschied zu der in der Einleitung dieses Kapitels angeführten expliziten Herausstellung des „Politischen" in der PHT wird dieses Element nunmehr wieder ausgeblendet.

10.6   Literatur

Astorino-Courtois, Allison/Trusty, Brittany (2000) Degrees of Difficulty. The Effect of Israeli Policy Shifts on Syrian Peace Decisions. *Journal of Conflict Resolution* 44(3), 359–377.

Below, Amy (2008) U.S. Presidential Decisions on Ozone Depletion and Climate Change: A Foreign Policy Analysis. *Foreign Policy Analysis* 4(1), 1–20.

Brulé, David J. (2005) Explaining and Forecasting Leaders' Decisions: A Poliheuristic Analysis of the Iran Hostage Rescue Decision. *International Studies Perspectives* 6(1), 99–113.

Brulé, David J. (2008) The Poliheuristic Research Program: An Assessment and Suggestions for Further Progress. *International Studies Review* 10(2), 266–293.

Brummer, Klaus (2013) *Die Innenpolitik der Außenpolitik. Die Große Koalition, „Governmental Politics" und Auslandseinsätze der Bundeswehr.* Wiesbaden: Springer VS.

Bueno de Mesquita, Bruce et al. (2005) *The Logic of Political Survival.* Cambridge/London: MIT Press.

Christensen, Eben J./Redd, Steven B. (2004) Bureaucrats versus the Ballot Box in Foreign Policy Decision Making: An Experimental Analysis of the Bureaucratic Politics Model and the Poliheuristic Theory. *Journal of Conflict Resolution* 48(1), 69–90.

Cottam, Martha L. et al. (2010) *Introduction to Political Psychology*, 2. Auflage. New York/Hove: Psychology Press.

DeRouen, Karl, Jr. (2000) Presidents and the Diversionary Use of Force: A Research Note. *International Studies Quarterly* 44(2), 317–328.

DeRouen, Karl, Jr. (2003) The Decision Not to Use Force at Dien Bien Phu: A Poliheuristic Perspective. In: Mintz, Alex (Hrsg.) *Integrating Cognitive and Rational Theories of Foreign Policy Decision Making*. New York: Palgrave Macmillan, 11–28.

DeRouen, Karl, Jr./Sprecher, Christopher (2004) Initial Crisis Reaction and Poliheuristic Theory. *Journal of Conflict Resolution* 48(1), 56–68.

Goertz, Gary (2004) Constraints, Compromises, and Decision Making. *Journal of Conflict Resolution* 48(1), 14–37.

James, Patrick/Zhang, Enyu (2005) Chinese Choices: A Poliheuristic Analysis of Foreign Policy Crises, 1950–1996. *Foreign Policy Analysis* 1(1), 31–54.

Kaarbo, Juliet (1998) Power Politics in Foreign Policy: The Influence of Bureaucratic Minorities. *European Journal of International Relations* 4(1), 67–97.

Keller, Jonathan W./Yang, Yi Edward (2008) Leadership Style, Decision Context, and the Poliheuristic Theory of Decision Making. An Experimental Analysis. *Journal of Conflict Resolution* 52(5), 687–712.

Kinne, Brandon J. (2005) Decision Making in Autocratic Regimes: A Poliheuristic Perspective. *International Studies Perspectives* 6(1), 114–128.

Lijphart, Arend (2012) *Patterns of Democracy: Government Forms and Performance in Thirty-Six Countries*, 2. Auflage. New Haven/London: Yale University Press.

Mintz, Alex (1993) The Decision to Attack Iraq. A Noncompensatory Theory of Decision Making. *Journal of Conflict Resolution* 37(4), 595–618.

Mintz, Alex (1995) The 'Noncompensatory Principle' of Coalition Formation. *Journal of Theoretical Politics* 7(3), 335–349.

Mintz, Alex (Hrsg.) (2003) *Integrating Cognitive and Rational Theories of Foreign Policy Decision Making*. New York: Palgrave Macmillan.

Mintz, Alex (2004) How Do Leaders Make Decisions? A Poliheuristic Perspective. *Journal of Conflict Resolution* 48(1), 3–13.

Mintz, Alex/DeRouen, Karl, Jr. (2010) *Understanding Foreign Policy Decision Making*. New York: Cambridge University Press.

Mintz, Alex/Geva, Nehemia (1997) The Poliheuristic Theory of Foreign Policy Decisionmaking. In: Geva, Nehemia/Mintz, Alex (Hrsg.) *Decisionmaking on War and Peace. The Cognitive-Rational Debate*. Boulder/London: Lynne Rienner, 81–101.

Mintz, Alex/Redd, Steven B. (2003) Framing Effects in International Relations. *Synthese* 135(2), 193–213.

Mintz, Alex et al. (1997) The Effect of Dynamic and Static Choice Sets on Political Decision Making: An Analysis Using the Decision Board Platform. *American Political Science Review* 91(3), 553–566.

Oppermann, Kai (2012) Delineating the Scope Conditions of the Poliheuristic Theory of Foreign Policy Decision Making: The Noncompensatory Principle and the Domestic Salience of Foreign Policy. *Foreign Policy Analysis*. DOI: 10.1111/j.1743-8594.2012.00182.x.

Redd, Steven B. (2002) The Influence of Advisers on Foreign Policy Decision Making. An Experimental Study. *Journal of Conflict Resolution* 46(3), 335–364.

Redd Steven B. (2003) The Poliheuristic Theory of Foreign Policy Decision Making: Experimental Evidence. In: Mintz, Alex (Hrsg.) *Integrating Cognitive and Rational Theories of Foreign Policy Decision Making*. New York: Palgrave Macmillan, 101–126.

Redd, Steven B./Brulé, David/Mintz, Alex (2010) Poliheuristic Theory and Foreign Policy Analysis. In: Denemark, Robert A. (Hrsg.) *The International Studies Encyclopedia*. Blackwell Reference Online. Blackwell Publishing.

Sandal, Nukhet A. et al. (2011) Poliheuristic Theory and Crisis Decision Making: A Comparative Analysis of Turkey with China. *Canadian Journal of Political Science* 44(1), 27–57.

Simon, Herbert A. (1957) *Models of Man. Social and Rational*. New York: John Wiley & Sons.

Stern, Eric (2004) Contextualizing and Critiquing the Poliheuristic Theory. *Journal of Conflict Resolution* 48(1), 105–126.

Taylor-Robinson, Michelle M./Redd, Steven B. (2003) Framing and the Poliheuristic Theory of Decision: The United Fruit Company and the 1954 U.S.-led Coup in Guatemala. In: Mintz, Alex (Hrsg.) *Integrating Cognitive and Rational Theories of Foreign Policy Decision Making*. New York: Palgrave Macmillan, 77–100.

Ye, Min (2007) Poliheuristic Theory, Bargaining, and Crisis Decision Making. *Foreign Policy Analysis* 3(4), 317–344.

11 Das *Groupthink*-Modell

Im Unterschied zu den bisher in Teil III diskutierten, auf einzelne Entscheidungsträger abhebenden Ansätzen zur Erklärung von Außenpolitik stellt das *Groupthink*-Modell die Entscheidungsfindung in Kleingruppen in den Mittelpunkt der Analyse. Hierunter fallen beispielsweise Regierungen, Regierungsausschüsse oder *ad hoc* gebildete Gremien, die mit außenpolitischen Entscheidungen betraut werden (hierzu allgemein Garrison 2010). Als sozialpsychologischer Ansatz verweist das *Groupthink*-Modell auf gruppendynamische Prozesse und Zwänge. Hierdurch wird eine alternative Sichtweise auf die Analyse außenpolitischer Entscheidungen eröffnet. Laut dem „Erfinder" des Ansatzes, Irving Janis (1972, 1982), lautet das Ziel „to increase awareness of social psychological phenomena in decisions of historic importance, so that *group dynamics* will be taken into account by those who try to understand the performance of the leading actors and members of the supporting cast" (Janis 1982: ix; Hervorhebung im Original).

Von *Groupthink* – der Begriff ist eine bewusste Anlehnung an Begrifflichkeiten in George Orwells Roman *1984* wie dem „doublethink" (Janis 1982: 9) – lässt sich dann sprechen, wenn das Streben nach Harmonie und Übereinstimmung innerhalb einer Entscheidungsgruppe kritisches Denken zurücktreten lässt und Vorrang gewinnt vor der inhaltlichen Aufgabenstellung, welche die Gruppe zu bearbeiten hat. Es ist also dann vorhanden, wenn Mitglieder der Entscheidungsgruppe „become more concerned with retaining the approval of the fellow members of their work group than with coming up with good solutions to the tasks at hand" (Janis 1982: vii). Das Auftreten von *Groupthink* führt zu fehlerhaften Entscheidungsprozessen und mündet häufig in Fehlentscheidungen. Es wird somit eine ausdrückliche Verbindung zwischen der Qualität des Entscheidungsprozesses und der Qualität von Entscheidungen gezogen.

Mit Blick auf die drei Modelle, die Graham Allison in *Essence of Decision* (Allison 1971) anführte, bezeichnet Janis (1982: 7) seinen Ansatz als „a fourth conceptual model". Das *Groupthink*-Modell sei deshalb komplementär zum *Rational Actor*-Modell (Modell I; siehe die Einleitung zu Teil III), dem *Organizational Process*-Modell (Modell II; siehe Kap. 6) und dem *Bureaucratic Politics*-Modell (Modell III; siehe Kap. 7), weil es eine andere Analyseebene habe. So seien eben nicht rationale Einzelakteure (bzw. „der Staat"), einzelne Bürokratien/Ministerien (verstanden als „Großgruppen") oder von organisatorischen Interessen motivierte, im Wettbewerb miteinander stehende Entscheidungsträger maßgeblich. Bei *Groupthink* geht es vielmehr um das Verhalten von Entscheidungsträgern in Kleingruppen. Begründet wird die Fokussierung auf diese Analyseebene damit, dass „all the well-known errors stemming from limitations of an individual and of a large organization can be greatly augmented by group processes that produce shared miscalculations" (Janis 1982: 7).

Der Verweis auf „Fehleinschätzungen" zeigt eine zweite Besonderheit des *Groupthink*-Modells. Dieses ist nicht zur Erklärung von Außenpolitik *per se* gedacht, sondern von einer bestimmten „Art" von außenpolitischen Entscheidungen. Die für die Analyse in Frage kommenden Entscheidungen werden dabei nicht thematisch definiert (Entscheidungen über den Einsatz von Gewalt etc.), sondern über ihre Qualität. So wird das *Groupthink*-Modell zur Erklärung außenpolitischer „Fiaskos" (Janis 1982) genutzt (Tab. 11.1). Dem Fokus dieses Bandes Rechnung tragend, wird die nachfolgende Diskussion des *Groupthink*-Modells, das einen „truly interdisciplinary impact" (Turner/Pratkanis 1998: 106) gehabt hat und entsprechend in einer Vielzahl von wissenschaftlichen Disziplinen diskutiert worden ist, auf die Außenpolitikforschung begrenzt.

Tab. 11.1:   Kernaussagen, Referenzautoren und zentrale Werke des *Groupthink*-Modells

Kernaussagen
Der analytische Fokus des *Groupthink*-Modells liegt auf der außenpolitischen Entscheidungsfindung in Kleingruppen.
Groupthink ist dann vorhanden, wenn das Streben nach Übereinstimmung innerhalb einer Entscheidungsgruppe alle anderen Aspekte (inkl. der Suche nach der bestmöglichen Lösung für den von der Gruppe zu bearbeitenden Sachverhalt) überlagert.
Die hierdurch ausgelösten Symptome von *Groupthink* führen zu einem fehlerhaften Entscheidungsprozess.
Da das Modell davon ausgeht, dass die Qualität des Entscheidungsprozesses die Qualität der Entscheidung beeinflusst, führt das Auftreten von *Groupthink* mit großer Wahrscheinlichkeit zu schlechten Politikergebnissen – und mitunter sogar zu außenpolitischen „Fiaskos".

Referenzautoren	*Zentrale Werke*
Irving Janis	*Groupthink. Psychological Studies of Policy Decisions and Fiascoes*, 2. Auflage. Boston et al.: Houghton Mifflin, 1982.
Paul 't Hart	(mit Eric Stern und Bengt Sundelius) (Hrsg.) *Beyond Groupthink. Political Group Dynamics and Foreign Policy-Making*. Ann Arbor: University of Michigan Press, 1997a.
James Esser	Alive and Well after 25 Years: A Review of Groupthink Research. *Organizational Behavior and Human Decision Processes* 73(2–3), 116–141, 1998.
Mark Schafer/ Scott Crichlow	*Groupthink Versus High-Quality Decision Making in International Relations*. New York: Columbia University Press, 2010.

11.1   Das Modell

Der analytische Fokus des *Groupthink*-Modells liegt auf außenpolitischen Entscheidungen in Kleingruppen. Zunächst ist zu klären, ob jede Entscheidungsgruppe bzw. jede Person innerhalb einer solchen Gruppe zum „Opfer von *Groupthink*" (*victim of groupthink*) werden kann, verstanden als „a deterioration of mental efficiency, reality testing, and moral judgment that results from in-group pressures" (Janis 1982: 9). Janis verweist einerseits darauf, dass bestimmte Persönlichkeitsfaktoren (Stressverhalten etc.) von Personen dazu führten, dass sie für *Groupthink* besonders empfänglich seien. Andererseits betont er, dass selbst Personen, deren Charaktereigenschaften (großes Selbstvertrauen etc.) eigentlich dagegen sprächen, sich

Gruppenzwängen zu unterwerfen, Opfer von *Groupthink* werden können (Janis 1982: 242–243). Seine Antwort auf die Frage, welche Personen empfänglich für *Groupthink* sind und welche nicht, fällt entsprechend eindeutig aus: „In certain powerful circumstances that make for groupthink, probably *every member of every policy-making group*, no matter whether strongly or mildly predisposed, is susceptible" (Janis 1982: 243; unsere Hervorhebung).

Abb. 11.1:   Die Komponenten des *Groupthink*-Modells

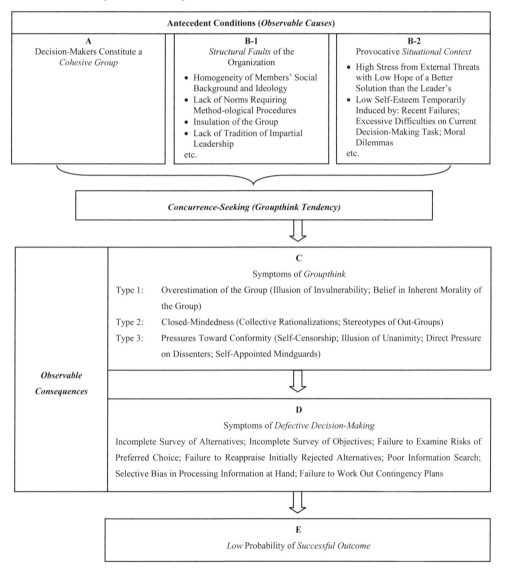

Angepasste und ergänzte Darstellung nach Janis (1982): 244.

Prinzipiell kann somit jede Gruppe Opfer von *Groupthink* werden. Gleichwohl verweist Paul 't Hart (1994: 196) auf bestimmte Typen von Entscheidungsgruppen, die von *Groupthink*-

Forschern besonders beachtet werden sollten. Hierunter zählt er Regierungen (v. a. „Küchen-kabinette"), Regierungsausschüsse, hochrangige Beratergremien und Parlamentsausschüsse. Darüber hinaus betont er, dass *Groupthink* insbesondere bei der Behandlung von „non-routine types of decisional issues" auftreten sollte (Hart 1994: 196). Gemeint sind Entschei-dungssituationen, bei denen Standardlösungen nicht greifen, die nennenswerte Folgen nach sich ziehen können, die kontrovers und potenziell konfliktträchtig sind und die auch in au-ßenpolitischer und strategischer Hinsicht Folgen für den Entscheidungsträger haben sollten.

Doch zurück zu den Inhalten des *Groupthink*-Modells. Anstatt auf Persönlichkeitsfaktoren wird das Auftreten von *Groupthink* in Entscheidungsgruppen auf andere Aspekte zurückge-führt. Janis (1982: 176) spricht von empirisch beobachtbaren Ursachen (*observable causes*) von *Groupthink* und hat dabei drei Vorbedingungen (*antecedent conditions*) im Blick, die „produce, elicit, or facilitate the occurrence of the syndrome". Eine dieser Vorbedingungen bezieht sich auf die Geschlossenheit (*cohesiveness*; Kasten A in Abb. 11.1) der Entschei-dungsgruppe. Diese zeigt sich beispielsweise daran, ob die Mitglieder der Gruppe Empathien füreinander hegen, die Gruppe als solche positiv bewerten und die Tatsache wertschätzen, dass sie Mitglied der Gruppe sind (Janis 1982: 4, 176). Mögen sich die Gruppenmitglieder, und schätzen sie die Gruppe wie auch ihre Gruppenmitgliedschaft, begünstigt dies das Auf-treten von *Groupthink*: „The more amiability and esprit de corps among the members of an in-group of policy-makers, the greater is the danger that independent critical thinking will be replaced by groupthink" (Janis 1982: 245). Je geschlossener also eine Gruppe ist, desto eher wird sie zum Opfer von *Groupthink*. Dies soll freilich nicht heißen, dass alle anderen Grup-pen nicht zu fehlerhaften Entscheidungen kommen können, sondern lediglich, dass deren fehlerhafte Entscheidungen nicht auf *Groupthink* zurückzuführen sind.

Die Existenz einer in sich geschlossenen Gruppe ist allerdings nur eine notwendige, nicht jedoch eine hinreichende Bedingung für das Auftreten *Groupthink*. Es bedarf weiterer Fakto-ren, die im Zusammenspiel mit einer „moderately or highly cohesive group" (Janis 1982: 245) zu *Groupthink* führen. Janis unterteilt diese Faktoren in administrativ-strukturelle (B-1) und situative (B-2). Zusammengenommen bestimmen die drei Vorbedingungen (A, B-1 und B-2) die Wahrscheinlichkeit, mit der Symptome von *Groupthink* in Entscheidungsgruppen auftreten (Janis 1982: 243).

Bei den administrativ-strukturellen Faktoren (B-1) bezieht sich Janis auf die Zusammenset-zung, die internen Abläufe und die Verortung der Entscheidungsgruppe innerhalb einer Or-ganisation. Problematisch, im Sinne von das Auftreten von *Groupthink* begünstigend, an der Zusammensetzung einer Gruppe sei, wenn es eine große Homogenität zwischen den Grup-penmitgliedern hinsichtlich ihres sozialen Hintergrunds oder ihrer Überzeugungen gäbe. Die Abgrenzung dieses Aspekts von dem zuvor genannten Aspekts bezüglich der Geschlossen-heit der Entscheidungsgruppe ist allerdings unklar, da beispielsweise Empathie und Korps-geist aus gemeinsamen Erfahrungen und Erlebnissen (universitär, beruflich etc.) und geteil-ten Überzeugungen erwachsen kann. Hinsichtlich der internen Abläufe innerhalb der Ent-scheidungsgruppe gilt es als problematisch, wenn die Gruppe keine etablierten Regeln kennt, auf deren Grundlage es zu systematischen Abläufen etwa bezüglich der Gewinnung, Prüfung und Verarbeitung von Informationen kommt. Selbiges trifft auf das Fehlen einer Tradition unvoreingenommener und unparteiischer Führung innerhalb der Gruppe zu. Die Verortung einer Entscheidungsgruppe innerhalb einer Organisation wird wiederum dann zum Problem, wenn die Gruppe von anderen Einheiten isoliert ist, wodurch sie von externen Informationen und Beurteilungen abgeschnitten wird. Hart (1994: 120) verweist auf einen weiteren strukturellen Aspekt, der das Auftreten von *Groupthink* befördern sollte, und zwar auf Konflikte zwischen der Entscheidungsgruppe und anderen Gruppen, weil dies die Kohäsion und den Zusammenhalt innerhalb der Gruppe befördere. Die angeführten Faktoren sollten in jedem Fall Symptome von *Groupthink* auslösen „because each of these antecedent conditions represents the absence of a potential source of organizational constraint that could help to prevent the members of a cohesive policy-making group from developing a norm of indulging in uncritical conformity" (Janis 1982: 249).

Der situative Kontext (B-2), in dem sich eine Entscheidungsgruppe befindet, gilt als weiterer begünstigender Faktor für das Auftreten von *Groupthink*. Janis nennt hier einerseits den Einfluss von Stress, der „von außen" auf Mitglieder einer Gruppe einwirkt. Er betont jedoch ausdrücklich, dass solcher Stress allein nicht zu *Groupthink* führe (Janis 1982: 250). Diese Wirkung entfalte von außen an die Gruppe herangetragener Stress nur in Verbindung mit einer gering ausgeprägten Hoffnung innerhalb der Gruppe, eine bessere Lösung zu finden als diejenige, die vom Leiter der Gruppe bevorzugt wird. Hoher, von außen kommender Stress bei gleichzeitiger Beibehaltung des Glaubens an die Qualitäten des Gruppenführers, dem alleine zugetraut wird, eine Lösung zu finden, trägt laut Janis (1982: 254) zum Auftreten von *Groupthink* bei. Geht hingegen in Stresssituationen der Glaube an die Fähigkeiten des Gruppenleiters verloren, sollte sich kein Übereinstimmungsdruck entwickeln.

Neben dem von außen kommenden Stress sollte *Groupthink* auch durch „internal sources of stress" (Janis 1982: 255) begünstigt werden. Dieser „von innen" kommende Stress führe dazu, dass innerhalb der Gruppe das Selbstvertrauen wie auch das Selbstwertgefühl zumindest vorübergehend gemindert werde. Janis (1982: 255) nennt unterschiedliche Quellen, aus denen gruppeninterner Stress herrühren kann. Hierzu gehören unlängst erlittene Fehlschläge der Gruppe, im Sinne von Gruppenentscheidungen, die nicht das gewünschte Ergebnis zeitigten und die den Gruppenmitgliedern ihre eigenen Unzulänglichkeiten vor Augen führten. Eine ähnliche Wirkung soll aus aktuellen, komplexen Entscheidungssituationen resultieren, denen sich die Gruppe gegenübersieht und die sie überfordern. Zu nennen sind ferner moralische Dilemmata, in denen sich die Gruppenmitglieder befinden, wenn sie als einzige Lösung für eine als wesentlich eingestufte Sachfrage eine Option sehen, die gegen ihre ethischen Standards verstößt. Die genannten Aspekte sollten allesamt dazu beitragen, dass die Gruppenmitglieder zumindest vorübergehend den Glauben an die eigenen Fähigkeiten oder die eigene Integrität anzweifeln. Um solch unliebsamen Selbsteinschätzungen zu begegnen bzw. zu entgehen, neigen die Mitglieder einer Gruppe zu *Groupthink*: „For all such sources of internal stress, participating in a unanimous consensus along with the respected fellow members of a congenial group will bolster the decision-maker's self esteem" (Janis 1982: 256).

Die genannten Vorbedingungen (A, B-1 und B-2) begünstigen, dass sich in Entscheidungsgruppen ein übergroßer Druck entwickelt, die Harmonie und den Zusammenhalt innerhalb der Gruppe zu wahren. Janis (1982: 244) spricht von einer „groupthink tendency" innerhalb der Gruppe, verstanden als das Bestreben, „um jeden Preis" die Übereinstimmung zwischen den Gruppenmitgliedern zu suchen bzw. zu wahren (*concurrence-seeking*). Für die einzelnen Gruppenmitglieder werden die Bewahrung des (vermuteten) inhaltlichen Konsenses innerhalb der Gruppe wie auch die Bewahrung der Einheit der Gruppe und ihre fortgesetzte Gruppenmitgliedschaft in dieser maßgeblich. Sie sind angeleitet von „their desire for genuine concurrence on all important issues", was dazu führt, dass sie „match their opinions with each other and [...] conduct themselves in accordance with each other's wishes" (Janis 1982: 247). Kritisches Denken, welches möglicherweise den Gruppenzusammenhalt gefährden könnte, sowie inhaltliche Aspekte einer Entscheidung im Allgemeinen rücken in den Hintergrund.

Das aus den Vorbedingungen resultierende Streben nach Übereinstimmung innerhalb der Entscheidungsgruppe zieht eine Reihe von miteinander verbundenen und empirisch beobachtbaren Folgen (*observable consequences*) nach sich. Hierzu gehören zunächst mehrere „Symptome von *Groupthink*" (*symptoms of groupthink*) (C). Zu betonen ist, dass nicht alle Symptome von *Groupthink* auftreten müssen, um anschließend zu fehlerhaften Entscheidungsprozessen und schlechten Entscheidungen zu führen. Janis (1982: 175) spricht etwas vage von „most or all of the symptoms in each of the three categories", die in der Entscheidungsgruppe auftreten müssten, damit „the members [der Entscheidungsgruppe] perform their collective tasks ineffectively and are likely to fail to attain their collective objectives as a result of concurrence-seeking."

Janis (1982: 256–259) identifiziert acht Symptome von *Groupthink*, die er drei „Typen" zuordnet:

- Der erste Typ bezieht sich darauf, dass die eigene Gruppe überschätzt wird (*overestimation of the group*). Hierunter fällt der Glaube daran, „unverwundbar" (*invulnerable*) zu sein und auch moralisch stets richtig zu handeln. Diese Symptome tragen dazu bei, Bedrohungen abzuwerten oder gar nicht erst als solche wahrzunehmen, hohe Risiken einzugehen und zudem einen Glauben an die eigene Überlegenheit gegenüber der Gegenseite zu entwickeln.

- Der zweite Typ wird mit „Engstirnigkeit" (*closed-mindedness*) umschrieben. Dies beinhaltet Versuche, Informationen, die der eigenen Position zuwiderlaufen, so umzuinterpretieren, dass sie letztlich doch mit der eigenen Position in Einklang gebracht werden können. Ebenfalls angeführt wird die Entwicklung von stereotypen Sichtweisen auf die Gegenseite (*out-group*). Diese können so weit reichen, dass die Gegenseite nicht länger als „menschlich" wahrgenommen wird, wodurch die Hemmschwelle zum Einsatz von Gewalt drastisch herabgesenkt wird.

- Der dritte Typ beinhaltet Symptome, die auf Versuche zur Herstellung bzw. Bewahrung von Uniformität (*pressures toward uniformity*) innerhalb der Gruppe hinauslaufen. Hierzu zählt die „Selbstzensur" (*self-censorship*) einzelner Gruppenmitglieder. Gerade Personen, die ihr Selbstvertrauen im besonderen Maße aus ihrer Zugehörigkeit zur Gruppe beziehen, neigen dazu, etwaige Bedenken, die den Zusammenhalt der Gruppe beeinträchtigen könnten, nicht auszusprechen. Falls doch ein Gruppenmitglied den Zusammenhalt der Gruppe gefährdet, wird von anderen Mitgliedern Druck ausgeübt. Sollten diese Bemühungen fehlschlagen, können „illoyale" Gruppenmitglieder aus der Gruppe ausgeschlossen werden. Hinzu kommt eine „Illusion der Einstimmigkeit" (*illusion of unanimity*), die suggeriert, dass alle wichtigen Entscheidungen von der Gruppe einstimmig getroffen würden, was nicht nur den Zusammenhalt innerhalb Gruppe stärkt, sondern auch ein Gefühl der Überlegenheit der Gruppe gegenüber Dritten mit sich bringt. Und schließlich kann Übereinstimmungsdruck dazu führen, dass Gruppenmitglieder in die Rolle von „selbsternannten Gedankenwächtern" (*self-appointed mindguards*) schlüpfen, deren Funktion darin besteht, Informationen, die den inhaltlichen Konsens der Gruppe oder deren Selbstvertrauen gefährden könnten, zu unterdrücken.

Die Symptome von *Groupthink* führen dazu, dass der innerhalb der Gruppe ablaufende Entscheidungsprozess fehlerhaft ist. Dies gilt insbesondere für die Aufnahme und Verarbeitung von Informationen durch die Gruppenmitglieder. Janis (1982: 175) führt sieben Indikatoren bzw. „Symptome" für fehlerhafte Entscheidungsprozesse (*symptoms of defective decision-making*; D) an. Hierzu gehören die lückenhafte Prüfung von Handlungsalternativen und Handlungszielen, Versäumnisse dahingehend, Risiken, welche mit der von der Gruppe bevorzugten Handlungsoption verbunden sind, zu erörtern sowie bereits ausgeschlossene Handlungsoptionen nochmals zu prüfen. Zu den weiteren Symptomen fehlerhafter Entscheidungsprozesse zählen eine mangelhafte Suche nach Informationen (v. a. von solchen, die dem Gruppenkonsens zuwiderlaufen) und eine einseitige Prüfung der vorliegenden Informationen, die in erster Linie darauf abhebt, die bestehende Position zu bestätigen. Ferner wird darauf verzichtet, Notfallpläne auszuarbeiten.

Thomas Hensley und Glen Griffin (1986) ergänzten die Liste von Janis um drei weitere Aspekte: das Versäumnis, Kontakt mit der Opposition zu halten, die ausbleibende Zusammenarbeit mit Vermittlern sowie eine fehlende Flexibilität, Deadlines notfalls zu verschieben. Festzuhalten ist in jedem Fall, dass die angeführten Fehler in Entscheidungsprozessen nicht exklusiv von *Groupthink* hervorgerufen werden, sondern auch das Ergebnis von „other common causes of human stupidity" (Janis 1982: 10) sein können. Zeigten sich demnach die genannten Symptome fehlerhafter Entscheidungsprozesse, ohne dass Symptome von *Groupthink* nachzuweisen wären, lägen die Ursachen nicht in gruppendynamischen Prozessen, sondern beispielsweise in fehlerhaften nachrichtendienstlichen Informationen, Informationsüberflutung oder Unwissenheit.

Da das Modell von einer Verbindung zwischen der Qualität des Entscheidungsprozesses und der Qualität einer Entscheidung ausgeht, führt der durch *Groupthink* ausgelöste fehlerhafte Entscheidungsprozess mit einer geringeren Wahrscheinlichkeit zum gewünschten Politikergebnis (*low probability of successful outcome*; E). Janis betont den Aspekt der Wahrscheinlichkeit deshalb, weil nicht jede Entscheidung einer Gruppe, welche *Groupthink* anheimgefallen ist, zwangsläufig schlechte Ergebnisse erbringe, sondern das letztere durch das Auftreten von *Groupthink* „lediglich" begünstigt würden: „Groupthink is conducive to errors in decision-making, and such errors increase the likelihood of a poor outcome" (Janis 1982: 11). Unter bestimmten Bedingungen, wie beispielsweise Zufall, Glück oder die Unfähigkeit der Gegenseite (Janis 1982: 11), können demnach selbst Gruppen, die Opfer von *Groupthink* wurden, Entscheidungen treffen, die zu „guten", das heißt die gesetzten Ziele erreichenden Ergebnissen führen. Um zu klären, ob das von der Entscheidung hervorgerufene Politikergebnis gut oder schlecht ist, lassen sich zwei inhaltliche Maßstäbe heranziehen: die Nicht-/Umsetzung nationaler Interessen eines Landes bzw. die De-/Eskalation eines internationalen Konflikts infolge der Entscheidung (Schafer/Crichlow 2002: 50). Hart (1994: 73–86) verweist wiederum darauf, dass *Groupthink* allgemein zu risikoreicheren Entscheidungen führen sollte.

11.2   Wie lässt sich *Groupthink* verhindern?

Aufgrund der Verbindung zwischen *Groupthink* und außenpolitischen Fehlentscheidungen ist die Frage, wie sich *Groupthink* verhindern lässt, nicht nur von akademischem Interesse, sondern auch für die politische Praxis von Relevanz. Janis (1982: 172, 262–271; siehe auch Schafer/Crichlow 2002: 65) unterbereitete zahlreiche Vorschläge hierzu. Diese setzen an den Vorbedingungen an, die das Auftreten von *Groupthink* begünstigen, insbesondere an der

Geschlossenheit der Gruppe (A) und den administrativ-strukturellen Aspekten (B-1). Auch wenn Janis seinen Vorschlägen potenziellen Nutzen hinsichtlich der Verhinderung bzw. Begegnung – Janis spricht manchmal von „prevention", manchmal von „counteraction" – von *Groupthink* und dessen Konsequenzen zuweist, will er sie nicht als „Allheilmittel" verstanden wissen. Zudem hebt Janis (1982: 262) ausdrücklich mögliche „unerwünschte Nebeneffekte" (*undesirable side effects*) seiner Vorschläge hervor, derer sich diejenigen bewusst sein sollten, die sie praktisch umsetzen wollen.

Ein Vorschlag zielt auf den Leiter einer Gruppe ab, die für die Entwicklung von Politiken zuständig ist. Der Leiter sollte die Mitglieder „seiner" Gruppe ausdrücklich dazu ermuntern, Bedenken und Zweifel zu äußern. Dabei hat der Gruppenleiter offen zu sein für Kritik auch an den von ihm vertretenen Positionen. Mögliche Kehrseiten dieses Vorschlags sind, dass er zu überlangen und damit kostenträchtigen Debatten führt und dass es infolge offener Kritik zu Verstimmungen oder gar zu Zerwürfnissen innerhalb der Gruppe kommen kann.

Ein zweiter Vorschlag nimmt die Rolle bürokratischer und vor allem politischer Führungspersonen von Ministerien in den Blick, wenn es darum geht, innerhalb des Ministeriums Aufträge zur Planung von Politiken zu vergeben. Hierbei sei es maßgeblich, dass die für die Einsetzung von Gruppen verantwortlich zeichnenden Führungspersonen nicht von vornherein ihre Erwartungen und Präferenzen zum Ausdruck brächten, sondern sich gerade zu Anfang des Prozesses neutral verhielten. Würden hingegen die Führungspersonen bereits bei der Einsetzung der Gruppe darlegen, welches Ergebnis sie erwarteten, würde dies die inhaltliche Offenheit des nachfolgenden Prozesses der Politikentwicklung negativ beeinflussen. Problematisch könnte dieser Vorschlag allerdings dann werden, wenn sich in der Gruppe aufgrund der fehlenden „Erwartungsvorgaben" eine Position herausbildet, die für die Führungsperson inakzeptabel ist.

Ein dritter Vorschlag bezieht sich eher allgemein auf organisatorische Abläufe und Prozesse, welche ebenfalls so beeinflusst werden können, dass die Wahrscheinlichkeit des Auftretens von *Groupthink* reduziert wird. Konkret spricht sich Janis dafür aus, in jeder Gruppe zumindest einem Mitglied die Rolle des „devil's advocate" zuzuweisen, dessen Aufgabe darin besteht, Vorschläge etc. kritisch zu hinterfragen. Zudem sollten bei der Entwicklung und Prüfung von Politiken routinemäßig mehrere, unabhängig voneinander agierende und von unterschiedlichen Personen geführte Gruppen eingesetzt werden. Zu den möglichen Kehrseiten des letztgenannten Vorschlags gehört, dass Informationen umso wahrscheinlicher an Dritte weitergegeben werden, je mehr Personen an einer Entscheidung beteiligt sind, was es gerade bei sensiblen Themen zu verhindern gilt. Hinzu kommt, dass die einzelnen Gruppen beispielsweise aufgrund divergierender organisatorischer Interessen in Konkurrenz zueinander treten könnten.

Die bisherigen Vorschläge von Janis fokussieren auf prozedurale bzw. organisatorische Aspekte (B-1) im Zusammenhang mit einer Entscheidungsgruppe. Mindestens ebenso maßgeblich ist freilich die Zusammensetzung der Gruppe. Wie angeführt, begünstigen die Geschlossenheit einer Gruppe (A) sowie eine Homogenität unter den Gruppenmitgliedern bezüglich sozialer Herkunft oder Überzeugungen (als ein weiterer Aspekt von B-1) das Auftreten von *Groupthink*. Der Umkehrschluss, eine möglichst wenig in sich geschlossene bzw. stark heterogene Gruppe zu etablieren, führt allerdings nicht weiter. Auch wenn auf diese Weise *Groupthink* verhindert werden kann, sinkt zugleich aufgrund der unterschiedlichen Interessen, Weltsichten, Charaktere etc. der Gruppenmitglieder die Wahrscheinlichkeit, dass die Gruppe überhaupt zu einer Entscheidung gelangt. Ideal wäre deshalb „a moderate level of cohesiveness" (Janis 1982: 248) bzw. „a moderate (but not extreme) degree of heterogeneity in social background and ideology" (Janis 1982: 250). Hierdurch würde der Austausch unter den Gruppenmitgliedern wie auch deren kritisches Denken befördert, ohne eine Einigung auf einen gemeinsamen Standpunkt von vornherein unmöglich werden zu lassen bzw. übergroßen Übereinstimmungsdruck und somit *Groupthink* zu erzeugen. Janis lässt allerdings offen, was genau er unter einer „gemäßigt" geschlossenen bzw. heterogenen Gruppe versteht.

Die Praktikabilität und Umsetzbarkeit der Vorschläge von Janis wird von Hart (1994: 286–289) hinterfragt. Dieser verweist beispielsweise auf das Spannungsverhältnis zwischen einer klaren und starken Gruppenführung einerseits und der vom Gruppenleiter erwarteten Neutralität andererseits. Zudem gibt er zu bedenken, dass mehrere Vorschläge von Janis „would entail large costs, in that they mobilize many people, they entail built-in redundancies, and they take time" (Hart 1994: 289). Gleichwohl gesteht Hart zu, dass die Vorschläge durchaus von Nutzen sein können, um *Groupthink* zu verhindern. Darüber hinaus ließen sich allerdings weitere Maßnahmen ergreifen, wie etwa die Schaffung externer Kontrolle und Aufsicht sowie die bewusste Festschreibung von Mehrheitsentscheidungen innerhalb einer Gruppe anstelle von Einstimmigkeit (Hart 1994: 290–294).

11.3   Kritik am *Groupthink*-Modell

Mit Blick auf die am *Groupthink*-Modell geäußerte Kritik werden nachfolgend drei Aspekte diskutiert: theoretisch-konzeptionelle Schwächen des Modells, die mitunter schwachen empirischen Belege für die im Modell angeführten Annahmen und Zusammenhänge sowie die Verengung von Gruppenprozessen auf das Phänomen des *Groupthink*. Der erste Strang der Kritik verweist auf *theoretisch-konzeptionelle* Unbestimmtheiten des *Groupthink*-Modells. Harts (1994: 120) vor zwanzig Jahren getroffener Befund, wonach „the dynamics and effects of groupthink are not yet fully understood", ist bis heute gültig. Nicht von ungefähr ist das *Groupthink*-Modell trotz seines breiten interdisziplinären Einflusses bislang eher selten in empirischen Studien zur Anwendung gekommen:

> "[T]he groupthink model [...] involves relatively large numbers of independent and dependent variables and [...) its theoretical specifications are quite ambiguous. The sheer number of variables inflates the power requirements of controlled experimental research and poses coding complexities for archival case research" (Turner/Pratkanis 1998: 107).

Dies mag ein Grund dafür sein, dass Janis in anderen Arbeiten das *Groupthink*-Modell lediglich als Bestandteil einer allgemeinen Konflikttheorie nutzt, in der unterschiedliche Verhaltensmuster dahingehend aufgezeigt werden, wie Menschen mit Entscheidungskonflikten umgehen (Janis/Mann 1977).

Hinsichtlich der von Janis angeführten Vorbedingungen ist offen, ob sämtliche administrativ-strukturellen und situativen Faktoren gleichzeitig vorkommen müssen, damit *Groupthink* auftritt. Hinzu kommt, dass in der Abbildung, in der er sein Modell zusammenfasst (siehe Abb. 11.1), das „Etc." darauf verweist, dass es weitere strukturelle bzw. situative Faktoren gibt, die eine ähnliche Wirkung wie die von ihm angeführten Aspekte entfalten sollten (Aldag/Fuller 1993: 539). Hart (1994: 121–124, 197–201) hinterfragt mit Blick auf die Vorbedingungen wiederum speziell die Bedeutung der Kohäsion der Entscheidungsgruppe für das

Auftreten von *Groupthink*. Er betont, dass drei unterschiedliche „Pfade" (*pathways*) zu *Groupthink* führen könnten. Neben dem von Janis benannten Pfad (Pfad 1) könnten auch „deindividuation" (Pfad 2) und „anticipatory compliance" (Pfad 3) *Groupthink* auslösen. Problematisch an diesen Ausführungen ist allerdings, dass in konzeptioneller Hinsicht die Unterschiede zwischen Pfad 1 und Pfad 2 kaum zu erkennen sind (sie beziehen sich auf unterschiedliche Quellen, aus denen sich die Kohäsion einer Gruppe speist) und dass in empirischer Hinsicht selbst nach Harts (1994: 200) eigener Einschätzung lediglich Pfad 3, bei dem Überstimmungsdruck infolge hierarchischer Strukturen und politischer Führung innerhalb der Gruppe entsteht, öfter auftreten sollte. Laut Roderick Kramer (1998) sind es hingegen politische Motive hochrangiger Entscheidungsträger, die zu einem fehlerhaften Entscheidungsprozess und letztendlich einer schlechten Entscheidung führten. Demgegenüber verweist Clark McCauley (1989) auf strukturelle Faktoren (Isolation der Gruppe etc.). Mit James Esser (1998: 134) ist in jedem Fall festzuhalten, dass die Kohäsion einer Entscheidungsgruppe „is not a strong predictor of groupthink".

Weiterhin wird kritisiert, dass manche der von Janis als Symptome von *Groupthink* angeführten Aspekte nicht auf das Streben nach Übereinstimmung innerhalb der Entscheidungsgruppe zurückgeführt werden könnten. Im Gegenteil: Laut Jeanne Longley und Dean Pruitt (1980: 79) seien die Illusion der Unverwundbarkeit und die Illusion von Einstimmigkeit vielmehr eine Voraussetzung für das Auftreten von *Groupthink*. Auch Hart (1994: 202) betont, dass „the illusion of invulnerability [...] was never quite compatible with the picture of groupthink as a stress-triggered defense mechanism".

Unklarheiten existieren ferner hinsichtlich der Operationalisierung von einzelnen Komponenten des Modells. Schwierigkeiten ergeben sich hierbei, weil mehrere Variablen – allen voran die Symptome von *Groupthink* – auf Gefühle und Überzeugungen der Gruppenmitglieder abheben, die sowohl konzeptionell als auch empirisch schwer zu erfassen sind (Esser 1998: 136–137). Mark Schafer und Scott Crichlow (2002: 47) kritisieren Janis speziell dafür, dass er nicht exakt festlege, was er mit guten bzw. schlechten Ergebnissen (*successful outcomes* bzw. *poor outcomes*) meine. Hart (1994: 19) moniert mit Blick auf das Ergebnis von Entscheidungsprozessen wiederum, dass Janis zwar vorsichtig von geringeren Wahrscheinlichkeiten guter Ergebnisse spreche, eigentlich aber klar davon ausgehe, dass *Groupthink* mehr oder minder zwangsläufig „Fiaskos" nach sich ziehe. Tatsächlich finden sich in Janis Buch (Janis 1982) keine Beispiele, in denen *Groupthink* nicht zu schlechten Entscheidungen geführt hätte.

Ein zweiter Strang der Kritik am *Groupthink*-Modell bezieht sich auf die *Empirie*. Laut Marlene Turner und Anthony Pratkanis (1998: 109–110) zeigte sich in Fallstudien wie auch in Laborexperimenten das *Groupthink*-Modell nur selten in seiner vollen Ausprägung, sprich mit sämtlichen Variablen. Park (2000: 874) bemerkt allerdings, dass das *Groupthink*-Modell in Fallstudien tendenziell eher Unterstützung gefunden habe als in Laborexperimenten. Hinzu kommt, dass sich die kausalen Annahmen des Modells nur bedingt erhärten ließen und sich ferner gerade in Laborexperimenten nur selten das vom *Groupthink*-Modell erwartete Ergebnis, im Sinne einer schlechten Entscheidung, zeigte. Hart (1994: 15) fasst die Befunde wie folgt zusammen: „Reviewing the various findings of replication studies, it should be remarked that [...] their findings [are] only partially conclusive".

Angesichts der vielfältigen Probleme plädieren Sally Fuller und Ramon Aldag (1998) dafür, das *Groupthink*-Modell aufzugeben und sich stattdessen auf andere Zugänge zur Analyse von Entscheidungsgruppen zu konzentrieren. Alexander George (1998) spricht sich wiederum dafür aus, nicht einzig auf Entscheidungsgruppen zu achten, da maßgebliche Aspekte einer Entscheidung bereits vor der Zusammenstellung der Gruppe bzw. außerhalb der Gruppe getroffen worden sein könnten.

Der dritte Strang der Kritik am *Groupthink*-Modell, der dessen *Dominanz bei der Analyse von außenpolitischen Entscheidungen durch Entscheidungsgruppen* anprangert, folgt diesen Ratschlägen insofern, als dass das Modell hinsichtlich seiner Bedeutung für die Analyse von Entscheidungsgruppen herabgestuft wird. Maßgeblich für diese Diskussion ist der Band *Beyond Groupthink* (Hart et al. 1997a). Darin wird zum einen argumentiert, dass außenpolitische Entscheidungsgruppen eine Vielzahl von Aufgaben wahrnehmen können. Diese gingen deutlich über die beim *Groupthink*-Modell maßgeblichen Aspekte der Informationsaufnahme und -verarbeitung sowie Problemlösung hinaus (Hart et al. 1997b).

Tab. 11.2:   Unterschiedliche Funktionen von außenpolitischen Entscheidungsgruppen

	Instrumental-Substantive	Symbolic-Expressive
Internal to Group	Sanctuary	Ideologue (I)
External to Group	Think tank (= *Groupthink*) Command center Arena Sorter	Smokescreen Ideologue (II)

Vereinfachte und ergänzte Darstellung nach Hart et al. (1997b): 25.

Wie Tabelle 11.2 zeigt, unterscheiden die Autoren zwischen zwei verschiedenen Dimensionen von Gruppenverhalten (*internal* bzw. *external*). Hinzu kommt eine Ausdifferenzierung bezüglich der Funktionen von Gruppen, die entweder instrumentell/problemlösungsorientiert ausgerichtet sind (*instrumental-substantive*) oder aber primär sinnstiftend für die Aktivitäten der Gruppe wirken (*symbolic-expressive*). *Groupthink* wird der Funktion des Thinktanks zugewiesen, wo es maßgeblich um die Informationsverarbeitung durch Gruppen geht. Entscheidend ist nun, dass Hart und Kollegen neben dieser Funktion ein halbes Dutzend weiterer Funktionen von Gruppen identifizieren. Sie fordern entsprechend, die Forschung zu außenpolitischen Entscheidungsgruppen nicht länger auf diese eine Dimension zu verkürzen: „Groups fulfill crucial task-oriented functions, such as conflict resolution, that cannot be captured by the ‚think tank' metaphor. They also serve crucial emotional and symbolic purposes, and thus relieve pressures on decision makers and maintain organizational identity and integrity" (Hart et al. 1997b: 24).

Zum anderen wird kritisiert, dass die Interaktionsmuster innerhalb von Gruppen auf das Streben nach Übereinstimmung reduziert würden. Allerdings gäbe es eine Reihe weiterer „group interaction patterns" (Stern/Sundelius 1997) (siehe Tab. 11.3). Maßgeblich hierbei ist die Frage, ob das Verhalten innerhalb der Gruppe auf Konformität (*conformity patterns*) – wie beim *Groupthink*-Modell –, Konflikt (*conflictual patterns*) oder eine Mischung von beiden (*hybrids*) zurückgeführt werden kann. Auch diese Diskussion zielt darauf, dass *Groupthink* nicht länger als der einzig mögliche Zugang zur Analyse außenpolitischer Entscheidungstruppen gesehen wird.

Tab. 11.3:   Unterschiedliche Interaktionsmuster innerhalb von Gruppen

Conformity Patterns	Conflictual Patterns	Hybrids
Simple conformity	Cabinet/bureaucratic politics	Manipulation
Newgroup syndrome	Nay-saying/paralysis	Balanced critical deliberations
Groupthink syndrome		

Eigene Darstellung nach Stern/Sundelius (1997): 132–133.

11.4   Anwendungen

Die nachfolgenden Anwendungen des *Groupthink*-Modells sind auf den Kontext der Außen-politikforschung begrenzt (Übersichten zu empirischen Studien auch jenseits der Außenpoli-tikforschung finden sich bei Hart 1991; Esser 1998; Park 2000). Wie beispielsweise der *Operational Code*-Ansatz (Kap. 9) und die *Poliheuristic Theory* (Kap. 10) zeigt sich auch das *Groupthink*-Modell grundsätzlich offen für unterschiedliche methodische Zugänge, ein-schließlich experimenteller Designs. In der politikwissenschaftlichen Forschung überwiegen jedoch eindeutig qualitative Fallstudien.

Wie angeführt, wird das Modell in der Regel zur Erklärung außenpolitischer Fehlentschei-dungen genutzt. Janis selbst bietet in seinem Buch mehrere Fallstudien. Hierzu gehört die Entscheidung der Kennedy-Administration zur Invasion auf Kuba. Die fehlgeschlagene Schweinebuchtinvasion gilt als „the very symbol of a perfect failure" (Janis 1982: 14). Als weitere Beispiele diskutiert Janis das Versäumnis der US-Regierung unter Franklin Roose-velt, sich auf den japanischen Angriff auf Pearl Harbor vorzubereiten, sowie die Entschei-dungen zur Eskalation des Kriegs in Korea durch die Truman-Regierung und des Kriegs in Vietnam durch die Johnson-Regierung.

Neben diesen außenpolitischen Fiaskos führt Janis allerdings auch zwei Beispiele für sehr gute, das heißt die gewünschten Ergebnisse zeitigende außenpolitische Entscheidungen von Kleingruppen an: die Entscheidungen der Truman-Regierung zur Einrichtung des Marshall-Plans und der Kennedy-Regierung während der Kuba-Krise. Dieser letztgenannte „counter-point" ist deshalb von besonderer Bedeutung, weil es dieselbe Regierung mit weitgehend denselben Akteuren war, die nur wenige Monate nach dem Schweinebuchtfiasko nun eine sehr gute Außenpolitik machte, die, wie gewünscht, zum Abzug der sowjetischen Atomwaf-fen aus Kuba führte. Die Kuba-Krise verdeutlicht, dass es nicht zuvorderst auf die Eigen-schaften der Mitglieder einer Gruppe ankommt, ob diese *Groupthink* anheimfällt, sondern auf den Kontext, in dem die Gruppe agiert: „If the same committee members show group-think tendencies in making a decision at one time [Schweinebucht] and not at another [Kuba-Krise], the determining factors must lie in the circumstances of their deliberations, not in the fixed attributes of the individuals who make up the group" (Janis 1982: 158). Dass eine von ihrer personellen Besetzung her weitgehend identische – und obendrein nach der fehlge-schlagenen Schweinebuchtinvasion mit einem außenpolitischen Fiasko beladene – Entschei-dungsgruppe es plötzlich schafft, trotz noch ungünstigerer Ausgangsbedingungen nicht wie-der Opfer von *Groupthink* zu werden, erscheint allerdings nur bedingt plausibel.

Steve Yetiv (2003) untersucht die Entscheidung der Regierung von George H. W. Bush zur Befreiung Kuwaits nach der Invasion durch den Irak. Yetiv argumentiert, dass es eine in sich geschlossene sowie nach außen isolierte Entscheidungsgruppe gab, die mehrere Symptome von *Groupthink* aufwies. Dies habe jedoch nicht zu einer „schlechten" Entscheidung geführt. Laut Yetiv (2003: 440–441) könne das Ergebnis vielmehr als „gut" bezeichnet werden – allerdings nicht trotz, sondern *wegen* des Auftretens von *Groupthink*. So sei die Voreingenommenheit von Bush als Leiter der Gruppe aufgrund seiner außenpolitischen Erfahrung (auch mit Blick auf die Region des Nahen Ostens) und Fähigkeiten (inkl. guter Kontakte zu Entscheidungsträgern in der Region) zur Stärke geworden. Zudem wäre die Fehleinschätzung der von der Situation ausgehenden Bedrohung insofern hilfreich gewesen, als dass sie zum Schmieden einer umfangreichen Koalition gegen den Irak wie auch zum massiven Truppenaufbau in der Region geführt habe. In Verbindung mit den wider erwarten geringen militärischen Fähigkeiten des Irak wären diese beiden Aspekte maßgeblich für die schnelle Befreiung Kuwaits gewesen. Das Originelle an Yetivs Analyse ist somit, dass Symptome von *Groupthink* ein „Fiasko" *weniger* wahrscheinlich werden ließen.

Dina Badie (2010) analysiert die Entscheidung der Regierung von George W. Bush zur Invasion des Irak aus der Perspektive des *Groupthink*-Modells (so auch Kuntz 2007). Badie sieht die Invasionsentscheidung nicht als logische Fortsetzung vorhandener Politiken und bestehender Überzeugungen der maßgeblichen Entscheidungsträger. Vielmehr habe es einen Wandel in der Beurteilung von Saddam Hussein weg von einem missliebigen Diktator hin zu einer existenziellen Bedrohung für die Sicherheit der USA gegeben, der durch eine Internalisierung fehlerhafter Informationen innerhalb der von *Groupthink* „geplagten" Entscheidungsgruppe ausgelöst wurde. Diese Sichtweise habe sich sukzessive in der Regierung durchgesetzt: „Ultimately, it was through the groupthink process that hesitant members of the administration [v. a. Außenminister Powell] came to internalize the image of Saddam Hussein as a major security threat" (Badie 2010: 278). Als Folge von *Groupthink* sei der Entscheidungsprozess fehlerhaft gewesen, was sich unter anderem an einer mangelhaften Informationssuche und einer fehlerhaften Beurteilung der mit der Invasionsentscheidung einhergehenden Gefahren durch die Entscheidungsgruppe gezeigt habe.

Weitere Fallstudien beschäftigten sich mit der Entscheidung der Regierung von Jimmy Carter zur Befreiung amerikanischer Geiseln im Iran. Im Mittelpunkt des Aufsatzes von Steve Smith (1984) steht die Frage, ob sich die von Janis angeführten Symptome von *Groupthink* bei der Entscheidung zeigten. Sein Fazit lautet: „Janis's suspicion that groupthink was present in the decision-making process seems fully justified, and the rescue mission can be added to the list of foreign policy fiascos partly explicable from the groupthink perspective" (Smith 1984: 123). Auch Hart (1994: 215–271) untersucht die Entscheidung zur Geiselbefreiung im Iran aus der Perspektive des – genauer: eines modifizierten – *Groupthink*-Modells. Er kommt ebenfalls zu dem Ergebnis, dass *Groupthink* bei der Entscheidung der Carter-Regierung eine wichtige Rolle gespielt habe.

Neben Arbeiten, in denen es in erster Linie darum geht, die Erklärungskraft des *Groupthink*-Modells zu testen, gibt es mehrere Studien, die *Groupthink* im Zusammenhang mit anderen Erklärungsansätzen diskutieren. Paul Kowert (2002) stellt beispielsweise einen Zusammenhang her zwischen dem „learning style" von Entscheidungsträgern und der Organisation von Entscheidungsgruppen. Kowert unterscheidet zwischen Entscheidungsträgern, die mehr bzw. weniger offen für neue Informationen sind, sowie zwischen Entscheidungsgruppen, die viele bzw. wenige Personen mit unterschiedlichen Hintergründen umfassen. *Groupthink* tritt laut

Kowert dann auf, wenn ein Entscheidungsträger, der offen für Informationen ist, in einer sehr homogenen (bzw. kohäsiven) Entscheidungstruppe agiert, die ihm nicht die für ihn notwendige – und auch intellektuell verarbeitbare – Vielfalt an Informationen bereitstellt, auf deren Grundlage eine gute Entscheidung getroffen werden könnte. Ist hingegen ein Entscheidungsträger, der prinzipiell wenig offen für neue Informationen ist, in eine stark heterogene Entscheidungsgruppe eingebunden, die ihm zu viele – und intellektuell nicht mehr verarbeitbare – Informationen zukommen lässt, kommt es zu „deadlock". In beiden Fällen sollte die Qualität der Entscheidungen infolge der fehlenden Passgenauigkeit zwischen der Lernfähigkeit des Entscheidungsträgers und der Organisation der Entscheidungsgruppe leiden (Kowert 2002: 23). Kowert illustriert sein Modell anhand von Entscheidungen der US-Präsidenten Dwight Eisenhower (als Beispiel für *Groupthink*) und Ronald Reagan (als Beispiel für *deadlock*).

David Mitchell und Tansa Massoud (2009) betten Elemente des *Groupthink*-Modells in ein „integratives Modell" zur Erklärung außenpolitischer Entscheidungsprozesse ein. Der Ausgangspunkt des Modells ist der Führungsstil von Entscheidungsträgern. Als weitere Erklärungsfaktoren kommen „bureaucratic politics" (Kap. 7) und ein „vorauseilender Gehorsam" gegenüber den Erwartungen bzw. Wünschen des Gruppenführers hinzu. Letzteres wird als ursächlich für das Streben nach Übereinstimmung in Entscheidungsgruppen erachtet. Schließlich führen die Autoren auch noch Krisen und Drohungen als intervenierende Variable an. Die Kombination dieser Variablen führt laut Mitchell und Massoud zu mehreren Symptomen von fehlerhaften Entscheidungsprozessen – worunter sie fast alle der von Janis genannten Symptome zählen – und letztlich zu einem schlechten Politikergebnis. Angewandt wird das Modell auf die Entscheidung der Bush-Regierung zur Intervention im Irak.

Ein weiteres Beispiel für die Nutzung des *Groupthink*-Modells in Verbindung mit anderen Erklärungsansätzen ist der Aufsatz von Bertjan Verbeek (1994), der die Entscheidung der britischen Regierung während der Suez-Krise aus dem Blickwinkel des *Operational Code*-Ansatzes (Kap. 9) und des *Groupthink*-Modells untersucht. Sein Fazit lautet, dass die individuellen Überzeugungen der einzelnen Akteure einen größeren Einfluss auf die Entscheidung gehabt zu haben scheinen als die kollektiv gehaltenen Überzeugungen der Entscheidungsgruppe. Thilo Bodenstein (2001) verbindet das *Groupthink*-Modell hingegen mit dem *Bureaucratic Politics*-Modell (Kap. 7) und wendet diesen integrierten Ansatz auf die Entscheidungen der sowjetischen bzw. russischen Regierung zur Intervention in Afghanistan bzw. Tschetschenien an.

Philip Tetlock wie auch Stephen Walker und George Watson verknüpfen wiederum *Groupthink* mit den kurz in der Einleitung dieses Bandes erwähnten Arbeiten zur „integrative complexity" von Entscheidungsträgern. Im Einklang mit den Erwartungen des Modells stellte Tetlock (1979) fest, dass die Entscheidungsträger in *Groupthink*-Situationen im Vergleich zu anderen Situationen eine vereinfachte Sichtweise auf die zu behandelnde Problematik und eine positivere Sichtweise auf ihre eigene Gruppe gehabt hätten. Nicht bestätigt wurde hingegen die Erwartung einer deutlich negativeren Einschätzung der Gegenseite durch die Entscheidungsträger im Falle des Auftretens von *Groupthink*. Auch Walker und Watson (1989) stellten die These auf, dass in Situationen von *Groupthink* die „integrative Komplexität" der Entscheidungsträger bezüglich ihrer Wahrnehmung und Erfassung der Entscheidungssituation deutlich geringer sein sollte als in anderen Situationen. Sie fanden diese Annahme ebenfalls weitgehend bestätigt.

Die beiden letztgenannten Aufsätze stellen zugleich Beispiele für quantitative Studien in Verbindung mit dem *Groupthink*-Modell dar. Auch Janis nutzte quantitative Methoden zum Test des Modells. Gemeinsam mit Gregory Herek und Paul Huth diskutierte er den Zusammenhang zwischen der Anzahl von Symptomen fehlerhafter Entscheidungsprozesse und der Qualität der getroffenen Entscheidung (Herek et al. 1987). Sie untersuchten den Entscheidungsprozess amerikanischer Präsidenten in 19 internationalen Krisen seit dem Zweiten Weltkrieg. Das Fazit lautete: Je mehr Symptome fehlerhafter Entscheidungsprozesse aufzufinden waren, desto schlechter war die Qualität der Entscheidung. Als Maßstab für letzteres dienten die Umsetzung amerikanischer Interessen und die De-/Eskalation des Konflikts infolge der getroffenen Entscheidung.

Die von Herek und Kollegen untersuchten Entscheidungen wurden später von Schafer und Crichlow (1996) aus einem anderen Blickwinkel analysiert. Sie fragten nicht nach dem Zusammenhang zwischen den Symptomen fehlerhafter Entscheidungsprozesse und der Qualität einer Entscheidung, sondern – einen Schritt weiter nach „hinten" in der Kausalitätskette gehend – nach den Faktoren, die zu diesen Symptomen führten. Ihr Interesse galt somit den „antecedent conditions". Bei Schafer und Crichlow bezogen sich diese Vorbedingungen allgemein auf das Auftreten eines fehlerhaften Entscheidungsprozesses. Im Unterschied zu Janis zählten Schafer und Crichlow deshalb nicht nur die administrativ-strukturellen Faktoren und den situativen Kontext zu den Vorbedingungen, sondern auch die Symptome von *Groupthink* (die Kohäsion einer Gruppe wird nicht berücksichtigt). Schafer und Crichlow (1996: 428–429) kommen zu dem Ergebnis, dass zwei der administrativ-strukturellen Aspekte (das Fehlen systematischer Abläufe sowie einer Tradition unvoreingenommener und unparteiischer Führung in der Entscheidungsgruppe) wie auch alle Symptome von *Groupthink* eine fehlerhafte Informationsaufnahme und -verarbeitung und damit einen fehlerhaften Entscheidungsprozess begünstigten. Für die anderen Punkte, wie die Homogenität der Gruppe sowie sämtliche situative Faktoren, ließe sich ein solcher Zusammenhang hingegen nicht herstellen. Entsprechend legen die Autoren nahe, das *Groupthink*-Modell „schlanker" zu machen, indem die von ihnen als nicht wesentlich identifizierten Vorbedingungen aus dem Modell entfernt werden (Schafer/Crichlow 1996: 429).

In einer späteren Studie betonen Schafer und Crichlow (2002) erneut, dass insbesondere strukturelle Faktoren sowie Aspekte im Zusammenhang mit der Informationsverarbeitung Einfluss auf die Qualität einer Entscheidung hätten. Sie stellten nunmehr obendrein einen Zusammenhang zwischen diesen unabhängigen Variablen und unterschiedlichen Ausprägungen der abhängigen Variable, sprich des zu analysierenden Politikergebnisses, fest. So hätten strukturelle Faktoren vornehmlich Einfluss auf die nationalen Interessen eines Landes, während die Informationsverarbeitung stärker die Intensität eines internationalen Konflikts beeinflusse: Je besser die strukturelle Anlage der Entscheidungsgruppe sei, desto wahrscheinlicher befördere die Entscheidung die nationalen Interessen eines Landes; und je besser die Qualität in der Verarbeitung von Informationen wäre, desto weniger konfliktiv sollte das Politikergebnis sein (Schafer/Crichlow 2002: 65–66). Diese Ergebnisse werden auch in einem Buch der beiden Autoren bekräftigt (Schafer/Crichlow 2010). Neu an dieser Studie ist die Frage, inwiefern psychologische Charakteristika von Entscheidungsträgern die Qualität des Entscheidungsprozesses beeinflussen. Hier argumentieren Schafer und Crichlow (2010: 188–208) unter Rückgriff auf den in der Einleitung dieses Bandes angeführten *Leadership Trait Analysis*-Ansatz, dass bestimmte Züge (*traits*) von Entscheidungsträgern das Auftreten von strukturellen Mängeln in der Entscheidungsgruppe bzw. von Fehlern bei der Informationsverarbeitung begünstigten und dadurch Einfluss auf die Qualität einer außenpolitischen Entscheidung hätten.

11.5   Fazit

Der analytische Fokus des *Groupthink*-Modells liegt auf Entscheidungsprozessen in Kleingruppen. *Groupthink* ist dann vorhanden, wenn das Streben nach Übereinstimmung innerhalb einer Entscheidungsgruppe alle anderen Aspekte, einschließlich der Entwicklung der bestmöglichen Lösung für den zu bearbeitenden Sachverhalt, in den Hintergrund drängen. Das auf sozialpsychologischen Einsichten beruhende Modell benennt mehrere Vorbedingungen, die das Auftreten von *Groupthink* begünstigen. Diese beziehen sich auf die Zusammensetzung der Gruppe, administrativ-strukturelle Aspekte und den situativen Kontext, in dem sich die Gruppe befindet. Aus diesen Vorbedingungen kann sich innerhalb der Entscheidungsgruppe ein Druck bzw. Zwang zur Herstellung und Wahrung von Übereinstimmung entwickeln. Dies führt wiederum zu einer Reihe von Symptomen von *Groupthink*, wie die Überbewertung der eigenen Stärke oder die Stereotypisierung der Gegenseite. Diese Symptome haben ihrerseits negative Auswirkungen auf den Entscheidungsprozess innerhalb der Gruppe, indem beispielsweise Risiken, die mit der von der Gruppe bevorzugten Handlungsoption verbunden sein könnten, nicht geprüft werden. Die fehlerhaften Entscheidungsprozesse münden häufig in außenpolitischen „Fiaskos".

Das *Groupthink*-Modell ist in den letzten vier Jahrzehnten in einer Vielzahl von wissenschaftlichen Disziplinen diskutiert worden (Politikwissenschaft, Sozialpsychologie, Organisationstheorie, Kommunikationswissenschaften etc.). Dabei erfuhr das Modell vielfältige Kritik. Bemängelt wurden unter anderem theoretische Unklarheiten und die nur schwachen empirischen Belege für die vom Modell gemachten Annahmen. Mit Blick auf dieses Spannungsmoment zwischen Popularität und Kritik bemerken Turner und Pratkanis (1998: 112) ein wenig süffisant, dass möglicherweise *Groupthink* ursächlich dafür sei, dass das Modell trotz seiner Schwächen so breite Unterstützung gefunden habe.

Aus den Schwächen des *Groupthink*-Modells ergeben sich mehrere Ansatzpunkte für die künftige Forschung. Besonders notwendig scheint eine klarere Konzeptionalisierung der Vorbedingungen von *Groupthink*. Dies müsste einerseits eine Reduzierung der Faktoren, andererseits womöglich aber auch eine Ergänzung um weitere, von Janis nicht berücksichtigte Aspekte (z. B. Konflikte zwischen Gruppen) beinhalten und obendrein den Zusammenhang zwischen den als relevant erachteten Faktoren klären. Weiterer Spezifizierung bedürfen auch die Fragen, wie die – zumeist auf Überzeugungen und Gefühle abhebenden – *Groupthink*-Symptome operationalisiert werden können und welche „Art" von (negativem) Ergebnis *Groupthink* letztlich nach sich zieht. Ein derart angepasstes und konkretisiertes Modell muss anschließend empirisch getestet werden, wobei die oben angeführten Ausführungen zu Entscheidungsgruppen und Entscheidungssituationen, in denen *Groupthink* besonders wahrscheinlich auftreten sollte, Hinweise darauf geben, wo sich Material für Fallstudien finden lassen könnte.

Mit Hart (1994: x) ist schließlich zu fragen, ob *Groupthink* „an exclusively American phenomenon" ist. In der Tat fokussieren politikwissenschaftliche Fallstudien in den allermeisten Fällen auf außenpolitische Entscheidungen von US-Regierungen. Zu klären ist, ob ein systematischer Zusammenhang zwischen bestimmten Typen von Regierungssystemen und dem

Auftreten von *Groupthink* besteht. Gibt es beispielsweise bestimmte institutionelle Charakteristika von präsidentiellen Regierungssystemen wie dem US-amerikanischen, die *Groupthink* befördern? Und sind umgekehrt parlamentarische Regierungssysteme beispielsweise aufgrund der häufigen Existenz von Koalitionsregierungen und somit einer tendenziell heterogeneren Entscheidungsgruppe als sie in präsidentiellen Systemen anzutreffen ist weniger anfällig für das Auftreten von *Groupthink*?

11.6   Literatur

Aldag, Ramon J./Fuller, Sally Riggs (1993) Beyond Fiasco: A Reappraisal of the Groupthink Phenomenon and a New Model of Group Decision Processes. *Psychological Bulletin* 113(3), 533–552.

Allison, Graham T. (1971) *Essence of Decision: Explaining the Cuban Missile Crisis*. Boston: Little, Brown and Company.

Badie, Dina (2010) Groupthink, Iraq, and the War on Terror: Explaining US Policy Shift toward Iraq. *Foreign Policy Analysis* 6(4), 277–296.

Bodenstein, Thilo (2001) Vetospieler in Krisenentscheidungen. Eine Analyse der Entscheidungsprozesse zum Afghanistan- und Tschetschenienkonflikt. *Zeitschrift für Internationale Beziehungen* 8(1), 41–72.

Esser, James K. (1998) Alive and Well after 25 Years: A Review of Groupthink Research. *Organizational Behavior and Human Decision Processes* 73(2–3), 116–141.

Fuller, Sally Riggs/Aldag, Ramon J. (1998) Organizational Tonypandy: Lessons from a Quarter Century of the Groupthink Phenomenon. *Organizational Behavior and Human Decision Processes* 73(2–3), 163–184.

Garrison, Jean A. (2010) Small Group Effects on Foreign Policy Decision Making. In: Denemark, Robert A. (Hrsg.) *The International Studies Encyclopedia*. Blackwell Reference Online. Blackwell Publishing.

George, Alexander L. (1998) From Groupthink to Contextual Analysis of Policy-making Groups. In: Hart, Paul 't/Stern, Eric K./Sundelius, Bengt (Hrsg.) *Beyond Groupthink. Political Group Dynamics and Foreign Policy-Making*. Ann Arbor: University of Michigan Press, 35–53.

Hart, Paul 't (1991) Irving L. Janis' Victims of Groupthink. *Political Psychology* 12(2), 247–278.

Hart, Paul 't (1994) *Groupthink in Government. A Study of Small Groups and Policy Failure*. Baltimore: Johns Hopkins University Press.

Hart, Paul 't/Stern, Eric K./Sundelius, Bengt (Hrsg.) (1997a) *Beyond Groupthink. Political Group Dynamics and Foreign Policy-Making*. Ann Arbor: University of Michigan Press.

Hart, Paul 't/Stern, Eric K./Sundelius, Bengt (1997b) Foreign Policy-Making at the Top: Political Group Dynamics. In: Hart, Paul 't/Stern, Eric K./Sundelius, Bengt (Hrsg.) *Beyond Groupthink. Political Group Dynamics and Foreign Policy-Making*. Ann Arbor: University of Michigan Press, 3–34.

Hensley, Thomas R./Griffin, Glen W. (1986) Victims of Groupthink. The Kent State University Board of Trustees and the 1977 Gymnasium Controversy. *Journal of Conflict Resolution* 30(3), 497–531.

Herek, Gregory M./Janis, Irving L./Huth, Paul (1987) Decision Making during International Crises: Is Quality of Process Related to Outcome?. *Journal of Conflict Resolution* 31(2), 203–226.

Janis, Irving L. (1972) *Victims of Groupthink: A Psychological Study of Foreign-Policy Decisions and Fiascoes*. Boston et al.: Houghton Mifflin.

Janis, Irving L. (1982) *Groupthink. Psychological Studies of Policy Decisions and Fiascoes*, 2. Auflage. Boston et al.: Houghton Mifflin.

Janis, Irving L./Mann, Leon (1977) *Decision Making. A Psychological Analysis of Conflict, Choice, and Commitment*. New York/London: Free Press.

Kowert, Paul A. (2002) *Groupthink or Deadlock. When Do Leaders Learn from Their Advisors?*. Albany: State University of New York Press.

Kramer, Roderick M. (1988) Revisiting the Bay of Pigs and Vietnam Decisions 25 Years Later: How Well Has the Groupthink Hypothesis Stood the Test of Time?. *Organizational Behavior and Human Decision Processes* 73(2–3), 236–271.

Kuntz, Friederike (2007) *Der Weg zum Irak-Krieg. Groupthink und die Entscheidungsprozesse der Bush-Regierung*. Wiesbaden: VS-Verlag.

Longley, Jeanne/Pruitt, Dean G. (1980) Groupthink: A Critique of Janis's Theory. In: Wheeler, Ladd (Hrsg.) *Review of Personality and Social Psychology, Volume 1*. Beverly Hills/London, 74–93.

McCauley, Clark (1989) The Nature of Social Influence in Groupthink: Compliance and Internalization. *Journal of Personality and Social Psychology* 57(2), 250–260.

Mitchell, David/Massoud, Tansa George (2009) Anatomy of Failure: Bush's Decision-Making Process and the Iraq War. *Foreign Policy Analysis* 5(3), 265–286.

Park, Won-Woo (2000) A Comprehensive Empirical Investigation of the Relationships Among Variables of the Groupthink Model. *Journal of Organizational Behavior* 21(8), 873–887.

Schafer, Mark/Crichlow, Scott (1996) Antecedents of Groupthink. A Quantitative Study. *Journal of Conflict Resolution* 40(3), 415–435.

Schafer, Mark/Crichlow, Scott (2002) The Process-Outcome Connection in Foreign Policy Decision Making: A Quantitative Study Building on Groupthink. *International Studies Quarterly* 46(1), 45–68.

Schafer, Mark/Crichlow, Scott (2010) *Groupthink Versus High-Quality Decision Making in International Relations*. New York: Columbia University Press.

Smith, Steve (1984) Groupthink and the Hostage Rescue Mission. *British Journal of Political Science* 15(1), 117–126.

Stern, Eric K./Sundelius, Bengt (1997) Understanding Small Group Decisions in Foreign Policy: Process Diagnosis and Research Procedure. In: Hart, Paul 't/Stern, Eric K./Sundelius, Bengt (Hrsg.) *Beyond Groupthink. Political Group Dynamics and Foreign Policy-Making*. Ann Arbor: University of Michigan Press, 123–150.

Tetlock, Philip E. (1979) Identifying Victims of Groupthink From Public Statements of Decision Makers. *Journal of Personality and Social Psychology* 37(8), 1314–1324.

Turner, Marlene E./Pratkanis, Anthony R. (1998) Twenty-Five Years of Groupthink Theory and Research: Lessons from the Evaluation of a Theory. *Organizational Behavior and Human Decision Processes* 73(2–3), 105–115.

Verbeek, Bertjan (1994) Do Individual and Group Beliefs Matter? British Decision-Making During the 1956 Suez Crisis. *Cooperation and Conflict* 29(4), 307–332.

Walker, Stephen G./Watson, George L. (1989) Groupthink and Integrative Complexity in British Foreign Policy-Making: the Munich Case. *Cooperation and Conflict* 24(3), 199–212.

Yetiv, Steve A. (2003) Groupthink and the Gulf Crisis. *British Journal of Political Science* 33(3), 419–442.

12 Ausblick

Die bisherigen Kapitel boten eine Einführung in maßgebliche Ansätze zur theoriegeleiteten Analyse von Außenpolitik. Abschließend richtet sich der Blick nun auf verschiedene aktuelle Debatten zur Weiterentwicklung der *Foreign Policy Analysis* (FPA). Zunächst stellt sich die Frage, wie die maßgeblich US-amerikanisch geprägte FPA von der „nicht amerikanischen" Außenpolitikforschung profitieren kann. Anschließend werden Ansatzpunkte für einen Dialog zwischen FPA-Ansätzen erörtert. Abschließend folgen Hinweise für einen möglichen Brückenschlag zwischen der FPA und der Vergleichenden Politikwissenschaft, genauer zu *Public Policy*-Theorien, wie auch zu Disziplinen jenseits der Politikwissenschaft.

12.1 Einsichten aus der „nicht amerikanischen" Außenpolitikforschung

Wie in der Einleitung dieses Bandes kurz angeführt, geht die Entstehung und Entwicklung der FPA als einer Teildisziplin der Internationalen Beziehungen (IB) im Wesentlichen auf amerikanische bzw. in den USA arbeitende Forscher zurück (für Details Hudson 2012). Vor diesem Hintergrund kann es kaum überraschen, dass nahezu alle maßgeblichen FPA-Ansätze (mehr oder weniger bewusst) mit Blick auf das amerikanische Regierungssystem entwickelt worden sind. Zugleich sind die Ansätze in empirischen Studien vorwiegend auf die USA angewandt worden.

Die bis heute anhaltende Vorrangstellung amerikanischer Forscher im Feld der FPA lässt sich anhand der führenden Fachzeitschrift für theoriegeleitete Außenpolitikforschung, dem Journal *Foreign Policy Analysis*, verdeutlichen. Ein Blick in die Statistiken der Zeitschrift, die für die Jahre 2010 bis 2012 zugänglich sind, zeigt für die Einreichung von Manuskriptvorschlägen, dass im Jahr 2010 rund 56 Prozent der Artikelvorschläge von in den USA arbeitenden Forschern kamen. Im Jahr 2011 waren es 60 Prozent und im Jahr 2012 54 Prozent (ISA 2011, 2012, 2013). Mehr als jeder zweite eingereichte Artikel kommt somit aus den USA. Noch deutlicher wird die amerikanische Dominanz, wenn nicht die Einreichungen, sondern die tatsächlichen Veröffentlichungen – also diejenigen Artikel, die das Gutachterverfahren erfolgreich durchlaufen haben – betrachtet werden. Im Jahr 2010 stammten sage und schreibe 94 Prozent der veröffentlichten Beiträge von in den USA arbeitenden Forschern. Im Jahr 2011 waren es 71 Prozent und im Jahr 2012 noch 56 Prozent. Auch wenn somit der amerikanische Anteil an den veröffentlichten Artikeln in den letzten Jahren zurückgegangen ist und nunmehr ungefähr dem Prozentsatz der aus den USA erfolgenden Einreichungen entspricht, bleibt die Vorrangstellung amerikanischer Forscher offensichtlich.

Trotz dieser anhaltenden amerikanischen Dominanz hat sich allerdings in den letzten Jahren eine durchaus beachtliche Literatur zur Frage der Außenpolitikanalyse in nicht amerikanischen Kontexten entwickelt. Exemplarisch hierfür stehen die Arbeiten zur Außenpolitik von

Staaten des „Globalen Südens" (Braveboy-Wagner 2003) und von Kleinstaaten aus unterschiedlichen Weltregionen (Hey 2003) wie auch – mit regionalem Fokus – von afrikanischen Staaten (Khadiagala/Lyons 2001; Adar/Ajulu 2002; Adar/Schraeder 2007), arabischen Staaten bzw. Staaten des Nahen Ostens (Korany 1986; Korany/Dessouki 1984, 2008; Hinnebusch/Ehteshami 2001) und karibischen Staaten (Braveboy-Wagner 1989, 2008). Zu nennen ist weiterhin die Forschung zur Außenpolitik der Europäischen Union (EU), die weiter unten noch genauer diskutiert wird. Die Frage ist, was sich aus diesen Arbeiten für die US-dominierte „Mainstream-FPA-Forschung" entnehmen lässt, sowohl hinsichtlich der Bereicherung der bestehenden Forschung wie auch zur Frage nach der Anwendbar- und Übertragbarkeit der amerikanischen Konzepte auf nicht amerikanische Kontexte.

Ein aktueller Vergleich der FPA-Forschung in unterschiedlichen Staaten und Regionen jenseits Nordamerikas (Hudson/Brummer i. V.) verweist unter anderem auf „ungewöhnliche" bzw. „neuartige" Akteure, die bei der Analyse von Außenpolitik in nicht amerikanischen Kontexten in den Vordergrund treten. Hierzu gehört beispielsweise die aus der Sicht des US-amerikanischen Mainstream „ungewöhnliche" Zusammensetzung von Entscheidungsgruppen. Das *Groupthink*-Modell (Kap. 11) beispielsweise thematisiert die aus homogenen Gruppen resultierenden Folgen für die Qualität außenpolitischer Entscheidungen. Die Homogenität der Akteure gründet dabei in der Regel auf gemeinsamen universitären und beruflichen Erfahrungen, nicht jedoch auf familiären Banden. Letzteres ist beispielsweise im Nahen Osten vorzufinden. Zu denken ist an die saudische Königsfamilie. In Staaten, in denen sich die Entscheidungsgruppe faktisch aus einer einzigen Familie rekrutiert, sollte die Homogenität der Entscheidungsgruppe noch viel stärker ausgeprägt sein. Ob dies, wie vom *Groupthink*-Modell erwartet, tatsächlich häufiger zu außenpolitischen Fehlentscheidungen („Fiaskos") führt, ist eine noch zu klärende empirische Frage.

Gerade im europäischen Kontext findet sich ein weiterer aus US-amerikanischer Sicht „neuartiger" außenpolitischer Akteur, in Form der EU. Die Forschung zur europäischen Außenpolitik (z. B. Manners/Whitman 2001; Tonra/Christiansen 2004; Baun/Marek 2012; Wong/Hill 2012) zeigt, dass die EU in außenpolitischen Fragen nicht einzig als Arena zwischenstaatlichen Austausches dient, in der Entscheidungen nur im Konsens aller Mitgliedstaaten getroffen werden. Darüber hinaus gehen von der europäischen Ebene Zwänge (zur Abstimmung etc.) aus, die Einfluss auf die Außenpolitik der Mitgliedstaaten haben können. In manchen Fällen kann der EU – trotz der sich noch immer weitgehend auf intergouvernementaler Basis vollziehenden Entscheidungsfindung – sogar eine eigenständige, von den Mitgliedstaaten losgelöste Akteursqualität im Bereich der Außenpolitik zugesprochen werden. Bezeichnend für die geringe Beachtung, die der regionalen Ebene als eigenständige Analyseebene in der US-amerikanischen Außenpolitikforschung zukommt, ist, dass sie sich in einer autoritativen Auflistung der maßgeblichen Analyseebenen der FPA nicht findet (Hudson 2012: 18).

Zur Frage der Anwendbarkeit der FPA-Ansätze in nicht amerikanischen Kontexten ist beispielsweise festzuhalten, dass sich bei der Nutzung des *Operational Code*-Ansatzes (Kap. 9) jenseits des englischen Sprachraums gewisse Schwierigkeiten auftun. Die Probleme sind dabei zwangsläufig vor allem methodischer Natur (schließlich würde es in substanzieller Hinsicht wenig Sinn machen, davon auszugehen, dass nicht westliche Entscheidungsträger keine politischen Überzeugungen haben, die ihre Weltsicht und darauf gründende Entscheidungen beeinflussen). Die methodischen Probleme zeigen sich insbesondere bei der computergestützten Erhebung von *Operational Code*-Indizes. Das hierfür genutzte Computerprogramm *Profiler Plus* kann bislang nur englischsprachige Texte auswerten. Politiker beispielsweise in China, Ägypten oder Deutschland halten ihre (außenpolitischen) Reden freilich nur selten auf Englisch. Entsprechend müssten die Reden zunächst ins Englische übersetzt werden, was unweigerlich Probleme bei der Übertragung bringt. Die Alternative wäre, die Texte „manuell" auszuwerten, was wiederum einen enormen Zeitaufwand bedeutet und zugleich die Intersubjektivität der Ergebnisse reduziert.

Für die Anwendbarkeit des *Bureaucratic Politics*-Modells (Kap. 7) in nicht amerikanischen Kontexten lässt sich hingegen eine (noch) größere Erklärungskraft vermuten als im amerikanischen Fall. Genauer gesagt: Aufgrund der schwächeren Stellung des Regierungschefs sollte das *Bureaucratic Politics*-Modell vor allem in parlamentarischen Regierungssystemen bzw. im Sinne von Arend Lijphart in weniger majoritären bzw. mehr konsensualen Regierungssystemen besonders erklärungskräftig sein. Der Grund hierfür liegt an der in relativer Hinsicht schwächeren Stellung des Regierungschefs gegenüber seinen Ministern, die mitunter über eine beachtliche Autonomie verfügen. Zu denken ist beispielsweise an das deutsche Regierungssystem, wo der Bundeskanzler zwar die grundsätzliche Ausrichtung der Regierungspolitik vorgibt. In Artikel 65 GG wird jedoch nicht nur die Richtlinienkompetenz des Bundeskanzlers festgehalten, sondern eben auch die Ressortverantwortung der einzelnen Minister, was diesen nennenswerte Handlungsfreiräume bei der Führung „ihres" Ministeriums eröffnet. Vor dem Hintergrund der vergleichsweise schwächeren Stellung des Regierungschefs und der stärkeren Stellung der Minister sollten Streitigkeiten zwischen den laut dem *Bureaucratic Politics*-Modell auf die Durchsetzung ihrer Organisationsinteressen bedachten Akteuren häufiger auftreten und zu „unintendierten Kompromissentscheidungen" (*resultants*) führen. Ob dies tatsächlich der Fall ist, muss freilich empirisch geklärt werden.

Neben Hinweisen zu „andersartigen" bzw. „neuen" Akteuren sowie der Anwendbarkeit bestehender Konzepte bringt die Untersuchung der Außenpolitikforschung jenseits Nordamerikas auch maßgebliche Unterschiede zwischen dieser und der amerikanischen Außenpolitikforschung zutage (für eine ausführliche Diskussion siehe Brummer i. V.). Die folgenden drei Punkte scheinen besonders bemerkenswert. Erstens ist in manchen Staaten (auch denen von regionaler oder globaler Bedeutung) ganz grundsätzlich ein Fehlen von theoriegeleiteter Außenpolitikforschung zu konstatieren. Dies gilt beispielsweise für Indien, wo Außenpolitik vornehmlich im Feld der *International Studies* beheimatet ist, welches stark von der *Area Studies*-Forschung geprägt sowie vornehmlich policy- und praxisbezogen (und dadurch kaum theoriegeleitet) ist. Ähnliches lässt sich derzeit noch für China feststellen, wobei dort in den letzten Jahren vermehrt amerikanische FPA-Ansätze Eingang in den akademischen Diskurs gefunden haben und es insgesamt zu einer stärker theoriegeleiteten Analyse von Außenpolitik zu kommen scheint.

Zweitens ist eine geringe disziplinäre Eigenständigkeit der FPA außerhalb Nordamerikas festzustellen, was sich beispielsweise im Fehlen entsprechender Gruppierungen in den einschlägigen Berufsverbänden widerspiegelt. Dies gilt nicht nur für Staaten des „Globalen Südens", sondern auch für Staaten wie Großbritannien oder Deutschland. In der *British International Studies Association* (BISA) gibt es zwar zwei Arbeitsgruppen (*working groups*), die sich speziell mit Außenpolitik beschäftigen. Die Arbeitsgruppen, die sich auf die britische bzw. die amerikanische Außenpolitik beziehen, werden jedoch nicht durch spezielle theoretische Zugänge angeleitet, sondern durch den empirischen Untersuchungsgegenstand. Auch im Rahmen der Deutschen Vereinigung für Politische Wissenschaft (DVPW) findet sich derzeit keine Gliederung, die sich intensiver mit der theoriegeleiteten Analyse von

Außenpolitik beschäftigen würde. Eine Themengruppe zur Außen- und Sicherheitspolitik ist jedoch in Vorbereitung.

Drittens ist in außeramerikanischen Kontexten eine „Vermischung" zwischen der Außenpolitikforschung und den Theorien der IB festzustellen. Während im amerikanischen Kontext die Nutzung von IB-Theorien zur Analyse von Außenpolitik Infrage gestellt wird – siehe hierfür exemplarisch den Austausch zwischen Colin Elman (1996) und Kenneth Waltz (1996) zur Nutzung des Neorealismus als Außenpolitiktheorie (Kap. 2) –, scheint dies in außeramerikanischen Kontexten kaum als Problem wahrgenommen zu werden. Verdeutlicht wird diese Kluft in jüngeren Einführungswerken zur FPA. Die von amerikanischen Autoren verfassten Bände sparen IB-Theorien entweder ganz aus oder ziehen sie vornehmlich heran, um zu zeigen, was FPA von diesen abhebt (Breuning 2007; Hudson 2007; Mintz/DeRouen 2010). Demgegenüber erörtern die von europäischen Autoren verfassten Einführungswerke – einschließlich des vorliegenden Bandes – auch den Nutzen von IB-Theorien zur Erklärung von Außenpolitik (Beach 2012; Smith et al. 2012).

12.2   Verknüpfungen innerhalb der FPA

Ein anderer Ansatzpunkt zur Weiterentwicklung der FPA besteht in der Integration von einzelnen Ansätzen des Feldes in ein umfassenderes Modell zur Analyse von Außenpolitik. Die dahinter stehende Idee lautet, durch die Zusammenführung von Einsichten unterschiedlicher Erklärungsansätze – die, in der Terminologie von Waltz, Variablen zumindest von der *first image* und der *second image* umfassen, wenn nicht sogar auch von der *third image* (Kap. 1) – zu einer vollständigeren und damit besseren Erklärung außenpolitischer Entscheidungsprozesse und Entscheidungen zu gelangen. Im Zuge der Verbindung unterschiedlicher Analyseebenen – und damit faktisch unterschiedlicher erklärender Variablen – wird es allerdings zusehends schwieriger, die Ursachen für eine Entscheidung klar zu identifizieren. Die Gefahr besteht somit darin, anstatt einer Erklärung „nur" eine sehr dichte Beschreibung zu erhalten.

Versuche, Analyseansätze zu entwickeln, die unterschiedliche Analyseebenen miteinander verbinden, sind nicht neu für die FPA (siehe auch den Zwei-Ebenen-Ansatz in Kap. 5). Bereits mehrere Grundlagenwerke versuchten sich an solchen Brückenschlägen. Der schon im Einleitungskapitel angeführte Band von Richard Snyder und Kollegen entwickelte ein Analysemodell, das interne und externe situative Faktoren, soziale Strukturen und soziales Verhalten, Entscheidungsprozesse und schließlich auch außenpolitisches Handeln miteinander in Verbindung setzte. Die Autoren selbst sprachen von „the integration of a wide range of factors which may explain state action, reaction, and interaction (Snyder et al. [1954] 2002: 65).

Mindestens ebenso vielschichtig ist das von Michael Brecher (1972) zur Analyse der Außenpolitik Israels erarbeitete Modell. Brechers Modell basiert auf systemtheoretischen Überlegungen. Er beginnt auf der „Input-Ebene" mit dem externen und internen operativen Umfeld, der Kommunikation (im Sinne der Verarbeitung und Vermittlung des Umfelds) und dem psychologischen Umfeld (u. a. Wahrnehmungen des Umfelds durch die politischen Eliten). Anschließend thematisiert das Modell den „Prozess", welcher die Formulierung und Implementierung von Politiken umfasst. Daraufhin nimmt das Modell das „Ergebnis" in den Blick, im Sinne der Substanz von Handlungen und Entscheidungen sowie deren Umsetzung. Und schließlich wirkt die umgesetzte außenpolitische Entscheidung auf die angeführten Faktoren zurück (*feedback loop*) und ein neuer Entscheidungsprozess beginnt.

Noch komplexer waren schließlich die Bemühungen von James Rosenau ([1966] 2006) zur Entwicklung von „pre-theories", mittels derer Informationen so verarbeitet werden sollten, dass anschließend „echte" Theoriebildung möglich sein würde. Rosenaus Ziel bestand darin, auf der Grundlage der systematischen Erhebung riesiger Datenmengen zu generalisierbaren Aussagen zum außenpolitischen Verhalten von Staaten zu gelangen. Das Verhalten von Staaten führte Rosenau auf eine Kombination von fünf Faktoren zurück: individuelle Faktoren (der Entscheidungsträger), Rollenerwartungen und -verhalten, Regierung, Gesellschaft sowie systemische Faktoren (des internationalen Systems). Rosenau ging von inhärenten Verbindungen dieser fünf Variablen aus, deren Rangfolge und somit Bedeutung für die Außenpolitik eines Landes er wiederum auf mehrere Faktoren (geografische Faktoren/Ressourcen, Entwicklung der Wirtschaft sowie Entwicklung des Staates) zurückführte. Innerhalb der einzelnen Kategorien differenzierte Rosenau dann auch noch zwischen mehreren inhaltlichen Politikbereichen (Status, Territorium etc.), bei denen es ebenfalls zu Unterschieden in der Anordnung der fünf genannten Variablen kommen kann. Die Stärke von Rosenaus Ansatz lag ohne Zweifel darin, dass er ausdrücklich staatenübergreifend vorging, womit er die „Vergleichende Außenpolitikforschung" (*comparative foreign policy*) begründete (Hudson 2012: 21). Nicht zuletzt aufgrund der Komplexität des diverse Analyseebenen umfassenden Ansatzes brachten Rosenaus Arbeiten jedoch keine befriedigenden empirischen Ergebnisse.

Auch im aktuellen Schrifttum finden sich Modelle, die Variablen von mehreren Analyseebenen miteinander in Verbindung setzen. Um nur zwei Beispiele zu nennen: Carolyn James und Özgür Özdamar (2009) entwickeln ein mehrstufiges Modell, in welchem sie „Mikro-Faktoren" und „Makro-Faktoren" integrieren. Im ersten Schritt wird die Interaktion von gesellschaftlichen Akteuren mit den politischen Eliten eines Landes untersucht. Auf dieser Mikro-Ebene werden insgesamt sieben Faktoren (u. a. Präferenzen von Individuen und Gruppen sowie der politische, wirtschaftliche, historische und kulturelle Kontext) berücksichtigt. Die Interaktion auf der Mikro-Ebene führt im zweiten Schritt zu einer Antwort auf der internationalen Ebene, oder Makro-Ebene, im Sinne der Reaktion anderer Staaten wie auch nicht staatlicher Akteure auf die innerstaatliche Politik. Im dritten Schritt reagieren die innerstaatlichen Akteure auf diese externen Einflüsse, was wiederum Auswirkungen auf folgendes außenpolitisches Verhalten hat, wobei abermals die bereits im ersten Schritt angeführten Variablen zur Erklärung herangezogen werden.

Ein zweites Beispiel ist das von David Mitchell und Tansa Massoud (2009) entwickelte „integrative decision-making model". Dieses Modell setzt den Führungsstil eines Entscheidungsträgers und eine intervenierende „Krisenvariable" in Verbindung mit dem Auftreten von *bureaucratic politics* (Kap. 7) sowie dem Streben nach Konformität innerhalb einer Entscheidungsgruppe (Kap. 11). Die beiden letztgenannten Faktoren beeinflussen sich zudem gegenseitig. Auf der Grundlage dieser Verbindungen und Wechselwirkungen werden fehlerhafte Entscheidungsprozesse und suboptimale Entscheidungen, und damit Politikergebnisse, erklärt.

Die angeführten „multi-variablen" Modelle tragen ohne Zweifel zu vielschichtigen Darstellungen außenpolitischer Entscheidungen bei. Mitunter mangelt es ihnen jedoch an Erklärungskraft aufgrund der zumeist eher unklaren Verbindung zwischen den einzelnen Variablen. Die Modelle sind teilweise so komplex, dass sie für empirische Analysen kaum nutzbar sind. Nicht immer gibt es beispielsweise klare Antworten auf Fragen wie: Welche sind die unabhängigen Variablen und welche „nur" intervenierend? Sind alle Variablen gleichbedeutend bzw. welchen relativen Einfluss haben die verschiedenen Variablen? Das Modell von

Snyder und Kollegen wurde beispielsweise dafür kritisiert, dass trotz der Einbindung sowohl soziologischer als auch psychologischer Ansätze im Modell erstgenanntes in empirischen Analysen (z. B. Paige 1968) deutlich überwiege (Holsti 1977: 9). Hinzu kommen Fragen nach der grundsätzlichen Vereinbarkeit der miteinander verbundenen Erklärungsfaktoren in ontologischer und epistemologischer Hinsicht. Ferner stellen sich ganz praktische Herausforderungen, wie etwa die Erhebung umfangreicher Daten, um die einzelnen Faktoren überhaupt diskutieren zu können. Nicht von ungefähr spricht Valerie Hudson (2007: 184) mit Blick auf den Stand der theoretischen Integration in der FPA auf der Grundlage multivariabler Ansätze davon, dass „it must be possible, but it remains a promise unfulfilled for the time being."

Vielversprechender sind deshalb vermutlich integrierte Erklärungsansätze, die sich auf die Verbindung einiger weniger Variablen begrenzen. Ein Beispiel hierfür ist die *Poliheuristic Theory* (Kap. 10). Wie angeführt, verknüpft die Theorie kognitive und rationalistische Ansätze, um sowohl außenpolitische Entscheidungsprozesse als auch außenpolitische Entscheidungen zu erklären.

Ein alternativer Zugang, um einzelne Ansätze der FPA miteinander in Verbindung zu setzen, besteht schließlich darin, diese nicht zu integrieren, sondern einen Ansatz zu nehmen, um damit einen anderen, in der Regel auf einer anderen Analyseebene verorteten Ansatz zu „erklären". Sprich: Das in einem Ansatz thematisierte Phänomen wird zu der zu erklärenden/abhängigen Variable, die durch einen anderen Ansatz (als der erklärenden/unabhängigen Variablen) erklärt wird. Die folgenden Beispiele dienen zur Illustration.

Während in „typischen" Studien zu *Groupthink* (Kap. 11) dieses Phänomen genutzt wird, um außenpolitische Entscheidungen – i. d. R. außenpolitische „Fiaskos" – zu erklären, treten Mark Schafer und Scott Crichlow (2010) einen Schritt zurück und fragen nach den Gründen für das Auftreten von Groupthink. Zur Beantwortung dieser Frage greifen sie nicht (ausdrücklich) auf die im Modell angeführten Vorbedingungen zurück. Vielmehr wird das Auftreten von Groupthink auf die Führungseigenschaften von Entscheidungsträgern zurückgeführt, wie sie in dem kurz in der Einleitung dieses Bandes thematisierten *Leadership Trait Analysis*-Ansatz von Margaret Hermann (Hermann 2005) diskutiert werden.

Thomas Preston und Paul 't Hart (1999) wiederum bringen das Auftreten von *bureaucratic politics* (Kap. 7) in Verbindung mit unterschiedlichen Führungsstilen von Entscheidungsträgern, wobei auch sie sich auf die Arbeiten von Hermann stützen. Das Auftreten von Konflikten zwischen Repräsentanten verschiedener Ministerien wird somit nicht als unabänderliches Phänomen konzipiert, das sich mehr oder minder zwangsläufig aus den zuwiderlaufenden Interessen von Ministerien ergibt. Interministerielle Konflikte werden stattdessen zurückgeführt auf bestimmte Führungseigenschaften von Entscheidungsträgern, welche das Auftreten von *bureaucratic politics* befördern oder verbauen.

Ein letztes Beispiel ist ein Aufsatz von Stephen Dyson und Thomas Preston (2006), in dem die Autoren eine Verbindung zwischen bestimmten Eigenschaften von politischen Entscheidungsträgern und der Nutzung von historischen Analogien durch diese ziehen. Das ebenfalls in der Einleitung dieses Bandes angeführte *Analogical Explanation Framework* (Khong 1992) dient somit nicht zur Erklärung einer außenpolitischen Entscheidung. Vielmehr untersuchen Dyson und Preston, welche Typen von Entscheidungsträgern welche Arten von Analogien nutzen und aus welchen Quellen sich die genutzten Analogien speisen. Die Entscheidungsträger klassifizieren die Entscheidungsträger anhand ihrer Expertise und der (Un-)

Differenziertheit in deren Wahrnehmung ihrer Umwelt. Bezüglich der Arten von Analogien unterscheiden die Autoren wiederum zwischen eher anspruchsvollen/komplexen Analogien und eher „banalen" Analogien, und bei den Quellen fragen sie beispielsweise, ob sich die Entscheidungsträger auf persönliche Erfahrungen oder eher auf allgemein bekannte, aber nicht persönlich erlebte Ereignisse beziehen. Zu den Ergebnissen gehört, dass Entscheidungsträger mit einer undifferenzierten Wahrnehmung ihrer Umwelt zumeist wenig komplexe Analogien wählen, während Entscheidungsträger mit einer differenzierten Wahrnehmung in der Regel komplexe Analogien heranziehen. Zugleich würden Entscheidungsträger generell eher selten auf persönliche Erfahrungen zurückgreifen, sondern sich eher auf allgemein bekannte, aber nicht persönlich erlebte Ereignisse beziehen. Wie bereits angeführt: Auch wenn die genannten Beispiele keine Versuche der „theoretischen Integration" im engeren Sinne darstellen, setzen sie verschiedene Ansätze der Außenpolitikforschung gewinnbringend miteinander in Verbindung.

12.3 Verknüpfungen zu *Public Policy*-Theorien und weiteren Disziplinen

Ganz im Sinne der in der Einleitung dieses Bandes betonten Inter- bzw. Multidisziplinarität der FPA finden sich schließlich auch zahlreiche Anknüpfungspunkte zu weiteren Disziplinen. Eine Möglichkeit besteht in der Verknüpfung von FPA-Ansätzen mit Ansätzen der Vergleichenden Politikwissenschaft, genauer mit *Public Policy*-Theorien. Die inhaltliche Grundlage hierfür besteht darin, dass Außenpolitik in den letzten Jahrzehnten zusehends zu einem „gewöhnlichen" Politikfeld geworden ist. Soll heißen: Außenpolitik ist nicht länger die exklusive Domäne von Regierungen (sofern sie es überhaupt jemals war). Infolge der zunehmenden Partizipation wie auch des zunehmenden Einflusses weiterer Akteure – zu nennen sind beispielsweise Parlamente, Gerichte, zivilgesellschaftliche Akteure oder Lobbygruppen – sahen die nationalen Exekutiven ihre Vorrangstellung im Bereich der Außenpolitik geschmälert. In diesem Zusammenhang erodiert auch zusehends ihre Rolle as „gatekeeper" (Hill 2003: 4) zwischen der nationalen politischen Arena auf der einen und regionalen bzw. internationalen Handlungsarenen auf der anderen Seite (für eine gegenläufige Perspektive siehe z. B. Moravcsik 1994). Hinzu kommt, dass Entscheidungen in vermeintlich „innerstaatlichen" Politikfeldern (Wirtschaft, Gesundheit, Bildung etc.) zusehends „außerstaatliche" Konsequenzen zeitigen, insbesondere in einer ökonomisch wie politisch so dicht integrierten Region wie Europa.

Trotz dieses Verschwimmens der Grenzen zwischen außen- und innenpolitischen Akteuren und Politikfeldern ist in analytischer Hinsicht noch immer eine Kluft hinsichtlich der Untersuchung von Entscheidungsprozessen und Entscheidungen zu beobachten. Während „klassische" Außenpolitik weiterhin hauptsächlich mit Ansätzen der FPA untersucht wird, werden Entscheidungsprozesse und Entscheidungen in faktisch allen anderen Politikfeldern mit *Public Policy*-Theorien oder „theories of the policy process" (Sabatier 2007a) untersucht. Forderungen zur theoretischen Integration finden sich sowohl für die FPA (Kap. 12.2) als auch für *Public Policy*-Theorien (Sabatier 2007b; Cairney 2013). Diese zielen jedoch in erster Linie auf die Verbindung von Ansätzen innerhalb der jeweiligen Bereiche ab. Darüber hinaus scheint jedoch auch die Verknüpfung von Ansätzen über die Teildisziplinen hinweg ein vielversprechender Ansatzpunkt für theoretische Innovation zu sein, mittels der sich ein besseres Verständnis von Entscheidungsprozessen und Entscheidungen herstellen lassen könnte.

Begründen lässt sich diese Annahme durch die offensichtliche Komplementarität zwischen FPA und *Public Policy*-Theorien. Laut Paul Sabatier (2007b: 328) sei eine der zentralen Herausforderungen für *Public Policy*-Theorien „to develop a much more explicit and coherent model (or models) of the individual." Viele Ansätze der FPA stellen wiederum Individuen in den Mittelpunkt der Analyse. Vor diesem Hintergrund sollten sich aus den vielzähligen Ansätzen der FPA Einsichten herausgreifen und für *Public Policy*-Theorien fruchtbar machen lassen und umgekehrt.

Die Komplementarität von FPA-Ansätzen und *Public Policy*-Theorien sowie der Mehrwert, der sich aus der Einbringung von Einsichten des einen Feldes in das andere ergeben kann, lässt sich anhand des *Advocacy Coalition Frameworks* (ACF) illustrieren. Das ACF gehört zu den prominentesten Ansätzen für die Analyse von Entscheidungsprozessen und Entscheidungen im Bereich der Policyforschung. Zu den zentralen Diskussionssträngen des ACF gehören die Fokussierung auf Koalitionen, Überzeugungen, politisches Lernen und Politikwandel (Weible et al. 2011). Mehrere Stränge der FPA-Forschung haben sich mit genau diesen Punkten befasst. Zu denken ist an die Arbeiten zu

- Regierungskoalitionen (Kaarbo 2008, 2012) sowie zu „decision units", die ein weiteres Verständnis von Koalitionen – im Sinne von „the absence of any single group or actor with the political authority to commit the state in international affairs" (Hagan et al. 2001: 169) – beinhalten (Hermann 2001);
- politischen Überzeugungen (Kap. 9);
- außenpolitischem Lernen (Khong 1992; Harnisch 2000, 2012); sowie
- außenpolitischem Wandel (Rosati et al. 1994; Welch 2005).

Trotz dieser grundsätzlichen Nähe dürfen freilich die Unterschiede im Detail zwischen *Public Policy*-Theorien und FPA-Ansätzen nicht aus dem Blick geraten. Die folgenden drei Beispiele illustrieren dies. Während das ACF langfristigen Politikwandel untersucht, sind FPA-Ansätze in der Regel auch, wenn nicht sogar vornehmlich an kurzfristigen bzw. nur vorübergehenden Veränderungen in der Außenpolitik eines Landes interessiert. Während das ACF Koalitionen untersucht, die ein breites Spektrum an Akteuren umfassen (inkl. Gesetzgeber, Interessengruppen und Forscher), konzentrieren sich FPA-Ansätze zuvorderst auf Regierungskoalitionen. Und während das ACF die Bedeutung geteilter Überzeugungen zwischen Akteuren hervorhebt, betonen mehrere FPA-Ansätze den Einfluss individueller Überzeugungen einzelner Entscheidungsträger. Es sind freilich gerade diese Unterschiede in der Fokussierung bei der gleichzeitigen Untersuchung sehr ähnlicher abhängiger, intervenierender und unabhängiger Variablen, die das große und bislang kaum genutzte Potenzial des Brückenschlags zwischen FPA und *Public Policy*-Theorien ausmachen.

Die bisherigen Ausführungen sollen nicht so verstanden werden, als ob es bislang keine Versuche gegeben hätte, die Ansätze für den jeweils „anderen" Bereich fruchtbar zu machen. Beispielsweise nutzten Christian Hirschi und Thomas Widmer (2010) sowie Jonathan Pierce (2011) das ACF, um Stabilität und Wandel in der Außenpolitik der Schweiz bzw. der USA zu analysieren. Michael Mazarr (2007) wiederum nahm die von John Kingdon entwickelte *Agenda Setting Theory* (auch: *Multiple Streams*-Ansatz) zur Erklärung der amerikanischen Irakpolitik unter George W. Bush. Und zur Untersuchung der amerikanischen Entwicklungshilfepolitik gegenüber Afrika nutzte Rick Travis (2010) ebenfalls den *Multiple Streams*-

Ansatz. Klaus Brummer (2009) wiederum analysierte Reformen von Deutschlands Politik zur inneren Sicherheit mittels des *Bureaucratic Politics*-Modells (Kap. 7), welches zu den meistgenutzten Ansätzen der FPA gehört. Auch wenn es somit Beispiele für die Nutzung von *Public Policy*-Theorien zur Erklärung von „klassischen" außenpolitischen Entscheidungen sowie von FPA-Ansätzen zur Erklärung von Innenpolitik gibt, scheint das Potenzial bei weitem noch nicht ausgeschöpft.

Die Brückenschläge zwischen der theoriegeleiteten Außenpolitikforschung und anderen Forschungsfeldern muss freilich nicht innerhalb der Politikwissenschaft enden. Zu denken ist etwa an die Religionswissenschaften, deren Einsichten fruchtbar gemacht werden können, wenn es um die Ergründung des Einflusses von Religion in und auf die Außenpolitik geht (Baumgartner et al. 2008; Warner/Walker 2011). Aus der Neurobiologie sind beispielsweise Erkenntnisse von Bedeutung, die auf den unterschiedlichen Grad der genetischen bzw. biologischen Verankerung von (außen-)politisch relevanten Charakterzügen und Einstellungen von Individuen hinweisen, was unter anderem Folgen für deren Veränderbarkeit und Manipulierbarkeit hat (Hibbing 2013). Und die aktuelle Forschung aus der Kognitionspsychologie und der Verhaltensökonomik liefert Einsichten unter anderem zu den Fragen, welche Personen mehr oder weniger wahrscheinlich Heuristiken nutzen oder zur Selbstüberschätzung neigen (Hafner-Burton et al. 2013).

Kurzum: Das Feld der theoriegeleiteten Außenpolitikforschung beinhaltet eine Vielzahl von Ansatzpunkten für die künftige Forschung. Dies gilt für die Fortentwicklung einzelner FPA-Ansätze – hierzu finden sich zahlreiche Hinweise in den einzelnen Kapiteln dieses Bandes. Und es gilt ferner für die Herstellung von Verbindungen zwischen den FPA-Ansätzen wie auch zwischen diesen und Ansätzen aus anderen Teildisziplinen der Politikwissenschaft und darüber hinaus, wie sie in diesem Kapitel diskutiert wurden. Wir hoffen, mit diesem Band die vielfältigen – und wie wir finden äußerst spannenden – Möglichkeiten, die die theoriegeleitete Außenpolitikforschung bietet, zumindest angedeutet zu haben. Im Idealfall leistet der Band auf diese Weise einen Beitrag zu einer stärkeren Berücksichtigung von auf Personen und innerstaatliche Prozesse abhebenden Erklärungen von Außenpolitik in der deutschsprachigen Forschung.

12.4   Literatur

Adar, Korwa G./Ajulu, Rok (Hrsg.) (2002) *Globalization and Emerging Trends in African States Foreign Policy-Making Process*. Aldershot: Ashgate.

Adar, Korwa G./Schraeder, Peter J. (Hrsg.) (2007) *Globalization and Emerging Trends in African Foreign Policy: A Comparative Perspective of Eastern Africa*. Lanham: University Press of America.

Baumgartner, Jody C./Francia, Peter L./Morris, Jonathan S. (2008) A Clash of Civilizations? The Influence of Religion on Public Opinion of U.S. Foreign Policy in the Middle East. *Political Research Quarterly* 61(2), 171–179.

Baun, Michael/Marek, Dan (2012) *The New Member States and the European Union: Foreign Policy and Europeanization*. London: Routledge.

Beach, Derek (2012) *Analyzing Foreign Policy*. Basingstoke: Palgrave Macmillan.

Braveboy-Wagner, Jacqueline Anne (1989) *The Caribbean in World Affairs. The Foreign Policies of the English-speaking States*. Boulder et al.: Westview Press.

Braveboy-Wagner, Jacqueline Anne (Hrsg.) (2003) *The Foreign Policies of the Global South. Rethinking Conceptual Frameworks.* Boulder/London: Lynne Rienner.

Braveboy-Wagner, Jacqueline Anne (2008) *Small States in Global Affairs. The Foreign Policies of the Carribbean Community (Caricom).* Basingstoke: Palgrave Macmillan.

Brecher, Michael (1972) *The Foreign Policy System of Israel. Setting, Images, Process.* London et al.: Oxford University Press.

Breuning, Marijke (2007) *Foreign Policy Analysis. A Comparative Introduction.* Basingstoke: Palgrave Macmillan.

Brummer, Klaus (2009) The Bureaucratic Politics of Security Institution Reform. *German Politics* 18(4), 501–518.

Brummer, Klaus (i. V.) Implications from FPA Scholarship Beyond North America for Mainstream FPA Theory. In: Hudson, Valerie M./Brummer, Klaus (Hrsg.) *Foreign Policy Analysis Beyond North America.*

Cairney, Paul (2013) Standing on the Shoulders of Giants: How Do We Combine the Insights of Multiple Theories in Public Policy Studies?. *Policy Studies Journal* 41(1), 1–21.

Dyson, Stephen B./Preston, Thomas (2006) Individual Characteristics of Political Leaders and the Use of Analogy in Foreign Policy Decision Making. *Political Psychology* 27(2), 265–288.

Elman, Colin (1996) Horses For Courses: Why Not Neorealist Theories of Foreign Policy?. *Security Studies* 6(1), 7–53.

Hafner-Burton, Emilie M./Hughes, D. Alex/Victor, David G. (2013) The Cognitive Revolution and the Political Psychology of Elite Decision Making. *Perspectives on Politics* 11(2), 368–386.

Hagan, Joe D. et al. (2001) Foreign Policy by Coalition. Deadlock, Compromise, and Anarchy. *International Studies Review* 3(2), 169–216.

Harnisch, Sebastian (2000) *Außenpolitisches Lernen. Die US-Außenpolitik auf der koreanischen Halbinsel.* Opladen: Leske + Budrich.

Harnisch, Sebastian (2012) Conceptualizing in the Minefield. Role Theory and Foreign Policy Learning. *Foreign Policy Analysis* 8(1), 47–69.

Hermann, Margaret G. (2001) How Decision Units Shape Foreign Policy: A Theoretical Framework. *International Studies Review* 3(2), 47–81.

Hermann, Margaret G. (2005) Assessing Leadership Style: Trait Analysis. In: Post, Jerrold M. (Hrsg.) *The Psychological Assessment of Political Leaders. With Profiles of Saddam Hussein and Bill Clinton.* Ann Arbor: University of Michigan Press, 178–212.

Hey, Jeanne A. K. (Hrsg.) (2003) *Small States in World Politics. Explaining Foreign Policy Behavior.* Boulder/London: Lynne Rienner.

Hibbing, John R. (2013) Ten Misconceptions Concerning Neurobiology and Politics. *Perspectives on Politics* 11(2), 475–489.

Hill, Christopher (2003) *The Changing Politics of Foreign Policy.* Basingstoke: Palgrave Macmillan.

Hinnebusch, Raymond/Ehteshami, Anoushiravan (2001) *The Foreign Policies of Middle East States.* Boulder/London: Lynne Rienner.

Hirschi, Christian/Widmer, Thomas (2010) Policy Change and Policy Stasis: Comparing Swiss Foreign Policy Toward South Africa (1968–94) and Iraq (1990–91). *Policy Studies Journal* 38(3), 537–563.

Holsti, Ole R. (1977) The "Operational Code" as an Approach to the Analysis of Belief Systems: Final Report to the National Science Foundation Grant No. SOC75-15368. Durham.

Hudson, Valerie M. (2007) *Foreign Policy Analysis. Classic and Contemporary Theory*. Lanham et al.: Rowman & Littlefield.

Hudson, Valerie M. (2012) The History and Evolution of Foreign Policy Analysis. In: Smith, Steve/ Hadfield, Amelia/Dunne, Tim (Hrsg.) *Foreign Policy. Theories, Actors, Cases*, 2. Auflage. Oxford: Oxford University Press, 13–34.

Hudson, Valerie M./Brummer, Klaus (Hrsg.) (i. V.) *Foreign Policy Analysis Beyond North America*.

International Studies Association [ISA] (2011) Foreign Policy Analysis 2010 Report. Abgerufen unter http://www.isanet.org./pubs/journals.html (Stand: 9.1.2013).

International Studies Association [ISA] (2012) Foreign Policy Analysis 2011 Annual Report. Abgerufen unter http://www.isanet.org./pubs/journals.html (Stand: 9.1.2013).

International Studies Association [ISA] (2013) Foreign Policy Analysis 2012 Annual Report. Unveröffentlicht.

James, Carolyn C./Özdamar, Özgür (2009) Modeling Foreign Policy and Ethnic Conflict: Turkey's Policies Towards Syria. *Foreign Policy Analysis* 5(1), 17–36.

Kaarbo, Juliet (2008) Coalition Cabinet Decision Making: Institutional and Psychological Factors. *International Studies Review* 10(1), 57–86.

Kaarbo, Juliet (2012) *Coalition Politics and Cabinet Decision Making. A Comparative Analysis of Foreign Policy Choices*. Ann Arbor: University of Michigan Press.

Khadiagala, Gilbert M./Lyons, Terrence (Hrsg.) (2001) *African Foreign Policies: Power and Process*. Boulder/London: Lynne Rienner.

Khong, Yuen Foong (1992) *Analogies at War. Korea, Munich, Dien Bien Phu, and the Vietnam Decisions of 1965*. Princeton: Princeton University Press.

Korany, Bahgat (with contributors) (1986) *How Foreign Policy Decisions are Made in the Third World. A Comparative Analysis*. Boulder et al.: Westview Press.

Korany, Bahgat/Dessouki, Ali E. Hillal (Hrsg.) (1984) *The Foreign Policies of Arab States*. Boulder: Westview Press.

Korany, Bahgat/Dessouki, Ali E. Hillal (Hrsg.) (2008) *The Foreign Policies of Arab States: The Challenge of Globalization*, Neue und revidierte Auflage. Cairo/New York: American University in Cairo Press.

Manners, Ian/Whitman, Richard (Hrsg.) (2001) *The Foreign Policies of European Union Member States*. Manchester: Manchester University Press.

Mazarr, Michael J. (2007) The Iraq War and Agenda Setting. *Foreign Policy Analysis* 3(1), 1–23.

Mintz, Alex/DeRouen, Karl, Jr. (2010) *Understanding Foreign Policy Decision Making*. Cambridge: Cambridge University Press.

Mitchell, David/Massoud, Tansa George (2009) Anatomy of Failure: Bush's Decision-Making Process and the Iraq War. *Foreign Policy Analysis* 5(3), 265–286.

Moravcsik, Andrew (1994) *Why the European Community Strengthens the State: International Cooperation and Domestic Politics*. Working Paper Series No. 52. Cambridge: Harvard University.

Paige, Glenn D. (1968) *The Korean Decision (June 24–30, 1950)*. New York: Free Press.

Pierce, Jonathan J. (2011) Coalition Stability and Belief Change: Advocacy Coalitions in U.S. Foreign Policy and the Creation of Israel, 1922–44. *Policy Studies Journal* 39(3), 411–434.

Preston, Thomas/Hart, Paul 't (1999) Understanding and Evaluating Bureaucratic Politics : The Nexus Between Political Leaders and Advisory Systems. *Political Psychology* 20(1), 49–98.

Rosati, Jerel A. et al. (Hrsg.) (1994) *Foreign Policy Restructuring. How Governments Respond to Global Change*. Columbia: University of South Carolina Press.

Rosenau, James N. ([1966] 2006) Pre-theories and Theories of Foreign Policy. In: Rosenau, James N.: *The Study of World Politics. Volume 1: Theoretical and Methodological Challenges*. London/New York: Routledge, 171–199.

Sabatier, Paul A. (Hrsg.) (2007a) *Theories of the Policy Process*, 2. Auflage. Boulder: Westview Press.

Sabatier, Paul A. (2007b) Fostering the Development of Policy Theory. In: Sabatier, Paul A. (Hrsg.) *Theories of the Policy Process*, 2. Auflage. Boulder: Westview Press, 321–336.

Schafer, Mark/Crichlow, Scott (2010) *Groupthink versus High-quality Decision Making in International Relations*. New York: Columbia University Press.

Smith, Steve/Hadfield, Amelia/Dunne, Tim (Hrsg.) (2012) *Foreign Policy. Theories, Actors, Cases*, 2. Auflage. Oxford: Oxford University Press.

Snyder, Richard C./Bruck, H. W./Sapin, Burton ([1954] 2002) Decision-Making as an Approach to the Study of International Politics. In: Snyder, Richard C./Bruck, H. W./Sapin, Burton: *Foreign Policy Decision-Making (Revisited)*. New York/Basingstoke: Palgrave Macmillan, 21–152.

Tonra, Ben/Christiansen, Thomas (Hrsg.) (2004) *Rethinking European Union Foreign Policy*. Manchester: Manchester University Press.

Travis, Rick (2010) Problems, Politics, and Policy Streams: A Reconsideration US Foreign Aid Behavior toward Africa. *International Studies Quarterly* 54(3), 797–821.

Waltz, Kenneth N. (1996) International Politics is Not Foreign Policy. *Security Studies* 6(1), 54–57.

Warner, Carolyn M./Walker, Stephen G. (2011) Thinking about the Role of Religion in Foreign Policy: A Framework for Analysis. *Foreign Policy Analysis* 7(1), 113–135.

Weible, Christopher M. et al. (2011) A Quarter Century of the Advocacy Coalition Framework: An Introduction to the Special Issue. *Policy Studies Journal* 39(3), 349–360.

Welch, David A. (2005) *Painful Choices. A Theory of Foreign Policy Change*. Princeton: Princeton University Press.

Wong, Reuben Yik-Pern/Hill, Christopher (Hrsg.) (2012) *National and European Foreign Policies: Towards Europeanization*. London et al.: Routledge.

Index